MACROECONOMICS

普通高等教育“十一五”国家级规划教材

21世纪经济学系列教材

西方经济学

（宏观部分·第七版）

组　编　教育部高教司

主　编　高鸿业

编写者　刘文忻（北京大学）　冯金华（上海财经大学）

尹伯成（复旦大学）　吴汉洪（中国人民大学）

中国人民大学出版社

·北京·

21世纪经济学系列教材

总 序

改革开放以来，经济社会的发展对中国经济学教育、教学产生了重要的影响，提出了新的要求。为了使经济学教育、教学根植于我国改革开放和现代化建设的肥沃土壤，服务于时代和实践的需求，中国人民大学出版社从本世纪初就开始组织国内知名经济学者编写适应新时期经济学教学的“21世纪经济学系列教材”。

十多年来，21世纪经济学系列教材已经逐步推出了许多适合中国特点的经济学教科书，影响了一批又一批的青年学子。这其中，我国经济学界杰出教育家、西方经济学学科主要奠基人之一高鸿业先生主编的《西方经济学》，已成为我国高校经济学专业的权威性教材，读者早已超过千万！中国马克思主义政治经济学的奠基人宋涛先生的《政治经济学教程》，对马克思主义政治经济学在中国的传播、普及和发展发挥了重要作用。该系列已经出版的其他教材，如孙久文教授的《区域经济学教程》、彭刚教授的《发展经济学教程》、王则柯教授的《博弈论教程》、黄卫平教授的《国际经济学教程》等等，都产生了广泛的影响，为中国的经济学教育作出了贡献。

近几年来，中国的经济学教育、教学面临新的形势，取得了长足的进步：一是我国经济学界教育思想、教育观念已经发生了重大转变，更加重视素质教育；二是教学内容有了重大改革，在学科专业调整建设、课程体系、教学内容改革方面取得了进展；三是教育、教学方法有了重大进步，更加重视理论联系实际，实验、实践、案例教学逐步加强，现代化教学手段被广泛应用。

有鉴于此，为了应对新的形势与变化，中国人民大学出版社在认真调查研究高等学校经济学专业本科培养方案和课程教学大纲的基础上，组织专家学者，经过反复研究论证、合理定位、精心写作、吐故纳新，进一步整合优化了“21世纪经济学系列教材”。这套教材将涵盖经济学专业所有的基础课、主干课、核心课，使学生通过《政治经济学》《微观经济学》《宏观经济学》等基础理论教材的学习，掌握经济学的基础理论，培养厚实的经济学理论功底；通过《产业经济学》《区域经济学》《国际经济学》等应用类主干课程教材的学习，掌握现实经济部门的运行和发展；通过《经济学说史》《经济思想史》《世界经济史》等经济史学类教材的学习，理解经济学的发展和演变规律；通过《计量经济学》《统计学》等经济学方法类教材的学习，掌握经济学的思考方法和具体的研究方法；通过《博弈论》《行为经济学》等专业教材的学习，了解经济学理论的前沿进展；通过《西方经济学典型题题解》《政治经济学学习与教学手册》等基础课程的配套教辅书的学习，牢固掌握所学经济学理论。

这套教材的编写特色主要体现在以下几个方面：

第一，作者阵容强大，教学经验丰富。作者大都是来自中国人民大学、北京大学、清华大学、南开大学、复旦大学、浙江大学、武汉大学等国内重点大学的学科带头人，有很高的科研水平和丰富的教学经验。

第二，在教材编写和内容安排上，强调基础知识、基本理论、基本技能。同时充分吸收国内外优秀教材的优点，定位明确，体系科学，概念准确，深入浅出。

第三，融合本学科现有的研究成果，反映本学科研究的最新进展，反映中国改革开放和现代化建设实践中的新成果，反映当今世界发生的深刻变革对经济学理论和实践产生的影响。

第四，教材重视加入现实经济生活中的案例、新闻素材等内容，使教材的可读性更强，更能够与当前中国经济现实结合起来，使学生能够学以致用。

中国人民大学出版社希望通过这套教材的出版，与广大教师、学生一起研究和探讨，进一步提高中国经济学教材的编写水平，提高经济学教学质量，为经济学的发展，为培养具有创新能力与实践能力、具有国际视野又了解中国国情的高层次经济学人才作出新的贡献。

第七版序言

本书是国家教育部组织统编的高校《西方经济学》教科书。由中国人民大学高鸿业教授和吴汉洪教授、北京大学刘文忻教授、上海财经大学冯金华教授以及复旦大学尹伯成教授共五名教学人员组成编写组，高鸿业教授任主编。

本书第一版至第六版顺次于 1996 年、2001 年、2004 年、2007 年、2011 年和 2014 年出版。第一版的序言指出："正如西方学者所承认的那样，西方经济学是一门具有演变性的学科。随着时间的流逝，西方经济学会出现新的内容以及不同的着重方面，反映这些情况的教科书必然也应如此。因此，本书在将来势必要进行修改和增删。"以第六版而言，其出书的时间距今已有三年多。有鉴于此，第七版的编撰成为应有之举。此外，使用本书的经验和改善本书的章节安排也使新版的编撰成为必要。

第七版的主要修改和增删之处可以被分为微观、宏观、总论和其他这四个部分加以说明：

第一，微观经济学部分的变动主要有：

(1) 对原教材第六版第二章进行了一些调整。主要有：删去该章第五节"经济模型"，其主要内容并入第一章"引论"。删去原第八节"蛛网模型"。调整了第一节"微观经济学的特点"的内容，增强了对"微观经济学的研究对象"的阐述。将第四节中的"需求的变动"和"供给的变动"分别提前到第二节"需求"和第三节"供给"中进行说明，以使读者易于理解供求曲线的基本含义。在第四节"均衡价格"中，扩展了需求和供给同时变动对均衡价格和均衡数量的影响的分析。在该节结束处，增加了标题为"价格与资源配置"的内容，突出了市场价格机制在资源配置中的重要作用的观点。

(2) 对原教材第六版第三章，调整了基数效用论关于推导需求曲线的内容，并增加了"消费者剩余的变化"的内容。调整了"正常品的替代效应和收入效应"的部分内容，更易于读者理解。

(3) 对原教材第六版第四章的主要修订包括：调整了一些图示，使表述更直观、清晰。原第一节、第二节合并精简为第一节“厂商和生产的基本概念”。有些标题及其内容有所调整、简化，便于阅读。注重从内在联系来阐述不同生产函数的具体形式。增加了生产技术进步的作用的内容，涉及技术进步对短期边际产量曲线以及长期等产量曲线的影响，这些将有助于读者对理论的理解和实际运用。

（4）对原教材第六版第五章的主要修订包括：将第六版第五章第一节的标题“成本”改为“成本的基本概念”，并调整了第一节的内容，扩展了对机会成本的阐述，增加了沉没成本的概念，增加了技术进步和要素价格变化对最小成本的影响。

（5）对原教材第六版第六章的主要修订是，扩展了第八节“完全竞争市场的福利”的内容，涉及对最低限价与销售从量税的福利分析。

（6）原教材第六版第九章“一般均衡论和福利经济学”第六节“完全竞争和帕累托最优状态”增加了对福利经济学第一定理和第二定理明确的和较为详细的说明。

（7）用可口可乐和百事可乐的具体例子重写了原教材第六版第十章“博弈论初步”第二节“完全信息静态博弈：纯策略均衡”中的广告大战，说明纳什均衡不仅有可能对参与人不是最优的，而且有可能对整个社会不是最优的。

（8）原教材第六版第十一章“市场失灵和微观经济政策”第三节“公共物品和公共资源”增加了对“俱乐部物品”的说明，并根据是否具有排他性和是否具有竞用性，把所有的物品用表格的形式分为“私人物品”、“公共物品”、“公共资源”和“俱乐部物品”四个大类。

第二，宏观经济学部分的变动主要有：

（1）对原教材第六版第十三章，将第四节、第六节乘数理论合并到本版的第三节、第四节；将第七节“四部门经济中国民收入的决定”删除后作为该章附录；增加一节“潜在国民收入与缺口”。

（2）对原教材第六版第十五章，除了明确说明 $AD—AS$ 模型的结构和应用外，增加了“考虑时间因素的 $AD—AS$ 模型”一节。

（3）将原教材第六版第十八章的标题改为“蒙代尔-弗莱明模型”，并将该章第四节“南—北关系的一种经济分析”作为该章附录来安排。

（4）将原教材第六版第十九章第三节“增长核算”的内容列入该章后面作为附录，将本版第十九章第三节变为“经济增长的决定因素”。

（5）对原教材第六版第二十一章第三节“实际经济周期理论”进行了改写。

（6）更新了宏观部分的一些数据。

第三，对引论部分和第二十二章的调整包括：

（1）第一章“引论”：第一节增加了第三目，将第六版第二章中“经济模型”的内容压缩移到这里，增加了第四目“理性人假定和经济原理”；将第六版第一章第三节的标题“正确对待西方经济学”改为“正确认识和对待西方经济学”，在内容上将第六版第二十二章第一节和第三节的内容适当压缩、改写后移到这里。

（2）对原教材第六版第二十二章内容作了较大修改：将第六版第二十二章第一节和第三节的内容适当压缩、改写后移到本版第一章；本版第二十二章第一节增加了“西方经济学在我国的教学传播”，并根据党的十九大精神改写了“借鉴西方经济学必须结合我国国情”；删除了第六版的第三节、第四节和第五节，并根据习近平同志在党的十九大上所作的报告和十九大通过的新党章精神重写了第三节、第四节和第五节。

第四，其他的修改。

(1) 第七版同时利用多媒体技术对本书的专栏与案例等部分内容进行数字化处理并做长期更新，读者可以扫描本书封面的二维码关注微信公众号或者下载 APP 后获取。

(2) 本书扩展了各章后的习题，并单独制作与教材配套的习题本，附在书后，从而方便教师与学生的使用。

同时，鉴于本书部分章节难度较高，编者对这部分章节做了加“星号”(*)的处理，读者可以根据自己的需要来学习。

本书加星号的章节有：

第三章第七节　不确定性和选择

第八章第七节　资本的供给曲线和利息的决定

第十章第三节　完全信息静态博弈：混合策略均衡

第十七章第五节　博弈论在宏观经济政策中的应用

第二十章第二节　投资

第二十章第三节　货币需求

第二十一章第四节　一个新古典宏观经济学的 AD—AS 模型

第二十一章第七节　一个新凯恩斯主义的 AD—AS 模型

本书编写者感谢下列同志[①]（排名不分先后）：

杨志坚（教育部），刘占昌（中宣部），舒元（中山大学），史晋川（浙江大学），石士钧（宁波大学），彭迪云（南昌大学），徐光远（云南大学），罗节礼（四川联合大学），邢艳霞（黑龙江大学），宛士春（青海大学），韩学瑜（新疆大学），刘长庚（湘潭大学），林元辉（广西大学），刘骏民（南开大学），何璋（北京师范大学），蒋长流（安徽大学），胡希宁（中共中央党校），孙新雷（郑州大学），黎诣远（清华大学），吴宇辉（吉林大学），丁冰（首都经济贸易大学），李景霞（山西财经学院），刘东（南京大学），田秋生（兰州大学），郭其友（厦门大学），杜月生（深圳大学），秦岭（辽宁大学），汪洪涛（同济大学），张东辉（山东大学），邵旦萍（浙江省委党校），杨玉生（辽宁大学），方胜春（上海师范大学），刘辑川（江西农业大学），陈劳琨（上海纺织大学），龙志和（西南交通大学），张若华（云南大学），张旭坤（杭州大学），张建华（华中科技大学），徐长生（华中科技大学），陈新（郑州大学），林勇（华南师范大学），张昌廷（河北经贸大学），刘凤良（中国人民大学），赵红梅（山西财经大学），石奇（南京财经大学），董长瑞（山东经济学院），刘文（山东财政学院），左峰（山东大学威海分校），徐则荣（首都经济贸易大学），牛勇平（中国煤炭经济学院），刘国亮（山东大学），李莉（西安财经学院），徐丹丹（北京工商大学），江世银（四川大学锦城学院），韩可卫（武汉工程大学），曾凡诠（江汉大学文理学院），黄颖（华中科技大学武昌分校），焦雨生（华中科技大学武昌分校），柯学其（湖北工业大学工程技术学院），彭定赟（武汉理工大学），张跃平（中南民族大学），

① 本书所列人员的工作单位是指该同志向本书提交意见时的工作单位。特此说明。

范小仲（中南民族大学），张伟（湖北大学），鲁盛康（湖北第二师范学院），陆向兰（武汉大学珞珈学院），李习平（湖北中医药大学），韦鸿（长江大学），张颖（中南大学），罗光强（湖南农业大学），高志仁（湖南师范大学），陈乐一（湖南大学），彭长（湖南财政经济学院），潘志强（湘潭大学），陈跃（湖南工业大学），朱玉林（中南林业科技大学），郑小兰（河北经贸大学），高永国（河北师范大学），李胜军（邢台学院），于振英（石家庄经济学院），裴育（南京审计学院），孙国锋（南京审计学院），管怀鎏（南通大学），王卫平（南通大学），赵春玲（南京财经大学），苏华山（南京财经大学），李政军（南京师范大学），申俊喜（南京师范大学），孙玉松（扬州大学），成新华（扬州大学），史修松（淮阴工学院），许忠荣（宿迁学院），盖锐（金陵科技学院），柏凌（三江学院），黄友军（三江学院），刘东皇（江苏理工大学），陈平（南昌大学科学技术学院），胡华兵（江西农业大学），郑享清（南昌大学），杨治平（九江学院），张平（九江学院），程国江（东华理工大学），陈胜祥（江西师范大学），邓久根（江西师范大学），席小炎（江西财经大学），李志刚（江西科技师范大学），吴光华（江西科技师范大学），刘雪梅（南昌理工学院），王昆（江西理工大学），揭新华（上饶师范学院），曾家健（赣南师范学院），王阳（北京理工大学珠海学院），黄河清（广东金融学院），赵卓（广东财经大学），魏作磊（广东外语外贸大学），彭仁贤（广东药学院），万勇（广东石油化工学院），龙游宇（韶关学院），熊启泉（华南农业大学），黄天柱（陕西科技大学），吕靖烨（西安科技大学），苏永乐（西安财经学院），赵云（西北大学现代学院），贾县民（西安外事学院），陈豫浩（福建江夏学院），朱红恒（河南财经政法大学），何伟（郑州升达经贸管理学院），刘金荣（黄淮学院），王菲（西亚斯国际学院），孙常辉（黄河科技学院），王晓东（河南中医学院），任志安（安徽财经大学），王华（合肥学院），周端明（安徽师范大学），朱剑峰（阜阳师范学院），张英彦（宿州学院），熊启滨（安徽科技学院），汪陈友（淮南师范学院），项桂娥（池州学院），姜辉（中国计量学院），段先盛（中国计量学院），孙景蔚（杭州电子科技大学），王勇（浙江万里学院），陈建（浙江万里学院），任建雄（浙江万里学院），周小和（浙江万里学院），龙勤泰（浙江农林大学），王成军（浙江农林大学），周建华（温州大学），王芳芳（温州大学），揭仕军（上海财经大学浙江学院），游建章（浙江大学宁波理工学院），李辉（大连财经学院），王力男（大连财经学院），刘伟（辽宁工程技术大学），仲维清（辽宁工程技术大学），卢铁玲（辽宁财贸学院），张丹（辽宁财贸学院），陈雁（辽宁财贸学院），盛彬彬（长春大学旅游学院），王新道（长春大学旅游学院），唐柳洁（云南财经大学），熊辉（云南财经大学），蔡四青（云南大学滇池学院），覃巍（广西大学），王鹏飞（广西民族师范学院），郭霄星（广西民族师范学院），纪明（广西师范学院），陆升军（广西师范学院），张恒（成都信息工程学院），李伟（四川师范大学），周正非（四川师范大学），郭志钢（西南石油大学），郑寿春（西南石油大学），谢薇（四川大学），詹蕾（四川大学），杨劬（成都理工大学），高辉（成都理工大学），赵修文（西华大学），黄琦（西华大学），宁一非（西南科技大学），李仁方（西南科技大学），曹正勇（四川农业大学），郑焕刚（四川大学锦城学院），于璐（四川大学），杜海涛（西南民族大学），钟大能（西南民族大学），郭玉坤（西南民族大学），廖周伟（西南交通大学），吴国艳（山东财经大学东方学院），陈雯（湖南财政经济学院），易经章

（中南大学），高志仁（湖南师范大学），王晓军（湖南人文科技学院），方阳娥（南京审计学院），梁香青（南京审计学院），李涛（南京审计学院），叶林祥（南京财经大学），黄雪琴（南京财经大学），周宁（南京财经大学），周春平（扬州大学），吴敏（金陵科技学院），马凌（金陵科技学院），周荣荣（三江学院），黄友军（三江学院），朱佩枫（南京中医药大学），熊季霞（南京中医药大学），周卫民（淮阴工学院），陈慧娟（淮阴工学院），谢海燕（南京审计大学金审学院），尹君（南京审计大学金审学院），赵平（淮海工学院），翟仁祥（淮海工学院），凡院连（中北学院），叶瑶（中北学院），刘芳（南京财经大学红山学院），华嘉会（南京财经大学红山学院），司增琸（江苏师范大学），丁浩（江苏师范大学），薛鹏（江南大学），徐海俊（江南大学），任保全（常州大学），姜国刚（常州大学），杨言午（无锡太湖学院），顾俊祺（无锡太湖学院），徐林萍（南京大学金陵学院），何斌锋（南京大学金陵学院），吴凤媛（东南大学成贤学院），戴竹青（东南大学成贤学院），王子敏（南京邮电大学），李婵娟（南京邮电大学），吴爱民（常熟理工学院），司子强（常熟理工学院），刘吉双（盐城师范学院），夏青（中国矿业大学），周春应（南京林业大学），许忠荣（宿迁学院），孙少琴（南京信息工程大学），周明伟（南京理工大学），黄胜华（江苏教育学院），罗霞（泰州学院），童霞（南通大学），罗序斌（江西师范大学），刘滨（江西农业大学），胡华兵（江西农业大学），吴春雅（江西农业大学），姚林如（南昌航空大学），蔡玉文（南昌航空大学），盛世明（上饶师范学院），陈俊（景德镇陶瓷大学），夏海清（景德镇陶瓷大学），何翔（江西农业大学南昌商学院），张黎莉（江西理工大学），马钦玉（江西理工大学），闫观谓（九江学院），彭春燕（宜春学院），曾凡诠（湖北商贸学院），焦雨生（武昌首义学院），梁世夫（中南民族大学），范小仲（中南民族大学），张伟（湖北大学），李立亚（湖北第二师范学院），汪朝阳（江汉大学），曾光（华中农业大学），杜为公（武汉轻工大学），张立勇（武汉东湖学院），陈端计老师（东莞理工学院）。

上面列出的所有同志在本书前几版中都以会上发言或书信往来的方式对本书的编写提出了宝贵的意见，其中相当大的部分已为本书所采纳。以此而论，本书也可以说是全国众多高等院校协作的结果。对上述全体同志，本书编写组致以谢意。此外，许多教学人员和读者都向本书的撰写者提出了反馈意见，对此，我们也在此致谢。

本书的编写分工大致和过去相同，即：高鸿业撰写第一、第二十二章和各章结束语的评议部分并对全书修纂定稿；刘文忻撰写第二到第七章；冯金华撰写第八到第十一章；尹伯成撰写第十二到第十四章、第十七章并对第一章和第二十二章的部分内容进行了一定的修改；吴汉洪撰写第十五章、第十六章、第十八到第二十一章，并做了大量的联系和校对工作。虽然高鸿业教授在 2007 年逝世了，但是最新版本的主旨仍然和最初的版本保持一致：介绍西方主流经济学的理论框架并加以简要的评论，以便达到“洋为中用”的目的，而与此同时，又能避免它可能带来的不良的副作用。

本书被评为普通高等教育“十五”和“十一五”国家级规划教材，并于 2002 年获得北京市第七届哲学社会科学优秀成果一等奖和教育部全国普通高等学校优秀教材一等奖。2005 年，本书被评为北京市普通高等学校精品教材。2007 年，本书获第五届吴玉章人文社会科学奖一等奖。对所有这一切，本书的编写人员深感荣幸。

限于编写人员的知识水平和教学经验，本书的缺点和疏漏之处在所难免。因此，希望使用本书的同志继续向编写人员提出意见。

编写组

2017 年冬

目 录

第十二章

宏观经济的基本指标及其衡量

从本章起开始叙述宏观经济学的内容。本章先说明宏观经济学的特点，作为宏观部分的一个引论，再说明宏观经济的几个主要指标，尤其是国民收入核算的基本原理。

第一节　宏观经济学的特点

一、宏观经济学的研究对象

宏观经济学系相对微观经济学而言。前面有关微观经济学的各章研究的是经济活动个体决策者的行为及其后果，例如，消费者如何购买以实现效用最大，厂商如何生产以实现利润最大，市场机制又如何把百千万个个体决策者的活动协调起来等；而宏观经济学研究的是社会总体的经济行为及其后果。研究社会总体经济行为就是研究国民收入，即研究如何使国民收入稳定地（没有通胀和衰退）以较合适的速度增长。这表明，宏观经济运行中的主要问题有：经济波动及与此相联系的就业与失业问题；物价水平（又称"价格水平"）及与此相联系的通胀问题；经济增长问题。

具体说来，宏观经济学就是要研究为什么一些国家的经济会发生时而高涨、时而萧条的周期性波动，并因此造成不同程度的失业；为什么一些国家在一定时期会发生严重的通货膨胀，并导致名义利率和汇率大幅度波动；为什么一些国家经济会迅速增长，而另一些国家经济发展很缓慢甚至停滞和倒退。上述这些问题都是国民收入变动中的问题。这些问题产生的原因、后果及对策，就是宏观经济学要研究的内容。

任何一个国家宏观经济运行的情况都可以通过一些指标加以测度，就像一个人的身体健康状况可以通过体温、血压等指标加以测度一样。测度宏观经济运行情况的重要指标有国民收入及其增长率、失业率、物价水平及其变动。国民收入在经济学中乃是衡量社会经济活动成就的一个广泛概念。它实际上包括以下几个总量：国内生产总值、国内生产净值、国民生产总值、国民生产净值、国民收入（狭义的）、个人收入和个人可支配收入，本章下面几节就要专门对此进行讨论。任何一国的经济增长率就是指国民收入的增长率，特别是国内生产总值（GDP）的增长率。失业率是衡量宏观经济运行状况的另一个最重要的经济指标，因为就业状况和居民福利、社会稳定甚至整个社会政治经济之间关系最为密切。物价水平指物价总水平，一般用价格指数来表示。价格指数又有消费价格指数（CPI）、生产者价格指数（PPI）和GDP折算（或平减）指数三种。物价水平的变动用通货膨胀率表示。通货膨胀率不仅对居民生活和企业生产产生影响，还对整个社会经济运行有影响。通货膨胀率过高，也表明宏观经济运行出了问题。

除了上述几个重要的宏观经济指标外，其他比较重要的指标还有政府预算赤字、贸易赤字和盈余的变动，利率和汇率的变动等。这些变量间有没有内在联系，一个变量的变动是否会引起另一个变量变动以及在多大程度上相互关联，这些都属于宏观经济学研究的问题。总的说来，如果微观经济学由于以价格为中心可以被称作价格理论，宏观经济学则由于以国民收入为中心可以被称作收入理论。

二、宏观经济学的基本理论框架

由于宏观经济学是研究国家经济总体运行的科学，因此不考虑个体经济的差异，只把经济划分为家庭、企业和政府三大部门并研究它们之间的相互关系。这是因为，如果我们认真考察一下，所有经济活动主体，尽管可以有这样那样的差异，但归根结底都不外乎属于这三大部门。所有在工厂、商店、农场、学校、金融机构等工作的工作人员，都是一个个家庭的成员，而所有这些机构或者单位则都是一个个企业（当然，这里的学校不是指政府办的公立学校）。军队、法院以及所有政府机构都属于政府部门，但政府部门中所有工作人员又都是家庭的一分子。因此宏观经济学在研究家庭消费和投资行为时，就把所有家庭作为一个完整的经济部门，而不去管各个家庭有何差异或特点；在研究企业行为时，不去考虑它是经营什么业务的企业，是生产什么产品的企业，而把所有企业都当做一种生产经营的经济部门；同样在分析政府行为时，也不去管它是什么地方的政府，是中央的还是地方的政府。宏观经济学也涉及国外的家庭、企业和政府，但也只是把它们都当做一个国外部门来对待。

现代经济是市场经济。市场经济中的市场多种多样。然而宏观经济学在宏观层面上研究市场活动时，只把各种市场归结为三大类：产品市场、货币市场和劳动市场。在产品市场上，无数有形和无形的产品（服务产品）形成供给、需求和交易价格、交易量；在货币市场上，所有金融资产（银行存贷款、证券、保险、信托等）在这里形成供给、需求和交易价格、交易量；在劳动市场上，作为劳动者的劳动供给方和作为劳动需求方的企业、政府在进行交易并形成劳动价格和就业量。

正是对这三大经济部门在这三大类市场的交互作用的研究，构成了目前西方宏观经济学的基本理论框架。那些仅仅研究产品市场供求关系如何决定国民收入的理论模型，称为国民收入决定的最简单的理论模型，即国民收入决定的收入—支出模型；在上述模型中加入货币市场供求关系来研究国民收入决定的理论模型，称为国民收入决定的 *IS*—*LM* 模型；在 *IS*—*LM* 模型中再加入劳动市场供求关系来研究国民收入决定的理论模型，称为国民收入决定的总需求—总供给模型，即 *AD*—*AS* 模型。实际上，前面两个模型只是研究总需求如何决定国民收入，第三个模型研究的是总需求和总供给如何一起决定国民收入。这里讲的还是与国外不发生关系的封闭经济的情况。如果引进国际经济部门，那么决定国民收入的总需求中，除了产品市场和货币市场，还有国际市场。关于这方面的情况，本书后面还会讲到。

三、宏观经济学和微观经济学的异同

宏观经济学和微观经济学的异同，既体现在经济理论上，也体现在经济政策上。

先看经济理论。宏观经济学和微观经济学都是研究市场经济中经济活动参与者的行为及其后果的，而市场经济中所有经济活动参与者的行为都是一定意义上的供给和需求行为，因此，宏观经济学与微观经济学的主要相同之处就在于两者都是通过需求曲线和供给曲线决定价格和产量，并且微观经济学和宏观经济学的需求曲线一般说来都是向右下方倾斜的，即价格下降，需求量会增加，而它们的供给曲线都是向右上方倾斜的，即价格上升，供给量会增加。这就是说，宏观经济学和微观经济学有着相同的供求曲线形状，它们的交点决定着价格和产量。

然而，微观经济学研究的是个体经济活动参与者的行为及其后果，而宏观经济学研究的是社会总体的经济行为及其后果，这就决定了微观经济学和宏观经济学的主要区别是，微观经济学中的供给曲线和需求曲线都是个体经济的供求曲线，因而由此决定的成交价格和成交量也是个体商品（包括产品和要素）的价格和成交量。例如，大米市场供求均衡所决定的价格也许是 1 美元/千克，成交量是 5 万吨；或者某上衣 20 美元/件，成交量是 1 万件；等等。然而，宏观经济学中的供给曲线和需求曲线是整个社会经济的供求曲线，即总供给曲线和总需求曲线，因而由此决定的价格和产出是整个社会的价格水平和社会产出总值。例如，某国家在某年的价格指数即价格水平是 1.05 或者说 105%，意指该年的价格水平在总供给和总需求二者的作用下比基期（也许是上一年，也许是以前的某一年份）上升了 5%，同时该国在该年的总产出也许是 300 亿美元的国内生产总值。可见，微观经济学中的价格和产量是一个个具体商品的价格和产量，而宏观经济学中的价格和产量是整个社会的价格水平和产出水平。这里价格水平用价格指数表示，产出水平用货币衡量的市场价值（国内生产总值）表示。

不仅如此，微观经济学中需求曲线和供给曲线的一般形态，看起来和宏观经济学中总需求曲线和短期总供给曲线的形态都差不多地向下倾斜和向上倾斜，但其原因是不同的，这是以后要讲到的。

再看经济政策上，微观经济政策和宏观经济政策的共同点在于：二者都是政府运用一定经济手段引导和规范微观经济主体的行为，使之趋向有利于改善社会的经济福利。二者的区别又在哪里？

微观经济政策的目标主要是解决资源优化配置问题，纠正市场在资源优化配置上的“失灵”。例如，政府用反垄断政策矫正企业因垄断行为而不能实现资源优化配置方面的失

调，政府提供公共物品来解决市场经济主体不能提供社会所需要的公共物品问题。所有这些微观经济政策都是政府的“有形之手”补充市场这只“无形之手”在资源配置上的失灵。宏观经济政策目标虽然也得通过微观经济主体的行为来实现，但这个目标主要不是解决资源配置问题，而是解决资源利用问题。例如，若经济出现萧条和失业，表明经济资源没有得到充分利用，政府就要用经济政策来刺激经济，引导居民和企业增加消费和投资，以克服资源闲置和浪费。相反，若经济过热，产生了严重的通货膨胀，表明社会对资源的需求超过资源的供给能力，政府就应当用经济政策来给经济降温，引导合理的消费和投资。

四、宏观经济学的加总（aggregation）法

宏观经济学研究社会总体经济行为，因而不能像微观经济学那样运用个量分析方法，而要用总量分析方法，即从个量分析的加总中引出总量的分析方法。

“经济加总”是人们用以描述某些经济生活的一个简单的抽象。例如，总产出就是一个经济加总的概念。比方说一定数量的香蕉、上衣、钢铁等各不相同的东西无法直接加总，但是在市场上都值一定数量的钱，于是，通过货币就可以把物质形态不同的产品的产量都还原为一定的市场价值从而加总。中国有句老话说：“春种田园皆万物，秋收遍地是黄金”。这是说春天播种各种农作物种子，秋天可收获各种值钱的农作物。根据收获的这些农作物的价值，也就可以计算出农业创造出的国内生产总值。

宏观经济学运用经济加总法时有几点值得注意：

一是宏观分析中有些总量变化可以从微观分析的个量中直接加总（大部分是加权平均加总）而得到，因为微观是宏观的基础，就像树木是森林的基础一样。例如每个人的消费支出加总就构成整个社会的消费总支出，每个人的消费支出与其收入成一定比例，才有总量消费函数。又如每个厂商的投资支出加总就构成全社会的总投资，每个厂商的投资随利率变化而变化，就有了总量投资函数。

二是有些时候微观经济学中一些个体变量尽管可以加总，但是这种加总却达不到研究整个社会经济行为的目的。例如降低工资对每个厂商来说都可以降低成本、增加利润，从而增加生产并增雇工人，但我们无法从每个厂商降低工资的加总中得到整个社会能增加生产和就业的结论，因为如果每个厂商都降低工资，则工人们的消费支出会下降并使总需求下降，从而会导致整个社会的生产和就业下降。可见，尽管微观是宏观的基础，但总体经济行为并不是个体经济行为的简单加总。对微观经济是正确的东西，对宏观经济未必也是正确的，其原因除了经济个体与经济总体所追求的目标不同以外，还在于某些行为对经济个体之所以正确或真实，是因为假定其他情况不变，即假定某一经济个体的行为对其他个体不产生影响，但宏观经济涉及的是经济总体即所有经济个体，因而不能再假定其他同一类别的个量不变。例如在上例中，某厂商降低工资时不能假定其他厂商不降低工资。

三是有些时候一些微观经济个体的行为根本不能直接加总。例如，在一个经济社会的经济景气情况发生变化时，各个厂商的投资意愿可能有很大差异，也许有人会认为经济可能会开始走下坡路从而投资意愿和投资支出下降，而另一些人可能会认为经济会继续向好，从而投资意愿强烈，投资需求旺盛。在这样的情况下，宏观经济分析就难以通过将各厂商的投资直接加总而得出总投资会增加或者减少的结论。

可见，总量分析运用加总方法时需要谨慎，要区分能否加总的不同情况，以及弄清楚加总能否达到研究宏观经济行为的目的。

五、宏观经济学鸟瞰和本书宏观部分的章次安排

根据本节以上的论述，宏观经济学的最终目标是寻找保持国民收入稳定增长的对策。所谓稳定的增长系指既无失业又无通货膨胀的增长。为了达到这一目标，第一，西方学者必须探寻哪些市场上的哪些经济变量决定国民收入的大小。第二，在得知这些变量以后，人们就可以进一步制定政策来控制这些变量，以使国民收入保持稳定的增长。这两项内容构成了宏观经济学的主要框架，该框架可以用图 12-1 加以说明。由于该图是对框架的鸟瞰，所以它仅仅涉及市场；每一市场所含有的变量将在对各市场的论述中显示出来。

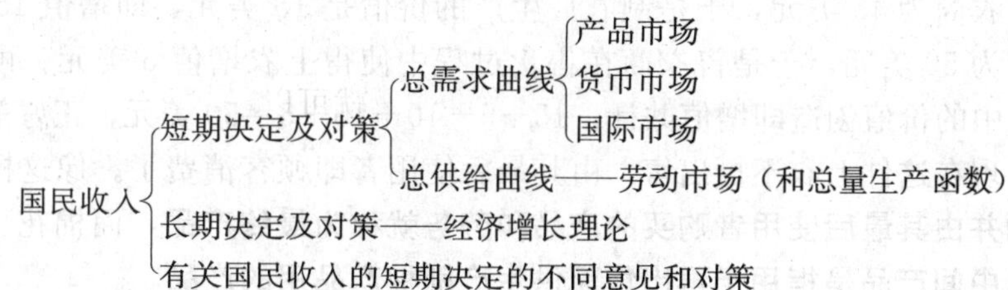

图 12-1　宏观经济学鸟瞰

根据上述鸟瞰，本书宏观部分的章次大体安排是：

第十二章即本章除说明宏观经济学特点（相当于宏观经济学部分的引论）外，主要说明核算国民经济活动的核心指标——国内生产总值。第十三章到第十五章分别说明国民收入决定的三个理论模型，即国民收入决定的收入—支出模型、*IS—LM* 模型和*AD—AS*模型。第十六章说明国民收入短期波动引起的失业与通货膨胀问题。第十七章说明政府对国民收入波动引发的失业与通胀的调节与管理的经济政策。第十八章引入国际市场。第十九章说明国民收入长期增长理论。第二十章讨论宏观总需求的微观基础。第二十一章以总供给曲线表达式作为主要的事例来阐明当今宏观经济学两大学派的异同及其新发展。最后的第二十二章说明如何根据我国情况借鉴西方经济学。

第二节　国内生产总值及其核算方法

一、国内生产总值概念

宏观经济学研究整个社会的经济活动，首先要有定义和计量总产出或总收入的一套方法。国民收入核算就研究这套方法。核算国民经济活动的核心指标是国内生产总值（GDP），因此，首先有必要弄清什么是 GDP。为了弄清这一概念，可以先从一个企业的生产谈起。

假设某企业在某年生产和销售 500 万美元制成品。能否说这 500 万美元产品价值都是

这个企业生产的或者创造的呢？不能，因为生产中必须消耗原材料、能源等等。假定这些消耗是200万美元，则该企业新生产的价值充其量只有300万美元（其实这300万美元价值中还没有扣除厂房设备消耗即折旧的部分，这一点以后再说）。这300万美元的价值是该企业产品价值与从别的企业购进的原材料、能源等价值之间的差额。这个差额称为价值增值。这一增值部分才被认为是该企业在该年真正所生产的，真正贡献给社会的。因此，说企业在某年的产出，是指价值增值。

弄清这一点对认识经济学所说的社会一年的总产出是至关重要的。举个例子，假定一件上衣从生产到消费者最终使用共要经过5个阶段：种棉、纺纱、织布、制衣、销售。假设棉花价值为15美元，并假定它都是当年新生产的价值，不再包含为生产棉花所费的肥料、种子等的价值（当然，这事实上不可能，但为说明问题起见，需作这样的假定）。再假定棉花纺成纱售价20美元，于是纺纱厂生产的价值是5美元，即增值5美元。20美元纱织成布售价30美元，于是织布厂生产的价值是10美元，即增值10美元。30美元布制成成衣卖给售衣商为45美元，于是制衣厂生产的价值是15美元，即增值15美元。售衣商卖给消费者为50美元，于是售衣商在售卖过程中使得上衣增值5美元。可见，这件上衣在5个阶段中的价值创造即增值共计：15＋5＋10＋15＋5＝50美元，正好等于这件上衣的最后售价。现在这件上衣不再出售，由其最后使用者即顾客消费了。像这样一种**在一定时期内生产的并由其最后使用者购买的产品和劳务就称为最终产品**，而棉花、纱、布等则称中间产品，**中间产品是指用于再出售而供生产别种产品用的产品。**

上衣的例子说明，一件最终产品在整个生产过程中的价值增值，等于该最终产品的价值。一个国家在一定时期内（通常指一年）生产千千万万种最终产品。按照西方经济学的说法，这些最终产品的价值总和就等于生产这些最终产品的各行各业新创造的价值的总和。这被认为是该国在该时期内真正生产的价值，称为国内生产总值。因此，在西方经济学中，**国内生产总值是指经济社会（即一国或一地区）在一定时期内运用生产要素所生产的全部最终产品（产品和劳务）的市场价值。**这一定义含有如下几方面意思：

（1）GDP是一个市场价值的概念。各种最终产品的价值都是用货币加以衡量的。产品市场价值就是用这些最终产品的单位价格乘以产量获得的。假如某国一年生产10万件上衣，每件上衣售价50美元，则该国一年生产上衣的市场价值为500万美元。

（2）GDP测度的是最终产品的价值，中间产品价值不计入GDP，否则会造成重复计算。例如，如果把棉花、纱、布及制衣厂手中的成品的价值都算作这一时期生产的价值，则其总额将是：15＋20＋30＋45＋50＝160美元，而不再是50美元，但其卖价只能是50美元，因为50美元的价值才是这件上衣在生产中真正被创造出来的价值，而绝不能把重复计算的价值计算在内。

（3）GDP是一定时期内（往往为一年）所生产而不是所售卖掉的最终产品价值。若某企业年生产100万美元产品，只卖掉80万美元，所剩20万美元产品可看做是企业自己买下来的存货投资，同样应计入GDP。相反，虽然只生产了100万美元产品，然而却卖掉了120万美元产品，则计入GDP的仍是100万美元，只是库存减少了20万美元而已。

（4）GDP是计算期内（如2017年）生产的最终产品价值，因而是流量而不是存量。**流量是一定时期内发生的变量，存量是一定时点上存在的变量**。若某人花20万美元买了一幢旧房，包括 19.8 万美元的旧房价值和 2 000 美元的经纪人费用，这 19.8 万美元不能计入 GDP，因为它在生产年份已计算过了，但买卖这幢旧房的 2 000 美元经纪人费用可计入 GDP，因为这笔费用是经纪人在买卖旧房过程中获得的劳务报酬。

(5) GDP 是一国范围内生产的最终产品的市场价值，从而是一个地域概念，而与此相联系的**国民生产总值（GNP）则是一个国民概念，乃指某国国民所拥有的全部生产要素在一定时期内所生产的最终产品的市场价值**。因此，一个在日本工作的美国公民的收入要计入美国的 GNP，但不计入美国的 GDP，而计入日本的 GDP。反之，一个在美国制造业中开设公司的日本老板取得的利润是日本 GNP 的一部分，而不是美国 GNP 的一部分，但它是美国 GDP 的一部分。因此，若某国一定时期内的 GNP 超过 GDP，说明该时期该国公民从外国获得的收入超过了外国公民从该国获得的收入，而 GDP 超过 GNP 时，说明的情况则正相反。在 1991 年 11 月之前，美国均是用 GNP 作为对经济总产出的基本测量指标。后来改用 GDP，原因是大多数国家都用 GDP，同时，由于国外净收入数据不足，GNP 不易衡量，GDP 则较易测量，再加上 GDP 相对于 GNP 来说是国内就业状况的更好衡量指标（本国使用外资时解决的是本国就业问题）。当然，对美国来说，GDP 和 GNP 的差异较小。

(6) GDP 一般仅指市场活动导致的价值。家务劳动、自给自足生产等非市场活动不计入 GDP 中。

上衣生产的例子不仅说明了产出是指增值，或者说产出等于新增价值，而且说明产出总是等于收入，以及产出总是等于支出。

为什么说产出总是等于收入呢？仍以上衣生产为例，假定棉农共生产 15 万美元棉花，并假定这 15 万美元就是新增价值，那么，按照西方学者的说法，这实际上就是假定这 15 万美元价值就是生产棉花所投入的生产要素（劳动、资本、土地）共同创造的。这 15 万美元棉花卖给纺纱厂纺成纱卖 20 万美元，增值 5 万美元。怎么会产生增值呢？因为纱厂把棉花纺成纱也需要投入劳动、资本、土地等生产要素，这 5 万美元的增值被认为就是这些要素共同创造的。由于企业使用要素必须支付代价，雇用劳动力要付工资，使用资本要付利息，使用土地要付租金，这些要素报酬都被认为是这些要素在生产中作出的贡献，因而这 5 万美元的增值要转化为要素提供者的收入。假定工资是 2 万美元，利息是 1.5 万美元，地租是 0.5 万美元，则 5 万美元售价中还剩余 1 万美元，这一余额就是利润。上述情况可列简表如表 12-1。

表 12-1　　一个假设的纺纱厂的年收入和产出报表　　单位：美元

收入（支）		产出（收）	
工资	20 000	生产出成品（纱）	200 000
利息	15 000	减：购买原料棉花	150 000
地租	5 000		
利润	10 000		
总计收入	50 000	产出（增值）	50 000

纱厂情况是这样，织布厂、制衣厂、售衣商的情况也是这样。它们生产的价值，都要转化为生产要素报酬和企业利润，即转化为要素提供者和企业经营者的收入。由于把利润看做是产品卖价扣除工资、利息和地租等成本支出后的余额，产出（生产的价值）才总等于收入。上例中利润为 1 万美元；若工资、利息、地租之和为 4.5 万美元，则利润为 0.5 万美元；若三种报酬之和为 5.5 万美元，则利润为－0.5 万美元，说明企业亏损了。一个企业的产出总等于收入，一个国家的总产出也必然等于总收入。

为什么产出又总等于支出呢？这是因为最终产品的销售收入，就是最终产品购买者的支出。例如，生产了一件上衣卖 50 美元，就是购买上衣的消费者支出了 50 美元，这 50 美元就是生产和经营上衣的五阶段的厂商（棉农、纺纱厂、织布厂、制衣厂及售衣商）创造的价值即产出。上衣是这样，千千万万最终产品生产都是这样。因此，从全社会看，总产出就总等于购买最终产品的总支出。然而，假如社会某年生产了 1 万亿美元最终产品，只卖掉 0.8 万亿美元，总产出又怎么说是等于总支出呢？在国民收入核算中，这未卖掉的 0.2 万亿美元产品仍被看做是本企业在存货方面的投资支出，称存货投资。由于企业把存货变化也看做是自己购买自己产品的投资支出，因此，上例中的总支出就不是 0.8 万亿美元，而是 1 万亿美元了。

认识到总产出等于总收入，总产出又等于总支出，对于弄清如何核算 GDP 有着重大意义。上面说过，GDP 是经济社会在一定时期内生产的全部最终产品的市场价值。因此，从理论上说，似乎只要把所有最终产品市场价值加总就可以得到 GDP 了。如果用 Q_i 代表各种最终产品，P_i 代表它们的价格，则 $\text{GDP}=\sum P_iQ_i$。然而，事实上不大可能这样来核算 GDP，这不仅因为无法找到明确的标准来区分最终产品，而且即使真能按产品差别来划分最终产品，最终产品的清单也是为数众多的一长串。在这样的情况下，用它们乘以各自的价格并加总，实际上几乎不可能，为此只能采取其他方法来核算。上面说过，最终产品价值等于整个生产过程中价值增加之总和，因此，可以通过核算各行各业在一定时期中生产的价值增值来求得 GDP。这种方法称为生产法。从上述分析又已知，总产出等于总支出，因此，GDP 也可以通过核算整个社会在一定时期内购买最终产品的支出总和来求得。这种方法称为支出法。从上述分析还已知，总产出等于总收入，因此，GDP 还可通过核算整个社会在一定时期内获得的收入来求得。这种方法叫做收入法。常用的就是支出法和收入法。

二、核算 GDP 的两种方法

1. 用支出法核算 GDP

用支出法核算 GDP，就是通过核算在一定时期内整个社会购买最终产品的总支出即最终产品的总卖价来计量 GDP。谁是最终产品的购买者呢，只要看谁是产品和劳务的最后使用者。在现实生活中，产品和劳务的最后使用，除了居民消费，还有企业投资、政府购买及净出口。因此，用支出法核算 GDP，就是核算经济社会（指一个国家或一个地区）在一定时期内消费、投资、政府购买以及净出口这几方面支出的总和。

消费（指居民个人消费）**支出**（用字母 C 表示）**包括购买耐用消费品**（如小汽车、电视机、洗衣机等）、**非耐用消费品**（如食物、衣服等）和**劳务**（如医疗、旅游、理发等）

的支出。建造住宅的支出则不包括在内。

投资指增加或更换资本资产（包括厂房、住宅、机械设备及存货）**的支出**（用字母 I 表示）。为什么用于投资的物品也是最终产品？资本设备难道不是像中间产品一样被用来生产别的产品吗？为什么不属于中间产品呢？要知道，资本品（如厂房和设备等）和中间产品是有重大区别的。中间产品在生产别的产品时全部被消耗掉，但资本品在生产别的产品过程中只是部分地被消耗。一个钢铁厂若运营 40 年，则每年都只耗费部分价值，40 年后全部耗费掉。**资本品由于损耗造成的价值减少称为折旧。折旧不仅包括生产中资本品的有形磨损，还包括资本老化带来的无形磨损**。例如，一台设备使用年限虽然未到，但过时了，其价值要贬损。

投资包括固定资产投资和存货投资两大类。固定资产投资指新厂房、新设备、新商业用房以及新住宅的增加。为什么住宅建筑也属于投资而不属于消费？因为住宅像别的固定资产一样是长期使用，慢慢地被消耗的。

存货投资是企业掌握的存货价值的增加（或减少）。如果年初全国企业存货为 1 000 亿美元而年末为 1 200 亿美元，则存货投资为 200 亿美元。存货投资可能是正值，也可能是负值，因为年末存货价值可能大于也可能小于年初存货价值。

投资是一定时期内增加到资本存量中的资本流量，而资本存量则是经济社会在某一时点上的资本总量。假定某国家在 2007 年投资 900 亿美元，该国 2007 年末资本存量可能是 5 000 亿美元。由于机器和厂房等会不断磨损，假定每年要消耗即折旧 400 亿美元，则上述 900 亿美元投资中就有 400 亿美元要用来补偿旧资本消耗，净增加的投资只有 500 亿美元。这 400 亿美元因是用于重置资本设备的，故称**重置投资**。净投资加重置投资称为总投资。用支出法计算 GDP 时的投资，指的是总投资。

政府对产品和劳务的**购买**（G）**是指各级政府购买产品和劳务的支出**，如政府花钱设立法院、提供国防、建筑道路、开办学校等方面的支出。政府购买只是政府支出的一部分，政府支出的另一部分如转移支付、公债利息等都不计入 GDP。理由是政府购买时通过雇用公务人员、教师，建立公共设施，建造舰队等为社会提供了服务，而转移支付只是简单地把收入从一些人或一些组织转移给另一些人或另一些组织，没有相应的产品或劳务的交换发生。如政府给残疾人发放救济金，不是因为这些人提供了服务，创造了价值，而是因为他们丧失了劳动能力，要靠救济生活。

净出口指进出口的差额。用 X 表示出口，用 M 表示进口，则（$X-M$）就是净出口。进口应从本国总购买中减去，因为进口表示收入流到国外，不是用于购买本国产品的支出；出口则应加进本国总购买量之中，因为出口表示收入从国外流入，是用于购买本国产品的支出。因此，只有净出口才应计入总支出，它可能是正值，也可能是负值。

把上述四个项目加总，用支出法计算 GDP 的公式可写成：

$$\mathrm{GDP}=C+I+G+(X-M) \tag{12.1}$$

表 12-2 是 2015 年美国的 GDP 和需求的构成情况。

表 12-2　　**2015 年美国 GDP 和支出的项目**

项目	金额（10 亿美元）	百分比（%）
私人部门消费支出	12 268	68
私人部门投资支出	3 018	17
政府购买	3 184	18
净出口	−532	−3
国内生产总值	17 938	100

资料来源：N. Gregory Mankiw，*Principles of Macroeconomics*，8ed，New York，Cengage Learning，Inc.，2018，p. 482.

2. 用收入法核算 GDP

收入法即用要素收入亦即企业生产成本核算 GDP。严格说来，最终产品市场价值除了生产要素收入构成的成本外，还有间接税、折旧、公司未分配利润等内容，因此用收入法核算的国内生产总值应包括以下一些项目：(1) 工资、利息和租金等生产要素的报酬。工资包括所有对工作的酬金、津贴和福利费，也包括工资收入者必须缴纳的所得税及社会保险税。利息在这里指人们为企业提供的货币资金所得的利息收入如银行存款利息、企业债券利息等，但政府公债利息及消费信贷利息不包括在内。租金包括出租土地、房屋等租赁收入及专利、版权等收入。(2) 非公司企业主收入，如医生、律师、农民和小店铺主的收入。他们使用自己的资金，自我雇用，其工资、利息、利润、租金常混在一起作为非公司企业主收入。(3) 公司税前利润，包括公司所得税、社会保险税、股东红利及公司未分配利润等。(4) 企业转移支付及企业间接税。这些虽然不是生产要素创造的收入，但要通过产品价格转嫁给购买者，故也应视为成本。企业转移支付包括对非营利组织的社会慈善捐款和消费者呆账，企业间接税包括货物税或销售税、周转税。(5) 资本折旧。它虽不是要素收入，但包括在应回收的投资成本中，故也应计入 GDP。

这样，按收入法计得的国民总收入＝工资＋利息＋利润＋租金＋间接税和企业转移支付＋折旧。它和支出法计得的国内生产总值从理论上说是相等的，但实际核算中常有误差，因而还要加上一个统计误差。

（专栏 12-1“2014 年人均 GDP 世界排名以及我国国内各地发展不平衡情况”，请读者扫描本书封面二维码获取。）

第三节　国民收入的其他衡量指标

在西方国民收入核算体系中，除了要弄清上面说过的国内生产总值和国民生产总值这些概念外，还要弄清国内生产净值、国民收入、个人收入和个人可支配收入这些概念及其相互关系，因为这些概念都是属于从不同角度对国民收入的衡量。大体说来，这些概念的含义和相互关系是：

1. 国内生产总值（GDP）

其含义在本章第二节中已说过，它计量一定时期内一个国家或地区的所有生产活动的价值。“某年某国产出多少？”就是指国内生产总值。国内生产总值中的“总”字意指在计算各个生产单位的产出时，未扣除当期的资本耗费即折旧，如果扣除资本耗费，那就是国内生产净值。

2. 国内生产净值（NDP）

最终产品价值并未扣去资本设备消耗的价值，如把消耗的资本设备价值扣除了，就得到净增加值，即**从 GDP 中扣除资本折旧，就得到 NDP。**“总”和“净”对于投资也具有类似意义。**总投资是一定时期内的全部投资，**即建设的全部厂房、设备和住宅等，而**净投资是总投资中扣除了资本消耗或者重置投资部分。**例如，某企业某年购置 10 台机器，其中 2 台用来更换报废的旧机器，则总投资为 10 台机器，净投资为 8 台机器。

3. 国民收入（NI）

这里的国民收入指按生产要素报酬计算的国民收入。**从国内生产净值中扣除间接税和企业转移支付加政府补助金，就得到一国生产要素在一定时期内提供生产性服务所得报酬即工资、利息、租金和利润的总和意义上的国民收入。**间接税和企业转移支付虽构成产品价格，但不成为要素收入；相反，政府给企业的补助金虽不列入产品价格，但成为要素收入。故前者应扣除，后者应加入。

4. 个人收入（PI）

生产要素报酬意义上的国民收入并不会全部成为个人的收入。例如，利润收入中要给政府缴纳公司所得税，公司还要留下一部分利润，只有一部分利润会以红利和股息形式分给个人。职工收入中也有一部分要以社会保险费的形式上缴有关机构。此外，人们也会以各种形式从政府那里得到转移支付，如退伍军人津贴、工人失业救济金、职工养老金、职工困难补助等。因此，**从国民收入中减去公司未分配利润、公司所得税及社会保险税(费)，加上政府给个人的转移支付，大体上就得到个人收入。**

5. 个人可支配收入（DPI）

个人收入不能全归个人支配，因为要缴纳个人所得税，**税后的个人收入才是个人可支配收入，**即人们可用来消费或储蓄的收入。下面我们用 2012 年美国的材料说明从 GDP 到个人可支配收入再到个人储蓄的变化步骤，见表 12－3。

表 12－3　　　　2012 年美国从 GDP 到个人储蓄　　　　单位：10 亿美元

国内生产总值（GDP）			15 864.1
加	本国居民来自国外的要素收入	808.5	
减	本国支付给外国居民的要素收入	541.8	
等于	国民生产总值（GNP）		16 130.8
减	固定资本消耗	2 037.4	
等于	国民生产净值（NNP）		14 093.4
减	统计误差	－56.6	
等于	国民收入（NI）		14 150
减	包含存货价值和资本消耗调整的公司利润	2 013	
	净税收*	1 071.3	
	净利息	493.8	
	社会保险税	970.2	
	政府所经营之企业的当期盈余	－34.5	
	企业当期转移支付	129.7	

加	个人资产收入	1 858.7	
	个人当期接收的转移支付	2 399.2	
等于	个人收入（PI）		13 764.3
减	个人所得税和非税支付	1 529.1	
等于	个人可支配收入（DPI）		12 235.2
减	个人各项支出**	11 591.7	
等于	个人储蓄		643.5

*净税收指生产与进口税和补贴的差额。

**个人各项支出指个人消费支出、个人利息支付及个人对本国政府和国外的转移支付。

资料来源：U.S. Department of Commerce.

这个材料有如下几点要说明：

第一，本国生产要素在其他国家获得的收入（如本国在外国投资获得的利润，本国公民在外国的劳务收入等）减去本国付给外国生产要素在本国获得的收入，称为来自国外要素的所得净额（net factor income from abroad），也称为国外要素净支付。这样，国内生产总值加上国外要素净支付就可以得到国民生产总值。

第二，国民收入（要素报酬）并不会都给个人，从中要减去公司保留利润和社会保障缴款。这里，社会保障缴款指公司为本公司员工参加社会保险而缴纳给社会保险机构的费用，这些要从国民收入中扣除。当然，个人收入也会从政府和企业向个人的转移支付、利息调整和红利这些途径中增加。这里，净利息是指企业付给家庭部门的利息超过家庭部门付给企业部门的利息（消费信贷）后的余额。

从表 12－3 中可以看到，国民收入可以指五个相互联系而又有所不同的数字，它们是：国内生产总值（GDP）或目前已经较少使用的国民生产总值（GNP）、国民生产净值（NNP）、国民收入（NI）、个人收入（PI）以及个人可支配收入（DPI）。除了上述这些概念外，还有一个国内生产净值（NDP）的概念，这是国内生产总值扣除折旧后的余额。这些概念或数字显然具有各自的有用之处。然而，在宏观经济学的文献中，除非特别加以标明，国民收入（或简称收入）指的是 GDP。在 GDP 的意义上，一国的总收入、总支出和总产量是相等的。

第四节 国民收入的基本公式

在上面分析的基础上，可以得到国民收入构成的基本公式，进而得到对分析宏观经济行为十分重要的一个命题，这就是储蓄—投资恒等式。

一、两部门经济的收入构成及储蓄—投资恒等式

这里所说的两部门系指一个假设的经济社会，其中只有消费者（家庭）和企业（即厂商），因而就不存在企业间接税。为使分析简化，暂先撇开折旧，这样，国内生产总值就等于国内生产净值和国民收入，都用 Y 表示。在两部门经济中，没有税收、政府支出及进出口贸易，在这种情况下，国民收入的构成情况如下所示：

一方面，从支出的角度看，由于把企业库存的变动作为存货投资，因此，国内生产总值总等于消费加投资，即$Y=C+I$。

另一方面，从收入的角度看，由于把利润看做是最终产品卖价超过工资、利息和租金后的余额，因此，国内生产总值就等于总收入。总收入一部分用作消费，其余部分则当做储蓄。于是，从供给方面看的国民收入构成为：国民收入＝工资＋利息＋租金＋利润＝消费＋储蓄，即$Y=C+S$。

由于$C+I=Y=C+S$，于是得到$I=S$。这就是储蓄—投资恒等式。

必须明确的是，上述储蓄—投资恒等式是根据储蓄和投资的定义得出的。根据定义，国内生产总值等于消费加投资，国民总收入等于消费加储蓄。国内生产总值又等于国民总收入。这样，才有了储蓄—投资的恒等关系。这种恒等关系就是两部门经济中的总供给（$C+S$）和总需求（$C+I$）的恒等关系。只要遵循这些定义，储蓄和投资一定相等，而不管经济是否处于充分就业，是否处于通货膨胀，是否处于均衡状态。然而，这一恒等式绝不意味着人们意愿的或者说事前计划的储蓄总会等于企业想要有的或者说事前计划的投资。在现实经济生活中，储蓄主要由居民户进行，投资主要由企业进行，个人储蓄动机和企业投资动机也不相同。这就会形成计划储蓄和计划投资的不一致，形成总需求和总供给的不均衡，引起经济的收缩和扩张。以后我们分析宏观经济均衡时所讲的投资要等于储蓄，是指只有计划投资等于计划储蓄，或者说事前投资等于事前储蓄时，才能形成经济的均衡状态，这和我们这里讲的储蓄和投资恒等不是一回事。这里讲的储蓄和投资恒等，是从国民收入会计角度看，事后的储蓄和投资总是相等的。

还要说明，这里所讲储蓄等于投资，是指整个经济而言，至于某个人、某个企业或某个部门，则完全可以通过借款或贷款，使投资大于或小于储蓄。

二、三部门经济的收入构成及储蓄—投资恒等式

在三部门经济中，把政府部门引了进来。政府的经济活动表现在，一方面有政府收入（主要是向企业和居民征税），另一方面有政府支出（包括政府对产品和劳务的购买，以及政府给居民的转移支付）。这样，把政府经济活动考虑进去，国民收入的构成如下所示：

从支出角度看，国内生产总值等于消费、投资和政府购买的总和，可用公式表示为：$Y=C+I+G$。按理说，政府给居民的转移支付同样要形成对产品的需求，从而应列入公式，但这一需求已包括在消费和投资中，因为居民得到了转移支付收入，无非是仍用于消费和投资（主要是消费，因为转移支付是政府给居民的救济性收入及津贴），因此这里公式中政府支出仅指政府购买。

从收入角度看，国内生产总值仍旧是所有生产要素获得的收入总和，即工资、利息、租金和利润的总和。总收入除了用于消费和储蓄，还要先纳税。然而，居民一方面要纳税，一方面又得到政府的转移支付收入，税金扣除了转移支付才是政府的净收入，也就是国民收入中归于政府的部分。假定用T_0表示全部税金收入，t_r表示政府转移支付，T表示政府净收入，则$T=T_0-t_r$，这样，从收入方面看国民收入的构成将是：$Y=C+S+T$。

按照前面说过的社会总产出等于总销售（总支出），总产出价值又构成总收入的道理，

可以将三部门经济中国民收入构成的基本公式概括为：$C+I+G=Y=C+S+T$。公式两边消去 C，得 $I+G=S+T$，或 $I=S+(T-G)$。在这里，$(T-G)$可看做政府储蓄，因为 T 是政府净收入，G 是政府购买支出，二者的差额即政府储蓄，这可以是正值，也可以是负值。这样，$I=S+(T-G)$也就表示储蓄（私人储蓄和政府储蓄的总和）和投资的恒等。

三、四部门经济的收入构成及储蓄—投资恒等式

上述三部门经济加进一个国外部门就成了四部门经济。在四部门经济中，由于有了对外贸易，国民收入的构成从支出角度看就等于消费、投资、政府购买和净出口的总和，用公式表示是：$Y=C+I+G+(X-M)$。

从收入角度看，国民收入构成的公式可写成：$Y=C+S+T+K_r$，这里，$C+S+T$ 的意义和三部门经济中的意义一样，K_r 则代表本国居民对外国人的转移支付。例如，对外国遭受灾害时的救济性捐款，这种转移支付也来自生产要素的收入。

这样，四部门经济中国民收入构成的基本公式就是：$C+I+G+(X-M)=Y=C+S+T+K_r$，公式两边消去 C，则得到：

$$I+G+(X-M)=S+T+K_r$$

$I+G+(X-M)=S+T+K_r$ 这一等式，也可以看成是四部门经济中的储蓄—投资恒等式，因为这一等式可以转化为以下公式：$I=S+(T-G)+(M-X+K_r)$。这里，S 代表居民私人储蓄，$(T-G)$代表政府储蓄，而$(M-X+K_r)$则可代表外国对本国的储蓄，因为从本国的立场看，M（进口）代表其他国家出口商品，从而是这些国家获得的收入，X（出口）代表其他国家从本国购买产品和劳务，从而是这些国家需要的支出，K_r 也代表其他国家从本国得到的收入，可见，当$(M+K_r)>X$ 时，外国对本国的收入大于支出，于是就有了储蓄，反之，则有负储蓄。这样，$I=S+(T-G)+(M-X+K_r)$的公式就代表四部门经济中总储蓄（私人、政府和国外）和投资的恒等关系。

上面我们逐一分析了两部门、三部门和四部门经济中国民收入构成的基本公式以及储蓄和投资的恒等关系。在分析时是把折旧和企业间接税撇开的，实际上，即使把它们考虑进来，上述收入构成公式及储蓄和投资的恒等关系也都成立。如果上述 Y 指 GDP，则上述所有等式两边的 I 和 S 分别表示把折旧包括在内的总投资和总储蓄。如果 Y 指 NDP，则等式两边的 I 和 S 分别表示不含折旧的净投资和净储蓄；如果 Y 指 NI，则 C、I、G 是按出厂价计量的，等式两边减少了一个相同的等于间接税的量值。可见，不论 Y 代表哪一种国民收入概念，只要其他变量的意义能和 Y 的概念相一致，储蓄—投资恒等式就总是成立的。

第五节　名义 GDP 和实际 GDP

由于 GDP 是用货币来计算的，因此，一国 GDP 的变动由两个因素造成：一是所生产的产品和劳务的数量的变动，二是产品和劳务的价格的变动。当然，二者也常常会同时变

动。为弄清国内生产总值变动究竟是由产量还是由价格变动引起，需要区分名义国内生产总值和实际国内生产总值。

名义 GDP（或货币 GDP）是用生产产品和劳务的当年价格计算的全部最终产品的市场价值。实际 GDP 是用从前某一年的价格作为基期价格计算出来的全部最终产品的市场价值。假设某国最终产品以香蕉和服装代表。两种产品在 2016 年（现期）和 2006 年（基期）的价格和产量分别如表 12－4 所示，则以 2006 年价格计算的 2016 年的实际国内生产总值为 260 万美元。

表 12－4　　名义 GDP 和实际 GDP

	2006 年名义 GDP	2016 年名义 GDP	2016 年实际 GDP
香蕉	15 万单位×1 美元 ＝15 万美元	20 万单位×1.5 美元 ＝30 万美元	20 万单位×1 美元 ＝20 万美元
服装	5 万单位×40 美元 ＝200 万美元	6 万单位×50 美元 ＝300 万美元	6 万单位×40 美元 ＝240 万美元
合计	215 万美元	330 万美元	260 万美元

2016 年名义国内生产总值和实际国内生产总值的差别，可以反映出这一时期和基期相比价格变动的程度。在上例中，330÷260＝126.9%，说明从 2006 年到 2016 年该国物价水平[①]上升了 26.9%。在这里，126.9%称为 GDP 折算指数或平减指数。可见，**GDP 折算指数**是名义 GDP 和实际 GDP 的比率。如果知道了 GDP 折算指数，就可以将名义 GDP 折算为实际 GDP，其公式为：

$$\text{实际 GDP}=\text{名义 GDP}\div\text{GDP 折算指数} \tag{12.2}$$

例如，在上例中，从 2006 年到 2016 年，GDP 名义上（即从货币价值看）从 215 万美元增加到 330 万美元，实际只增加到 260 万美元，即如果扣除物价变动因素，GDP 只增长了 20.9%[(260－215)÷215＝20.9%]，而名义上却增长了 53.5%[(330－215)÷215＝53.5%]。

由于价格变动，名义 GDP 并不反映实际产出的变动。因此，如果不作特殊说明，以后各章中所讲的产出，总是指实际 GDP，并以英文小写字母来表示实际 GDP 以及其他变量。例如，用 y、c、i、g 分别表示实际产量（收入）、消费、投资和政府支出。

第六节　失业和物价水平的衡量

一、失业的衡量

失业率是衡量宏观经济运行状况的另一个重要指标，因为失业状况与居民福利和社会稳定之间关系最为密切。失业是有劳动能力的人想工作而找不到工作的社会现象。所有那

① 关于物价水平的含义，下面一小节中有详细说明。

些未曾受雇以及正在变换工作岗位或者未能按当时通行的实际工资率找到工作的人都是失业者。就业者和失业者的总和就是劳动力。

失业如何来测定？西方国家通常有一专门机构来作调查统计。例如，美国劳工统计局每个月会对大约6万个家庭作随机抽样调查，了解这些家庭在过去一个月里工作与否的情况。劳工统计局关于美国失业率的统计方式是将全国人口分为三大类：

第一类人口由三部分人组成：（1）未满16周岁的未成年人；（2）现役军人；（3）精神病患者以及劳教人员等。

第二类人口是非劳动力，指由于某些原因而未能加入就业行列的潜在成年劳动者，主要包括：（1）操持家务者；（2）在校学习者；（3）年老退休者；（4）病残者。

第三类人口是劳动力，由两部分人组成：（1）就业者。其中又分为工作者和非工作者两种情况。工作者指正在工作岗位的人；非工作者指在职中的请假、休假以及临时不工作的人。（2）失业者。其中又分为被解雇者、自愿离职者、再次求职者和初次求职者这几种情况。被解雇者是就业者中被工作单位解雇的人员；自愿离职者指就业人员中自动退出就业行列者，例如要寻找条件更好、待遇更高工作的人员；再次求职者指被解雇的和自愿离职的再次寻求工作的人员；初次求职者指包括刚成年的初次寻求工作的人。

失业率的计算并不是失业人数和总人口的比率，而是劳动人口中失业人数和劳动力总数的比率，即：

$$劳动力数量=就业人数+失业人数$$

$$失业率=\frac{失业人数}{劳动力数量}\times 100\%$$

与失业率相关的一个统计数字是劳动力参与率，这是指成年人口中属于劳动力数量的百分比，即：

$$劳动力参与率=\frac{劳动力数量}{成年人口总数}\times 100\%$$

失业在全体公民间的分布是不均衡的，这种不均衡可按不同种族、性别、年龄段等不同劳动力类型来加以测定。在美国，黑人的失业率约为白人的两倍，20岁以下年轻人的失业率约为老职工失业率的两倍多，女性的失业率也高于男性。

20岁以下的失业者与其他失业者相比在性质上有一个显著的区别。前者比较多地倾向于短期失业，频繁地进入和退出劳动力队伍，老职工的失业则会持续较长时间。

需要注意的是，失业率的计算虽是经过复杂的统计计算出来的，但仍有局限性。首先，凡是得到报酬的工人都被统计在就业者之中，但不能明确地区分是全日制工作还是打短工。例如，一个每周工作15小时的工人和每周工作40小时的工人在计算失业率时是没有办法区分的。这样，在统计中忽略了实际工作时间少于劳动者愿意提供的劳动时间的情况，从而低估了失业率。其次，在这种统计计算当中还存在劳动者未能充分利用其技能的问题。例如，一个高级专家由于经济原因找不到合适的工作，而是在做些简单的工作，实际上他就是处在一种半失业状态。这样也就低估了失业率。最后，劳动者可能由于许多主客观原因而虚报、谎报就业状况以谋取好处、骗取失业救济金等，这都可能导致计算的不准确。

失业可以按其原因进行分类，主要的失业类型包括摩擦性失业、结构性失业和周期性失业。摩擦性失业是指在劳动力的周转中由于工人和工作之间的匹配过程而引起的失业。结构性失业是指劳动力的供给和需求不匹配所造成的失业。周期性失业是指在宏观经济运行过程中，随经济衰退而上升，随经济扩张而下降的失业。

当经济步入扩张期时，周期性失业最终会下降至零。但是，由于摩擦性失业和结构性失业的存在，经济的失业率不会为零。在宏观经济学中，把只有摩擦性失业和结构性失业的就业状态称为充分就业。换句话说，宏观经济学将摩擦性失业和结构性失业看做经济中正常的失业水平。相应地，将经济处于充分就业情况下的失业率称为自然失业率，也就是说，将摩擦性失业人数和结构性失业人数相加后除以劳动力人数所得到的失业率称为自然失业率。

二、物价水平的衡量

通货膨胀是衡量宏观经济运行状况的又一大重要指标，因为这一指标同样与居民福利和社会稳定息息相关。通货膨胀不是这种或者那种产品及劳务价格的上升，而是指物价总水平的上升。物价总水平或者说一般物价水平是指所有产品和劳务交易价格总额的加权平均数值。这个加权平均值就是价格指数。

价格指数之所以要是一个加权平均数，是因为人们购买各种商品时有的购买量大，有的购买量小，即各种商品交易量有大小。不仅如此，各种商品价格也不一样，有的贵，有的便宜。因此，在计算价格指数时不应计算所有交易商品价格的简单平均数值，而应计算它们的加权平均数值。不同商品交易量在计算中应有不同权数。下面举个假设的例子来说明如何建立价格指数。假定经济中有 A、B、C 三种商品交易，这些商品的价格和交易量在现期（或称本期或报告期）和基期（从前某一时期）的情况如表 12-5 所示。

表 12-5　　一个假设的价格指数示例

商品品种	基期交易量（件）	基期价格（美元）	现期价格（美元）	价格变化（%）
A	2	1.00	1.50	50
B	1	3.00	4.00	33
C	3	2.00	4.00	100

交易总量＝2 件 A＋1 件 B＋3 件 C

基期价格总额＝1×2＋3×1＋2×3＝11（美元）

现期价格总额＝1.5×2＋4×1＋4×3＝19（美元）

基期价格指数＝(11/11)×100％＝100％

现期价格指数＝(19/11)×100％＝172.7％

通货膨胀率＝72.7％

在这个例子中，现期价格总水平即价格指数比基期价格总水平上升了 72.7％，这就是这一时期（从基期到现期）的通货膨胀率。

衡量通货膨胀率的价格指数一般有三种：

一是消费价格指数（CPI），又称生活费用价格指数，指通过计算城市居民日常消费的生活用品和劳务的价格水平变动而得到的指数，计算的公式是

$$\text{CPI}=\frac{\text{现期价格指数}}{\text{基期价格指数}}\times 100\%$$

二是生产者价格指数（PPI）指通过计算生产者在生产过程中所有阶段上所获得的产品的价格水平变动而得到的指数。这些产品包括制成品和原材料。

三是国内生产总值的价格指数，即国内生产总值折算指数，这已在上一节做过介绍。这种指数用于修正名义 GDP 数值，从中去掉通胀因素，其统计计算对象包括所有计入 GDP 的最终产品和劳务，因而能全面反映一般物价水平变动。但作为居民和厂商，关心的主要是与自己有关的物价水平的变化，从中判断自己受通胀影响有多大。为满足这种需要，就有消费价格指数（CPI）和生产者价格指数（PPI）。

这三种价格指数既相互有联系，又有一定的区别。CPI 和 PPI 的区别已如名称所示。CPI 和 GDP 折算指数的区别有哪些？第一，GDP 折算指数衡量生产的全部最终产品与劳务的价格，而 CPI 衡量的是消费品价格水平，因而生产性物品（如原材料）价格上升会影响 GDP 折算指数，而不直接影响 CPI。第二，GDP 折算指数只包括国内产品价格，进口产品价格不反映在其中，但进口产品价格的变动会影响 CPI，因为居民也会购买进口消费品。第三，CPI 给各种价格分配固定权重，以便于不同时期的对比分析，但 GDP 折算指数给各种产品价格分配的权重是变动的。例如，假设某农产品今年大歉收，在计算 CPI 时仍给此产品固定权重，而在 GDP 折算指数中它的权重则下降了。

在认识这些价格指数时还有几点要说明：

一是在计算 CPI 时并非把居民所购消费品价格都计入，只是挑选了对居民生活影响较大的一些商品。这些商品是固定一篮子产品，且每种被选产品的权数都相对固定，并非基期选这些产品，现期（报告期或者本期）又选另一些产品。只有这样，才便于对比分析物价的变动。

二是 CPI 只能大致反映居民生活成本变动，但不能完全精确反映。如果篮子产品中某产品性能、质量有所下降但价格未变，CPI 就难以反映居民生活所受影响。

三是价格指数统计计算方法上的区别。在上述 CPI 例子中，计算的交易量都是基期的，只是价格一个以基期的计，一个以现期的计。现期价格指数计算的公式实际上是

$$L_P=\sum P_1Q_0/\sum P_0Q_0=\frac{1.5\times 2+4\times 1+4\times 3}{1\times 2+3\times 1+2\times 3}\times 100\%=19/11=172.7\%$$

这个价格指数是以基期数量计的加权价格指数，称基期加权价格指数，又称拉氏价格指数或者拉斯拜尔公式，因为这种指数是德国人拉斯拜尔在 1864 年提出的。L_P表示拉氏价格指数，Q_0为基期交易量，P_0、P_1分别是基期和现期价格。

然而，在 GDP 折算指数中，计算的数量（Q）是报告期（现期）的，价格仍旧有基期和报告期之分。这个折算指数的公式实际上是

$$P_P=\sum P_1Q_1/\sum P_0Q_1$$

即以本期价格乘以本期产量来计算名义 GDP，以基期价格乘以本期产量来计算实际 GDP，说明基期到报告期这段时间如果产量不变，实际上生产了多少 GDP。这个 GDP 折算指数就是以报告期（现期、本期或计算期）数量为权数的价格指数，称计算期加权价格指数，又称帕氏价格指数或者帕煦公式，因为它是德国人帕煦在 1874 年提出的。

但凡要核算一段时期（从基期到报告期）内经济实际增长了多少，就要从名义值（名义收入、名义产值等）中剔除物价上涨因素。以目前数量乘以目前价格减去这一数量乘以基期价格所得余额，即价格上涨因素造成的名义值增加的部分，扣除这部分则为实际增量。因此，计算 GDP 折算数值的是帕氏指数。

在核查通胀因素给居民生活带来的影响时，可用拉氏指数，也可用帕氏指数，但这两个指数在衡量居民生活成本时都有一定的局限性。拉氏指数会夸大生活成本的上升，因为这一指数的交易量是固定的 Q_0，没有考虑到一种产品价格上涨时消费者会转而消费便宜的替代品；相反，帕氏指数会低估生活质量的下降，因为这种指数的交易量是 Q_1，虽然考虑到了一种产品价格上升时消费者可能转而消费替代品，但这一指数不能反映这种替代可能影响消费者福利。由于基期交易量是早已存在的，较易获得，因此通常用拉氏指数计算 CPI。

第七节　结束语

本章要点可以归结如下：

(1) 宏观经济学研究社会总体的经济行为及其后果，因此，其研究对象和方法都与微观经济学不完全相同。

(2) 核算国民经济活动的核心指标是国内生产总值（GDP），它是经济社会（一国或一地区）在一定时期内运用生产要素所生产的全部最终产品（产品和劳务）的市场价值。

(3) 核算 GDP 可用生产法、支出法和收入法，最常用的是后两种方法。用支出法计得的国内生产总值＝消费(C)＋投资(I)＋政府购买支出(G)＋净出口$(X-M)$；用收入法计得的国内生产总值＝工资＋利息＋利润＋租金＋间接税＋折旧。

(4) 西方经济学中讲的国民收入乃是衡量社会经济活动成就的一个广泛概念，实际上包括国内生产总值、国内生产净值、国民生产总值、国民生产净值、国民收入、个人收入和个人可支配收入，这些概念通过一定的关系相互关联着。

(5) 国民收入核算体系中存在着储蓄和投资的恒等式关系。在两部门、三部门和四部门经济中，这一恒等式分别是 $S=I$、$I=S+(T-G)$ 以及 $I=S+(T-G)+(M-X+K_r)$。

(6) 国内生产总值有名义的和实际的之分。某个时期名义国内生产总值和实际国内生产总值之间的差别，可反映这一时期和基期相比的价格变动程度。

对本章的内容，应该注意以下几点：

第一，国民经济核算是以整个国民经济为总体的全面核算，它以一定经济理论为指导，综合应用统计核算、会计核算、业务核算，从实物资产、金融资产、物质产品和劳务等各个角度，以各种流量和存量形式，对能反映整个国民经济状况的各种重要总量指标及其组成成分作系统测定，并把各种指标组成一个系统来综合描述一国国民经济的联系和结构的全貌。这种核算所提供的各种指标，是研究一国经济现实的历史发展的重要根据，也是进行经济预测、编制计划和制定政策的基本依据。

国民经济核算体系是指一国（或一地区）在国民经济核算中形成的，由各总量及其组成成分之间的联系和指标概念、定义、分类、计算方法、表现形式、记录手续和相关关系所构成的一套国民经济核算的标准和制度。世界上出现过两种国民经济核算体系。一种是联合国于1968年公布的《国民经济核算体系》(System of National Accounts，SNA)(1993年联合国又推出了一套最新的SNA国际标准)，它是西方市场经济国家普遍采用的。另一种是联合国于1971年公布的《国民经济平衡表体系》，又称《物质产品平衡表体系》(System of Material Product Balance，MPS)，它是过去苏联在总结1925年以来计算国民收入的经验基础上逐步形成的一套核算方法和体系，过去主要为中央计划经济国家所采用。随着各国向市场经济制度方向进行改革和开放，目前世界上已很少有国家再按MPS核算国民经济，大都采用SNA。

第二，本章所述国民收入核算的基本内容就是SNA，这套核算体系以西方宏观经济理论为依据，将国内生产总值（GDP）作为核算国民经济活动的核心指标。这有其合理性，因为GDP确实代表了一国或一个地区所有常住单位和个人在一定时期内全部生产活动（包括产品和劳务）的最终成果，可以对一国总体经济运行表现作出概括性衡量，反映出一国（或地区）的经济实力，便于国家间和地区间进行比较，为制定国家和地区经济发展战略、分析经济运行状况以及政府调控和管理经济提供重要依据和参考。

但SNA以GDP作为核算国民经济活动的核心指标也是有局限性的，也就是说，尽管GDP是宏观经济学所有概念中最重要的指标，但GDP并不是万能的。一是它不能反映社会成本。例如，某地赌博和黄色交易盛行，也许GDP水平很高，但并不能说明该地区经济发展能给人们带来幸福，只能说明社会生活腐朽。二是它不能反映经济增长方式付出的代价。例如，如果只顾经济总量和速度增长，而不顾环境污染、生态破坏，那么，经济可能增长了，但环境可能遭受严重污染，今天GDP上去了，明天可能要为治理环境污染而付出比今天增加的GDP高出几倍的成本。三是不能反映经济增长的效率和效益。例如，如果为了经济增长有高速度而拼命消耗资源，对资源采取低效的、掠夺式的利用，那么，可能一时经济上去了，以后经济持续增长的后劲和潜力却丧失了。四是不能反映人们的生活质量。例如两个生产了同样多GDP的国家，如果一国国民十分健康，人均寿命很长，享有较多闲暇，而另一国国民劳动十分紧张，疲于奔命，人均寿命也短，那么，前一国国民显然比后一国国民幸福得多。五是不能反映社会收入和财富分配的状况。例如，即使两国人均GDP水平相同，但一国贫富差距比另一国大得多，显然，前一国的社会总福利要比后一国低得多。

正因为GDP指标有这些局限性，因此，1990年以来，联合国开发计划署每年发布一份《人类发展报告》，把用于衡量社会经济的指标体系由单纯的“GDP”指标变为“社会指标”(经济、社会、环境、生活、文化等)。同时，在国外关于GDP的争论中，引入一个绿色GDP的新概念。这是指在名义GDP中扣除了各种自然资源消耗之后，经过环境调整的国内生产净值，也称绿色国内生产净值（EDP)。世界银行1997年开始利用绿色GDP国民经济核算体系来衡量一国（地区）的真实财富。尽管绿色GDP目前在核算上还存在不少技术难题，但这一设想的方向是正确的，也符合科学发展观。

第三，西方发达国家的经济核算体系并非一成不变。美国商务部下属的经济分析局(BEA) 每五年调整一次国民收入账户核算。2013年美国公布了新的GDP统计方式，将研发支出（R&D)、娱乐文化支出以及退休金等指标纳入新的GDP统计中，成为全球首先践行国民经济核算体系（SNA）的2008年新标准体系的国家并对全球经济未来发展趋势起到新的引领作用。

更新国民经济核算体系也是全球的一大趋势。联合国从1953年起就推行国民经济核算体系，经历了1968年版、1993年版和2008年版，估计从2014年起大多数国家将改用《2008年国民经济核算体系》。国民经济核算方法的演化是经济发展实践的要求和反映。事实表明，原有的以GDP为核心指标的国民经济核算已不能正确反映国民财富增长的情况，国民经济核算的全面性、真实性受到严重挑战。例如，创新是美国经济增长和竞争力提升的主要驱动力，知识产权的授予和保护是促进创新和创造力的关键。2010年的数据显示，知识产权密集型产业为美国当年经济的贡献超过5万亿美元，大约占GDP的34.8%。这样的数据只有在美国GDP核算新标准中才能得到反映。这一新标准是在《2008年国民经济核算体系》的新变化中被确立的。这一新变化的突出表现之一正是研发的资本化。由于研发由原来的中间消耗转变为固定资产下的知识产权产品即转变为资本，才使得生命科学、信息通信、新能源和新材料等领域的研发对经济增长的贡献得到如实反映。显然，美国GDP核算的新标准凸显了经济增长动力的新变化。

第四，中华人民共和国建立后很长一段时期曾经使用MPS即物质产品平衡表体系。这一体系与高度集中的计划管理体制相适应，在过去的经济管理中曾发挥过重要作用。但是，随着经济体制改革的深入、开放扩大和经济运行机制的转变，这一核算制度的缺陷日益显露，主要是不能反映非物质生产部门发展状况，尤其是第三产业发展情况，不能系统反映社会资金运行情况，不利于政府实行间接宏观调控和管理，不能反映国民经济循环全貌以及各环节间的衔接情况，不利于社会经济总体平衡的调控，也不利于进行国际比较和交流。为此，从20世纪80年代中期起，我国在继续实行MPS体系的同时，逐步引进和采用SNA即国民经济核算体系，采用国内生产总值指标作为考核国民经济发展和制定经济发展战略目标的主要指标。1984—1992年，国家统计局会同有关部门制定了《中国国民经济核算体系（试行方案）》。这一方案的试行，体现了我国国民经济核算体系从MPS向MPS和SNA并存的混合体系的转变，也是我国国民经济核算体系的第一次转变。这次转变实现了从指导思想到核算技术的多方面突破，体现了根据我国实际情况从MPS向SNA的过渡。

从2003年起，我国开始实施一套国民经济核算工作的新的规范性文本，这就是《中国国民经济核算体系(2002)》。这套新的核算体系，努力做到基本上与联合国等国际组织的国民经济核算体系相衔接。这是我国国民经济核算体系的第二次转变，即由MPS和SNA相混合的体系向SNA的转变。这次转变，在GDP的表述、人均GDP的计算、三次产业的划分、价格缩减指数的计算、数据发布程序等各方面都作了和SNA更为一致的改革。尽管这一核算体系与联合国标准比还有一定差距，向国际标准完全靠拢还有一个过程，但我国国民经济核算体系的不断完善和发展已是确定无疑了。

中国国家统计局于2016年宣布实施的中国国民经济核算体系，将研发支出计入GDP，改进城镇居民自有住房服务价值核算方法，将土地承包经营权流转收入计入财产收入，将雇员股票期权计入劳动者报酬。采用上述新标准的经济核算体系的意义十分重大，有利于中国经济转变发展方式。例如将企业研发投资计入固定资产投资，将有利于激励重视GDP增长的地方政府更加有力地推动企业投资研发和技术创新，而不像过去那样主要热衷于简单扩大生产规模，这对于产品升级和企业转型都会有深远影响。再如，新核算体系将参考一些发达国家建立国家环境资源账户体系，开展环境保护支出、资源削减成本、环境退化成本等的实际核算，使我国经济发展的生态环境得到保护，使经济增长真正被纳入环境友好型、资源节约型的轨道。

更值得注意的是，2013 年中央组织部下发《关于改进地方党政领导班子和领导干部政绩考核工作的通知》，规定今后考核干部不能仅把地区生产总值及其增长率作为政绩评价的主要指标，不能搞地区生产总值及增长率排名，要求各地根据本地情况设置各有侧重、各有特色的考核指标，把有质量、有效益、可持续的经济发展和民生改善、社会和谐进步、文化建设、生态文明建设、党的建设等作为考核评价的重要内容，加大资源消耗、环境保护、消化产能过剩、安全生产等指标的权重，更加重视科技创新、教育文化、劳动就业、居民收入、社会保障、人民健康状况的考核。为什么要这样？众所周知，中国改革开放以来，在“发展是第一要务”的理念和唯 GDP 论的指导下，中国经济在迎来高速发展的同时也付出了巨大的环境资源的代价。许多地方政府为了发展，都是高污染、高能耗的投资项目大干快上，不惜大量盲目举债搞“政绩工程”，带来了一系列问题。显然，中国干部政绩考核体系的改变，对中国经济转变发展方式、调整经济结构和可持续发展具有重大意义。

第十三章

国民收入的决定：收入—支出模型

上一章讨论国民收入如何核算，从这一章起将讨论国民收入如何决定，即经济社会的生产或收入水平是怎样决定的。现代西方宏观经济学的奠基人凯恩斯的学说的中心内容就是国民收入决定理论。凯恩斯主义的全部理论涉及四个市场：产品市场、货币市场、劳动市场和国际市场。仅包括产品市场的国民收入决定理论被称为简单的国民收入决定理论，也就是国民收入决定的收入—支出模型。

第一节　均衡产出

一、最简单的经济关系

说明一个国家的生产或收入如何决定，要从分析最简单的经济关系开始。为此，需要先作一些假设：

(1) 假设所分析的经济中不存在政府，也不存在对外贸易，只有家庭部门（居民户）和企业部门（厂商）。消费行为和储蓄行为都发生在家庭部门，生产和投资行为都发生在企业部门。还假定企业投资是自发的或外生的，即不随利率和产量而变动。这种简单的经济关系称为两部门经济。

(2) 假设不论需求量为多少，经济社会均能以不变的价格提供相应的供给量。这就是说，社会总需求变动时，只会引起产量和收入变动，使供求相等，而不会引起价格变动。这在西方经济学中有时被称为凯恩斯定律。凯恩斯在写作《就业、利息和货币通论》时，面对的是 1929—1933 年的大萧条，工人大批失业，资源大量闲置。在这种情况下，社会总需求的增加，只会使闲置的资源得到利用，生产增加，而不会使资源的价格上升，从而产品成本和价格大体上能保持不变。这条所谓凯恩斯定律被认为适用于短期分析，即分析的是短期中收入和就业如何决定。因为在短期中，价格不易变动，或者说具有黏性，当社会需求变动时，企业首先考虑的是调整产量，而不是改变价格。

此外，还假定折旧和公司未分配利润为零。这样，GDP、NDP、NI 和 PI 就都相等。

二、均衡产出的概念

在上述情况下，经济社会的产量或者说国民收入就决定于总需求。**和总需求相等的产出被称为均衡产出或收入。**本书的微观部分已经说明均衡的意义，均衡是指一种不再变动的情况。当产出水平等于总需求水平时，企业生产就会稳定下来。若生产（供给）超过需求，企业所不愿意持有的过多的存货会增加，企业就会减少生产；若生产低于需求，企业库存会减少，企业就会增加生产。总之，由于企业要根据产品销路来安排生产，一定会把生产定在和产品需求相一致的水平上。由于两部门经济中没有政府和对外贸易，总需求就只由居民消费和企业投资构成。于是，均衡产出可用公式表示为：

$$y=c+i \tag{13.1}$$

这里，y、c、i 都用小写字母表示，分别代表剔除了价格变动的实际产出或收入、实际消费和实际投资，而不是上一章里用大写字母表示的名义产出或收入、名义消费和名义投资。还要指出的是，公式中的 c 和 i 代表居民和企业实际希望持有的消费和投资，即意愿消费和投资的数量，而不是国民收入构成公式中实际发生的消费和投资。举例来说，假定企业部门由于错误估计形势，生产了 1 200 亿美元产品，但市场实际需要的只是 1 000 亿美元产品，于是就有 200 亿美元产品成为企业的非意愿存货投资或称非计划存货投资。上一章第二节里说过，存货投资是企业掌握的存货价值的变动。存货是处于生产过程中的产品和待出售成品的存量，包括原材料在制品和企业暂时持有的待售产品。企业要正常持续生产经营，必须保有一定数量的存货。符合生产经营所需要的存货变动是意愿存货投资或计划存货投资，超过生产经营所需要的存货变动就是非意愿或非计划存货投资。这部分存货投资在国民收入核算中是投资支出的一部分，但不是计划投资的一部分。因此，在国民收入核算中，实际产出就等于计划支出（或称计划需求）加非计划存货投资。但在国民收入决定理论中，均衡产出指与计划需求相一致的产出。因此，在均衡产出水平上，计划支出和计划产出正好相等。因此，非计划存货投资等于零。

均衡产出是和总需求相一致的产出，也就是经济社会的收入正好等于全体居民和企业想要有的支出。假定企业生产 100 亿美元产品，居民和企业要购买产品的支出也是 100 亿美元，则这 100 亿美元的生产就是均衡产出或者说均衡收入。换句话说，社会经济要处于均衡收入水平上，就有必要使实际收入水平引起一个相等的计划支出量，因为只有这样才能使这一收入水平继续被维持下去。这也就是本书过去所解释过的均衡的意义。若用 E 代表支出，y 代表收入，则经济均衡的条件是 $E=y$［这和（13.1）式的 $y=c+i$ 其实是一个意思，因为 E 表示支出，两部门经济中 $E=c+i$］，这个关系可用图 13－1（a）表示。在图中，纵轴表示支出（单位为亿美元），横轴表示收入（单位为亿美元），从原点出发的 45°线上的各点都表示支出和收入相等。例如，A 点表示支出和收入各为 100 亿美元。

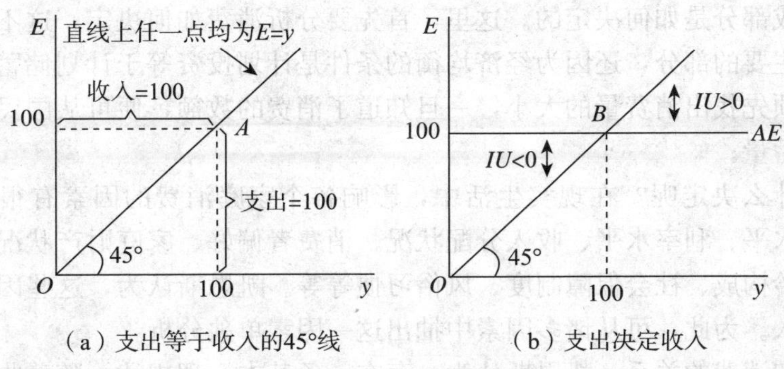

图 13-1　均衡产出

均衡产出指与总需求相等的产出这一点，可在图 13-1（b）上得到表现。在图中，假定总支出（即总需求量）为 100 亿美元，则总产出（总收入）为 100 亿美元时就是均衡产出，B 为均衡点。同 B 点相对应的支出和收入都为 100 亿美元，说明生产数额正好等于需要支出（消费加投资）的数额。若产出大于 100 亿美元，非意愿存货投资（图中用 IU 表示）就大于零，企业要削减生产。反之，企业会扩大生产。因此，经济总要趋于 100 亿美元产出水平。再假定总需求为 90 亿美元，则均衡产出必为 90 亿美元。若总需求为 110 亿美元，则均衡产出为 110 亿美元。

从均衡产出概念可见，要增加均衡产出，关键是要增加总需求，因为均衡产出水平决定于总需求或者说总支出水平。

三、投资等于储蓄

均衡产出或收入的条件 $E=y$，也可用 $i=s$ 表示，因为这里的计划支出等于计划消费加投资，即 $E=c+i$，而生产创造的收入等于计划消费加计划储蓄，即 $y=c+s$（这里，y、c、s 也都是剔除了价格变动的实际收入、实际消费和实际储蓄），因此，$E=y$ 也就是 $c+i=c+s$，等式两边消去 c，则得：

$$i=s \tag{13.2}$$

需再次说明，这里的投资等于储蓄，是指经济要达到均衡，计划投资必须等于计划储蓄。而国民收入核算中的 $i=s$，则是指实际发生的投资（包括计划和非计划存货投资在内）始终等于储蓄。前者为均衡的条件，即计划投资不一定等于计划储蓄，只有二者相等时，收入才处于均衡状态；而后者所指的实际投资和实际储蓄是根据定义而得到的实际数字，从而必然相等。

第二节　凯恩斯的消费理论

一、消费函数

均衡产出既然是指与总需求相一致的产出，则分析均衡产出如何决定，就是要分析总需求的各个组成部分是如何决定的。这里，首先要分析消费如何决定，这不仅是因为消费是总需求中最主要的部分，还因为经济均衡的条件是计划投资等于计划储蓄。要找出储蓄量的大小，必须先找出消费量的大小，一旦知道了消费的数额，便可从国民收入中减掉这一数额求得储蓄量。

消费量由什么决定呢？在现实生活中，影响各个家庭消费的因素有很多，如收入水平、商品价格水平、利率水平、收入分配状况、消费者偏好、家庭财产状况、消费信贷状况、消费者年龄构成、社会保障制度、风俗习惯等等。凯恩斯认为，这些因素中有决定意义的是家庭收入。为此，可从诸多因素中抽出这一因素单独分析。

关于收入和消费的关系，凯恩斯认为，存在一条基本心理规律：随着收入的增加，消费也会增加，但是消费的增加不及收入的增加多，**消费和收入的这种关系被称做消费函数或消费倾向**，用公式表示是：

$$c=c(y) \tag{13.3}$$

假定家庭的消费和收入之间有表 13－1 所示的关系。

表 13－1　家庭消费函数　单位：美元

	(1) 收入	(2) 消费	(3) 边际消费倾向(*MPC*)	(4) 平均消费倾向(*APC*)
A	9 000	9 110		1.01
			0.89	
B	10 000	10 000		1.00
			0.85	
C	11 000	10 850		0.99
			0.75	
D	12 000	11 600		0.97
			0.64	
E	13 000	12 240		0.94
			0.59	
F	14 000	12 830		0.92
			0.53	
G	15 000	13 360		0.89

表 13－1 的数字表明：当收入为9 000美元时，消费为9 110美元，入不敷出。当收入为10 000美元时，消费为10 000美元，收支平衡。当收入依次增至11 000美元、12 000美元、13 000美元、14 000美元和 15 000美元时，消费依次增加到10 850美元、11 600美元、12 240美元、12 830美元和13 360美元。这就是说，当收入增加时，消费随之增加，但增加得越来越少。在表中，当收入依次增加1 000美元时，消费依次增加 890 美元、850 美元、750 美元、640 美元、590 美元和 530 美元。**增加的消费与增加的收入之比率**，也就是增加的 1 单位收入中用于增加消费部分的比率，**被称为边际消费倾向（*MPC*）**。表 13－1 中第（3）列即边际消费倾向。边际消费倾向的公式是：

$$MPC=\frac{\Delta c}{\Delta y} \quad \text{或} \quad \beta=\frac{\Delta c}{\Delta y} \tag{13.4}$$

若收入增量和消费增量均极小，上述公式可写成：

$$MPC=\frac{\mathrm{d}c}{\mathrm{d}y} \tag{13.5}$$

表 13-1 中第（4）列是平均消费倾向（APC），**平均消费倾向指任一收入水平上消费支出在收入中的比率**，平均消费倾向的公式是：

$$APC=\frac{c}{y} \tag{13.6}$$

根据表 13-1 可得出消费曲线如图 13-2 所示。

在图 13-2 上，横轴表示收入 y，纵轴表示消费 c，45°线上任一点到纵横轴的垂直距离都相等，表示收入全部用于消费。$c=c(y)$ 曲线是消费曲线，表示消费和收入之间的函数关系。B 点是消费曲线和 45°线的交点，表示这时候消费支出和收入相等。B 点左方，表示消费大于收入；B 点右方，表示消费小于收入。随着消费曲线向右延伸，这条曲线和 45°线的距离越来越大，表示消费随收入增加而增加，但增加的幅度越来越小于收入增加的幅度。消费曲线上任一点的斜率，都是与这一点相对应的边际消费倾向，而消费曲线上任一点与原点相连而成的射线的斜率，则是与这一点相对应的平均消费倾向。从图 13-2 上消费曲线的形状可以想象到，随着这条曲线向右延伸，曲线上各点的斜率越来越小，说明边际消费倾向递减，同时曲线上各点与原点的连线的斜率也越来越小，说明平均消费倾向也递减，但平均消费倾向始终大于边际消费倾向，这和表 13-1 所得的数据也是一致的。由于消费增量只是收入增量的一部分，因此边际消费倾向总大于 0 而小于 1，但平均消费倾向则可能大于、等于或小于 1，因为消费可能大于、等于或小于收入。

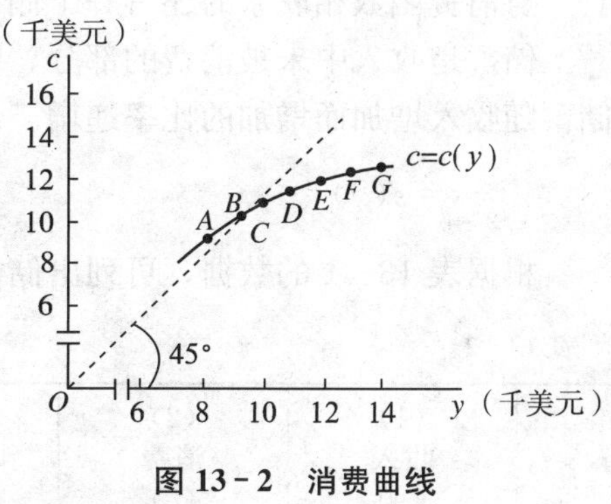

图 13-2　消费曲线

表 13-1 所表示的是边际消费倾向递减的情况。如果消费和收入之间存在线性关系，则边际消费倾向为一常数，这时消费函数可用下列方程表示：

$$c=\alpha+\beta y \tag{13.7}$$

式中，α 为必不可少的自发消费部分，即收入为 0 时举债或动用过去的储蓄也必须要有的基本生活消费；β 为边际消费倾向；β 和 y 的乘积表示收入引致的消费。因此，$c=\alpha+\beta y$ 的经济含义是：消费等于自发消费与引致消费之和。例如，若已知 $\alpha=300$，$\beta=0.75$，则 $c=300+0.75y$，这就是说，若收入增加 1 单位，其中就有 75%用于增加消费，只要 y 已知，就可算出全部消费支出量。

当消费和收入之间呈线性关系时，消费函数就是一条向右上方倾斜的直线，消费函数上每一点的斜率都相等，并且大于 0 而小于 1，如图 13-3 所示。

当消费函数为线性的时，$APC>MPC$ 这一点更易看清，因为消费函数上任一点与原点相连所成射线的斜率都大于消费曲线（这里是直线）的斜率，而且从公式看，$APC=\frac{c}{y}=\frac{\alpha+\beta y}{y}=\frac{\alpha}{y}+\beta$，在这里，$\beta$ 是 MPC，由于 α 和 y 都是正数，因此，$\frac{\alpha}{y}>0$，所以，$APC>MPC$。随着收入增加，$\frac{\alpha}{y}$ 越来越小，说明 APC 逐渐趋近于 MPC。

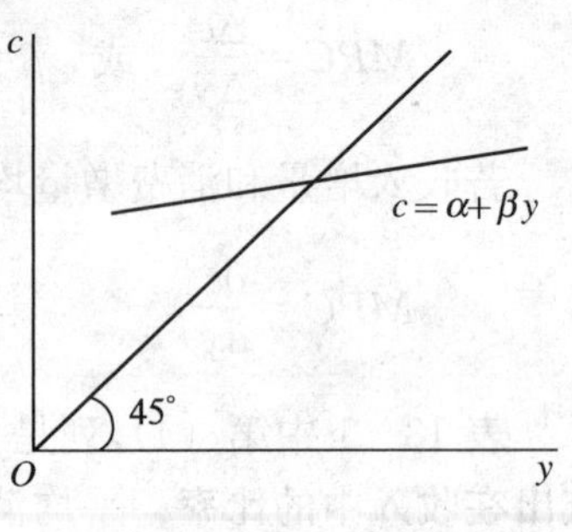

图 13－3　线性消费函数

二、储蓄函数

与消费函数相联系的还有一个储蓄函数的概念。

储蓄是收入中未被消费的部分。既然消费随收入增加而增加的比率是递减的，则可知储蓄随收入增加而增加的比率递增。**储蓄与收入的这种关系就是储蓄函数**，其公式是：

$$s=s(y) \tag{13.8}$$

根据表 13－1 的数据，可列出储蓄函数的数字如表 13－2 所示。

表 13－2　　**家庭储蓄函数**　　单位：美元

	(1) 收入 (y)	(2) 消费 (c)	(3) 储蓄 (s)	(4) 边际储蓄倾向 (MPS)	(5) 平均储蓄倾向 (APS)
A	9 000	9 110	−110		−0.01
				0.11	
B	10 000	10 000	0		0
				0.15	
C	11 000	10 850	150		0.01
				0.25	
D	12 000	11 600	400		0.03
				0.36	
E	13 000	12 240	760		0.06
				0.41	
F	14 000	12 830	1 170		0.08
				0.47	
G	15 000	13 360	1 640		0.11

根据表 13－2，可画出储蓄曲线（见图 13－4）。

在图 13－4 上，$s=s(y)$ 曲线表示储蓄和收入之间的函数关系。B 点是储蓄曲线和横轴的交点，表示这时消费和收入相等，即收支平衡，B 点以右有正储蓄，B 点以左有负储蓄。随着储蓄曲线向右延伸，它和横轴的距离越来越大，表示储蓄随收入而增加，且增加的幅度越来越大。

储蓄曲线上任一点的斜率是**边际储蓄倾向（MPS）**，它是该点上的**储蓄增量对收入增量的比率**，其公式是：

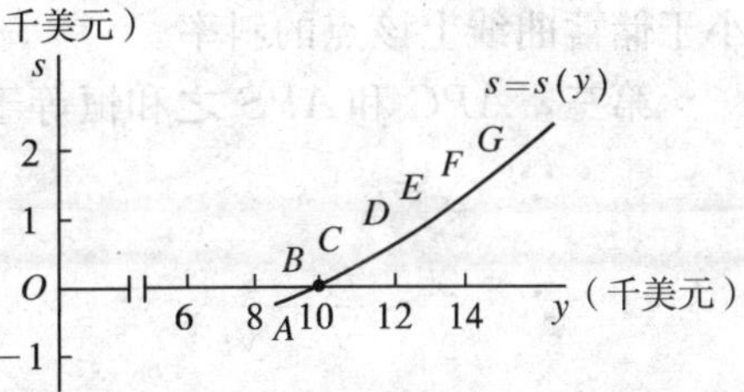

图 13-4 储蓄曲线

$$MPS=\frac{\Delta s}{\Delta y} \tag{13.9}$$

如果收入与储蓄增量极小，上述公式可写成：

$$MPS=\frac{ds}{dy} \tag{13.10}$$

此即储蓄曲线上任一点的斜率。

储蓄曲线上任一点与原点相连而成射线的斜率，则是平均储蓄倾向（APS）。**平均储蓄倾向是指任一收入水平上储蓄在收入中所占的比率**，其公式是：

$$APS=\frac{s}{y} \tag{13.11}$$

表 13-2 和图 13-4 表示的储蓄和收入的关系是非线性的，如果二者呈线性关系，即消费曲线和储蓄曲线为一直线，则由于 $s=y-c$，且 $c=\alpha+\beta y$，因此有：

$$s=y-c=y-(\alpha+\beta y)=-\alpha+(1-\beta)y \tag{13.12}$$

上式是线性储蓄函数的方程式。线性储蓄函数的图形如图 13-5 所示。

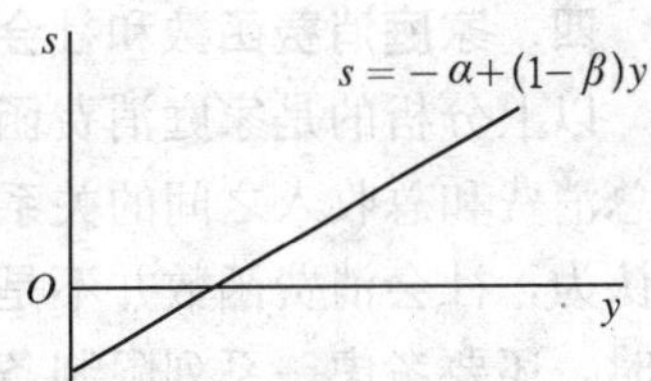

图 13-5 线性储蓄函数

三、消费函数和储蓄函数的关系

由于储蓄被定义为收入和消费之差，因此：

第一，消费函数和储蓄函数互为补数，从公式看：

∵ $s=y-c$

$c=\alpha+\beta y$

∴ $s=y-c=y-\alpha-\beta y=-\alpha+(1-\beta)y$

消费和储蓄的关系可在图 13-6 上得到表现。

在图中，当收入为 y_0 时，即消费支出等于收入，储蓄为零。在 A 点左方，消费曲线 c 位于 45°线之上，表明消费大于收入，因此，储蓄曲线 s 位于横轴下方；在 A 点右方，消费曲线 c 位于 45°线之下，因此，储蓄曲线 s 位于横轴上方。

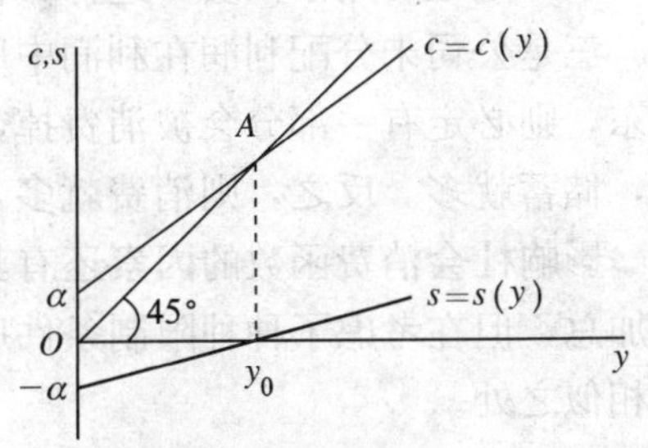

图 13-6 消费曲线和储蓄曲线的关系

第二，若 APC 和 MPC 都随收入增加而递减，但 APC>MPC，则 APS 和 MPS 都随收入增加而递增，但 APS<MPS，表现在图形上，在 y_0 的右方，储蓄曲线上任一点与原点连成的射线的斜率总

小于储蓄曲线上该点的斜率。

第三，APC 和 APS 之和恒等于 1，MPC 和 MPS 之和也恒等于 1，可证明如下：

$$\because \quad y=c+s$$

$$\therefore \quad \frac{y}{y}=\frac{c}{y}+\frac{s}{y}$$

即
$$APC+APS=1 \tag{13.13}$$

由此可知：$1-APC=APS$，$1-APS=APC$。

再看 MPC 和 MPS 的情况：

$$\because \quad \Delta y=\Delta c+\Delta s$$

$$\therefore \quad \frac{\Delta y}{\Delta y}=\frac{\Delta c}{\Delta y}+\frac{\Delta s}{\Delta y}$$

即
$$MPC+MPS=1 \tag{13.14}$$

由此可知：$1-MPC=MPS$，$1-MPS=MPC$。

根据以上性质，消费函数和储蓄函数中只要有一个确立，另一个就随之确立。当消费函数已知时，就可求得储蓄函数；当储蓄函数已知时，就可求得消费函数。

四、家庭消费函数和社会消费函数

以上分析的是家庭消费函数和储蓄函数。宏观经济学关心的是整个社会的消费函数，即总消费和总收入之间的关系。社会消费函数是家庭消费函数的总和。然而，西方经济学家认为，社会消费函数并不是家庭消费函数的简单加总。从家庭消费函数求取社会消费函数时，还要考虑一系列限制条件。

一是国民收入的分配。人们越是富有，越有能力储蓄，因此，不同收入阶层的边际消费倾向不同。富有者边际消费倾向较低，贫穷者边际消费倾向较高。因此，国民收入分配越不均等，社会消费曲线就越是向下移动，反之亦然。

二是政府税收政策。如政府实行累进个人所得税，将富有者原来可能用于储蓄的一部分收入征收过来，以政府支出形式花费掉，而按西方经济学者说法，这些支出通常成为公众的收入，最终用于消费。这样，社会中消费数量增加，社会消费曲线会向上移动。

三是公司未分配利润在利润中所占比例。公司未分配利润无形中是一种储蓄，如分给股东，则必定有一部分会被消费掉，因此，公司未分配利润在利润中所占比例大，消费就少，储蓄就多。反之，则消费就多，储蓄就少，即社会消费曲线就会向上移动。

影响社会消费函数的因素还有其他一些，因此，社会消费曲线并非家庭消费曲线的简单加总，但在考虑了种种限制条件后，社会消费曲线的基本形状仍和家庭消费曲线有很大的相似之处。

以上所述消费函数只是凯恩斯所提出的一种消费函数，它假定消费是人们收入水平的函数，这是西方消费函数最简单的形式，被称为凯恩斯的绝对收入消费理论。凯恩斯的《就业、利息和货币通论》一书出版以后，这一简单的消费函数得到了补充、修改，产生了其他一些理论，如杜森贝利的相对收入假说、弗里德曼的永久收入假说以及莫迪利安尼的生命周期假说等等。这些理论在本书后面的“宏观经济学的微观基础”一章中会有论述。

五、影响消费的其他因素

上面的分析都强调收入是影响消费的最重要因素。但大家知道，收入变动并非影响消费的全部原因。

在日常生活中，除了收入，还有其他一些因素会影响消费行为。下面选择其中重要的依次简述。

1. 利率

传统的看法认为，提高利率可刺激储蓄，但现代西方经济学家认为，提高利率是否会增加储蓄，抑制当前消费，要根据利率变动对储蓄的替代效应和收入效应而定。

什么是利率的变动对储蓄的替代效应及收入效应？一方面，当利率提高时，人们认为减少目前消费、增加将来消费比较有利，从而鼓励他们增加储蓄。利率提高使储蓄增加是利率变动对储蓄的替代效应。另一方面，利率提高使人们将来的利息收入增加，会使他们认为自己较为富有，以致增加目前消费，可能反而会减少储蓄。这种储蓄的减少是利率对储蓄的收入效应。利率如何影响储蓄，需视替代效应与收入效应之总和而定。

就低收入者而言，利率提高，主要会发生替代效应，故利率提高会增加储蓄。就高收入者而言，利率提高，主要会发生收入效应，从而可能会减少储蓄。就全社会总体而言，利率的提高究竟会增加储蓄还是会减少储蓄，则由这些人增加和减少储蓄的总和正负净额来决定。

此外，储蓄的另一目的是为将来养老或其他某一特定用途。如以将来每年能得到固定金额为目的而储蓄，则利率提高可减少目前所需积蓄之本金，因此，利率的提高会降低储蓄。可见，利率的提高，因会发生正负相反的效果，就全社会而言，难以事前判断会增加储蓄还是会减少储蓄。

2. 价格水平

影响消费的另一因素为价格水平。这里所谓的价格水平，是价格水平的变动，通过实际收入改变而影响消费。货币收入（名义收入）不变时，若物价上升，实际收入下降，若消费者要保持原有生活消费水平，则消费倾向（平均消费倾向）就会提高；反之，物价下跌时，平均消费倾向就会下降。

若物价与货币收入以相同比例提高，实际收入不变，照理不会影响消费，但假如消费者只注意到货币收入增加而忽略了物价上升，则会误以为实际收入增加，从而平均消费倾向也会上升，即消费者存在“货币幻觉”。

3. 收入分配

前面说过，高收入家庭消费倾向较小，低收入家庭消费倾向较大，因此，国民收入分配越是平均，全国性平均消费倾向就会越大，而收入分配越是不平均，全国性平均消费倾向就会越小。

4. 社会保障制度

通常说来，社会保障制度越是完善，居民越是敢于消费，否则储蓄意愿要增强。

以上简要说明了影响消费和储蓄的非收入因素。在分析国民收入决定时，为简单起见，我们仍运用凯恩斯的收入决定消费的理论。

（专栏 13-1“中美边际消费倾向比较”，请读者扫描本书封面二维码获取。）

第三节　两部门经济中国民收入的决定及乘数

一、两部门经济中收入的决定——使用消费函数决定收入

第一节说明了均衡收入指与计划总支出相等的收入。计划支出由消费和投资构成，即 $y=c+i$。消费问题已经在第二节里分析过了，按理说还要分析投资如何决定才可以说明均衡收入的决定。但为使分析简化，在收入决定的简单模型中，总是先假定计划净投资是一个给定的量，不随利率和国民收入水平而变化。根据这一假定，只要把收入恒等式和消费函数结合起来就可求得均衡收入：

$$y=c+i \qquad \text{（收入恒等式）}$$

$$c=\alpha+\beta y \qquad \text{（消费函数）}$$

解联立方程，得到均衡收入：

$$y=\frac{\alpha+i}{1-\beta} \tag{13.15}$$

可见，如果知道了消费函数和投资量，就可得到均衡的国民收入。例如，假定消费函数为 $c=1\,000+0.8y$，自发的计划投资始终为 600 亿美元，则均衡收入：

$$y=\frac{1\,000+600}{1-0.8}=8\,000\text{（亿美元）}$$

下面再用列表和作图形式说明均衡收入的决定。

表 13-3 显示了消费函数为 $c=1\,000+0.8y$ 及自发投资为 600 亿美元时均衡收入决定的情况。

表 13-3　　**均衡收入的决定**　　单位：亿美元

（1）收入	（2）消费	（3）储蓄	（4）投资
3 000	3 400	−400	600
4 000	4 200	−200	600
5 000	5 000	0	600
6 000	5 800	200	600
7 000	6 600	400	600
8 000	7 400	600	600
9 000	8 200	800	600
10 000	9 000	1 000	600

表 13-3 的数据说明，当 $y=8\,000$ 亿美元时，$c=7\,400$ 亿美元，$i=600$ 亿美元，因

此，$y=c+i=8\,000$亿美元，说明8 000亿美元是均衡的收入。如果收入小于8 000亿美元，比方说为6 000亿美元时，$c=5\,800$亿美元，加上投资 600 亿美元，总支出为 6 400 亿美元，超过了总供给6 000亿美元，这意味着企业销售出去的产量大于它们生产出来的产量。存货出现意外减少，这时扩大生产是有利可图的。于是，企业会增雇工人，增加产量，使收入向均衡收入靠拢；相反，如果收入大于 8 000 亿美元，比方说为 10 000 亿美元时，说明企业生产出来的产量大于它们的销售量，存货出现意外增加，于是，企业便会减少生产，使收入仍向 8 000 亿美元靠拢。只有在收入达到均衡水平时，既没有非计划存货投资，也没有非计划存货负投资（即存货意外减少），产量正好等于销量，存货保持正常水平，这就是企业愿意保持的产量水平。

均衡收入决定也可用图表示，图 13－7 表示如何用消费曲线加投资曲线和 45°线相交决定收入。图中横轴表示收入，纵轴表示消费加投资，在消费曲线c上加投资曲线i得到消费曲线加投资曲线$c+i$，这条曲线就是总支出曲线。由于投资被假定为始终等于 600 亿美元的自发投资，因此，消费曲线加投资曲线所形成的总支出曲线与消费曲线相平行，其间垂直距离即 600 亿美元投资。总支出线和 45°线相交于E点，E点决定的收入水平是均衡收入 8 000 亿美元。这时，家庭部门想要有的消费支出与企业部门想要有的投资支出的总和，正好等于收入（即产出）。如果经济离开了这个均衡点，企业部门销售额就会大于或小于它们的产出，从而被迫进行存货负投资或存货投资，即出现意外的存货减少或增加，这就会引起生产的扩大或收缩，直到回到均衡点为止。

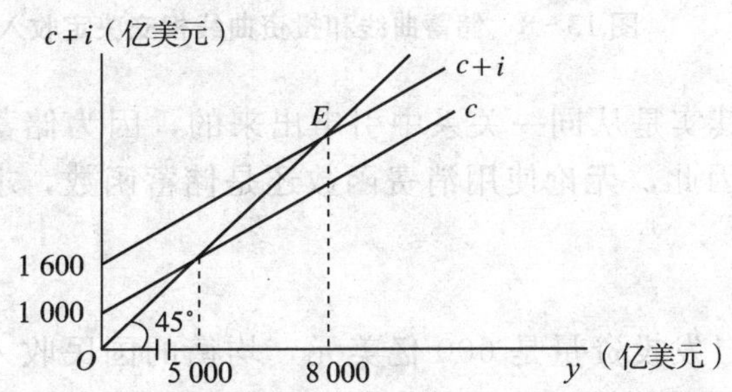

图 13－7　消费曲线加投资曲线和 45°线相交决定收入

二、使用储蓄函数决定收入

上面说明了如何使用总支出等于总收入(总供给)的方法决定均衡收入，下面再用计划投资等于计划储蓄的方法求得均衡收入。计划投资等于计划储蓄即$i=y-c=s$，而储蓄函数为$s=-\alpha+(1-\beta)y$。

将此二式联立：

$$\begin{cases}i=s=y-c & \text{（投资等于储蓄）}\\ s=-\alpha+(1-\beta)y & \text{（储蓄函数）}\end{cases}$$

求解同样可得（均衡）收入：$y=\dfrac{\alpha+i}{1-\beta}$。

上例中，当$c=1\,000+0.8y$时，$s=-1\,000+(1-0.8)y=-1\,000+0.2y$，$i=600$，令$i=s$，即$600=-1\,000+0.2y$，得$y=8\,000$亿美元。这一结果也可从表13-3上得到，从表中可见，只有当收入$y=8\,000$亿美元时，s和i才正好相等，为600亿美元，从而达到了均衡。

用计划投资等于计划储蓄的方法决定收入，也可用图13-8表示。图中横轴表示收入，纵轴表示储蓄和投资，s代表储蓄曲线，i代表投资曲线。由于投资是不随收入而变化的自发投资，因而，投资曲线与横轴平行，其间距离始终等于600亿美元。投资曲线与储蓄曲线相交于E点，与E点对应的收入为均衡收入。若实际产量小于均衡收入水平，表明投资大于储蓄，社会上生产供不应求，企业存货意外地减少，企业就会扩大生产，使收入水平向右移动，直到达到均衡收入为止。相反，若实际产量大于均衡收入，表明投资小于储蓄，社会上生产供过于求，企业存货意外地增加，企业就会减少生产，使收入水平向左移动，直到达到均衡收入为止。只有在均衡收入水平上，企业生产才会稳定下来。

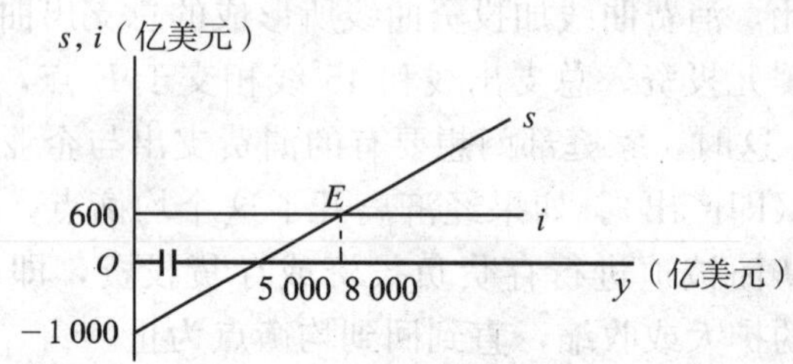

图13-8 储蓄曲线和投资曲线相交决定收入

以上两种方法其实是从同一关系中引申出来的，因为储蓄函数本来就是从消费函数中派生出来的。因此，无论使用消费函数还是储蓄函数，求得的均衡收入都一样。

三、乘数论

如上所述，若自发投资量是600亿美元，均衡的国民收入是8 000亿美元；若投资增加到700亿美元，则国民收入就会增加到8 500亿美元。在这里，投资增加100亿美元，收入增加500亿美元，增加的收入是增加的投资的5倍。可见，当总投资增加时，收入的增量将是投资增量的数倍。如果以k代表倍数，这个k被称为投资乘数。可见，**投资乘数指收入的变化与带来这种变化的投资支出的变化的比率**，在上述例子中，投资乘数为5。

为什么投资增加100亿美元时，收入会增加5倍呢？这是因为增加100亿美元投资用来购买投资品时，实际上是用来购买制造投资品所需要的生产要素。因此，这100亿美元以工资、利息、利润和租金的形式流入生产要素的所有者手中，即居民手中，从而居民收入增加了100亿美元，这100亿美元是投资对国民收入的第一轮增加。

也许人们会说，100亿美元投资怎么都会转化为居民的收入呢？如果这100亿美元投资是购买机器设备，难道这些机器设备中不包含制造机器设备所需要的原材料价值吗？难道这些原材料价值也会转化为居民的收入吗？西方学者解释这一问题的关键是要记住这100亿美元投资购买的机器设备是最终产品，犹如消费者购买的上衣是最终产品一样。最终产品的价值是国民收入，也就是说，这批机器设备的价值等于为生产这批机器设备所需要的全部生产要素（包括开采铁矿、炼钢铁、制造机器等整个生产过程中所需要的各种生产要素）所创造的价值。这些价值被认为全部转化为工资、利息、利润和地租，因此，投资购买100亿美元机器设备，就会使收入增加100亿美元。

假定该社会的边际消费倾向是0.8（这在消费函数 $c=1\,000+0.8y$ 中为已知）。因此，增加的这100亿美元中会有80亿美元用于购买消费品。于是，这80亿美元又以工资、利息、利润和租金的形式流入生产消费品的生产要素所有者手中，从而使该社会居民收入又增加80亿美元，这是国民收入的第二轮增加。

同样，这些消费品生产者会把这80亿美元收入中的64亿美元（$100\times0.8\times0.8=64$）用于消费，使社会总需求提高64亿美元，这个过程不断继续下去，最后使国民收入增加500亿美元，其过程是：

$$
\begin{aligned}
&100+100\times0.8+100\times0.8\times0.8+\cdots+100\times0.8^{n-1}+\cdots\\
&=100(1+0.8+0.8^2+\cdots+0.8^{n-1}+\cdots)\\
&=\frac{1}{1-0.8}\times100\\
&=500\ (\text{亿美元})
\end{aligned}
$$

上式表明，当投资增加100亿美元时，收入最终会增加500亿美元。如以 Δy 代表增加的收入，Δi 代表增加的投资，则二者之比率 $k=\frac{\Delta y}{\Delta i}=5$。因此，$\Delta y=k\Delta i$。

上面的例子也说明，

$$\text{乘数}=\frac{1}{1-\text{边际消费倾向}}$$

或 $$k=\frac{1}{1-MPC} \tag{13.16}$$

如果用 β 代表 MPC，则上式变为①：

$$k=\frac{1}{1-\beta}$$

由于 $MPS=1-MPC$，因此，

---

① 乘数公式可用简单代数加以证明。以 Δy 和 Δi 分别代表收入增量和投资增量，则：

$$\Delta y=\Delta i+\beta\Delta i+\beta^2\Delta i+\beta^3\Delta i+\cdots+\beta^{n-1}\Delta i=\Delta i(1+\beta+\beta^2+\beta^3+\cdots+\beta^{n-1})$$

括号中各项代表一个无穷几何级数，由于假设 β 小于1，因此该级数是收敛的，令：

$$z=1+\beta+\beta^2+\beta^3+\cdots+\beta^{n-1} \tag{1}$$

则：$$\beta z=\beta+\beta^2+\beta^3+\cdots+\beta^n \tag{2}$$

以（1）式减（2）式，得：$z(1-\beta)=1-\beta^n$

$$\therefore\quad z=\frac{1-\beta^n}{1-\beta} \tag{3}$$

由于 $0<\beta<1$，所以当 $n\to\infty$ 时，$\beta^n\to0$，因此，$z=\frac{1}{1-\beta}=k$。

$$k=\frac{1}{1-MPC}=\frac{1}{MPS} \tag{13.17}$$

可见，乘数的大小和边际消费倾向有关，边际消费倾向越大，或边际储蓄倾向越小，则乘数就越大。

以上是从投资增加的方面说明乘数效应的。实际上，投资减少也会引起收入相应程度地减少，可见，乘数效应的发挥是两方面的。

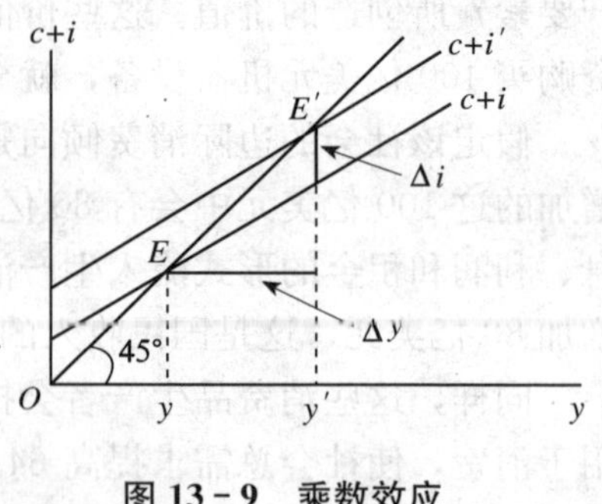

图 13-9　乘数效应

乘数效应也可用图 13-9 来表示。在图中，$c+i$ 代表原来的总支出线，$c+i'$ 代表新的总支出线，$i'=i+\Delta i$，原来的均衡收入为 y，新的均衡收入为 y'，$\Delta y=y'-y$，$\Delta y=k\Delta i$，相当于上例中投资从 600 亿美元增加到 700 亿美元（即 $\Delta i=100$ 亿美元）时，收入从8 000亿美元增加到8 500亿美元，即 $\Delta y=500$ 亿美元，$k=5$。

以上说明的是投资变动引起国民收入变动存在乘数效应。实际上，总需求的任何变动，如消费的变动、政府支出的变动、税收的变动、净出口的变动等等，都会引起收入的若干倍变动。拿消费来说，假定原来的消费函数为 $c=1\ 000+0.8y$，投资 $i=600$ 亿美元，则均衡收入为 8 000 亿美元。如果自发消费因人们节俭而从 1 000 亿美元减为 800 亿美元，则收入将变为 7 000 亿美元（$y=\frac{800+600}{1-0.8}=7\ 000$）。可见，消费需求减少 200 亿美元，国民收入减少1 000 亿美元。关于政府支出等变动如何使收入变动，留待下一节分析。

（专栏 13-2“中国的投资乘数问题”，请读者扫描本书封面二维码获取。）

第四节　三部门经济中国民收入的决定及乘数

一、三部门经济中收入的决定

上一章第四节里说过，在有政府起作用的三部门经济中，国民收入从总支出的角度看，包括消费、投资和政府购买，而从总收入的角度看，则包括消费、储蓄和税收，这里的税收，是指总税收减去政府转移支付以后所得的净纳税额。因此，加入政府部门后的均衡收入应是计划的消费、投资和政府购买之总和同计划的消费、储蓄和净税收之总和相等的收入，即：

$$c+i+g=c+s+t \tag{13.18}$$

消去上式等号两边的 c，得：

$$i+g=s+t \tag{13.19}$$

（13.19）式是三部门经济中宏观均衡的条件。

在这里，税收可有两种情况：一种为定量税，即税收量不随收入而变动，用 t 来代表；另一种为比例税，即税收量随收入的增加而增加。为简化起见，下面先讨论定量税情况。

假设消费函数为 $c=1\,600+0.75y_d$，y_d 表示可支配收入，定量税收为 $t=800$，投资为 $i=1\,000$，政府购买支出为 $g=2\,000$（单位均为亿美元）。根据这些条件，求均衡收入时要先求得可支配收入 y_d①$=y-t=y-800$，然后可根据消费函数求得储蓄函数 $s=y_d-c=y_d-(\alpha+\beta y_d)=-\alpha+(1-\beta)y_d=-1\,600+0.25(y-800)=0.25y-1\,800$，最后将 i、g、s 和 t 代入经济均衡的公式 $i+g=s+t$，得到：

$$1\,000+2\,000=0.25y-1\,800+800$$

$\therefore\quad y=\dfrac{4\,000}{0.25}=16\,000$，即均衡收入为 16 000 亿美元。

这一情况可用图 13－10 表示。

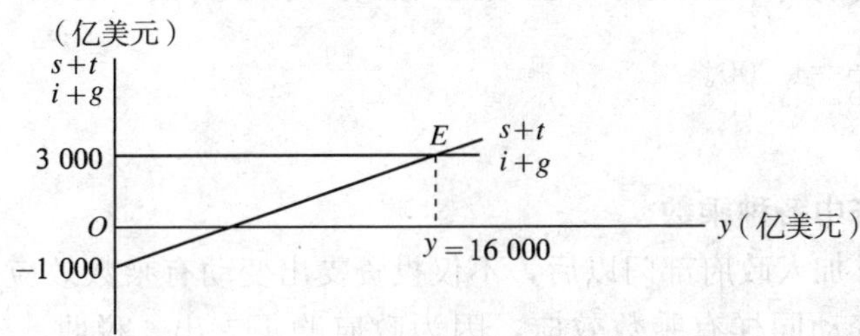

图 13－10　三部门经济收入的决定

在图 13－10 中，$i+g=3\,000$ 亿美元，表示投资加政府支出所形成的支出线，而 $s+t=0.25y-1\,800+800=0.25y-1\,000$，表示储蓄加定量税所形成的曲线。当收入为 4 000 亿美元时，$s+t=0$，这是因为当收入为4 000亿美元时，储蓄为－800亿美元（从 $s=0.25y-1\,800$ 中得到），税收 t 又假定为 800 亿美元，因此二者之和为零。另外，当 $y=0$ 时，$s+t=-1\,000$ 亿美元（从 $s+t=0.25y-1\,000$ 中得到）。$i+g$ 线和 $s+t$ 线相交于 E 点，和 E 点相对应的收入为均衡收入 $y=16\,000$ 亿美元。

现在假定税收从 800 亿美元增加到 $t=1\,200$ 亿美元，而消费函数仍为 $c=\alpha+\beta y_d=1\,600+0.75y_d$，因而储蓄函数也仍为 $s=-1\,600+0.25y_d$，但 $s+t$ 线就从 $s+t=-1\,600+0.25(y-800)+800=0.25y-1\,000$ 变为 $s+t=-1\,600+0.25(y-1\,200)+1\,200=0.25y-700$。可见，$s+t$ 曲线的斜率未变化，但截距从－1 000 变动到－700。定量税变动会改变 $s+t$ 曲线的截距，见图 13－11。

在图 13－11 中，定量税从 800 亿美元增加到 1 200 亿美元，则 $s+t$ 线的截距从－1 000 美元增加到－700 美元，从而均衡收入从 16 000 亿美元（$y=\dfrac{4\,000}{0.25}=16\,000$）减至 14 800 亿美元（$y=\dfrac{3\,700}{0.25}=14\,800$），比原来低1 200亿美元，原因是税收从 800 亿美元

---

① 在宏观经济学中，y_d 可以表示为收入减去税收（未有特别注明的税收都指总税收）加上转移支付，用公式可表示为 $y_d=y-t+t_r$。这里略去了政府转移支付。

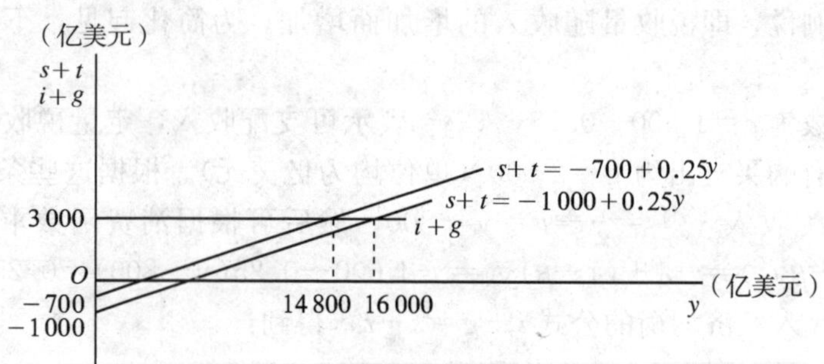

图 13-11　定量税变动改变 $s+t$ 的截距

增加到1 200 亿美元，$s+t$ 线的截距相应向上移动 300 亿美元，由于该斜率就是储蓄曲线的斜率，而储蓄曲线的斜率 $MPS=0.25$（$MPS=1-MPC=1-0.75=0.25$），因此，收入必须相应下降$\dfrac{300}{0.25}=1\ 200$。

二、三部门经济中各种乘数

西方学者认为，加入政府部门以后，不仅投资支出变动有乘数效应，政府购买、税收和政府转移支付的变动同样有乘数效应，因为政府购买支出、税收、转移支付都会影响消费。

怎样求得这些乘数呢?

由于三部门经济中总支出为：$y=c+i+g=\alpha+\beta(y-t)+i+g$，这里，$t$ 仍是定量税，在这样的情况下，均衡收入为：

$$y=\frac{\alpha+i+g-\beta t}{1-\beta} \tag{13.20}$$

通过这一公式，就可求得上述几个乘数。

1. 政府购买支出乘数

所谓政府购买支出乘数，是指收入变动对引起这种变动的政府购买支出变动的比率。以 Δg 表示政府购买支出变动，Δy 表示收入变动，k_g 表示政府购买支出乘数，则：

$$k_g=\frac{\Delta y}{\Delta g}=\frac{1}{1-\beta} \tag{13.21}$$

此式中 β 仍代表可支配收入的边际消费倾向，在三部门经济中，政府购买支出乘数和投资乘数相等。这可说明如下：

在（13.20）式即 $y=\dfrac{\alpha+i+g-\beta t}{1-\beta}$中，若其他条件不变，只有政府购买支出 g 变动，则政府购买支出为 g_0 和 g_1 时的收入分别为：

$$y_0=\frac{\alpha_0+i_0+g_0-\beta t_0}{1-\beta}$$

$$y_1=\frac{\alpha_0+i_0+g_1-\beta t_0}{1-\beta}$$

$$y_1-y_0=\Delta y=\frac{g_1-g_0}{1-\beta}=\frac{\Delta g}{1-\beta}$$

$$\therefore \frac{\Delta y}{\Delta g}=k_g=\frac{1}{1-\beta}$$

可见，k_g 为正值，它等于 1 减可支配收入的边际消费倾向（β）的倒数。①

举例来说，若边际消费倾向 $\beta=0.8$，则 $k_g=5$。因此，政府购买支出若增加 200 亿美元，则国民收入可增加 1 000 亿美元；政府购买支出若减少 200 亿美元，则国民收入也要减少 1 000 亿美元。

2. 税收乘数

税收乘数指收入变动与引起这种变动的税收变动的比率。税收乘数有两种：一种是税率变动对总收入的影响；另一种是税收绝对量变动对总收入的影响，即定量税对总收入的影响。这里仅说明后者。

假设在（13.20）式 $y=\frac{\alpha+i+g-\beta t}{1-\beta}$ 中，只有税收 t 变动，则税收为 t_0 和 t_1 时的收入分别为：

$$y_0=\frac{\alpha_0+i_0+g_0-\beta t_0}{1-\beta}$$

$$y_1=\frac{\alpha_0+i_0+g_0-\beta t_1}{1-\beta}$$

$$y_1-y_0=\Delta y=\frac{-\beta t_1+\beta t_0}{1-\beta}=\frac{-\beta\Delta t}{1-\beta}$$

$$\therefore \frac{\Delta y}{\Delta t}=k_t=\frac{-\beta}{1-\beta} \tag{13.22}$$

式中，k_t 为税收乘数，税收乘数为负值，这表示收入随税收增加而减少，随税收减少而增加，其原因是税收增加，表明人们的可支配收入减少，从而消费会相应减少，因而税收变动和总支出变动方向相反，税收乘数的绝对值等于可支配收入的边际消费倾向与 1 减可支配收入的边际消费倾向之比，或可支配收入的边际消费倾向与可支配收入的边际储蓄倾向之比。②

---

① 政府购买支出乘数也可通过三部门经济均衡收入的表达式 $y=\frac{\alpha+i+g-\beta t}{1-\beta}$ 对政府购买支出 g 求导而得：

$$\frac{dy}{dg}=\frac{1}{1-\beta}$$

② 税收乘数也可通过三部门经济均衡收入的表达式 $y=\frac{\alpha+i+g-\beta t}{1-\beta}$ 对税收 t 求导而得：

$$\frac{dy}{dt}=\frac{-\beta}{1-\beta}$$

例如，若 $\beta=0.8$，则 $k_t=\frac{-0.8}{1-0.8}=-4$。如果政府增税 200 亿美元，则国民收入减少 800 亿美元；如果政府减税 200 亿美元，则国民收入增加 800 亿美元。

3. 政府转移支付乘数

政府转移支付乘数指收入变动与引起这种变动的政府转移支付变动的比率。政府转移支付的增加，增加了人们的可支配收入，因而消费会增加，总支出和国民收入增加，因而政府转移支付乘数为正值。用 k_{t_r} 表示政府转移支付乘数，则：

$$k_{t_r}=\frac{\beta}{1-\beta} \tag{13.23}$$

这是因为写入了政府转移支付后，纳税净额即净税收（用 t_n 表示）要写成 $t_n=t-t_r$（这里 t 表示总税收），于是 $y_d=y-(t-t_r)=y-t+t_r$，因此，$y=c+i+g=\alpha+\beta y_d+i+g=\alpha+\beta(y-t+t_r)+i+g$，所以

$$y=\frac{\alpha+i+g+\beta t_r-\beta t}{1-\beta}$$

若其他条件不变，只有 t_r 变动，则转移支付为 t_{r0} 和 t_{r1} 时的国民收入分别为：

$$y_0=\frac{\alpha_0+i_0+g_0+\beta t_{r0}-\beta t_0}{1-\beta}$$

$$y_1=\frac{\alpha_0+i_0+g_0+\beta t_{r1}-\beta t_0}{1-\beta}$$

$$y_1-y_0=\Delta y=\frac{\beta t_{r1}-\beta t_{r0}}{1-\beta}=\frac{\beta\Delta t_r}{1-\beta}$$

$$\therefore \quad \frac{\Delta y}{\Delta t_r}=k_{t_r}=\frac{\beta}{1-\beta}$$

可见，政府转移支付乘数也等于可支配收入的边际消费倾向与 1 减可支配收入的边际消费倾向之比，或可支配收入的边际消费倾向与可支配收入的边际储蓄倾向之比，其绝对值和税收乘数相同，但符号相反。①

例如，若边际消费倾向 $\beta=0.8$，则 $k_{t_r}=\frac{0.8}{1-0.8}=4$。如果政府转移支付增加 200 亿美元，则国民收入增加 800 亿美元；如果政府转移支付减少 200 亿美元，则国民收入减少 800 亿美元。

由于政府购买支出乘数大于税收乘数以及政府转移支付乘数，因此，西方学者认为，改变政府购买水平对宏观经济活动的效果要大于改变税收和转移支付的效果，改变政府购买水平是财政政策中最有效的手段。

同时，也正是由于政府购买支出乘数大于税收乘数，因此，如果政府购买和税收同样

---

① 转移支付乘数也可通过三部门经济均衡收入的表达式 $y=\frac{\alpha+i+g+\beta t_r-\beta t}{1-\beta}$ 对转移支付 t_r 求导而得：

$$\frac{\mathrm{d}y}{\mathrm{d}t_r}=\frac{\beta}{1-\beta}$$

地各增加一定数量，也会使国民收入增加。这就是所谓平衡预算乘数的作用。

4. 平衡预算乘数

平衡预算乘数指政府收入和支出同时以相等数量增加或减少时国民收入变动与政府收支变动的比率。上面的例子告诉我们，政府购买支出增加 200 亿美元时，国民收入会增加 1 000 亿美元；税收增加 200 亿美元时，国民收入会减少 800 亿美元。因此，政府购买和税收同时增加 200 亿美元时，从政府预算看是平衡的，但国民收入增加 200 亿美元，即收入增加了一个与政府支出和税收变动相等的数量。以上结果可用公式来表示。用 Δy 代表政府支出和税收各增加同一数量时国民收入的变动量，则：

$$\Delta y = k_g \Delta g + k_t \Delta t = \frac{1}{1-\beta}\Delta g + \frac{-\beta}{1-\beta}\Delta t$$

由于假定 $\Delta g = \Delta t$，因此：

$$\Delta y = \frac{1}{1-\beta}\Delta g + \frac{-\beta}{1-\beta}\Delta g = \frac{1-\beta}{1-\beta}\Delta g = \Delta g$$

或 $$\Delta y = \frac{1}{1-\beta}\Delta t + \frac{-\beta}{1-\beta}\Delta t = \frac{1-\beta}{1-\beta}\Delta t = \Delta t$$

可见 $$\frac{\Delta y}{\Delta g} = \frac{\Delta y}{\Delta t} = \frac{1-\beta}{1-\beta} = 1 = k_b \tag{13.24}$$

式中，k_b 即平衡预算乘数，其值为 1。

第五节　潜在国民收入与缺口

一、潜在国民收入

上面讲了两部门、三部门经济中均衡国民收入如何决定。显然，这里讲的均衡收入，就是和两部门、三部门经济中的产出相等的或者说相一致的产出，也就是由总需求水平决定的国内生产总值。但必须注意，这一均衡的国民收入不一定就是充分就业状态下的国民收入。

充分就业状态下的国民收入是指利用**社会上一切可利用的经济资源（劳力、资本、土地等）所能够生产的产品和劳务的最大量值，也就是一国的经济潜力充分利用或发挥时所能够达到的最大产出量，故又称潜在国民收入。**① 一国的经济资源在一定时期是一个既定的量，因此，在一定时期总有一个潜在的国民收入水平。潜在国民收入水平决定于一国在一定时期可利用的资本、劳力、自然资源等生产要素的总量以及所达到的技术水平。

一国在一定时期的潜在国民收入不一定是该国在该时期实际所生产的国民收入。**实际**

① 在中文里常见到实际国内生产总值或实际国民收入两个名称。一个是 real GDP，又可译为“真实国内生产总值”，是剔除了价格因素的国内生产总值或国民收入，与名义国内生产总值（nominal GDP）或名义国民收入相对；另一个是本章所讲的实际国内生产总值或实际国民收入，英文是 actual GDP，指与总支出相一致的均衡国民收入，由社会总需求水平决定，与这里所讲的潜在国内生产总值或潜在国民收入（potential GDP）相对。

国民收入就是上面所说的和总支出水平相一致的均衡收入，它由整个社会（该国家）的消费支出、投资支出、政府购买和净出口加总而构成的总需求水平决定。当种种因素决定的总支出（总需求）水平较低时，实际的收入就会低于潜在的收入，尤其在经济萧条时，工人会失业，设备被闲置。

二、GDP缺口和通缩、通胀缺口

潜在国民收入和实际均衡收入之间的差距被称为国内生产总值缺口（GDP gap）。实际收入低于潜在收入这一缺口可衡量出社会放弃了多少本来可以生产的产品和劳务。这些产品和劳务是有能力生产的，只是由于总需求不足，产品销路不好，因此未能生产出来，因此，GDP缺口表现出经济萧条时资源闲置的情况。例如，假定充分就业的收入或者潜在的国内生产总值为10 000亿美元，而实际的或者均衡的国内生产总值（即等于总需求的收入）只有9 000亿美元，则GDP缺口为1 000亿美元。假定简单的支出乘数等于5，则总需求就要增加200亿美元才能使均衡国民收入达到潜在的国民收入水平。这200亿美元可称为通货紧缩缺口。

通货紧缩缺口也可用图形表示。在图13－12中假设Y^*是充分就业的国民收入，总支出曲线AE与45°线的交点所决定的均衡国民收入Y低于充分就业的国民收入，因而存在通货紧缩缺口。通货紧缩缺口的大小，等于为达到充分就业的国民收入Y^*，总支出曲线AE必须向上移动的距离AB。

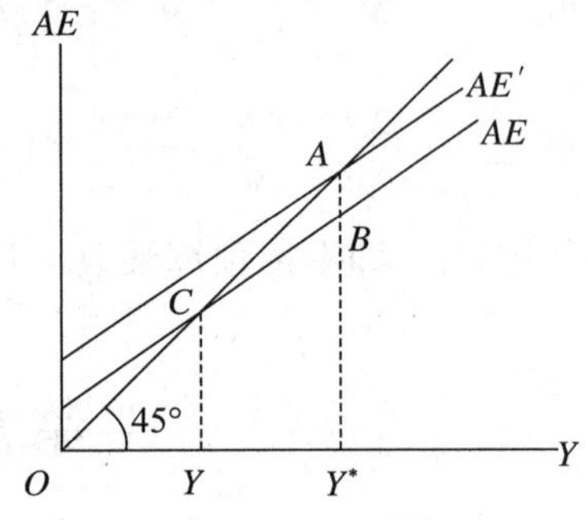

图13－12　通货紧缩缺口

通货紧缩缺口测度达到充分就业所需要增加的总支出量。它之所以叫通货紧缩缺口或衰退缺口，是因为这一缺口表示了这样的事实：总支出（经济社会在某时期实际存在的总支出，在两部门经济中由消费和投资构成）不足以保证实现充分就业的收入水平，因而必然产生衰退现象。不足以保证充分就业，就是出现失业。千方百计降低失业率是宏观经济调控的首要目标。

和通货紧缩缺口相反的是通货膨胀缺口。它是指实际总支出超过充分就业收入所要求的总支出之间的缺口。在上例中，假定充分就业收入为10 000亿美元，而实际总支出达到11 000亿美元，乘数仍等于5，则就出现了200亿美元的通货膨胀缺口，它测度为实现充分就业均衡所需要降低的总支出。由于潜在产量（即社会上一切可用资源能够生产的产量）只有10 000亿美元，而总支出达到11 000亿美元，这超额的1 000亿美元当然是无法实现的。要把1 000亿美元的超额部分消除，只要使总支出减少200亿美元，通过乘数作用，就会在充分就业水平上实现均衡。这200亿美元也是缺口，不消除这一缺口，就会引起通货膨胀。因此，这一缺口被称为通货膨胀缺口。通货膨胀同样会影响经济运行和经营，经济效率会下降，经济增长会停滞。因此，降低通货膨胀率也是宏观经济调控的重要目标之一。

由于经济社会的产出不能总在充分就业水平上达到均衡，因此，需要政府进行宏观调控，以消除通货紧缩缺口或通货膨胀缺口，实现没有通货膨胀的充分就业。

第六节　结束语

本章要点可以归结如下：

（1）与总需求相等的产出称为均衡产出，或者说均衡的国民收入。在均衡产出水平上，计划或意愿的投资一定等于计划或意愿的储蓄。

（2）消费与收入的依存关系称为消费函数和消费倾向，消费倾向有边际消费倾向和平均消费倾向之分。相应地，储蓄倾向也有边际和平均之分。

（3）在两部门经济中，均衡国民收入决定的公式是 $y=\frac{\alpha+i}{1-\beta}$，投资乘数是 $k=\frac{1}{1-\beta}$。

（4）在三部门经济中，若用 t 表示定量税，用 t_r 表示政府转移支付，则均衡收入决定的公式是 $y=\frac{\alpha+i+g+\beta t_r-\beta t}{1-\beta}$；相应地，在定量税情况下，三部门经济中各种乘数分别为：政府购买支出乘数 $k_g=\frac{1}{1-\beta}$，税收乘数 $k_t=\frac{-\beta}{1-\beta}$，政府转移支付乘数 $k_{tr}=\frac{\beta}{1-\beta}$，平衡预算乘数 $k_b=1$。

（5）一国一定时期内的经济资源充分利用时的最大产量（GDP）称潜在国民收入。由总支出（总需求）决定的实际国民收入和潜在国民收入之间的差距称 GDP 缺口。为消除这一缺口所需增加或减少的总支出量称通缩缺口或通胀缺口。

总的说来，本章阐明了西方宏观经济学中国民收入决定的简单模型。对于这一模型，我们提出以下几点，请读者加以注意：

第一，凯恩斯之前关于产出和收入的决定（也就是就业量的决定）。在凯恩斯的理论出现以前，传统的西方经济学信奉萨伊定律，即法国经济学家萨伊在 200 多年以前提出的销售论。该定律的最简单的表达方式是“供给自动创造需求”；意思是说，生产者进行生产的目的（除了自己使用的部分外），是用自己的产品和其他生产者相交换，以便得到他自己所需要的东西，正像农民把多余的粮食拿到集市上来交换日用品那样。萨伊用这种事例来表明，只要社会上存在着一种供给（在这里为粮食），就会自动地存在一种相应的需求（在这里为农民所需要的日用品）；换言之，粮食的供给会创造出自己对日用品的需求。因此，按照萨伊把这一事例普遍化的说法，社会上的一切产品都能被卖掉，从而不会出现生产过剩的现象。不仅如此，由于每个生产者都想享用品种最多和数量最大的各种物品，所以每个生产者都尽量制造出最大数量的产品和别人相交换。就是说，该社会不但没有生产过剩的现象，而且能使生产达到最高的水平，即达到充分就业状态。

显然，对一个抽象的以物易物的简单生产社会，萨伊定律的没有生产过剩和失业状态的结论是可以成立的。但是，正如马克思所指出的那样，萨伊的错误在于把适用于物物交换社会中的事例应用于资本主义社会。① 尽管如此，直到 20 世纪 30 年代初，当时正统的

① 关于马克思对萨伊定律的评析，可参阅：马克思．资本论：第 1 卷．2 版．北京：人民出版社，2004：135－136．剩余价值理论：第 2 卷．北京：人民出版社，1975：571.

西方学者仍然坚持萨伊的说法。这一说法的流行程度随着凯恩斯理论的流传而大为削弱，但到了 20 世纪 70 年代，新古典学派的兴起又使萨伊定律死灰复燃。读者将在本书第十五章中看到的传统的总供给曲线即为根据萨伊定律而作出的总供给曲线。

第二，与萨伊定律相反，凯恩斯提出产出和收入决定于总需求的理论。按照凯恩斯定律，只要存在需求，社会便可以生产出任何数量的产品与之相适应，$y=c+i+g+(x-m)$的意义即在于此。正如我们前面所说，凯恩斯写作《就业、利息和货币通论》的时代背景是 1929—1933 年的大萧条，西方社会存在着大量闲置资源，失业问题严重，而工厂则具有多余的生产能力，如果需求增加，生产确实会增加，因而，对于一个处于经济危机中的资本主义国家而言，凯恩斯定律是有一定现实基础的。然而，就正常状态和经济高涨状态中的资本主义世界来说，情况就不同了。在这种情况下，一味强调增加需求，其主要结果可能不是生产增加，而是物价上涨。西方世界在 1970 年以后就呈现出大体相似的情况。因此，需求决定供给的理论切不可乱用，尤其对我们中国这样的经济来说，更是如此。我国当前经济生活中的问题是，经过多年的投资和出口的需求强力拉动，经济尽管有了飞速发展，但是不但增长方式是粗放式的，全要素生产率不高；而且经济结构不合理，需求结构中投资比重还显过高，消费比例较低。就是在消费结构中，随着经济和收入的上升，高端需求正与日俱增，服务性需求旺盛，但供给结构远远与此不相适应，无效和低端供给过多，一些传统产业产能过剩，有效供给不足，生产要素难以从无效供给领域向有效供给领域流动。因此，党中央不但作出了我国经济进入新常态的判断，而且提出了供给侧结构性改革的策略和经济发展新理念，为中国经济发展指出了正确方向。

第三，关于消费函数。不可否认，人们的消费支出是和他们的可支配收入有关的。问题在于，凯恩斯提出的消费函数，是给资本主义社会各阶级规定了一个统一的消费规律。实质上，资本家的消费和工人的消费遵循不同的方式。资本家的消费由剩余价值量决定，而工人的收入和消费则从属于劳动力价值决定的规律，他们的工资一般用于维持全家基本生活，很难谈得上真正的储蓄。当然，西方的统计数字表明：在整个社会的收入和消费之间确实存在着一种类似本章所介绍的那样的函数关系。消费函数对我国经济方针的制定也具有实践意义。

第四，关于乘数理论。乘数理论在凯恩斯就业理论中具有重要地位，因为凯恩斯认定，由于消费需求不足而造成的总需求不足，主要靠投资来弥补；在私人投资不足的情况下，要靠政府增加公共工程投资支出来解决。在这里，说明增加投资或政府支出会使收入和就业若干倍地增加的理论就是乘数理论。应当看到，在社会化大生产中，投资、政府支出、消费、收入和就业等变量之间确实有一定的连锁反应，然而，这种连锁反应的效果远没有达到凯恩斯主义者所说的那种程度。在现实生活中，乘数作用的大小要受到一系列条件的限制：一是社会中过剩生产能力的大小。如果没有过剩生产能力，没有闲置资源，则投资增加及由此造成的消费支出增加，并不会引起生产增加，只会刺激物价水平上升。二是投资和储蓄决定的相互独立性。要假定它们相互独立，否则，乘数作用要小得多，因为增加投资所引起的对货币资金需求的增加会使利率上升，而利率上升会鼓励储蓄，削弱消费，从而会部分地抵消由于投资增加引起收入增加进而使消费增加的趋势。三是货币供给量增加能否适应支出增加的需要。假设货币供给受到限制，则投资和消费支出增加时，货币需求的增加就得不到货币供给相应增加的支持，利率会上升，不但会抑制消费，还会抑制投资，使总需求降低。四是增加的收入不能用于购买进口货物，否则 GDP 的增加会受到限制。

此外，一些西方学者也指出，对政府增加的公共工程支出，也可能存在一些抵消作用。例如，如果政府为增加公共工程方面的支出而提高税收，则在公共工程方面那些就业者已增加的开支就将由于纳税人在不同程度上减少支出而被抵消。又如，假设政府的支出是靠借钱而不是靠提高税收，则可能影响私人投资。因为政府借钱，一方面会使私人部门的货币减少，另一方面支出增加使收入增加时，消费者和工商企业通常都要增加货币储备，从而增加货币需求，这就会提高利率，进而排挤私人投资。

附录　四部门经济中国民收入的决定及乘数

一、四部门经济中的收入决定

当今世界各国的经济都是不同程度的开放经济，即与外国有贸易往来或其他经济往来的经济。在开放经济中，一国均衡的国民收入不仅取决于国内消费、投资和政府支出，还取决于净出口，即：

$$y=c+i+g+nx \tag{13a.1}$$

式中，nx 指净出口，为出口与进口之差额：$nx=x-m$，它现在成为总需求的一部分，其中出口表示本国商品在外国的销售，代表国外对本国商品的需求。在总需求中为什么要引入进口这一因素呢？这是因为$c+i+g$ 虽然代表了家庭、企业和政府的全部支出，但并不意味着这些支出一定会全部花费在本国生产的商品上。企业可能会购买外国设备，政府可能购买外国武器，家庭可能购买外国的消费品。因此，应当从国内总支出（$c+i+g$）中扣除进口部分的支出，才是真正代表对本国产品的总支出或总需求。于是，$c+i+g+x-m$ 才成为对本国产品的真正需求。显然，进出口变动也会同其他变量（如消费、投资、政府购买、税收、储蓄等）一样，影响国民收入。可见，这里有两个概念要加以区分：一是本国对产品的需求（包括对本国产品的需求和对外国产品的需求即进口需求），二是对本国产品的需求（包括本国对本国产品的需求和外国对本国产品的需求即出口需求）。

在净出口 nx 中，当国民收入水平提高时，一般可假定 nx 会减少，而当国民收入水平下降时，nx 会增加。这是因为，在 $nx=x-m$ 中，出口 x 是由外国的购买力和购买需求决定的，本国难以左右，因而一般假定是一个外生变量，即 $x=\bar{x}$。反之，进口却会随本国收入提高而增加，因为本国收入提高后，人们对进口消费品和投资品（如机器设备、仪器等）的需求会增加。影响净出口的因素除了本国收入外，还有汇率。当本国货币与外国货币的交换比率发生变化时，进口和出口都会受到影响。关于这方面情况，留到本书后面论述国际经济部门的作用时再讲。这里只讨论净出口和收入的关系。这样，可以把进口写成收入的一个函数：

$$m=m_0+\gamma y \tag{13a. 2}$$

式中，m_0 为自发性进口，即和收入没有关系或者说不取决于收入的进口部分，例如本国不能生产，但又为国计民生所必需的产品，不管收入水平如何，是必须进口的。γ 表示边际进口倾向，即收入增加 1 单位时进口会增加多少。

有了净出口以后，国民收入决定的模型可以表示如下：

$$y=c+i+g+x-m$$

$$c=\alpha+\beta y_d$$

$$y_d=y-t+t_r$$

$$t=\bar{t}$$

$$i=\bar{i}$$

$$g=\bar{g}$$

$$t_r=\bar{t}_r$$

$$x=\bar{x}$$

$$m=m_0+\gamma y$$

因此，四部门经济中的均衡收入为：

$$y=\frac{1}{1-\beta+\gamma}\ (\alpha+\bar{i}+\bar{g}-\beta\bar{t}+\beta\bar{t}_r+\bar{x}-m_0) \tag{13a. 3}$$

二、四部门经济中的乘数

由上述四部门经济中均衡收入决定的公式可以得到：

$$\frac{dy}{dx}=\frac{1}{1-\beta+\gamma} \tag{13a. 4}$$

这就是对外贸易乘数，表示出口增加 1 单位引起国民收入变动多少。由于公式中 $1>\gamma>0$，因此，$\frac{1}{1-\beta}>\frac{1}{1-\beta+\gamma}$。

由公式（13a. 4）可见，有了对外贸易之后，不仅出口的变动，而且投资、政府支出、税收的变动对国民收入变动的影响，与封闭经济相比，也发生了变化。在封闭经济中，投资、政府支出增加，国民收入增加的倍数是$\frac{1}{1-\beta}$，而现在变为$\frac{1}{1-\beta+\gamma}$，乘数变小了。这主要是由于增加的收入的一部分现在要用到进口商品上去了。

第十四章

国民收入的决定：*IS—LM* 模型

上一章讨论了消费、投资、政府支出和净出口这四方面的总支出水平如何决定经济社会的总需求，从而决定了均衡的国民收入或产量。正如上一章第一节已经指出的那样，西方学者假设，不论需求的数量为多少，整个社会能以不变的价格提供相应的供给量。那里的分析只是讲了产品市场的均衡，可是，市场经济不但是产品经济，还是货币经济，不但有产品市场，还有货币市场，而且这两个市场是相互影响、相互依存的：产品市场上总产出或总收入就增加了，需要使用货币的交易量就增加了，在利率不变时，货币的需求会增加，如果货币供给量不变，利率会上升，而利率上升会影响投资支出，从而对整个产品市场产生影响。产品市场上的国民收入和货币市场上的利率水平正是在这两个市场的相互影响过程中被共同决定的。凯恩斯经济学的一个重要特点是说明产品市场和货币市场并非相互独立，货币对经济并非中性。本章就来说明产品市场和货币市场一般均衡的国民收入决定的 *IS—LM* 模型。这一模型是由英国学者希克斯根据凯恩斯的《就业、利息和货币通论》发展出来的。[①] 一直到现在，*IS—LM* 模型都被大多数西方学者认为是凯恩斯经济学最核心的理论。它勾画了凯恩斯的整个思想体系，并为以后分析经济政策效果提供了一个工具。

第一节　投资的决定

在上一章关于国民收入决定的简单模型里，投资和消费及政府支出都已作为总需求的组成部分，但那时净投资只是作为一个既定的外生变量参与总需求的决定。而在现实生活

① 希克斯．凯恩斯先生与“古典学派”．计量经济学杂志，1937 (2).

中，投资并不是一个外生变量，而是一个应当放到模型中来分析的内生变量，因此，要研究国民收入如何决定，就必须研究投资本身如何决定。

在西方国家，人们购买证券、土地和其他财产，都被说成投资，但在经济学中，这些都不能算是投资，只是资产权的转移。经济学中所讲的投资，是指资本的形成，即社会实际资本的增加，包括厂房、设备和存货的增加以及新住宅的建设等，其中主要是厂房、设备的增加。下面分析的就是这样的投资。

决定投资的因素有很多，主要的因素有实际利率水平、预期收益率和投资风险等。

一、实际利率与投资

凯恩斯认为，是否要对新的实物资本如机器、设备、厂房、仓库等进行投资，取决于这些新投资的预期利润率与为购买这些资产而必须借入的款项（借款筹资的方式可多种多样）所要求的利率的比较。前者大于后者时，投资是值得的；前者小于后者时，投资就不值得。因此，在决定投资的诸因素中，利率是首要因素。这里的利率是指实际利率。实际利率大致上等于名义利率减通货膨胀率。假定某年名义利率（货币利率）为 8%，通货膨胀率为 3%，则实际利率等于 5%。在投资的预期利润率既定时，企业是否进行投资，首先取决于实际利率的高低。利率上升时，投资需求量就会减少；利率下降时，投资需求量就会增加。总之，投资是利率的减函数。这是因为企业用于投资的资金多半是借来的，利息是投资的成本。即使投资的资金是自有的，投资者也会把利息看成是投资的机会成本，从而把利息当做投资的成本。因此，利率上升时，投资者自然就会减少对投资品（如机器设备等）的购买。投资与利率之间的这种反方向变动关系被称为投资函数，可写作：

$$i=i(r) \tag{14.1}$$

例如，可假定 $i=i(r)=1\,250-250r$（亿美元）。这里，1 250表示**即使利率 r 为零时也有的投资量，称为自发投资**。250 是系数，表示利率每上升或下降一个百分点，投资会减少或增加的数量，可称为利率对投资需求的影响系数。如果把投资函数写成 $i=i(r)=e-dr$，则式中 e 即自发投资，$-dr$ 即投资需求中与利率有关的部分。投资与利率之间的这种函数关系可用图 14－1 表示。

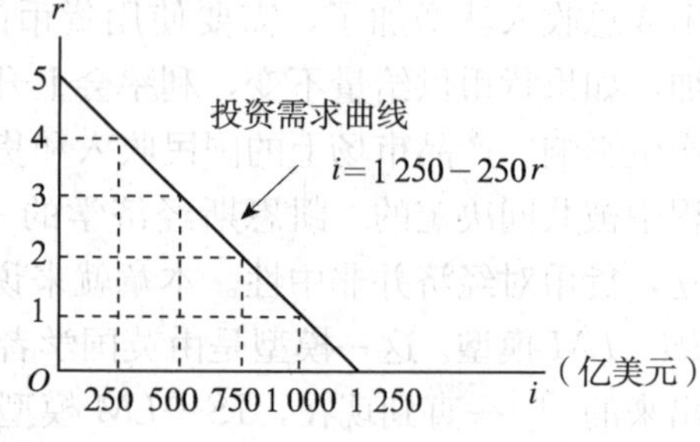

图 14－1　投资函数

图 14－1 中的投资需求曲线，又称投资的边际效率曲线，投资的边际效率是从资本的边际效率这一概念引申而来的。

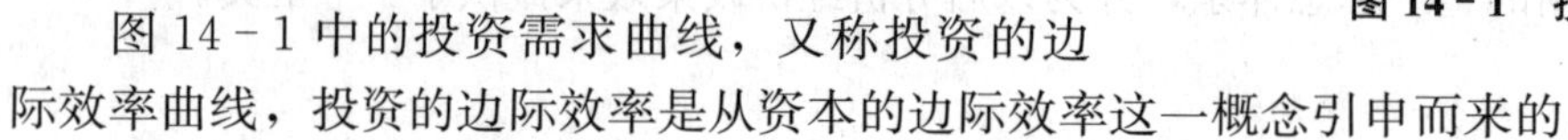

二、资本边际效率的意义

资本边际效率是凯恩斯提出的一个概念。按照他的定义，**资本边际效率（MEC）是一种贴现率，这种贴现率正好使一项资本物品的使用期内各预期收益的现值之和等于这项资本品的供给价格或者重置成本。**

什么叫贴现率和现值？下面举一例加以说明。

假定本金为 100 美元，年利率为 5%，则：

第 1 年本利和为：$100\times(1+5\%)=105$（美元）

第 2 年本利和为：$105\times(1+5\%)=100\times(1+5\%)^2$

$=110.25$（美元）

第 3 年本利和为：$110.25\times(1+5\%)=100\times(1+5\%)^3$

$=115.76$（美元）

依此类推，现在以 r 表示利率，R_0 表示本金，R_1、R_2、R_3 分别表示第 1 年、第 2 年、第 3 年的本利和，则各年本利和为：

$R_1=R_0(1+r)$

$R_2=R_1(1+r)=R_0(1+r)^2$

$R_3=R_2(1+r)=R_0(1+r)^3$

……

$R_n=R_0(1+r)^n$

现在把问题倒过来，设利率和本利和为已知，利用公式求本金。假定利率为 5%，1 年后本利和为 105 美元，则利用公式 $R_n=R_0(1+r)^n$ 或 $R_1=R_0(1+r)$ 可求得本金：

$$R_0=\frac{R_1}{1+r}=\frac{105}{1+5\%}=100\text{（美元）}$$

这就是说，在利率为 5%时，1 年后 105 美元的现值是 100 美元，在同样的利率下，2 年后 110.25 美元以及 3 年后 115.76 美元的现值也是 100 美元。一般说来，n 年后 R_n 的现值是：

$$R_0=\frac{R_n}{(1+r)^n}$$

现在再来说资本边际效率。假定某企业投资 30 000 美元购买一台机器，这台机器的使用期限是 3 年，3 年后全部耗损。再假定把人工、原材料以及其他所有成本（如能源、灯光等，但利息和机器成本除外）扣除以后，各年的预期收益是11 000美元、12 100美元和13 310美元，这也是这笔投资在各年的预期毛收益，3 年合计为36 410美元。

如果贴现率是 10%，那么 3 年内全部预期收益36 410美元的现值正好是30 000 美元，即：

$$\begin{aligned}R_0&=\frac{11\,000}{(1+10\%)}+\frac{12\,100}{(1+10\%)^2}+\frac{13\,310}{(1+10\%)^3}\\&=10\,000+10\,000+10\,000\\&=30\,000\text{（美元）}\end{aligned}$$

由于这一贴现率（10%）使 3 年的全部预期收益（36 410美元）的现值（30 000美元）正好等于这项资本品（1 台机器）的供给价格（30 000美元），因此，这一贴现率就是资本边际效率，它表明一个投资项目的收益应按何种比例增长才能达到预期的收益，因此，它也代表该投资项目的预期利润率。

假定资本品（如上述机器）不是在 3 年中而是在 n 年中报废，并且在使用终了时还有残值，则资本边际效率的公式就是：

$$R=\frac{R_1}{1+r}+\frac{R_2}{(1+r)^2}+\frac{R_3}{(1+r)^3}+\cdots+\frac{R_n}{(1+r)^n}+\frac{J}{(1+r)^n} \tag{14.2}$$

式中，R 为资本物品的供给价格；价格 R_1，R_2，R_3，…，R_n 为不同年份（或时期）的预期收益；J 代表该资本品在 n 年年末时的报废残值；r 代表资本边际效率。

三、资本边际效率曲线

如果 R、J 和各年预期收益都能估算出来，就能算出资本边际效率。如果资本边际效率大于市场利率，则此投资就值得，否则，就不值得。

从(14.2)式可知，r 的数值取决于资本品供给价格和预期收益：预期收益既定时，供给价格越高，r 越小；而供给价格既定时，预期收益越大，r 越大。在实际生活中，每一个投资项目的资本边际效率都不一样，每一个企业都会面临一些可供选择的投资项目，假定这些项目的资本边际效率如图 14－2 所示。

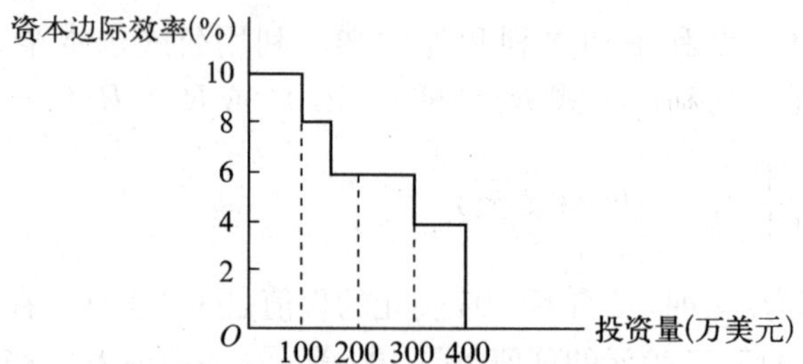

图 14－2　某企业可供选择的投资项目

图 14－2 表示某企业有可供选择的 4 个投资项目：项目 A 的投资量为 100 万美元，资本边际效率为 10%；项目 B 的投资量为 50 万美元，资本边际效率为 8%；项目 C 的投资量为 150 万美元，资本边际效率为 6%；项目 D 的投资量为 100 万美元，资本边际效率为 4%。显然，如果市场利率为 10%，只有项目 A 值得投资，如果市场利率为 8%或稍低些，则项目 A 和 B 都值得投资，投资总额可达150 万美元，如果市场利率降到 4%或 4%以下，则项目 C 和 D 也值得投资，投资总额可达 400 万美元。可见，对这个企业来说，利率越低，投资需求量越大。图中各个长方形顶端所形成的折线就是该企业的资本边际效率曲线。

一个企业的资本边际效率曲线是阶梯形的，但经济社会中所有企业的资本边际效率曲线如果加总在一起，分阶梯的折线就会逐渐变成一条连续的曲线，因为总合过程中所有起伏不平会彼此抵消而转为平滑，这条曲线就是凯恩斯所讲的资本边际效率曲线。如图 14－3 中的 *MEC* 曲线。

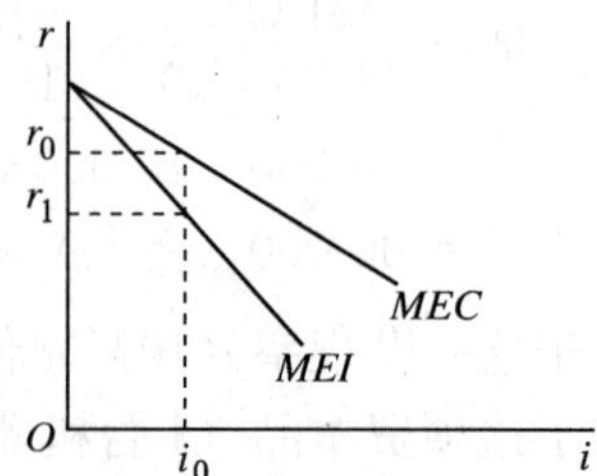

图 14－3　资本边际效率曲线(*MEC*)和投资边际效率曲线(*MEI*)

这条资本边际效率曲线表明，投资量（i）和利息率（r）之间存在反方向变动关系：利率越高，投资量越小；利率越低，投资量越大。

四、投资边际效率曲线

西方一些经济学家认为，MEC 曲线还不能准确代表企业的投资需求曲线。因为当利率下降时，如果每个企业都增加投资，资本品的价格会上涨，就是说（14.2）式中的 R（资本品供给价格）要增加，在相同的预期收益情况下，r 必然缩小，否则，公式两边无法相等，即这一贴现率（资本边际效率）无法使未来收益折合成等于资本供给价格的现值。这样，由于 R 上升而被缩小了的 r 的数值被称为投资边际效率（MEI）。因此，在相同的预期收益下，投资边际效率小于资本边际效率。例如，在图 14-3 中，一笔投资 i_0 所带来的预期收益量，其资本边际效率为 r_0，但其投资边际效率只为 r_1，$r_1<r_0$。因此按资本边际效率，市场利率为 r_0 时就可以有 i_0 的投资量，但按投资边际效率，市场利率要降为 r_1 时才可以有 i_0 的投资量。

由于投资边际效率小于资本边际效率，因此，投资边际效率曲线较资本边际效率曲线更为陡峭。尽管如此，MEI 曲线和 MEC 曲线一样也能表示利率和投资量之间存在的反方向变动关系，只是在使用投资边际效率曲线的情况下，利率变动对投资量变动的影响较小而已。西方学者认为，更精确地**表示投资和利率之间关系的曲线，是投资边际效率曲线**。因此，西方经济学著作一般都用 MEI 曲线表示利率与投资量的关系，投资曲线指的是 MEI 曲线，这条曲线即（14.1）式所说的投资函数。

五、预期收益与投资

上述实际利率水平会影响投资需求，其实是从投资使用的资金成本角度探讨投资需求。影响投资需求的另一个重要方面是（14.2）式中的预期收益，即一个投资项目在未来各个时期估计可得到的收益。影响这种预期收益的因素也是多方面的，这里可指出如下三点：

1. 对投资项目的产出的需求预期

企业决定对某项目是否投资及投资多少时，首先会考虑市场对该项目的产品在未来的需求情况，因为这种需求状况不但会决定产品能否销售出去，还会影响产品价格的走势。如果企业认为投资项目产品的市场需求在未来会增加，就会增加投资。假设一定的产出量会要求有一定的资本设备量来提供，则预期市场需求增加多少，就会相应要求增加多少投资。

2. 产品成本

投资的预期收益在很大程度上也取决于投资项目的产品的生产成本，尤其是劳动者的工资成本。因为工资成本是产品成本中最重要的构成部分，在其他条件不变时工资成本上升会降低企业利润，减少投资的预期收益，尤其是对那些劳动密集型产品的投资项目而言，工资成本上升显然会降低投资需求。然而，对于那些可以用机器设备代替劳动力的投资项目，工资上升又意味着多用设备比多用劳动力更有利可图，因而实际工资的上升又等于投资的预期收益增加从而会增加投资需求。可见，工资成本的变动对投资需求的影响具有不确定性。但就多数情况来说，随着劳动成本的上升，企业会越来越多地考虑采用新的机器设备，从而使投资需求增加。新古典经济学之所以认为投资需求会随工资上升而上升，理由就在这里。

3. 投资税抵免

影响投资预期收益的还有政府的税收政策，因为税收直接影响收益。在一些国家，政府为鼓励企业投资，会采用一种**投资税抵免的政策，即政府规定，投资的厂商可从它们的所得税税单中扣除其投资总值的一定百分比。**例如，假定某企业在某一年投资 1 亿元，若规定投资抵免率是 10%，则该企业就可少缴所得税1 000万元，这1 000万元等于是政府为企业支付的投资项目的成本。如果该企业在这一年的所得税不足1 000万元，只有 600 万元，则所余 400 万元还可到来年甚至第 3 年再抵扣。这种投资抵免政策对投资的影响，在很大程度上取决于这种政策是临时的，还是长期的。如果是临时性政策，则此政策的效果也是临时的，过了政策期限，投资需求可能反而下降。比方说，政府为刺激经济，如果宣布在某一年实行投资抵免，则该年的投资可能大幅度增加，甚至本来准备来年投资的项目也可能提前到该年进行，但来年投资需求会明显下降，或在政策实行的前一年，企业会把一些项目推迟到有政策鼓励时进行投资。

六、风险与投资

投资需求还与企业对投资的风险考虑密切相关。这是因为投资是现在的事，收益是未来的事，未来的结果究竟如何总有不确定性。人们对未来的结局会有一个预测，企业正是根据这种预测进行投资决策的。然而，即使是最精明的企业家也不可能完全准确无误地预测到将来的结果。因此，投资总有风险，并且高的投资收益往往伴随着高的投资风险，如果收益不足以补偿风险可能带来的损失，企业就不愿意投资。这里所谓的风险，包括未来的市场走势、产品价格的变化、生产成本的变动、实际利率的变化、政府宏观经济政策的变化等等，都具有不确定性。一般说来，整个经济趋于繁荣时，企业对未来会看好，从而会认为投资风险较小；而经济呈下降趋势时，企业对未来的看法会悲观，从而认为投资风险较大。因而凯恩斯认为，投资需求与投资者的乐观和悲观情绪大有关系，实际上，这说明投资需求会随人们承担风险的意愿和能力变化而变动。

七、托宾的“*q*”说

除了以上所述投资需求理论，美国经济学家詹姆斯·托宾（James Tobin）还提出了股票价格会影响企业投资的理论。按他的说法，**企业的市场价值与其重置成本之比**，可作为衡量是否进行新投资的标准，他把此比率**称为“*q*”**。企业的市场价值就是这个企业的股票的市场价格总额，它等于每股的价格与总股数之积。企业的重置成本指建造这个企业所需要的成本。因此，***q*＝企业的股票市场价值/新建企业的成本。**如果企业的股票市场价值小于新建成本，$q<1$，说明买旧的企业比建新企业便宜，于是就不会有投资；相反，$q>1$ 时，说明新建企业比买旧企业要便宜，因此会有新投资。就是说，当 q 较高时，投资需求会较大。托宾的这种“q”说，实际上是说，股票价格上升时，投资会增加。一些西方经济学家认为，股票价格与投资之间并不存在这种因果关系，相反，倒是由于厂商有较好的投资前景才使得股票价格上升。

上面叙述了几种投资需求理论，下面根据理论表述的需要，仍然根据凯恩斯的投资需求理论来说明国民收入决定的 *IS*—*LM* 模型。

第二节 *IS* 曲线

一、*IS* 曲线及其推导

把投资当做利率的函数以后，西方学者进一步用 *IS* 曲线来说明产品市场均衡的条件。所谓**产品市场的均衡，是指产品市场上总供给与总需求相等**。上一章已说过，两部门经济中总需求等于总供给是指 $c+i=c+s$，均衡的条件是 $i=s$。假定消费函数为 $c=\alpha+\beta y$，则无论从总需求等于总供给分析，还是从投资等于储蓄分析，两部门经济中均衡收入决定的公式都是 $y=\frac{\alpha+i}{1-\beta}$，在这里，投资（$i$）作为外生变量参与均衡收入的决定。现在把投资作为利率的函数，即 $i=e-dr$，则均衡收入的公式就变为：

$$y=\frac{\alpha+e-dr}{1-\beta} \tag{14.3}$$

这一公式是从投资($i=e-dr$)等于储蓄[$s=y-c=y-\alpha-\beta y=-\alpha+(1-\beta)y$]的均衡条件中得来的。从(14.3)式可以看到，要使产品市场保持均衡，即储蓄等于投资，则均衡的国民收入与利率之间存在着反方向变化的关系。

现在举个例子来说明这一点，假设投资函数 $i=1\ 250-250r$，消费函数 $c=500+0.5y$。即储蓄函数为 $s=y-c=-500+0.5y$，这样就有：

$$y=\frac{\alpha+e-dr}{1-\beta}=\frac{500+1\ 250-250r}{1-0.5}=3\ 500-500r$$

当 $r=1$ 时，$y=3\ 000$

当 $r=2$ 时，$y=2\ 500$

当 $r=3$ 时，$y=2\ 000$

当 $r=4$ 时，$y=1\ 500$

当 $r=5$ 时，$y=1\ 000$

……

如果画一个坐标图形，如图 14-4 所示，以纵轴代表利率，以横轴代表收入，则可得到**一条反映利率和收入间相互关系的曲线。这条曲线上任何一点都代表一定的利率和收入的组合，在这些组合下，投资和储蓄都是相等的，即 $i=s$，从而产品市场是均衡的，因此这条曲线称为 *IS* 曲线。**

从上例可看到，*IS* 曲线是从投资与利率的关系（投资函数）、储蓄与收入的关系（储蓄函数）以及储蓄与投资的关系（储蓄等于投资）中推导出来的。西方学者常常用含有四个象限的图 14-5 来描述这个推导过程。

图 14-5 中象限（1）的曲线表示，投资需求是利率的减函数，纵轴表示利率 r，横轴表示投资量 i，该曲线就是根据上例中的投资函数 $i=1\ 250-250r$ 画出来的。

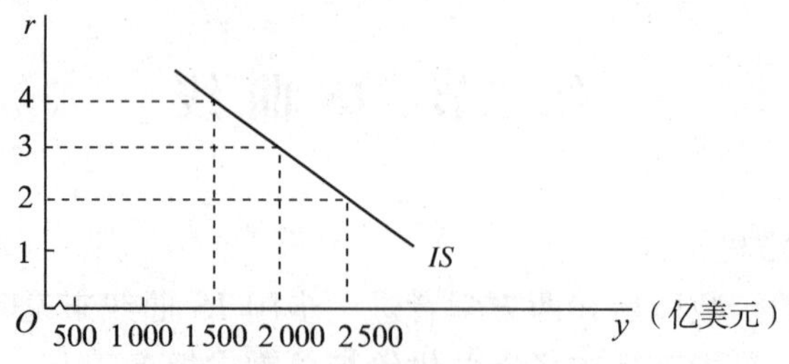

图 14-4　*IS* 曲线

图中象限（2）表示投资和储蓄的均衡状态，纵轴表示储蓄 s，横轴仍表示投资 i，那条起自原点的 45°直线，表示投资始终等于储蓄的组合点的集合。例如，利率 $r=3\%$时，投资 $i=500$ 亿美元，储蓄 s 也等于 500 亿美元，利率下降时，投资增加，储蓄也相应增加，才达到均衡。

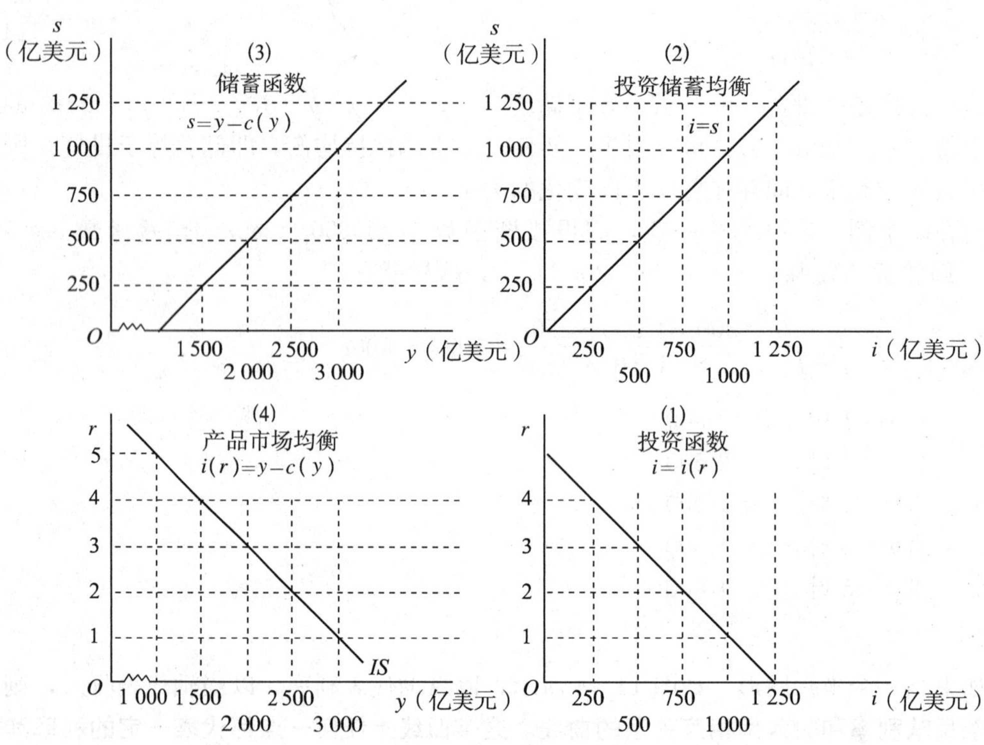

图 14-5　*IS* 曲线推导图示

图中象限（3）的曲线表示储蓄是国民收入的增函数，这条曲线就是根据上例中 $s=-500+0.5y$ 画出的。例如在象限（1）中，当 $r=3\%$时，$i=500$；在第（2）象限中，由于$i=s$，必然有 500 亿美元储蓄；在象限（3）中，由储蓄函数计得，应有收入 2 000 亿美元才能有 500 亿美元储蓄（$500=-500+0.5y$，所以 $y=2\ 000$）。如果利率下降到 2%，投资上升到 750 亿美元，因此均衡时的储蓄也是 750 亿美元，从而均衡收入就是 2 500 亿美元（$750=-500+0.5y$，所以 $y=2\ 500$）。

最后，在图 14-5 的象限（4）中便得到了产品市场的均衡点，就是说，当利率 $r=3\%$ 时，使储蓄与投资恰好相等的国民收入是 2 000 亿美元；若利率上升到 4%，投资和相应的储蓄将下降到 250 亿美元，从而均衡收入必须是 1 500 亿美元；同样，利率下降到 2%时，投资和相应的储蓄将上升到 750 亿美元，从而均衡收入水平一定是 2 500 亿美元。总之，当利率分别为 2%、3%、4%和 5%时，只有国民收入分别为 2 500 亿美元、2 000 亿美元、1 500 亿美元和 1 000 亿美元时，才能满足 $i=s$ 这一产品市场均衡的条件。将满足产品市场均衡条件的利率和收入的各个组合点连接起来，就得到了 *IS* 曲线。可见，*IS* 曲线是产品市场均衡状态的一幅简单图像，它表示的是：与任一给定的利率相对应的国民收入水平，在这样的水平上，投资恰好等于储蓄，因此这条曲线被称为 *IS* 曲线。

有些西方学者也通过如下另一种图示来推导 *IS* 曲线，见图 14-6。

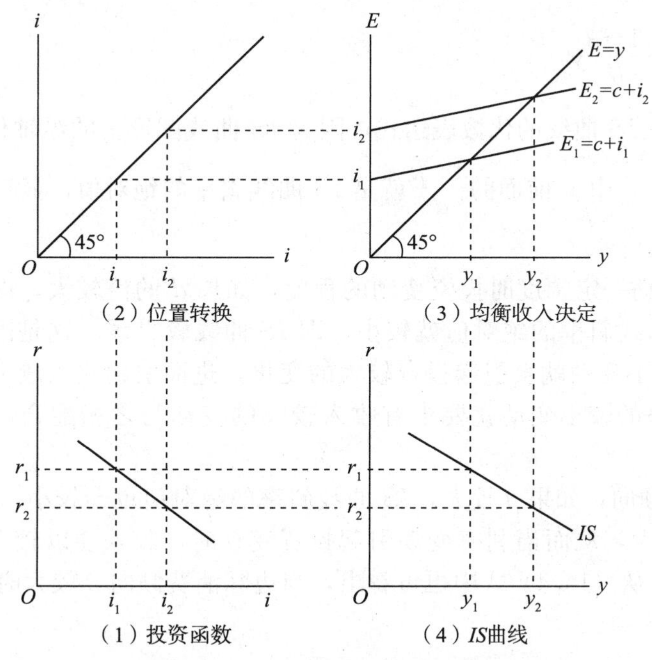

图 14-6　*IS* 曲线的另一种推导图示

在图 14-6 中，象限（1）表示投资是利率的减函数。当利率从 r_1 降为 r_2 时，投资从 i_1 增至 i_2。象限（2）表示投资从纵轴到横轴的等量转换，以便和象限（3）相对应。象限（3）表示均衡收入决定 $y=E$。45°线上的每一点都是收入 y 和支出 E（两部门经济中的 $E=c+i$）的均衡点。当投资从 i_1 增至 i_2 时，均衡收入便从 y_1 增至 y_2。象限（4）表示国民收入与利率之间的反向变动关系，即 *IS* 曲线。

这里对 *IS* 曲线的推导与图 14-5 对 *IS* 曲线的推导看似不同，其实一样。图 14-6 的推导依据的方法是总收入等于总支出，即 $y=E$，$E=c+i=\alpha+\beta y+i$（两部门经济中），而图 14-5 的推导依据的方法是计划储蓄等于计划投资，即 $s=y-c=i$ 或 $-\alpha+(1-\beta)y=i$。两种方法都得出均衡收入为 $y=\dfrac{\alpha+i}{1-\beta}$，因此，两种方法都能推导出 *IS* 曲线的图形。

由于利率下降意味着一个较高的投资水平，从而意味着一个较高的储蓄和收入水平，因此，*IS* 曲线的斜率是负值。[①]

二、*IS* 曲线的斜率

从上可知，如果知道了一个经济体系的消费函数（从而储蓄函数）和投资函数，就不难求得 *IS* 曲线。从图 14－4 或图 14－5 中可以看到，*IS* 曲线的斜率大小，或者说倾斜程度，取决于投资函数和储蓄函数的斜率，这从 *IS* 曲线的代数表达式中可以看出。

上面说过，在两部门经济中，均衡收入的代数表达式（14.3）为：

$$y=\frac{\alpha+e-dr}{1-\beta}$$

上式可化为：

$$r=\frac{\alpha+e}{d}-\frac{1-\beta}{d}y \qquad (14.4)$$

（14.4）式就是 *IS* 曲线的代数表达式，因为 *IS* 曲线图形上的纵轴代表利率，而横轴代表收入，（14.4）式中 y 前面的 $\frac{1-\beta}{d}$ 就是 *IS* 曲线斜率的绝对值，显然，它既取决于 β，也取决于 d。

d 表示利率变动一定幅度时投资变动的程度，如果 d 的值较大，即投资对于利率变化比较敏感，*IS* 曲线斜率的绝对值就较小，即 *IS* 曲线较平缓。这是因为投资对利率较敏感时，利率的较小变动就会引起投资较大的变化，进而引起收入较大的变化，反映在 *IS* 曲线上是：利率的较小变动就要求有收入较大的变动与之相配合，才能使产品市场均衡。

β 是边际消费倾向，如果 β 较大，*IS* 曲线斜率的绝对值也会较小，这是因为 β 较大，意味着支出乘数较大，从而当利率变动引起投资变动时，收入会以较大幅度变动，因而 *IS* 曲线就较平缓。从（14.4）式中也可看出，当边际消费倾向 β 较大时，*IS* 曲线斜率的

---

① *IS* 曲线的数学方程可以写作：

$$i(r)=y-c(y) \quad [\text{这里的 } c(y) \text{ 是消费函数}] \qquad (1)$$

以 y 为自变量对（1）式进行全微分，则得：

$$\frac{\mathrm{d}i}{\mathrm{d}r}\frac{\mathrm{d}r}{\mathrm{d}y}=\frac{\mathrm{d}y}{\mathrm{d}y}-\frac{\mathrm{d}c}{\mathrm{d}y}\frac{\mathrm{d}y}{\mathrm{d}y}=1-\beta \quad [\text{这里的 } \beta \text{ 为边际消费倾向}] \qquad (2)$$

从（2）式中可以得到：$\frac{\mathrm{d}y}{\mathrm{d}r}=\frac{\frac{\mathrm{d}i}{\mathrm{d}r}}{1-\beta}$。 (3)

在（3）式中，一般假定 β 小于 1，因此（$1-\beta$）必然为正数，而 $\frac{\mathrm{d}i}{\mathrm{d}r}$ 为投资需求曲线的斜率，一般被假定为负值，因此 $\frac{\mathrm{d}y}{\mathrm{d}r}$ 必然为负数，即 y 与 r 是朝相反方向变动的，从而 *IS* 曲线向右下方倾斜。可见，*IS* 曲线的斜率为负值必须以凯恩斯关于 β 及 $\frac{\mathrm{d}i}{\mathrm{d}r}$ 的理论是正确的为前提条件。从这里也可以看到，这里的“证明”能真正证明的是：如果凯恩斯理论是正确的，在其他条件不变的条件下，*IS* 曲线必然向右下方倾斜。这在一定的意义上就等于说：*IS* 曲线被假定为向右下方倾斜。这是一个例子；它向我们表明：此种“证明”没有多少价值。本书以及西方经济学中的许多证明都是如此。关于这一点，读者可以自己注意，本书不再赘述。

绝对值较小，因而 IS 曲线也较平缓。

在三部门经济中，由于存在税收和政府支出，消费成为可支配收入的函数，但在定量税情况下，IS 斜率的绝对值仍是$\frac{1-\beta}{d}$。而在比例所得税情况下，即 $c=\alpha+\beta(1-t)y$，式中 t 表示边际税率，即增加的税收在增加的收入中的比率（而在前面第十三章第四节讲税收乘数时，曾用 t 表示定量的总税收，与这里用 t 表示边际税率的含义不同），上述 IS 曲线斜率的绝对值就要相应地变为$\frac{1-\beta(1-t)}{d}$。在这种情况下，IS 曲线的斜率除了与 d 及 β 有关外，还与边际税率 t 的大小有关：当 d 和 β 一定时，税率 t 越小，IS 曲线越平缓；t 越大，IS 曲线越陡峭。这是因为在边际消费倾向一定时，税率越小，乘数会越大；税率越大，乘数会越小。

西方学者认为，影响 IS 曲线斜率大小的，主要是投资对利率的敏感度，原因是边际消费倾向比较稳定，税率也不会轻易变动。

需要指出的是，上述影响 IS 曲线斜率的说明，是以预期不变为前提条件的。加入了预期因素，IS 曲线会比不考虑预期时更陡峭一些。用两部门经济中 IS 曲线的斜率来说，由于其斜率是$-\frac{1-\beta}{d}$，$\frac{1-\beta}{d}$越大或$\frac{d}{1-\beta}$越小，IS 曲线就越陡峭。其中 d 是投资的利率系数，$\frac{1}{1-\beta}$是乘数。二者越小，IS 曲线就越陡峭。拿 d 来说，预期不变时，企业投资需求就会按 d 这一系数随实际利率下降（或上升）一定幅度（比方说 1%或 2%）而增加（或减少）进而使收入增加（或减少），但引入预期后，比方说当前利率下降，企业又预期未来实际利率不会像现在这样低，那么企业就可能不会按 d 这一系数大幅度改变投资计划，即不会增加多少投资，从而收入也不会增加那么多。这等于说 d 所表示的投资敏感程度下降了，或者说 d 比预期不变（即不存在预期）时小一些了。再拿乘数（即$\frac{1}{1-\beta}$）来说，当引入预期后，比方说人们预期不会持久的收入变化对消费和投资的影响就都很有限，也就是说，边际消费倾向较小，因而乘数也较小。这意味着，存在预期时的乘数比不存在预期时的乘数要小一些。可见，上述两点都说明，考虑预期因素后，IS 曲线会陡峭些。

三、*IS* 曲线的移动

从图 14－5 中可以看到，如果投资函数或储蓄函数变动，IS 曲线就会变动。

先看投资需求变动，如果由于种种原因（例如，投资边际效率提高，或出现了技术革新，或企业家对经济前景预期乐观等），在同样利率水平上投资需求增加了，比方说上例中的 $i=1\ 250-250r$ 变成了 $i=1\ 500-250r$，即投资需求曲线向右上方移动，于是，IS 曲线就会向右上方移动，其向右的移动量等于投资需求曲线的移动量乘以乘数。在上例中，投资需求曲线移动 250 亿美元，即 $1\ 500-1\ 250=250$，乘数 $k=\frac{1}{1-0.5}=2$，因此，IS 曲线右移 500 亿美元。反之，若投资需求下降，则 IS 曲线向左移动。

图 14－7 中，投资需求曲线从 i_1 提高到 i_2，IS_1 则相应右移到 IS_2，$\Delta y=k\cdot\Delta i$，IS

曲线左移的情况可以同样画出。

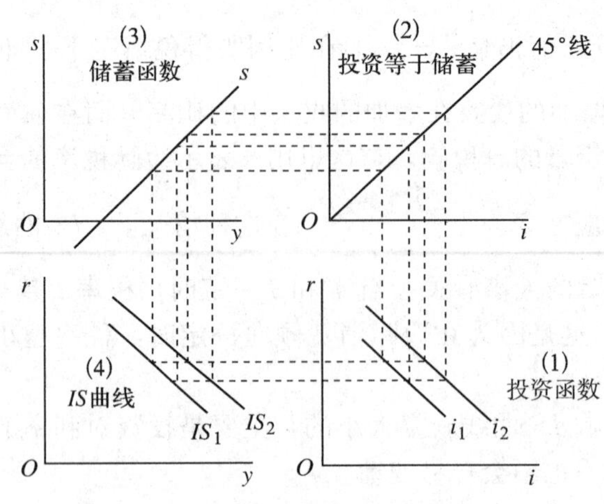

图 14-7　投资需求变动使 IS 曲线移动

再看储蓄函数的变动。假定人们的储蓄意愿增加了，即人们更节俭了，比方说，上例中储蓄函数从 $s=-500+0.5y$ 变成了 $s=-250+0.5y$（即消费函数从 $c=500+0.5y$ 变为$c=250+0.5y$），这样，储蓄曲线就要向左移动。如果投资需求不变，则同样的投资水平现在要求的均衡收入水平就要下降，因为现在只要有较低的收入就可以提供同样的储蓄，因此 IS 曲线就会向左移动，其移动量等于储蓄增量乘以乘数，图 14-8 描述了这一情况。当储蓄意愿增加，s_1 左移到 s_2 时，IS_1 相应左移到 IS_2。

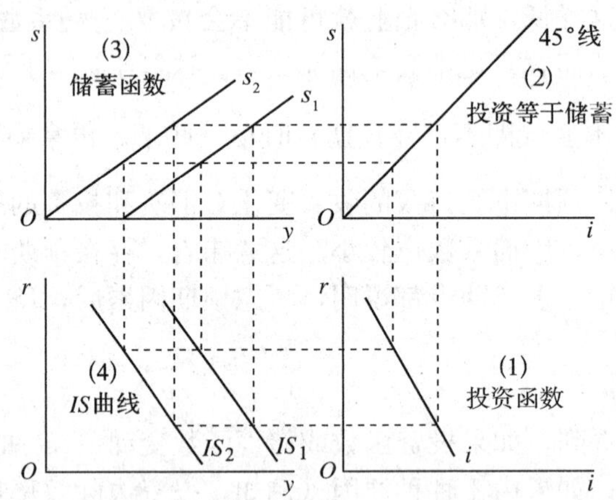

图 14-8　储蓄变动使 IS 曲线移动

图 14-7 和图 14-8 中 IS 曲线的移动，只是考虑两部门经济中产品市场均衡的情况。在三部门经济中，IS 曲线则是根据国民收入均衡的条件从 $i+g=s+t$ 的等式推导出来的，因此，不仅 i 曲线和 s 曲线的移动会使 IS 曲线移动，而且 i、g、s、t 中任何一条曲线的移动或几条曲线的同时移动，都会引起 IS 曲线移动，如果考虑到开放经济情况，则引起 IS 曲线移动的因素还要包括进出口的变动。总之，一切自发支出量变动，都会使 IS

曲线移动，下面分析一下税收和政府支出变动如何使 IS 曲线移动。

增加政府购买性支出，在自发支出量变动的作用中等于增加投资支出，因此，会使 IS 曲线向右平行移动。IS 曲线移动的幅度取决于两个因素：政府支出增量和支出乘数的大小，即均衡收入增加量 $\Delta y = k_g \Delta g$。假定把上述投资需求从 $i=1\ 250-250r$ 变为 $i=1\ 500-250r$ 看成是原来的投资加一笔政府购买 250 亿美元，即 $i+g=1\ 250-250r+250$，则 IS 曲线同样向右移动 500 亿美元，即 $\Delta y = k_g \Delta g = \frac{1}{1-0.5} \times 250 = 500$（亿美元）；相反，减少政府支出，则会使 IS 曲线左移。

政府增加一笔税收，则会使 IS 曲线向左移动，这是因为一笔税收的增加，如果增加了企业的负担，则会使投资相应减少，于是这笔增税无疑会减少投资需求，从而会使 IS 曲线向左移动；同样，一笔税收的增加，如果增加了居民个人的负担，则会使他们的可支配收入减少，从而使他们的消费支出相应减少，从而也会使 IS 曲线向左移动。相反，如果政府减税，则会使 IS 曲线右移，移动幅度为 $\Delta y = -k_t \Delta t$。

关于增加或减少税收及政府支出如何使 IS 曲线移动，也可以从下面的公式中得到说明。假定 t 和 g 分别代表税收和政府支出额，则国民收入等于：

$$\begin{aligned} y &= c+i+g=\alpha+\beta(y-t)+e-dr+g \\ &= \alpha+e+g-\beta t+\beta y-dr \end{aligned} \tag{14.5}$$

$$\therefore \quad y=\frac{\alpha+e+g-\beta t}{1-\beta}-\frac{dr}{1-\beta}$$

从上式中可见，当政府支出 g 增加或减少 Δg 时，国民收入增加量或减少量为 $\Delta y = \frac{1}{1-\beta}\Delta g$，即 IS 曲线右移或左移 $\frac{1}{1-\beta}\Delta g$；而当税收增加或减少 Δt 时，国民收入减少量或增加量为 $\Delta y = \frac{\beta}{1-\beta}\Delta t$，即 IS 曲线左移或右移 $\frac{\beta}{1-\beta}\Delta t$。

增加政府支出和减税，都属于增加总需求的扩张性财政政策；而减少政府支出和增税，都属于降低总需求的紧缩性财政政策。因此，政府实行扩张性财政政策，就表现为 IS 曲线向右上方移动，实行紧缩性财政政策，就表现为 IS 曲线向左下方移动。实际上西方经济学家提出 IS 曲线的重要目的之一，就在于分析财政政策如何影响国民收入的变动。

第三节　利率的决定

一、利率决定于货币的需求和供给

以上两节说明，利率决定投资，进而影响国民收入。然而，利率本身又是怎样决定的呢？凯恩斯以前的所谓古典学派认为，投资与储蓄都只与利率相关，投资是利率的减函数，储蓄是利率的增函数（即利率越高，人们越愿意储蓄，从而储蓄越多），当投资与储蓄相等时，利率就得以决定。

凯恩斯否定了这种观点。他认为，储蓄不仅决定于利率，更重要的是受收入水平的影响；收入是消费和储蓄的源泉，只有收入增加了，消费和储蓄才会增加；收入不增加，即使利率提高，储蓄也无从增加。若不知道收入水平高低，就无法建立储蓄与利率的函数关系，而如果不能确定储蓄函数，也就不能确定利率，从而也不能确定投资水平和国民收入水平。凯恩斯提出，如果利率不是由投资和储蓄的对比关系决定，而是由其他因素决定，则投资和收入的决定问题就有可能得以解决。他认为，利率不是由储蓄与投资决定的，而是由货币的供给量和对货币的需求量决定的。货币的实际供给量（用 m 表示）一般由国家控制，是一个外生变量，因此，需要分析的主要是货币的需求。

二、流动性偏好与货币需求动机

对货币的需求，又称“流动性偏好”（也称“灵活偏好”或“流动偏好”）。所谓“流动性偏好”是指，由于货币具有使用上的灵活性，人们宁可以牺牲利息收入而储存不生息的货币来保持财富的心理倾向。这一概念首先由凯恩斯提出。

众所周知，人们的财富如果不以货币形式持有，而以其他形式持有，会给他们带来收益。例如，以债券形式持有，会有债息收入；以股票形式持有，会有股息及红利收入；以房产形式持有，会有租金收入；等等。那么，为什么人们愿意持有不生息或其他形式收入的货币呢？凯恩斯认为，就是因为货币具有这种使用上的灵活性，随时可满足以下三类不同的动机。

第一，**交易动机，指个人和企业需要货币是为了进行正常的交易活动**。由于收入和支出在时间上不是同步的，因而个人和企业必须有足够的货币资金来支付日常需要的开支。个人或企业出于这种交易动机所需要的货币量，决定于收入水平以及惯例和商业制度，而惯例和商业制度在短期内一般可假定为固定不变，于是，按凯恩斯的说法，**出于交易动机的货币需求量主要决定于收入，收入越高，交易数量越大**。交易数量越大，所交换的商品和劳务的价格越高，从而**为应付日常开支所需的货币量就越大**。

第二，**谨慎动机或称预防性动机，指为预防意外支出而持有一部分货币的动机，如个人或企业为应付事故、失业、疾病等意外事件而需要事先持有一定数量货币**。因此，如果说货币的交易需求产生于收入和支出缺乏同步性，则货币的预防性需要产生于未来收入和支出的不确定性。西方经济学家认为，个人对货币的预防需求量主要决定于他对意外事件的看法，但从全社会来看，**这一货币需求量大体上也和收入成正比**，是收入的增函数。

因此，如果用 L_1 表示由交易动机和谨慎动机所产生的全部实际货币需求量，用 y 表示实际收入，则这种货币需求量和收入的关系可表示为：

$$L_1=L_1(y)$$

或者 $$L_1=ky \tag{14.6}$$

（14.6）式中的 k 为出于上述两种动机所需货币量同实际收入的比例关系；y 为具有不变购买力的实际收入。例如，若实际收入 $y=1\ 000$万美元，交易和谨慎需要的货币量占实际收入的 20%，则 $L_1=1\ 000$ 万美元×0.2=200 万美元。

第三，**投机动机，指人们为了抓住有利的购买有价证券的机会而持有一部分货币的动机**。假定人们一时不用的财富只能用货币形式或债券形式来保存，债券能带来收益，而闲置货币没有收益，那么人们为什么不全部购买债券而要在二者间作选择呢？原来是因为人们想利用利率水平或有价证券价格水平的变化进行投机。在实际生活中，债券价格与利率成反比。假定一张债券一年可获利息 10 美元，而若市场利率为 10%，则这张债券的市价就为 100 美元，若市场利率为 5%，则这张债券的市价就为 200 美元，因为 200 美元在利率为 5%时若存放到银行也可得到 10 美元利息。可见，债券价格一般随利率变化而变化。由于债券市场价格经常波动，凡预计债券价格将上涨（即预期利率将下降）的人，就会用货币买进债券以备日后以更高价格卖出；反之，凡预计债券价格将下跌的人，就会卖出债券保存货币以备日后债券价格下跌时再买进。这种预计债券价格将下跌（即利率上升）而需要把货币保留在手中的情况，就是对货币的投机需求。可见，有价证券价格的未来不确定性是对货币的投机性需求的必要前提，这一需求与利率呈反方向变化。利率越高，即有价证券价格越低，人们若认为这一价格已降低到正常水平以下，预计很快会回升，就会抓住机会及时买进有价证券，于是，人们手中出于投机动机而持有的货币量就会减少。相反，利率越低，即有价证券价格越高，人们若认为这一价格已涨到正常水平以上，预计就要回跌，于是，他们就会抓住时机卖出有价证券，这样，人们手中出于投机动机而持有的货币量就会增加。

总之，对货币的投机需求取决于利率，如果用 L_2 表示货币的投机需求，用 r 表示利率，则这一货币需求量和利率的关系可表示为：

$$L_2=L_2(r) \tag{14.7}$$

或者 $L_2=-hr$，这里 h 是货币的投机需求的利率系数，负号表示货币的投机需求与利率变动有负向关系。

三、流动偏好陷阱

以上分析说明，对利率的预期是人们调节货币和债券配置比例的重要依据，利率越高，货币需求量越小。当利率极高时，这一需求量等于零，因为人们认为这时利率不大可能再上升，或者说有价证券价格不大可能再下降，因而将所持有的货币全部换成有价证券。反之，**当利率极低时**，比方说 2%，**人们会认为这时利率不大可能再下降，或者说有价证券市场价格不大可能再上升而只会跌落**，因而会将所持有的有价证券全部换成货币。人们有了货币也决不肯再去买有价证券，以免证券价格下跌时遭受损失。**人们不管有多少货币都愿意持在手中这种情况被称为"凯恩斯陷阱"或"流动偏好陷阱"。**前面说过流动性偏好是凯恩斯提出的概念，是指人们持有货币的偏好。人们之所以产生对货币的偏好，是由于货币是流动性或者说灵活性最大的资产，货币随时可作交易之用，随时可应付不测之需，随时可作投机用，因而人们对货币的偏好被称做流动性偏好。货币需求关于利率的系数也被称做流动性偏好的利率系数。当利率极低时，人们手中无论增加多少货币，都不会再去购买有价证券，都要留在手中，因而流动性偏好趋向于无限大；这时即使银行增加货币供给，也不会再使利率下降。

四、货币需求函数

对货币的总需求是人们对货币的交易需求、预防需求和投机需求的总和。货币的交易需求和预防需求决定于收入，而货币的投机需求决定于利率，因此，对货币的总需求函数可描述为：

$$L=L_1+L_2=L_1(y)+L_2(r)=ky-hr \tag{14.8}$$

在（14.8）式[①]中的 L、L_1 和 L_2 都是代表对货币的实际需求，即具有不变购买力的实际货币需求量。名义货币量和实际货币量是有区别的。名义货币量是不管货币购买力如何而仅计算其票面值的货币量。把名义货币量折算成具有不变购买力的实际货币量，必须用价格指数加以调整。如用 M、m 和 P 依次代表名义货币量、实际货币量和价格指数，则：

$$m=\frac{M}{P} \tag{14.9}$$

或 $M=Pm$

例如，若实际货币余额 $m=1\ 000$ 美元，价格水平 $P=1.1$，则名义货币余额为 $M=1.1\times1\ 000$ 美元 $=1\ 100$ 美元。

由于 $L=ky-hr$ 仅代表对货币的实际需求量或者需要的实际货币量，因此，名义货币需求函数还应是实际货币需求函数乘以价格指数，即：

$$L=(ky-hr)P \tag{14.10}$$

（14.10）式代表名义货币需求函数，而（14.8）式则代表实际货币需求函数。式中，k 和 h 是常数。k 衡量收入增加时货币需求增加多少，这是货币需求关于收入变动的系数；h 衡量利率提高时货币需求变动多少，这是货币需求关于利率变动的系数。如果知道了 k、h、y、r 和 P 的值，就不难求得货币需求量。

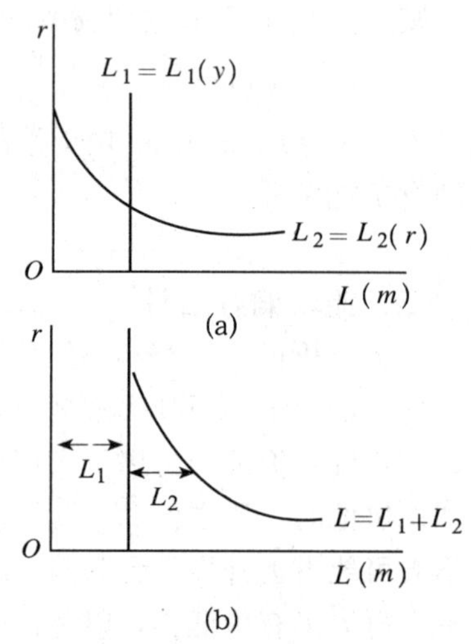

图 14－9 货币需求曲线

货币需求函数可用图 14－9 来表示。图 14－9(a)中的垂线 L_1 表示为满足交易动机和谨慎动机的货币需求曲线，它和利率无关，因而垂直于横轴。L_2 线表示满足投机动机的货币需求曲线，它起初向右下方倾斜，表示货币的投机需求量随利率下降而增加，最后呈水平状，表示“流动偏好陷阱”。图 14－9(b)中的 L 线则是包括 L_1 和 L_2 在内的全部货币需求曲线，其纵轴表示利率，横轴表示货币需求量。由于具有不变购买力的实际货币一般用 m 表示，因此横轴也可用 m 表示。这条货币需求曲线表示在一定收入水平上货币需求量和利率的关系。利率上升时，货币需求量减少；利率下降时，货币需求量增加。

那么，货币需求量和收入水平的正向关系如何表现出来呢？需要通过在同一坐标图上画若干条货币需求曲线来表示，如图14－10。

① 有必要向读者说明：（14.8）式是一个不精确的表达方式，因为根据该式，L_2 应该等于 $-hr$；这意味着，当 r 为正值时，L_2 必为负值，此种结果显然不符合现实。因此，即使在假设 L_2 与 r 之间存在线性关系的情况下也有 $L_2=A-hr$，其中 A 是一个数值为正的常数。这样，$L=L_1+L_2=ky+A-hr$。然而，许多流行的西方教材仍然使用 $L=ky-hr$。其原因很可能是由于 ky 一般被认为是数值为正的量，从而可以避免上述 L_2 均为负值的结果，所以作为教学用的简化公式，$L=ky-hr$ 被它们所采用。本书也引用西方教材的办法。

图 14－10 中三条货币需求曲线分别代表收入水平为 y_1、y_2 和 y_3 时的三条货币需求曲线。可见，货币需求量与收入的正向变动关系是通过货币需求曲线向右上方和左下方移动来表示的，而货币需求量与利率的反向变动关系则是通过每一条需求曲线都是向右下方倾斜来表示的。例如，当利率相同，即都为 r_1 时，由于收入水平不同，实际货币需求量分别为 L_1、L_2 和 L_3，即 $y=y_1$ 时，$L=L_1$；$y=y_2$ 时，$L=L_2$；$y=y_3$ 时，$L=L_3$。反之，当收入水平相同，例如都为 y_1 时，由于利率水平不同，实际货币需求量也不同。$r=r_1$ 时，$L=L_1$；$r=r_2$ 时，$L=L_2$。

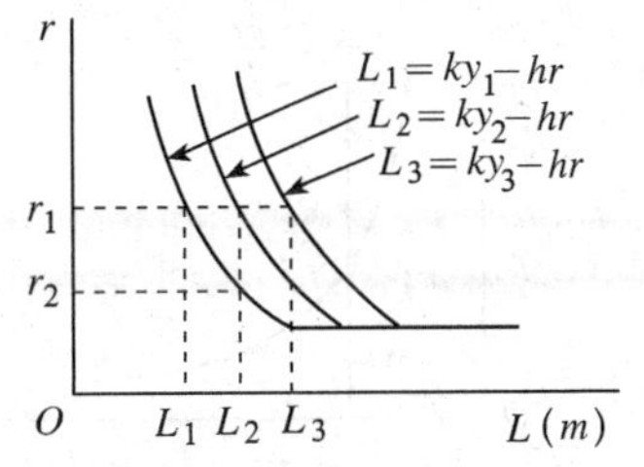

图 14－10　不同收入的货币需求曲线

五、货币供求均衡和利率的决定

货币供给有狭义的货币供给和广义的货币供给之分。**狭义的货币供给是指流通中的硬币、纸币和银行活期存款的总和（一般用 M1 表示）**。活期存款可随时提取，并可当做货币在市面上流通，因而是狭义货币的一个组成部分。**在狭义的货币供给上加上定期存款，便是广义的货币供给（一般用 M2 表示）。再加上个人和企业所持有的政府债券等流动资产或“货币近似物”，便是意义更广泛的货币供给（一般用 M3 表示）**。下面所讲的货币供给指 M1。

货币供给是一个存量概念，它是一个国家在某一时点上所保持的不属政府和银行所有的硬币、纸币和银行存款的总和。西方经济学家认为，货币供给量是由国家用货币政策来调节的，因而是一个外生变量，其大小与利率无关，因此货币供给曲线是一条垂直于横轴的直线。如图 14－11 中的 m 直线，这条货币供给曲线和货币需求曲线 L 相交的点 E 决定了利率的均衡水平 r_0，它表示只有当货币供给等于货币需求时，货币市场才达到均衡状态。如果市场利率低于均衡利率 r_0，则说明货币需求超过供给，这时人们感到手中持有的货币太少，就会卖出有价证券，证券价格就要下降，亦即利率要上升。对货币需求的减少，一直要持续到货币供求相等时为止。相反，当利率高于均衡利率 r_0 时，说明货币供给超过货币需求，这时人们感到手中持有的货币太多，就会用多余的货币买进有价证券。于是，证券价格要上升，亦即利率要下降。这种情况也一直要持续到货币供求相等时为止。只有当货币供求相等时，利率才不再变动。

货币需求曲线和供给曲线会变动。例如，当人们对货币的交易需求或投机需求增加时，货币需求曲线就会向右上方移动；当政府增加货币供给量时，货币供给曲线则会向右移动。在图 14－12 中，若货币供给不变，货币需求曲线从 L 移到 L'，均衡利率就会从 r_0 上升到 r_1；相反，若货币需求不变，货币供给曲线从 m 右移到 m'，均衡利率则会从 r_0 下降到 r_2。如果货币需求和货币供给同时变动，利率就会受到二者的共同影响，在移动后的需求曲线和供给曲线的交点上达到均衡。

从图 14－12 中可以看到，当利率降低到一定程度（例如 2%）时，货币需求曲线接近于水平状态，这就是凯恩斯所说的“流动偏好陷阱”。这时候，不管货币供给曲线向右移动多少，即不管政府增加多少货币供给，都不可能再使利率下降。

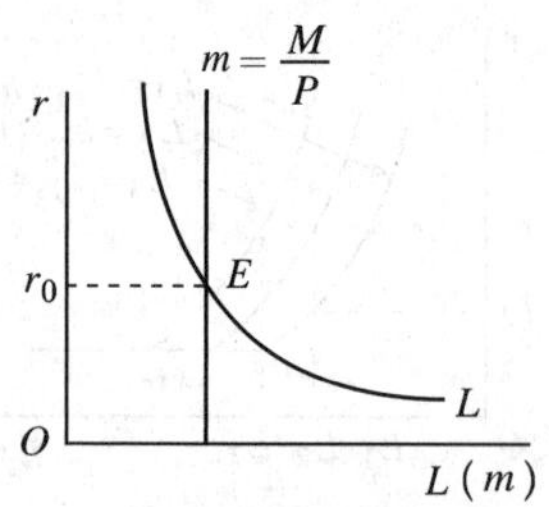

图 14-11 货币供给和货币需求的均衡

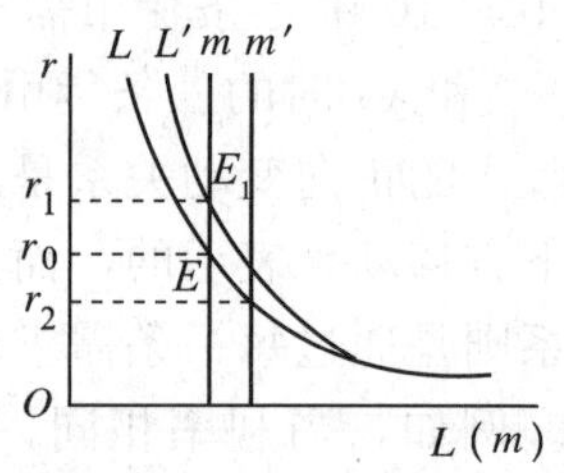

图 14-12 货币需求曲线和货币供给曲线的变动

第四节 *LM* 曲线

一、*LM* 曲线及其推导

上一节已经说过，利率是由货币市场上的供给和需求的均衡决定的，而货币的供给量是由货币当局所控制，即由代表政府的中央银行所控制，因而假定它是一个外生变量。在货币供给量既定情况下，货币市场的均衡只能通过调节对货币的需求来实现。

假定 m 代表实际货币供给量，则货币市场的均衡就是 $m=L=L_1(y)+L_2(r)=ky-hr$。从这个等式中可知，当 m 为一定量，L_1 增加时，L_2 必须减少，否则不能保持货币市场的均衡。L_1 是货币的交易需求（由交易动机和谨慎动机引起），它随收入增加而增加。L_2 是货币的投机需求，它随利率上升而减少。因此，当国民收入增加使货币交易需求增加时，利率必须相应提高，从而使货币的投机需求减少，才能维持货币市场的均衡。反之，当收入减少时，利率必须相应下降，否则，货币市场就不能保持均衡。

总之，当 m 给定时，$m=ky-hr$ 的公式可表示为**满足货币市场的均衡条件下的收入 *y* 与利率 *r* 的关系**，这一关系的图形就被称为 ***LM* 曲线**。由于货币市场均衡时 $m=ky-hr$，因此：

$$y=\frac{hr}{k}+\frac{m}{k}$$

或

$$r=\frac{ky}{h}-\frac{m}{h} \tag{14.11}$$

这两个公式都可以表示 *LM* 曲线的代数表达式，由于该曲线图形的纵坐标表示的是利率，横坐标表示的是收入，因此一般用公式(14.11)代表 *LM* 曲线。

现在举一例子来说明 *LM* 曲线。假定对货币的交易需求函数为 $m_1=L_1(y)=0.5y$，对货币的投机需求函数为 $m_2=L_2(r)=1\,000-250r$，货币供给量 $m=1\,250$亿美元，并假定这一实际货币供给量就是名义货币供给量（M）（这暗含价格指数 $P=1$），则货币市场均衡时，$1\,250=0.5y+1\,000-250r$，得 $y=500+500r$ 或 $r=0.002y-1$，因此：

当 $y=1\,000$ 时，$r=1$

当 $y=1\,500$ 时，$r=2$

当 $y=2\,000$ 时，$r=3$

当 $y=2\,500$ 时，$r=4$

……

这里还要说明一点，说 $r=1$、$r=2$ 等等，实际上是指利率为 1%、2%等，但在 $IS-LM$ 模型的计算中，仍要按 $r=1$、$r=2$ 等等计算，而不能按 $r=1\%$、$r=2\%$或 $r=0.01$、$r=0.02$ 等等来计算。

根据这些数据，可作一如图 14-13 的坐标图形。图中这条向右上方倾斜的曲线（在这里，此曲线代表的是一线性方程，故是直线）就是 **LM 曲线，此线上任一点都代表一定利率和收入的组合，在这样的组合下，货币需求与供给都是相等的，亦即货币市场是均衡的。**

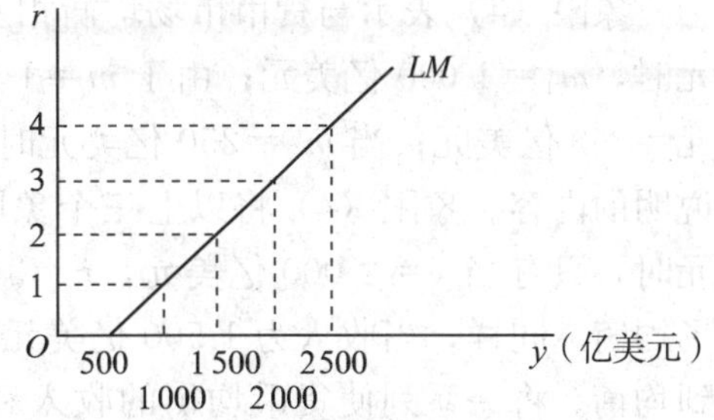

图 14-13 LM 曲线

从上例可看到，LM 曲线实际上是从货币的投机需求与利率的关系、货币的交易需求与收入的关系以及货币需求与供给相等的关系中推导出来的。这个推导过程，西方学者也常用下面这样一个包含有四个象限的图 14-14 来表现。

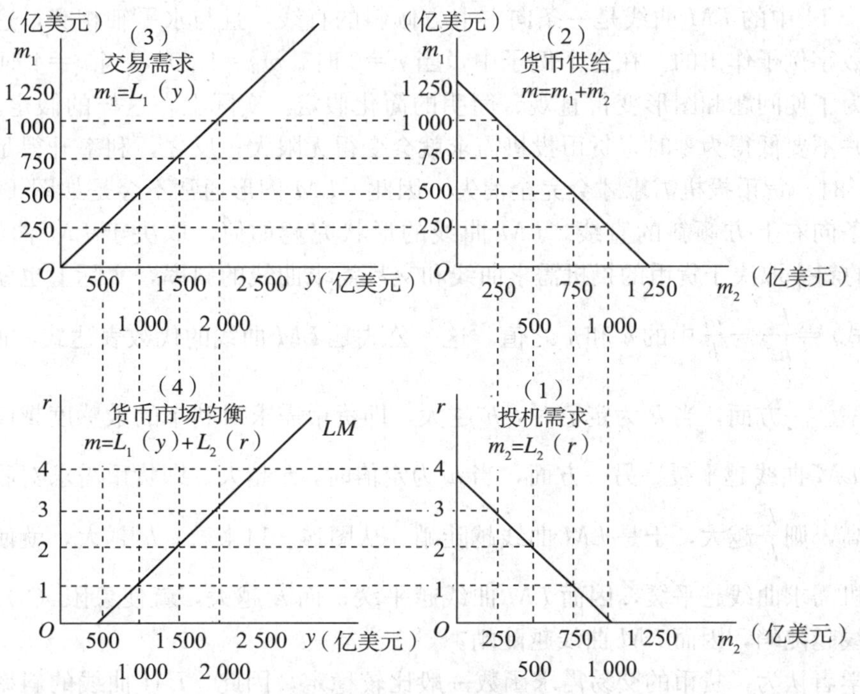

图 14-14 LM 曲线的推导

图 14-14 的象限（1）中向右下方倾斜的曲线是货币的投机需求函数 $m_2=L_2(r)=1\,000-250r$，当利率从 4%向 3%、2%、1%逐渐下降时，货币的投机需求量从 0 向 250 亿美元、500 亿美元、750 亿美元逐渐增加。

象限（2）则表示当货币供给为一定量（1 250 亿美元）时，应如何来划分用于交易需求的货币和用于投机需求的货币。由于 $m=m_1+m_2$，所以 $m-m_1=m_2$，或 $m-m_2=m_1$，那条和纵横轴都成 45°的直线就表示这种关系。例如，当投机需求为 250 亿美元（在横轴上表示）时，则留作交易之用的货币就为 1 000 亿美元（在纵轴上表示）。

象限（3）的曲线是货币的交易需求函数 $m_1=L_1(y)=0.5y$。当$y=2\ 000$ 亿美元时，$m_1=1\ 000$ 亿美元；当 $y=1\ 500$ 亿美元时，$m_1=750$ 亿美元。

象限（4）表示与货币市场均衡相一致的利率与收入的一系列组合，当 $y=2\ 000$ 亿美元时，$m_1=1\ 000$ 亿美元；由于 $m=1\ 250$ 亿美元，因此，$m_2=1\ 250$ 亿美元$-1\ 000$ 亿美元$=250$ 亿美元；当 $m_2=250$ 亿美元时，相应的利率为 3%。这是（1）、（2）、（3）象限中说明的内容。象限（4）将以上三个象限的内容总结起来，说明当货币供给为 1 250 亿美元时，只有当 $y=2\ 000$ 亿美元，$r=3$ 时，货币需求才是 1 250 亿美元，从而达到货币市场均衡。同样，当收入为 1 500 亿美元和 1 000 亿美元，利率 $r=2$ 和 1 时，货币市场才达到均衡。将一系列使货币均衡的收入和利率的组合连接起来，就描绘出一条称为“*LM*”的曲线。它之所以被称为 *LM* 曲线，是由于这条曲线上的任一点所表示的收入与所对应的利率都会使货币供给（*M*）等于货币需求（*L*）。

二、*LM* 曲线的斜率

图 14-14 中的 *LM* 曲线是一条向右上方倾斜的直线，且与水平轴相交，这是根据一个假设的数字例子作出的。在这个例子中，当 $r=0$ 时，$m_2=1\ 000$，当 $r=4$ 时，$m_2=0$，这完全是为了使问题和图形变得直观、简明的简化假定。实际上，这样的假定并不真实，因为利率并不要低得为零时，货币投机需求就会变得无限大；反之，利率升得足够高即远远高于 4%时，货币投机需求才会完全消失。因此，*LM* 图形通常不会是如图 14-14 所示的这样一条向右上方倾斜的直线。*LM* 曲线的形状究竟如何，取决于 *LM* 曲线的斜率。*LM* 曲线的斜率取决于货币的投机需求曲线和交易需求曲线的斜率，实际上也就是取决于（14.11）式$r=\frac{k}{h}y-\frac{m}{h}$中的 k 和 h 之值。这一公式是 *LM* 曲线的代数表达式，而$\frac{k}{h}$是 *LM* 曲线的斜率。一方面，当 k 为定值时，h 越大，即货币需求对利率的敏感度越高，则$\frac{k}{h}$越小，于是 *LM* 曲线越平缓。另一方面，当 h 为定值时，k 越大，即货币需求对收入变动的敏感度越高，则$\frac{k}{h}$越大，于是 *LM* 曲线越陡峭。从图14-14来看，h 越大，就使象限（1）中货币投机需求曲线越平缓，因而 *LM* 曲线越平缓；而 k 越大，就使象限（3）中货币交易需求曲线越陡峭，因而 *LM* 曲线越陡峭。

西方学者认为，货币的交易需求函数一般比较稳定，因此，*LM* 曲线的斜率主要取决于货币的投机需求函数。投机动机的货币需求是利率的减函数。

上一节里说过，当利率降得很低时，货币的投机需求趋于无限大，这就是“凯恩斯陷阱”或“流动偏好陷阱”。由于在这一极低的利率水平（比方说 2%）上货币投机需求量已趋于无限大，因此货币的投机需求曲线成为一条水平线，这会使 *LM* 也成为水平的。

在图 14-15 中，当利率降到 r_1 时，象限（1）中货币投机需求曲线成为一条水平线，因而 *LM* 曲线上也相应有一段水平状态的区域，这一区域被称为“凯恩斯区域”，也被称为“萧条区域”。理由是，利率一旦下降到如此低的水平，政府实行扩张性货币政策，增加货币供给，不能降低利率，也不能增加收入，因而货币政策在这时无效。相反，扩张性

财政政策使 IS 曲线向右移动，收入水平会在利率不发生变化的情况下提高，因而财政政策有很大效果。凯恩斯认为 20 世纪 30 年代大萧条时期西方国家的经济就是这种情况，因而 LM 曲线呈水平状这个区域被称为“凯恩斯区域”或“萧条区域”。

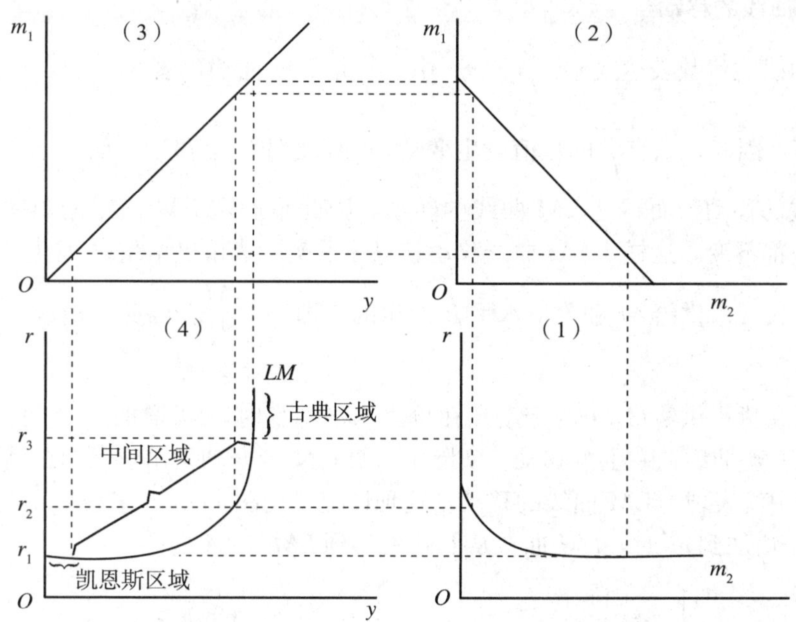

图 14－15 *LM* 曲线的三个区域

相反，如果利率上升到很高水平，货币的投机需求量将等于零，这时候人们除了为完成交易还必须持有一部分货币（即交易需求）外，不会为投机而持有货币。由于货币的投机需求等于零，因此，图 14－15 象限中的货币投机需求曲线表现为从利率为 r_3 以上是一条与纵轴相平行的垂直线，不管利率再上升到 r_3 以上多高，货币投机需求量都是零，人们手中持有的货币量都是交易需求量。这样，象限（4）中 LM 曲线从利率为 r_3 开始，就成为一段垂直线。西方学者认为，这时候如果实行扩张性财政政策使 IS 曲线向右上方移动，只会提高利率而不会使收入增加，但如果实行使 LM 曲线右移的扩张性货币政策，则不但会降低利率，还会提高收入水平。因此这时候财政政策无效而货币政策有效，这符合“古典学派”以及基本上以“古典学派”理论为基础的货币主义者的观点。因而 LM 曲线呈垂直状态的这一区域被称为“古典区域”。

古典区域和凯恩斯区域之间这段 LM 曲线是中间区域，LM 曲线的斜率在古典区域为无穷大，在凯恩斯区域为零，在中间区域则为正值。这从图 14－15 中可清楚地看出。从 LM 曲线的代数表达式 $r=\frac{k}{h}y-\frac{m}{h}$ 中也能得到说明。LM 曲线的斜率是 $\frac{k}{h}$，h 是货币需求关于利率变动的系数，当 $h=0$ 时，$\frac{k}{h}$ 为无穷大。因此，LM 曲线在古典区域是一条垂直线。当 h 为无穷大时，$\frac{k}{h}$ 为零，因此，LM 曲线在凯恩斯区域是一条水平线。而当 h 介于零和无穷大之间的任何值时，由于 k 一般总是正值，因此$\frac{k}{h}$为正。①

三、*LM* 曲线的移动

在 LM 曲线的代数表达式 $r=\frac{k}{h}y-\frac{m}{h}$中，$\frac{k}{h}$是 LM 曲线的斜率，而$\frac{m}{h}$是 LM 曲线的截距的绝对值，因此，只有$\frac{m}{h}$的数值发生变动，LM 曲线才会移动。而由于我们这里讨论的是 LM 曲线的移动，而不是 LM 曲线的转动，因此是假定 LM 曲线的斜率不变，也就是假定 k 和 h 都不变。这样，LM 曲线移动就只能是实际货币供给量 m 发生变动。实际货币供给是由名义货币供给 M 和价格水平 P 决定的，即 $m=\frac{M}{P}$。因此，造成 LM 曲线移动的因素只能是：

第一，名义货币供给量 M 的变动。在价格水平不变时，M 增加，LM 曲线向右下方移动，反之，LM 曲线向左上方移动。实际上，央行实行变动货币供给量的货币政策，在 IS—LM模型中就表现为 LM 曲线的移动。这种情况可用图 14－16 来表示。在图中，当货币供给量从 m 增加到 m'时，LM 曲线从 LM 右移到 LM'。

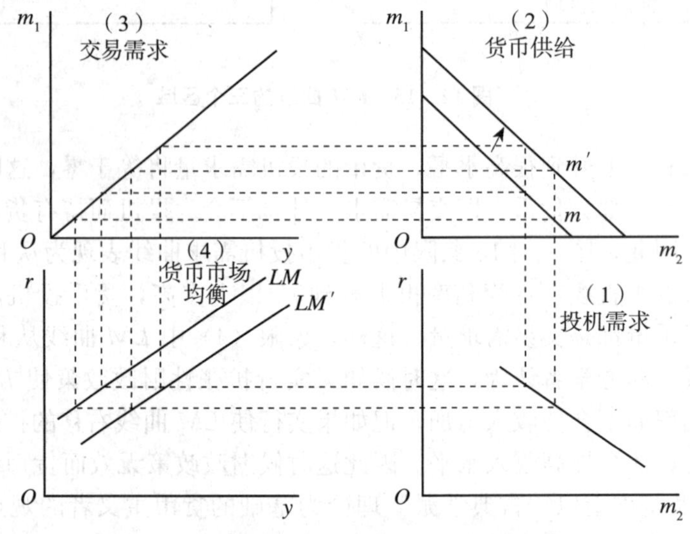

图 14－16　货币供给量变动使 *LM* 曲线移动

---

① LM 曲线的斜率为正也可用数学证明如下：

已知

$$m=L(y)+L(r)$$

等式两边取全微分：

$$dm=\frac{dL}{dy}dy+\frac{dL}{dr}dr$$

因为 $m=0$，因此，$0=\frac{dL}{dy}dy+\frac{dL}{dr}dr$，即$\frac{dL}{dy}dy=-\frac{dL}{dr}dr$ 或$\frac{dr}{dy}=-\frac{dL}{dy}/\frac{dL}{dr}$。由于 $dL/dy>0$，$dL/dr<0$，所以 $dr/dy>0$。

显然，LM 曲线的斜率为正，即 $dr/dy>0$，要以货币需求与收入呈正方向变动（即 $dL/dy>0$）及货币需求与利率呈反方向变动（即 $dL/dr<0$）为前提。

第二，价格水平的变动。价格水平 P 上升，实际货币供给量 m 就变小，LM 曲线就向左上方移动；反之，LM 曲线就向右下方移动，利率就下降，收入就增加。这里关于价格水平变动对 LM 曲线的影响，也为下一章第一节从 $IS—LM$ 图形推导总需求曲线作了预备性说明。

第五节 *IS—LM* 分析

一、两个市场同时均衡的利率和收入

凯恩斯在《就业、利息和货币通论》中说明了总收入取决于与总供给相等的总有效需求，而有效需求决定于消费支出和投资支出，由于消费倾向在短期是稳定的，因而有效需求主要取决于引致投资。投资量又决定于资本边际效率和利率的比较。若资本边际效率一定，则投资取决于利率，利率取决于货币数量和流动性偏好即货币需求。货币需求由货币的交易需求（包括预防需求）和投机需求构成。货币的交易需求取决于收入水平，而投机需求取决于利率水平。可见，在商品市场上，要决定收入，必须先决定利率，否则投资水平无法确定；而利率是在货币市场上决定的，在货币市场上，如果不先确定一个特定的收入水平，利率又无法确定，而收入水平又是在商品市场上决定的，因此利率的决定又依赖于商品市场。这样，凯恩斯的理论就陷入了循环推论：利率通过投资影响收入，而收入通过货币需求又影响利率；或者反过来说，收入依赖于利率，而利率又依赖于收入。凯恩斯的后继者发现了这一循环推论的错误，并把产品市场和货币市场结合起来，建立了一个产品市场和货币市场的一般均衡模型，即 $IS—LM$ 模型，以解决循环推论的问题。

从前面的分析中已经知道，在 IS 曲线上，有一系列利率与相应收入的组合可使产品市场达到均衡；在 LM 曲线上，又有一系列利率和相应收入的组合可使货币市场达到均衡。但能够使产品市场和货币市场同时达到均衡的利率和收入组合却只有一个。这一均衡的利率和收入可以在 IS 曲线和 LM 曲线的交点上求得，其数值可通过求解 IS 曲线和 LM 曲线的联立方程得到。

仍以图 14－4 和图 14－13 中的例子来说，图 14－4 说的是产品市场均衡：

$i=1\ 250-250r$，$s=-500+0.5y$

$i=s$ 时，$y=3\ 500-500r$ ………………………………………… IS 曲线

图 14－13 说的是货币市场均衡：

$M=m=1\ 250$，$L=0.5y+1\ 000-250r$

$L=m$ 时，$y=500+500r$ ………………………………………… LM 曲线

两个市场同时达到均衡时的利率和收入可通过求解以下联立方程而得：

$$\begin{cases} y=3\ 500-500r \\ y=500+500r \end{cases}$$

得 $r=3$，$y=3\ 500-500\times 3=2\ 000$（亿美元）。

一般来说，

$$i(r)=s(y) \cdots\cdots\cdots\cdots\cdots\cdots IS\text{ 曲线}$$

$$M=L_1(y)+L_2(r) \cdots\cdots\cdots\cdots\cdots\cdots LM\text{ 曲线}$$

由于货币供给量 M 被假定为既定，因此，在这个二元方程组中，变量只有利率 r 和收入 y，解出这个方程组，就可得到 r 和 y 的一般解。

上述一般解可在图 14－17 中 IS 曲线和 LM 曲线的交点 E 上获得。

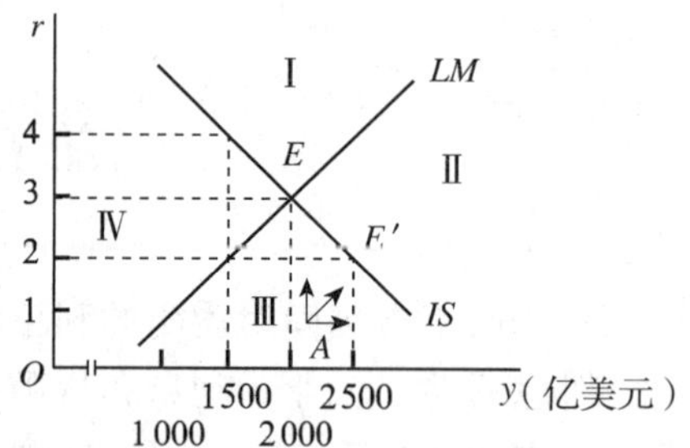

图 14－17　产品市场和货币市场的一般均衡

在图中，由 E 点代表的2 000亿美元和 3% 是能使产品市场和货币市场同时实现均衡的收入和利率。这时候，投资 $i=1\ 250-250\times3=500$（亿美元），储蓄 $s=-500+0.5\times2\ 000=500$（亿美元），因而实现了产品市场均衡。再说，货币的需求为 $L=0.5\times2\ 000+1\ 000-250\times3=1\ 250$（亿美元），正好等于货币供给量，因而实现了货币市场均衡。在 E 点同时实现了两个市场的均衡。只要投资、储蓄、货币需求和供给的关系不变，任何失衡情况的出现也都是不稳定的，最终会趋向均衡。

为了理解这一点，可把图 14－17 中的坐标平面分成四个区域：Ⅰ、Ⅱ、Ⅲ、Ⅳ，在这四个区域中都存在产品市场和货币市场的非均衡状态。例如，区域Ⅰ中的任何一点，一方面在 IS 曲线右上方，因此有投资小于储蓄的非均衡；另一方面又在 LM 曲线左上方，因此有货币需求小于货币供给的非均衡。其余三个区域中的非均衡关系也可这样推知。这四个区域中的非均衡关系可见表 14－1。

表 14－1　　产品市场和货币市场的非均衡

区域	产品市场	货币市场
Ⅰ	$i<s$ 有超额产品供给	$L<M$ 有超额货币供给
Ⅱ	$i<s$ 有超额产品供给	$L>M$ 有超额货币需求
Ⅲ	$i>s$ 有超额产品需求	$L>M$ 有超额货币需求
Ⅳ	$i>s$ 有超额产品需求	$L<M$ 有超额货币供给

各个区域中存在的各种不同的组合的 IS 和 LM 非均衡状态，会得到调整，IS 不均衡会导致收入变动：投资大于储蓄会导致收入上升，投资小于储蓄会导致收入下降；LM 不均衡会导致利率变动：货币需求大于货币供给会导致利率上升，货币需求小于货币供给会导致利率下降。这种调整最终都会趋向均衡利率和均衡收入。

例如，在图 14－17 中，假定经济处于 A 点所表示的收入和利率组合的不均衡状态。A 点在Ⅲ区域中，一方面有超额产品需求，从而收入会上升，收入从 A 点沿平行于横轴的箭头向右移动；另一方面有超额货币需求，从而利率会上升，利率从 A 点沿平行于纵轴的箭头向上移动。这两方面调整的共同结果是引起收入和利率的组合沿对角线箭头向右上方移到 E' 点。在 E' 点，产品市场均衡了，货币市场仍不均衡，于是，仍会再次调整，

这种调整直到 E 点才会停止。

二、均衡收入和利率的变动

在 IS 曲线和 LM 曲线的交点上同时实现了产品市场和货币市场的均衡。然而，这一均衡不一定是充分就业的均衡。例如在图 14－18 中，IS 曲线和 LM 曲线的交点 E 所决定的均衡收入和利率是 $\bar{y}$ 和 $\bar{r}$，但充分就业的收入则是 y^*，均衡收入低于充分就业收入。在这种情况下，仅靠市场的自发调节，无法实现充分就业均衡，这就需要依靠国家用财政政策或货币政策进行调节。财政政策是政府变动支出和税收来调节国民收入，如果政府增加支出，或降低税收，或二者双管齐下，IS 曲线就会向右上方移动。当 IS 曲线上移到 IS' 曲线时和 LM 曲线相交于 E' 点，就会达到充分就业的收入水平。货币政策是货币当局（中央银行）用变动货币供应量的办法来改变利率和收入，当中央银行增加货币供给时，LM 曲线向右下方移动。如果移动到 LM' 曲线时和 IS 曲线相交于 E'' 点，也会达到充分就业的收入水平。当然，国家也可以同时改变税收（t）、政府支出（g）和货币供给量（M）来同时改变 IS 曲线和 LM 曲线的位置，使二者相交于 y^* 垂直线上，以实现充分就业。

从图 14－18 中可以看到，IS 曲线和 LM 曲线移动时，不仅收入会变动，利率也会变动。当 LM 曲线不变而 IS 曲线向右上方移动时，不仅收入提高，利率也上升。这是因为 IS 曲线右移是由于投资、消费或政府支出增加（上面分析的只是政府支出增加），即总支出增加，总支出增加使生产和收入增加，收入增加了，对货币交易需求增加。由于货币供给不变（假定 LM 曲线不变），因此，人们只能出售有价证券来获取所需货币，这就会使证券价格下降，即利率上升。同样可以说明，LM 曲线不变而 IS 曲线向左下方移动时，收入和利率都会下降。

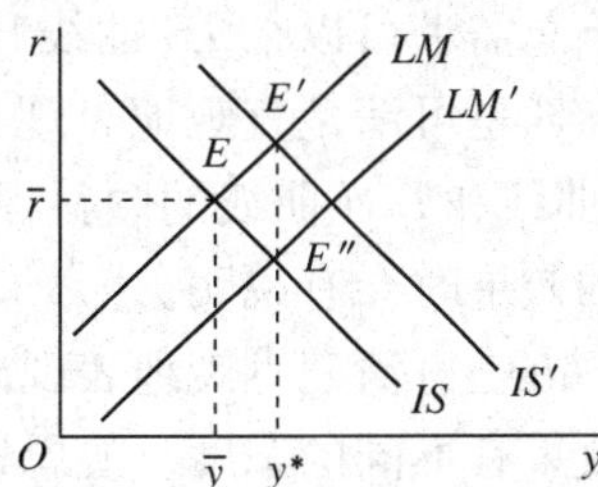

图 14－18　均衡收入和均衡利率的变动

当 IS 曲线不变而 LM 曲线向右下方移动时，则收入提高，利率下降。这是因为，LM 曲线右移，或者是因为货币供给不变而货币需求下降，或者是因为货币需求不变而货币供给增加。在 IS 曲线不变，即产品供求情况没有变化的情况下，LM 曲线右移都意味着货币市场上供过于求，这必然导致利率下降。利率下降刺激消费和投资，从而使收入增加。相反，当 LM 曲线向左上方移动时，则会使利率上升，收入下降。

如果 IS 曲线和 LM 曲线同时移动，收入和利率的变动情况则由 IS 曲线和 LM 曲线如何同时移动而定。如果 IS 曲线向右上方移动，LM 曲线同时向右下方移动，则可能出现收入增加而利率不变的情况。这就是所谓扩张性的财政政策和货币政策相结合可能出现的情况。

三、*IS—LM* 模型的用处

西方经济学教材，尤其是传统的西方经济学教材的宏观部分都会对 IS—LM 模型作专门阐述和分析。西方学者认为，这一模型在阐明凯恩斯主义经济理论和政策思想方面有着诸多用处。

一是可清楚直观地表示经济短期波动究竟来自何方，是来自投资支出的变动、消费支出的变动、政府支出或税收方面因素的变动，还是来自货币供给和需求方面因素的变动。如果属于前一方面因素引起的变动，将会在 *IS* 曲线的移动中得到表现；如果属于后一方面因素引起的变动，将会在 *LM* 曲线的移动中得到表现。

二是可清楚直观地表现出政府干预经济使用的是财政政策还是货币政策。如果是财政政策，必然表现在 *IS* 曲线的移动上，扩张性财政政策引起 *IS* 曲线向右上方移动，紧缩性财政政策引起 *IS* 曲线向左下方移动；如果是货币政策，必然表现在 *LM* 曲线的移动上，增加货币的扩张性政策引起 *LM* 曲线向右下方移动，减少货币的紧缩性政策引起 *LM* 曲线向左上方移动。

三是可清楚直观地表现构成总需求的诸因素对总需求变动影响的强弱程度。例如，如果投资对利率的变动很敏感，*IS* 曲线就会较平坦，即 *IS* 曲线的斜率较小；反之，若投资对利率的变动不敏感，*IS* 曲线就会较陡峭，即 *IS* 曲线的斜率较大。如果货币需求对利率的变动很敏感，*LM* 曲线就会较平坦；反之，若货币需求对利率的变动不敏感，*LM* 曲线就会较陡峭。利率的变动是影响投资从而影响总需求的变动的主要因素。利率的变动如何影响总需求可以在 *IS* 曲线和 *LM* 曲线的形状上一目了然地看出来。

四是可清楚直观地表现出政府干预经济政策的效果。财政政策与货币政策的效果与 *IS* 曲线和 *LM* 曲线的倾斜程度即斜率都有关。其原因在第十七章阐述财政政策与货币政策的效果时会有说明。

五是可清楚直观地表现出凯恩斯主义和货币主义这两大学派为什么会对财政政策和货币政策有不同的态度。凯恩斯主义者认为，当利率较低时，人们即使有闲置货币也不肯购买债券，经济会陷入所谓“流动偏好陷阱”状态，这时 *LM* 曲线呈水平状。如果政府支出增加使 *IS* 曲线右移，货币需求的增加不会使利率上升而产生“挤出效应”，因此财政政策会极有效。相反，这时政府若增加货币供应量，不可能使利率下降，因为人们不肯用多余的货币去购买债券，从而债券价格不会上升即利率不会下降并增加国民收入，因此货币政策无效，从而凯恩斯学派在两大政策中注重财政政策。相反，货币学派则认为，人们通常只有货币的交易需求而没有投机需求，如果央行扩张货币，人们会将增加的货币都用来购买债券，于是债券价格会上升即利率下降并进而使投资和收入大幅度增加，因而货币政策极其有效。相反，如果实行增加支出的财政政策，货币需求的增加会导致利率大幅度上升，从而导致很大的“挤出效应”，这使财政政策效果很小。因此，货币学派在两大政策选择中注重的是货币政策。

六是可清楚地表现出总需求曲线的来历。总需求曲线反映的是国民收入和价格总水平之间的反向变动关系。在 *IS*—*LM* 模型中，当其他状况不变时，在货币名义供给不变的情况下价格上升等于实际货币供给量（M/P）下降，因而 *LM* 曲线向左上方移动，从而使均衡国民收入水平下降。这样就可直观勾画出国民收入与价格总水平之间反方向变动的总需求曲线。

正因为 *IS*—*LM* 模型有着表现凯恩斯主义宏观经济理论的诸多用处，因此传统上一直把 *IS*—*LM* 模型当做凯恩斯主义经济理论体系的标准解释。

（专栏 14-1“中国 *IS*—*LM* 曲线的特点”，请读者扫描本书封面二维码获取。）

第六节 凯恩斯的基本理论框架

前面几节介绍的产品市场均衡、货币市场均衡及两个市场的同时均衡就是西方经济学家对整个凯恩斯经济理论体系所作的阐释。凯恩斯的经济理论奠定了现代西方宏观经济学的基础，这一理论发表于他的《就业、利息和货币通论》中。由于该书写得晦涩难懂，因此不少西方学者对它做了不少诠释工作，图 14－19 就是对凯恩斯理论作出的一种通俗化的概括和阐述。①

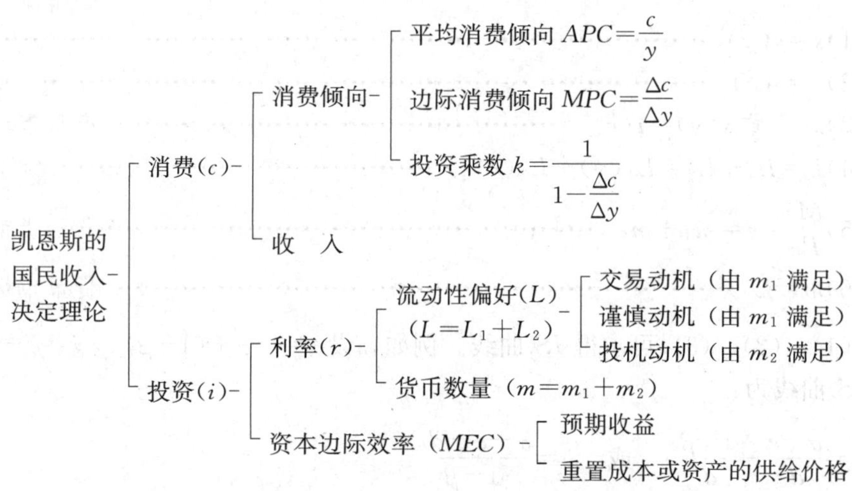

图 14－19　凯恩斯理论的概括

这一图表所概括的凯恩斯经济理论纲要，包括以下几点：

（1）国民收入决定于消费和投资。

（2）消费由消费倾向和收入决定。消费倾向分为平均消费倾向和边际消费倾向。边际消费倾向大于 0 而小于 1，因此，收入增加时，消费也增加。但在增加的收入中，用于增加消费的部分所占比例可能越来越小，用于增加储蓄的部分所占比例可能越来越大。

（3）消费倾向比较稳定。因此，国民收入波动主要来自投资的变动。投资的增加或减少会通过投资乘数引起国民收入的多倍增加或相应程度减少。投资乘数与边际消费倾向有关。由于边际消费倾向大于 0 而小于 1，因此，投资乘数大于 1。

（4）投资由利率和资本边际效率决定，投资与利率呈反方向变动关系，与资本边际效率呈正方向变动关系。

（5）利率决定于流动性偏好与货币数量。流动性偏好是货币需求，由 L_1 和 L_2 组成，其中 L_1 来自交易动机和谨慎动机，L_2 来自投机动机。货币数量 m 是货币供给，由满足交易动机和谨慎动机的货币和满足投机动机的货币组成。

（6）资本边际效率由预期收益和资本资产的供给价格或者重置成本决定。

① 狄拉德．凯恩斯经济学．上海：上海人民出版社，1963：46.

凯恩斯认为，形成资本主义经济萧条的根源是由于消费需求和投资需求所构成的总需求不足以实现充分就业。消费需求不足是由于边际消费倾向小于1，即人们不会把增加的收入全用来增加消费，而投资需求不足是由于资本边际效率在长期内递减。为解决有效需求不足，必须发挥政府的作用，用财政政策和货币政策来实现充分就业。财政政策就是通过政府增加支出或减少税收以增加总需求，通过乘数原理引起收入多倍增加。货币政策是通过增加货币供给量以降低利率，刺激投资从而增加收入。由于存在“流动偏好陷阱”，因此货币政策效果有限，增加收入主要靠财政政策。

凯恩斯经济理论的要点还可以用上面说过的代表产品市场和货币市场同时均衡的数学模型来表示。

(1)$s=s(y)$ ………………………………………………………… 储蓄函数

(2)$i=i(r)$ ………………………………………………………… 投资函数

(3)$s=i$ 或 $s(y)=i(r)$ …………………………………………… 产品市场均衡条件

(4)$L=L_1+L_2=L_1(y)+L_2(r)$ ………………………………… 货币需求函数

(5)$\frac{M}{P}=m=m_1+m_2$ ……………………………………… 货币供给函数

(6)$m=L$ ……………………………………………………… 货币市场均衡条件

根据（1）、（2）、（3）可求得 IS 曲线。例如，设 $s=-\alpha+(1-\beta)y$，$i=e-dr$，则$i=s$ 时，得 IS 曲线为：

$$r=\frac{\alpha+e}{d}-\frac{1-\beta}{d}y \quad 或 \quad y=\frac{\alpha+e-dr}{1-\beta}$$

根据（4）、（5）、（6）可求得 LM 曲线。例如，设 M、P 为已知，$m=\frac{M}{P}$，$L=ky-hr$，则 $m=L$ 时，得 LM 曲线为：

$$r=\frac{k}{h}y-\frac{m}{h} \quad 或 \quad r=\frac{k}{h}y-\frac{1}{h}\cdot\frac{M}{P}$$

或 $$y=\frac{m}{k}+\frac{h}{k}r \quad 或 \quad y=\frac{1}{k}\cdot\frac{M}{P}+\frac{h}{k}r$$

求解 IS 曲线和 LM 曲线的联立方程，即可求得产品市场和货币市场同时均衡的利率和收入。

第七节 结束语

本章要点可以归结如下：

（1）在国民收入决定的简单模型中，投资被当做外生变量；当把货币因素纳入收入决定模型时，投资就成为一个内生变量，要受多种因素影响。其中，利率是最重要的；作为投资的成本，投资与它有反方向依存关系，这就是投资函数。描述投资函数的曲线称投资边际效率曲线，它从资本边际效率曲线引申出来。

(2) 从产品市场均衡要求计划投资等于计划储蓄这一点出发，可以得到一条反映利率和收入相互关系的曲线，即 IS 曲线。IS 曲线的斜率主要由边际消费倾向和投资需求对利率变动的敏感程度决定，也受税率等因素的影响。当投资意愿、储蓄意愿、政府支出、税收以及进出口发生变化时，IS 曲线就会移动。

(3) 利率决定于货币需求和供给，货币需求按凯恩斯的说法决定于交易、谨慎和投机三大动机，并由此得到货币需求函数：$L=L_1(y)+L_2(r)=ky-hr$。用 m 表示实际货币供给，则货币市场均衡的公式 $m=ky-hr$ 可表示为满足货币市场均衡条件下收入 y 与利率 r 的关系，表示这一关系的图形即 LM 曲线。这条曲线的斜率取决于货币需求对利率和收入变动的敏感程度，即 h 和 k，特别是 h。导致 LM 曲线移动的因素则是名义货币供给和价格水平。

(4) IS 曲线和 LM 曲线交点处的利率和收入就是产品市场和货币市场同时达到均衡的利率和收入。这一利率和收入的数值可以通过 IS 方程和 LM 方程联立求解而获得。任何不在均衡水平上的利率和收入在两个市场充分自由条件下总会有走向均衡的趋势。IS 曲线和 LM 曲线的移动会使均衡利率和收入发生变动。

(5) IS—LM 分析是对凯恩斯经济理论整个体系的最流行的阐释。

本章论述了以上各点所概括的凯恩斯基本理论体系；根据这一体系，凯恩斯得出了资本主义经济可能出现严重的失业和经济萧条的结论。他的结论虽然符合事实，但是，他的论证方法却存在着缺陷甚至错误。对于这些缺陷或错误，我们在这里结合本章的内容说明其中的两点。

第一，从本章介绍的理论体系来看，凯恩斯认为，资本主义国家的国民收入（或产量）之所以经常低于充分就业的水平，其原因在于三个变量的数值不能相互协调和配合。不能相互协调和配合的原因又是由于它们都受到人们自发的心理状态的影响，而现实中并不存在任何理由使得自发的心理状态所造成的三个变量的数值必然会相互协调和配合。因此，失业和经济萧条会经常出现。

这三个变量顺次为：消费函数、资本边际效率和流动性偏好。关于消费函数，凯恩斯说："我们可以具有很大的信心来使用一条基本心理规律。该规律为：在一般情况下，平均说来，当人们的收入增加时，他们的消费也会增加，但消费的增加不像收入增加得那样多。"① 关于资本边际效率，凯恩斯说："信心状态之所以重要，其原因在于：它是决定前者*的主要因素之一。"② 关于流动性偏好，他指出，是人们的交易动机、谨慎动机和投机动机所造成的后果，而后者又取决于人们的心理判断。③ 由此可见，归根结底，凯恩斯认为失业和萧条是人们的心理状态所造成的。正是由于这一点，直到今天，《就业、利息和货币通论》还被西方学者认为是研究经济周期的一本权威著作，把凯恩斯的理论划入心理

① 凯恩斯．就业、利息和货币通论．北京：商务印书馆，1999：101-102.

* 指资本边际效率。——编者注

② 同①152-153.

③ 同①第5章.

经济周期的理论。①

很显然，经济周期的主要原因绝不可能是人们的心理状态；否则，我们就难以解释，除了资本主义以外，在其他经济制度中（如封建社会）同样存在人们心理状态的影响却没有造成失业和经济危机的原因。

从这里可以看到，凯恩斯虽然正确地指出了资本主义的弊端，但是，他对弊端的原因所作出的解释却是错误的。

第二，*IS*－*LM* 模型来源于英国经济学家希克斯发表于 1937 年的文章，目的在于使凯恩斯的利息论能和他的整个理论体系协调一致，以后逐渐演变成为在教科书中说明该理论体系的一个重要工具。即使作为一种说明的工具，该模型在西方也被认为至少具有三个缺点。

首先，如果 *IS* 和 *LM* 两条曲线的交点真正能代表 y（国民收入）的均衡点，那么，必须假设两个市场的均衡是独立形成的，即一条曲线的移动不会引起另一条曲线的移动。但这一假定并不存在，因为 *IS* 曲线与 *LM* 曲线不是相互独立，而是相互依存的。例如，在经济萧条时期，投资前景暗淡使投资水平下降，从而使 *IS* 曲线向左移动。按 *IS*—*LM* 模型，移动的 *IS* 曲线与不变的 *LM* 曲线相交于一个新的均衡点，在这一点上，利率和收入都比以前降低了。实际上，这种说法并不正确。在萧条时期，悲观气氛的增加使厂商减少了对资本品的需求，同时也增加了对货币的需求。这样，在 *IS* 曲线左移时，*LM* 曲线也相应左移。结果，收入将以更大幅度减少，但利率不一定下降。还有许多例子可以说明 *IS* 曲线与 *LM* 曲线的相互依存性。如果这两条曲线不是相互独立而是相互关联的，*IS*—*LM* 模型就在很大程度上失去了它的理论和政策上的意义，因为它不能决定国民收入的均衡值从而也就不能预测经济前景和政策效果。又例如，*IS* 曲线向右下方倾斜是建立在投资是利率的减函数这一条件之上的，但是，在资本主义经济中，投资要同时受到许多因素（如利率、产品销路、利润、社会环境、制度等）的影响。因此，投资和利率不可能必然存在一种负线性相关关系，投资需求曲线不一定向右下方倾斜，从而 *IS* 曲线也不一定向右下方倾斜。同样，储蓄也受到收入、利率和消费习惯等多种因素影响。因此，储蓄也不一定是收入的增函数，这也可能使 *IS* 曲线不一定向右下方倾斜。

其次，英国新剑桥学派则坚决反对 *IS*—*LM* 模型分析，其原因是：*IS*—*LM* 模型用一套联立方程体系代替了凯恩斯的因果次序关系，从而模糊了凯恩斯理论中最本质的东西。这个最本质的东西是投资决定收入，收入决定储蓄；而且利率在凯恩斯有效需求理论中是不重要的，它在收入创造过程中是由外生因素所决定。但 *IS*—*LM* 模型实际上把利率看成是决定储蓄和投资的主要因素，这就把凯恩斯理论恢复到古典经济学结构中去了。

最后，*IS*—*LM* 模型分析得出的结论也不一定与事实相符。例如，按 *IS*—*LM* 分析，投资崩溃（即 *IS* 曲线猛烈地左移）时，*LM* 曲线的右移可使 y 保持不变，这就是说，当严重的投资崩溃危机到来时，扩张性货币政策能够加以补救，这种说法显然违反事实。如 1929 年开始的大萧条中，西方银行存在超额准备金，并不缺乏资金来源。可见，这时扩张性货币政策并不能使 *LM* 曲线右移以解决投资崩溃带来的萧条。

---

① 哈勃勒．繁荣与萧条：第 6 章．3 版．纽约：联合国，1946.

由于上述原因，读者似乎应认识到，该模型尽管可以简明扼要地说明一些问题，特别是在说明理论与政策效果之间的关系上，使读者能得到较为直观和明晰的印象，但是它对问题的说明和现实情况之间却存在很大的差距；经济问题是复杂的，解决的办法也是如此。在利用 *IS—LM* 模型了解凯恩斯的理论和政策之后，我们必须记住，现实情况远不像模型所显示的那样精确与美妙。

第十五章

国民收入的决定：AD—AS 模型

在西方经济学中，价格和产量是由供求曲线决定的，这一原理在微观经济学和宏观经济学中都适用，而二者不同的地方在于：在微观经济学中，由供求所决定的是个别商品的价格和产量，而在宏观经济学中，由供求所决定的则是整个社会的价格水平和产量，也就是国民收入。

前面有关宏观经济问题的讨论，都是在一般价格水平固定不变的假定下进行的，这些讨论都没有说明产量（收入）和价格水平之间的关系。本章将要论述的 *AD*—*AS* 模型，即总需求—总供给模型则取消了价格水平固定不变的假定，着重说明产量和价格水平的关系。*AD* 曲线或总需求曲线和 *AS* 曲线或总供给曲线①是宏观经济学重要的分析工具，也是理解宏观经济学中的一些重大问题的基础。

本章的目的在于引出 *AD* 曲线和 *AS* 曲线，并且说明这两条曲线的作用如何造成价格水平和国民收入的波动。

第一节　AD 曲线

一、总需求曲线的含义

总需求是经济社会对产品和劳务的需求总量，这一需求总量通常以产出水平来表示。总需求由消费需求、投资需求、政府需求和国外需求构成。在不考虑国外需求的情况下，经济社会的总需求是指价格、收入和其他经济变量在既定条件下，家庭部门、企业部门和

① 在本章中，把 *AD* 曲线与总需求曲线视为同义语，同样把 *AS* 曲线与总供给曲线视为同义语。

政府部门将要支出的数额。因此，总需求衡量的是经济中各种行为主体的总支出：家庭购买的电冰箱、企业购买的卡车、政府购买的办公设备，等等。西方学者认为，推动总需求的力量除了价格水平、人们的收入、对未来的预期等因素外，还包括诸如税收、政府购买或货币供给等政策变量。

总需求函数被定义为以产量（国民收入）所表示的需求总量和价格水平之间的关系。它表示在某个特定的价格水平下，经济社会需要多高水平的产量。在价格水平为纵坐标、总需求量为横坐标的坐标系中，总需求函数的几何表示被称为 AD 曲线或总需求曲线。

二、总需求曲线的图形

总需求曲线如图 15－1 所示。

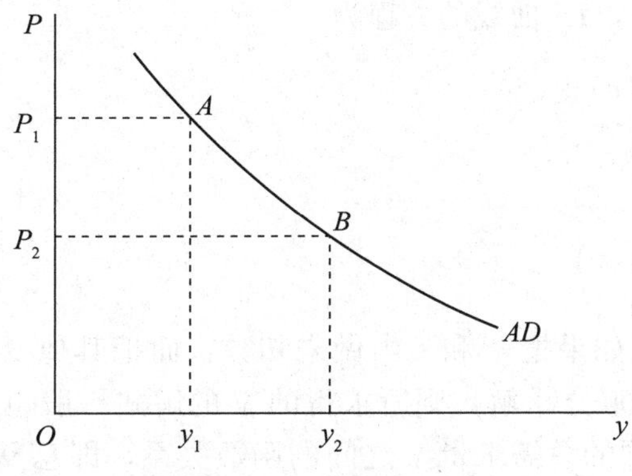

图 15－1　总需求曲线

总需求曲线通常向右下方倾斜，这意味着，在其他条件相同的情况下，经济中的价格水平下降，如图 15－1，P 从 P_1 下降到 P_2，会增加产品与劳务的需求量，图中总需求量从 y_1 增加为 y_2；反之，价格水平上升会减少产品与劳务的总需求量。

为了说明为什么价格水平与总需求量具有反向变动关系，回忆一下一个经济的总产出（GDP）核算的支出等式：

$$y=C+I+G+NX \tag{15.1}$$

从理论上说，上述等式右边的四个部分中的每一部分都对经济的总需求作出了贡献。特别地，这里只需说明经济中的价格水平如何影响家庭部门的消费和企业部门的投资，即可说明总需求曲线为什么向右下方倾斜。

当价格水平下降时，提高了经济中货币的真实价值，并使消费者感觉更富有，这又鼓励他们更多地支出，消费者支出增加意味着产品与劳务的需求量更大。相反，价格水平上升降低了货币的真实价值，并使消费者感觉变穷，这又减少了消费者支出以及产品与劳务的需求量。上述说明的价格水平对消费影响的效应被称为财富效应。根据财富效应，P 与 (15.1) 式中的 C 反方向变动，而 C 又是总需求的重要组成部分，故总需求与价格是反方向变动的。

为了说明价格水平对投资的影响，回忆在第十四章中，价格水平是货币需求量的一个决定因素。[①] 价格水平越低，人们为了购买他们想要的产品与劳务需要持有的货币量就越少，根据货币市场理论，货币需求量下降会使利率下降，进一步地，利率的下降会鼓励企业增加投资，进而使总需求增加。反之，价格水平高，则增加了货币需求，使利率上升，进而抑制了投资支出，降低了经济的总需求。上述说明价格水平变动通过影响利率进而影响企业投资的效应被称为利率效应。[②] 根据利率效应，P 与（15.1）式中的 I 反方向变动，而 I 又是总需求的一个组成部分，故也说明了总需求与价格是反方向变动的。

三、总需求曲线的推导

总需求曲线描述了与每一价格水平相对应的经济社会的总支出。一般地，经济的 AD 曲线可以从第十四章中的 IS—LM 模型中推导出来。先来看代数形式的推导。

假设在三部门经济中，IS 曲线的方程为：

$$y=c(y-t)+i(r)+g \tag{15.2}$$

LM 曲线的方程为：

$$\frac{M}{P}=L_1(y)+L_2(r) \tag{15.3}$$

在上面两个方程中，如果把 y 和 r 当做未知数，而把其他变量，特别是价格水平 P 当做参数来对这两个方程联立求解，则所求得的 y 的解式一般包含 P 这一变量。该解式表示了不同价格 P 与不同的总需求量 y 之间的函数关系，即总需求函数。现在用一具体例子加以说明。假设在（15.2）式和（15.3）式中，有

$$\begin{cases} 0.5y+240r=3\,500 \\ 0.5y-260r=\dfrac{1\,000}{P} \end{cases}$$

求出 y 的解式，得到：

$$y=\frac{3\,640P+960}{P}=3\,640+\frac{960}{P} \tag{15.4}$$

（15.4）式即为总需求函数。

在这种情况下，总需求曲线反映的是产品市场和货币市场同时处于均衡时，价格水平和总需求量的关系。此外，总需求曲线也可以从 IS—LM 图形中推导出来。

在 IS—LM 模型中，一般价格水平被假定为一个常数。在价格水平固定不变且货币供给为已知时，IS 曲线和 LM 曲线的交点决定均衡的收入（产量）水平。现用图 15－2 说明怎样根据 IS—LM 图形推导总需求曲线。

图 15－2 分为上下两个部分。上图为 IS—LM 图，下图表示价格水平和需求总量之间

---

① 见（14.10）式。

② 利率效应还可以从第十四章中所讲的货币市场理论中货币供给的变化对利率的影响来说明。根据图 14－12，当价格水平下降时，实际货币供给量增加使货币供给曲线向右方移动，其结果将使均衡利率下降。

的关系，即总需求曲线。当价格 P 的数值为 P_1 时，此时的 LM 曲线 $LM(P_1)$ 与 IS 曲线相交于 E_1，E_1 点所表示的国民收入和利率顺次为 y_1 和 r_1。将 P_1 和 y_1 标在下图中便得到总需求曲线上的一点 D_1。现在，假设 P 由 P_1 下降到 P_2。根据第十四章第四节最后一段关于价格水平变动对 LM 曲线影响的说明，由于 P 的下降，LM 曲线移动到 $LM(P_2)$ 的位置，它与 IS 曲线的交点为 E_2。E_2 点所表示的收入和利率顺次为 y_2 和 r_2。对应于上图中的点 E_2，又可在下图中找到点 D_2。按照同样的程序，随着 P 的变化 LM 曲线和 IS 曲线可以有许多交点，每一个交点都标志着一个特定的 y 和 r。于是就有许多 P 与 y 的组合，从而构成了下图中的一系列点。把这些点连在一起所得到的曲线便是 AD 曲线。

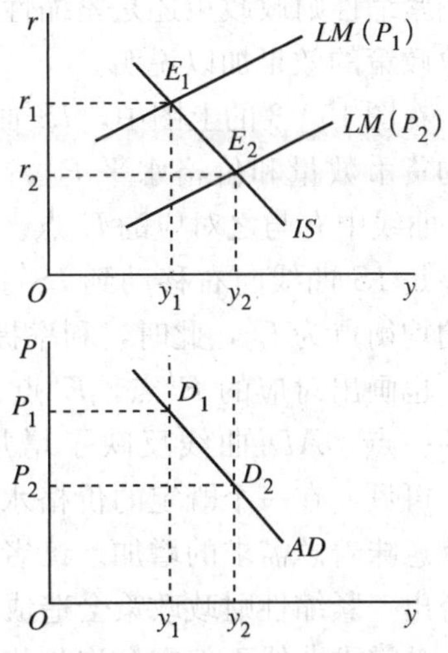

图 15－2　总需求曲线的推导

应指出的是，价格水平的变化对 IS 曲线的位置没有影响。这是因为决定 IS 曲线的变量被假定是实际量，而不是随价格的变化而变动的名义量。

从以上关于总需求曲线的推导中可看到，总需求曲线表示社会的需求总量和价格水平之间的反方向关系，即总需求曲线是向右下方倾斜的。向右下方倾斜的总需求曲线表示，价格水平越高，需求总量越小；价格水平越低，需求总量越大。

四、总需求曲线的移动

总需求曲线表明了价格水平与需求总量的关系。但是，许多其他因素也影响价格水平既定时的产品与劳务的需求总量。当这些因素的一种发生变动时，在每一种价格下的产品与劳务的需求量都变动了，就会引起总需求曲线的移动。

在价格水平既定时，任何使消费者支出增加的事件（如减税、股市高涨）都使总需求曲线向右移动。在价格水平既定时，任何使消费者支出减少的事件（如增税、股市低迷）都使总需求曲线向左移动。

在价格水平既定时，任何使企业投资增加的事件（如对未来的乐观，或由于货币当局增加货币供给引起的利率下降）都使总需求曲线向右移动。在价格水平既定时，任何使企业投资减少的事件（如对未来的悲观，或由于货币当局减少货币供给引起的利率上升）都使总需求曲线向左移动。

政府购买增加（如增加国防或高速公路建设支出）使总需求曲线向右移动。政府购买减少（如削减国防或高速公路建设支出）使总需求曲线向左移动。

在价格水平既定时，任何增加净出口的事件（如国外经济繁荣、引起汇率下降的投机）都使总需求曲线向右移动。在价格水平既定时，任何减少净出口的事件（如国外经济衰退、引起汇率上升的投机）都使总需求曲线向左移动。

上面的说明其实已经涉及财政政策和货币政策变化对总需求曲线的影响。为明确起见，将其概括为，无论扩张性财政政策还是扩张性货币政策都会使总需求曲线向右移动，无论紧缩性财政政策还是紧缩性货币政策都会使总需求曲线向左移动。下面，仅对扩张性财政政策的效果加以说明。

在图 15-3 的上图中，IS 曲线和 LM 曲线对应于一定的货币数量和价格水平 P_0。均衡点为 E，在下图的 AD 曲线中有与之对应的 E 点。现在增加政府支出，其结果是 IS 曲线向右移动到 IS'。在原来的价格水平下，新的均衡点为 E'，此时，利率提高，收入增加。在下图中，也画出对应的 E' 点，E' 点是新的总需求曲线 AD' 上的一点，AD' 曲线反映了增加政府支出对经济的影响。可见，在一个既定的价格水平下，政府支出的增加也就意味着总需求的增加。读者自己可以按上述分析思路得出，紧缩性财政政策会造成相反的后果。

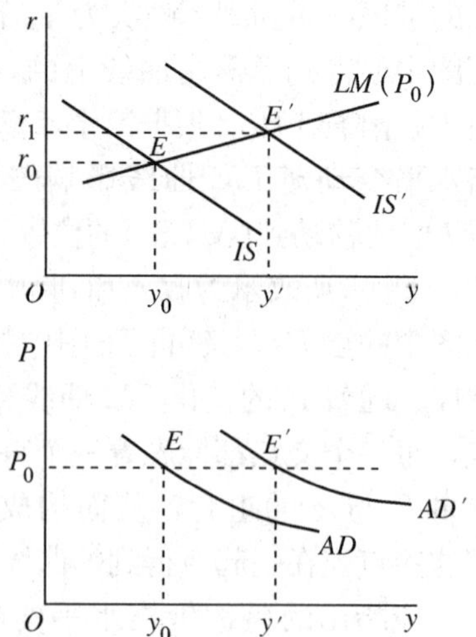

图 15-3　扩张性财政政策对总需求曲线的影响

总需求曲线不仅在允许价格变动的条件下概括了前面所述的 IS—LM 模型，而且较为直观地说明了本书前面所述的财政政策和货币政策都是旨在影响总需求的所谓需求管理政策。

表 15-1 概括了上述因素对总需求曲线的影响。

表 15-1　导致总需求曲线移动的因素

序号	因素及其变化	总需求曲线的变化
1	消费者支出增加的事件（如减税、股市高涨）	向右方移动
2	企业投资增加的事件（如企业乐观情绪增加）	向右方移动
3	政府购买增加（如增加城市公共项目的支出）	向右方移动
4	使净出口增加的事件（如国外经济繁荣）	向右方移动
5	货币供给增加	向右方移动

AD 曲线只是给出了价格水平和以收入水平来表达的总需求水平之间的关系，并不能决定使整个社会供求相等的价格水平和总产量。为了说明整个经济价格水平和总产量水平是如何决定的，宏观经济学需要引出另一个分析工具，即 AS 曲线。下面就来说明。

第二节　总供给的一般说明

为了导出 AS 曲线，有必要对总供给作出一般性说明。**总供给**是经济社会所提供的总产量（或国民收入），即经济社会投入的基本资源所生产的产量。这里所说的基本资源主要包括劳动、生产性资本存量和技术。在宏观经济学中，描述总产量与劳动、资本和技术之间关系的一个合适的工具是生产函数。

一、短期与长期宏观生产函数

在西方经济学中，生产函数是指投入和产出之间的数量关系。生产函数有微观和宏观之分，本书第四章中所论述的是微观生产函数，宏观生产函数又称总量生产函数，是指整个国民经济的生产函数，它表示总投入和总产出之间的关系。

假定一个经济社会在一定的技术水平下使用总量意义下的劳动和资本两种要素进行生产①，则宏观生产函数可表示为：

$$y=f(N,K) \tag{15.5}$$

式中，y 为总产出；N 为整个社会的就业水平或就业量；K 为整个社会的资本存量；为了避免复杂，技术水平没有被明确地表示出来。(15.5) 式表明，经济社会的产出主要取决于整个社会的就业量、资本存量和技术水平。

宏观生产函数可以被区分为短期和长期两种。在短期宏观生产函数中，由于资本存量和技术水平在短期内不可能有较大的改变，所以二者被认为是不变的常数。用 $\bar{K}$ 表示不变的资本存量，把它代入 (15.5) 式，有：

$$y=f(N,\bar{K}) \tag{15.6}$$

短期宏观生产函数 (15.6) 式表示，在一定的技术水平和资本存量条件下，经济社会生产的产出 y 取决于就业量 N，即总产量是经济中就业量的函数，随就业量的变化而变化。

西方宏观经济学假定宏观生产函数 (15.6) 式有两条重要的性质：一是总产量随总就业量的增加而增加；二是在技术不变和 $\bar{K}$ 为常数的假设条件下，由于“边际收益递减规律”的作用，随着总就业量的增加，总产量按递减的比率增加。这样，短期宏观生产函数 (15.6) 式可以用图 15-4 表示。

图中，横轴 N 表示劳动的总就业量，纵轴 y 表示总产量，曲线 $y=f(N,\bar{K})$ 表示总产量是总就业量的函数。例如，当总就业量为 N_0 时，对应的总产量为 y_0。图中曲线越来越平缓，表示总产量随总就业量的增加按递减的比率增加。当 N 达到充分就业的 N^* 时，相应的产量为 y_f。

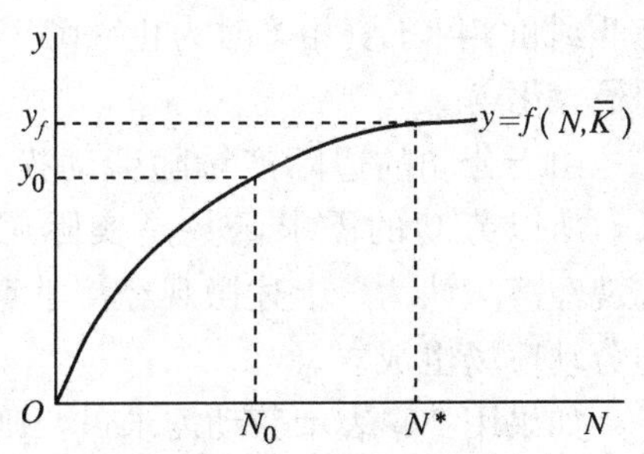

图 15-4　宏观生产函数

长期生产函数与短期生产函数的不同之处在于：在长期生产函数中，包括生产函数中的三个主要自变量在内的一切自变量都可以改变。首先，技术水平可以有很大进步，存在着足够的改善技术的时间。其次，人口的增长能够影响充分就业的劳动者的数量。最后，资本的存量也会随着积累的增加有着很大的变化。这样，长期生产函数可以用 (15.7) 式表示出来。

$$y_f=F(N^*,K^*) \tag{15.7}$$

式中，N^* 为各个短期中的充分就业量；K^* 为各期的资本存量；技术水平的变化没有被明确表示出来；y_f 为各期充分就业时的产量，也被称为潜在产量。

---

① 由于土地所带来的国民收入仅占国民收入统计数字中的微小比例，西方学者一般对土地的投入忽略不计。

目前，我们所涉及的仅仅限于短期生产函数。换句话说，正如（15.6）式所显示的那样，在一定时期和一定条件下，总供给将主要由经济的总就业水平决定。那么，经济中的总就业水平又是由什么决定的呢？为此，有必要引入另一个市场，即劳动市场。

二、劳动市场

本章已经说过，在西方宏观经济学中，关于总供给的理论是一个富有争议的领域，而这种争议在相当程度上体现在劳动市场理论方面。由于这里只是想向读者说明经济中的就业水平是如何决定的，故下面只对最简单的劳动市场——完全竞争的劳动市场加以说明。

本书第八章在论述微观经济意义下的完全竞争的要素市场时曾指出，完全竞争要素市场的特征可以描述为，要素的供求双方人数都很多、要素之间没有任何区别、要素供求双方都具有完全的信息以及要素可以充分自由地流动。

如果劳动市场是竞争性的，而企业只能接受既定的市场工资和其产品的市场价格，则企业将会选择一个就业水平，使劳动的边际产量等于实际工资，因为只有在这一就业水平下，利润才能最大化。这里，实际工资等于货币工资 W 除以价格水平 P，即$\frac{W}{P}$。如果企业的就业低于这一水平，劳动的边际产量就将超过实际工资，因而存在着增加利润的机会。企业可以以工资 W 雇用一个工人，该工人按劳动的边际产量所给定的量生产更多的产品。企业将这些产品以价格 P 出售，便可从中获利。企业将不断利用这一获利机会，直到增雇的工人将劳动的边际产量降低到和实际工资相等时为止。图 15－5 显示了利润最大化点。

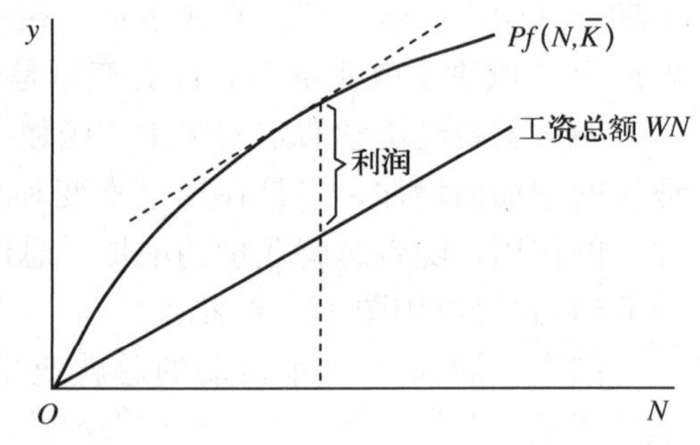

图 15－5　利润最大化的就业量

由于劳动的边际产量随劳动投入的增加而降低，所以劳动的需求函数是实际工资的减函数。宏观经济学认为，上述微观经济学意义上的劳动需求与实际工资的关系，对于总量意义上的劳动市场也成立。

如果用 N_d 表示劳动需求量，则劳动需求函数可表示为：

$$N_d=N_d\left(\frac{W}{P}\right) \tag{15.8}$$

式中，$\frac{W}{P}$为实际工资；N_d 与$\frac{W}{P}$呈反方向变动关系。实际工资低时，劳动的需求量大；实际工资高时，劳动的需求量小。换句话说，劳动需求函数（15.8）式的斜率为负。这样，劳动需求函数的几何表示，即劳动需求曲线可以表示为图 15－6 中的形状。

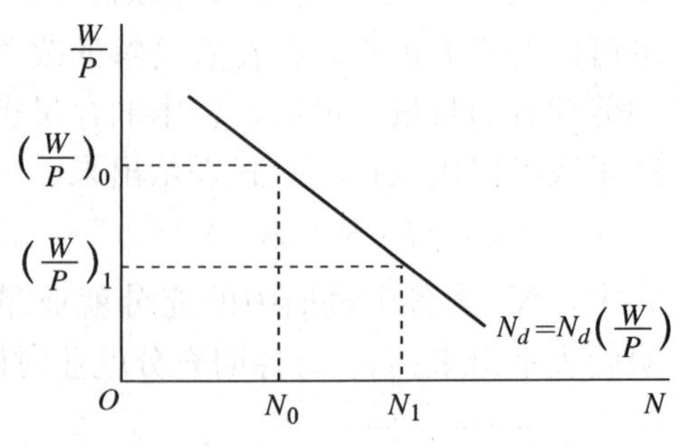

图 15－6　劳动需求曲线

从图 15－6 中可以看到，当实际工资为$\left(\frac{W}{P}\right)_0$ 时，

劳动需求量为 N_0，当实际工资从$\left(\frac{W}{P}\right)_0$下降到$\left(\frac{W}{P}\right)_1$时，劳动需求量就由 N_0 上升到 N_1。

同劳动的需求类似，总量意义上的劳动供给也被认为是实际工资的函数，劳动供给函数可表示为：

$$N_S=N_S\left(\frac{W}{P}\right) \tag{15.9}$$

式中，N_S 为劳动供给总量。而且，劳动供给量是实际工资的增函数。实际工资低时，劳动的供给量小；实际工资高时，劳动的供给量大。劳动供给函数的几何表示，即劳动供给曲线如图 15－7 所示。

从图 15－7 中可知，当实际工资为$\left(\frac{W}{P}\right)_0$时，劳动供给量为 N_0，当实际工资从$\left(\frac{W}{P}\right)_0$上升到$\left(\frac{W}{P}\right)_1$时，劳动供给量就从 N_0 上升到 N_1。

如果工资 W 和价格 P 两者都是可以调整的，那么实际工资$\frac{W}{P}$也是可以调整的。劳动市场的均衡就由劳动需求曲线和劳动供给曲线的交点来决定。如图 15－8 所示。

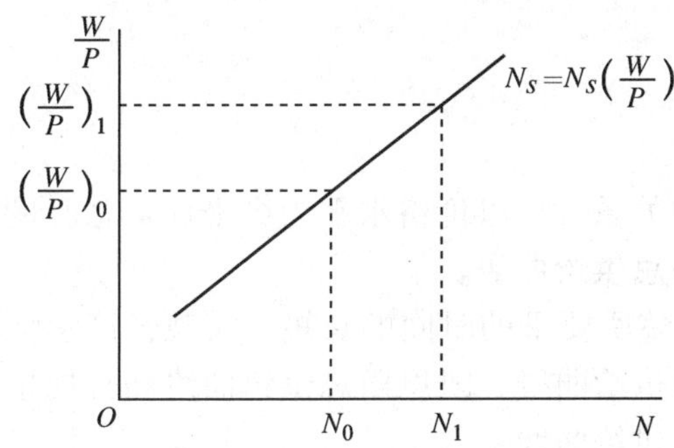

图 15－7　劳动供给曲线

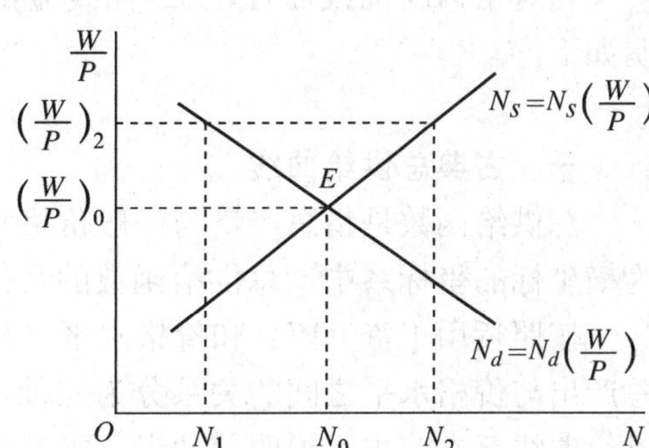

图 15－8　劳动市场均衡

在实际工资$\left(\frac{W}{P}\right)_0$的水平上，企业所选择的劳动数量恰好等于公众所提供的劳动数量，即就业水平为 N_0。如果实际工资太高，例如为图 15－8 中的$\left(\frac{W}{P}\right)_2$，则劳动的供给量为 N_2，而劳动的需求量只为 N_1，这意味着劳动供过于求，表明经济不能为所有愿意工作者提供足够的职位，在价格和工资具有完全伸缩性的情况下，实际工资就会降低，从而刺激企业的劳动需求，抑制劳动者的劳动供给。随着实际工资的不断调整，劳动的供求数量也不断进行调整，直到使劳动市场达到供求相等的均衡状态时为止。读者可以考虑当实际工资低于均衡水平时，劳动市场的调整情况。

总之，在价格和工资具有完全伸缩性的完全竞争的经济中，劳动市场的均衡条件是：

$$N_S\left(\frac{W}{P}\right)=N_d\left(\frac{W}{P}\right) \tag{15.10}$$

劳动市场的均衡一方面决定了均衡的实际工资，另一方面决定了均衡的就业量。在图 15－8

中就分别表示为$\left(\frac{W}{P}\right)_0$和$N_0$。

对于上述关于劳动市场的说明，这里还需指出两点：第一，在有伸缩性的工资和价格下，实际工资调整到劳动供求相等的水平，从而使劳动市场处于均衡状态，在宏观经济学中被称为充分就业的状态。前面曾指出，宏观经济学所说的充分就业状态并非是每个愿意工作的人都能就业的状态，像摩擦性失业、自愿失业等都是在均衡状态下存在失业的例子。第二，根据本节上面的说明，在任一时点上，资本存量 K 都是由以往的投资决策所决定的。将就业水平 N 和既定的资本存量$\overline{K}$代入到短期总量生产函数$f(N, \overline{K})$中就立刻得出产量水平。这表明：劳动市场在经济的总供给方面处于主导地位，因为它决定经济的总供给或产量。更进一步地，根据上面的第一点说明，在工资和价格具有完全伸缩性的情况下，经济中的产量始终等于充分就业时的产量或潜在产量。

第三节　*AS* 曲线

相对于 AD 曲线而言，AS 曲线显得较为复杂，大致来说，有三种 AS 曲线，依次说明如下。

一、古典总供给曲线

总供给函数是指总产量与一般价格水平之间的关系。在以价格水平为纵坐标，总产量为横坐标的坐标系中，总供给函数的几何表示即为**总供给曲线。**

按照货币工资（W）和价格水平（P）进行调整所要求的时间的长短，宏观经济学将总产出与价格水平之间的关系分为三种，即古典总供给曲线、凯恩斯总供给曲线和常规总供给曲线，本节主要说明前两者，下节说明常规总供给曲线。

按照西方古典学派的说法，在长期，价格和货币工资具有伸缩性，因此，按照本章第二节的说明，经济的就业水平就会处在充分就业的状态上。在不同的价格水平下，当劳动市场存在超额劳动需求或超额劳动供给时，货币工资就会进行调整，进而实际工资发生调整，实际工资调整到使劳动市场达到均衡的水平。换句话说，在长期中，经济的就业水平或产量并不随着价格水平的变动而变动，而始终处在充分就业的状态上。根据本章第二节的说明，经济的产量水平也将位于潜在产量或充分就业的水平上，不受价格变动的影响。因此，古典学派认为，**总供给曲线是一条位于经济的潜在产量或充分就业产量水平上的垂直线。**如图 15－9 所示，该图所显示的垂直线即为古典总供给曲线。

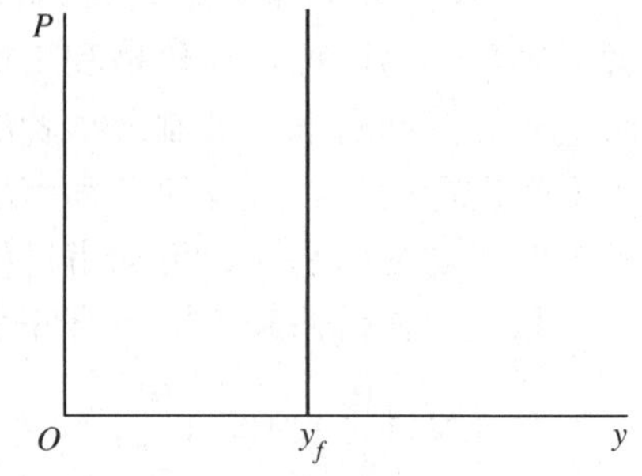

图 15－9　古典总供给曲线

从以上论述中可以看到，古典总供给曲线之所以具有垂直形状，其理由有两个：第一，古典学派假设货币工资（W）和价格水平（P）可以迅速或立即进行调整，使得实际工资$\left(\frac{W}{P}\right)$总是处于充分就业时的水平，从而使产量或国民收入也总是处于充分就业时的水平，不受价格的影响。根据这一理由，古典总供给曲线并不意味着时期长短。换言之，只要存在着W和P迅速或立即调整的假设，古典总供给曲线也是一条短期总供给曲线。第二，古典学派一般研究经济事物的长期状态，而在长期中，即使不采用W和P能够迅速或立即调整的假设，货币工资和价格水平也被认为具有充分的时间进行调整，使得实际工资$\left(\frac{W}{P}\right)$处于充分就业时的水平，从而总供给曲线是一条垂直线。以此而论，古典总供给曲线又代表长期总供给曲线。

究竟垂直的总供给曲线代表的是短期还是长期的状态？在目前的西方经济学文献中，它究竟代表短期还是长期取决于上述两个理由的使用。在使用第一个理由时，它被认为是短期总供给曲线的一种极端情况，即W和P能够立即进行调整的情况。在使用第二个理由时，它被认为是长期总供给曲线。为了避免混淆，本书采用了大多数西方经济学文献的办法，把垂直的总供给曲线称为古典总供给曲线，而除了在例外的情况下，一般把它当做长期总供给曲线的极端状态。

古典总供给曲线的政策含义可以用图 15－10 表示出来。

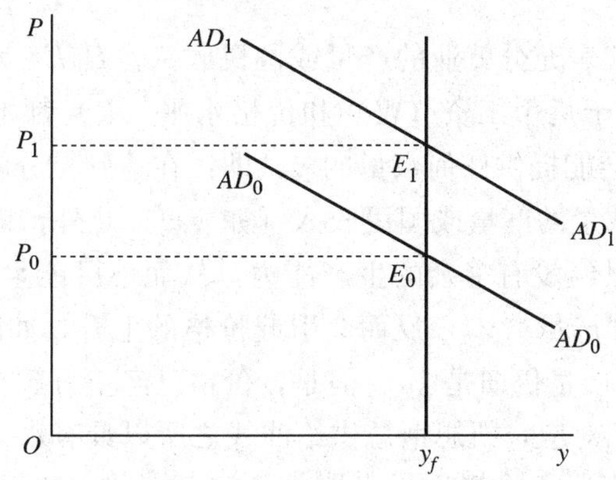

图 15－10　古典总供给曲线的政策含义

在图 15－10 中，代表总需求曲线的AD_0与代表古典总供给曲线的y_f垂直线相交于E_0点；此时的价格水平为P_0，产量是充分就业时的产量y_f。处于E_0的状态下，国家即使通过增加需求的政策来使AD_0向右移动到AD_1的位置，其与y_f垂直线的新交点为E_1，在E_1点，价格水平为P_1，产量也仍然是y_f。换言之，增加需求的政策并不能改变产量，而只能造成物价上涨，甚至通货膨胀。

二、凯恩斯总供给曲线

凯恩斯的最重要著作《就业、利息和货币通论》出版于 1936 年。那时，整个西方世界都处于严重的大萧条时期，经济社会存在大量的失业人口和过剩的生产能力，《就业、利息和货币通论》基本上是针对这种状态而撰写的。此外，该书也提出了货币工资具有“刚性”的假设，即假设由于种种原因，货币工资不会轻易变动。关于工资的“刚性”，本书第二十一章还要进一步加以说明。

处于上述状态，在"刚性"货币工资的假设条件下，当时的事实也表明，当产量（从而国民收入）增加时，价格和货币工资均不会发生变化。因此，凯恩斯的总供给曲线被认为是一条水平线，如图 15-11 中的 P_0E_0 所示。

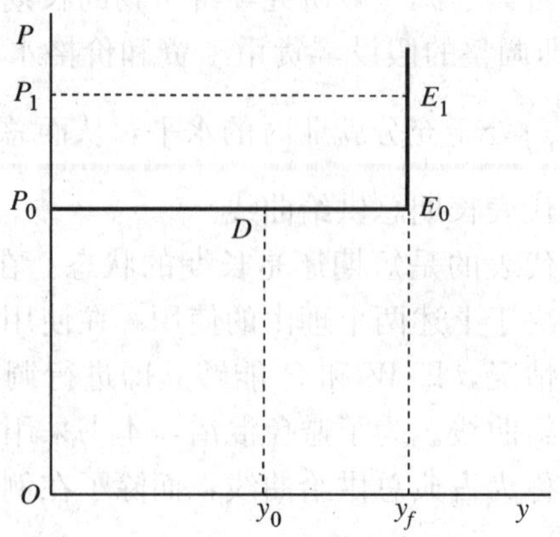

图 15-11　凯恩斯总供给曲线

图 15-11 中的 y_f 代表充分就业的产量或国民收入。P_0E_0 为水平线的意思是：在产量小于 y_f 的条件下，由于货币工资（W）和价格水平（P）都不会变动，所以在既有的价格（P_0）下，经济社会能提供任何数量的 y，即：在达到充分就业以前，经济社会能按照既定的价格提供任何数量的产量或国民收入（如 y_0）。此外，该图也表明，在达到充分就业（y_f）之后，社会已经没有多余的生产能力，从而不可能生产出更多的产品，因此，增加的需求不但不会增加产量（y），反而会引起价格的上升，如图中 E_0 点以上的垂直线所示。例如，在 E_1 点，产量仍旧是 y_f，但是，价格已经上升到 P_1。

和古典总供给曲线相对应，凯恩斯总供给曲线之所以具有水平的形状，其理由也有两个：第一，货币工资（W）和价格均具有刚性，也就是说，二者完全不能进行调整。第二，《就业、利息和货币通论》所研究的是短期情况①，即使不使用刚性工资的假设，由于时间很短，W 和 P 也没有足够的时间进行调整。

在目前的西方经济学文献中，这两个理由也均被使用。由于这两个理由都过分夸大了《就业、利息和货币通论》的确切含义，所以西方学者一致认为水平的凯恩斯总供给曲线代表短期总供给曲线的另一极端情况。

凯恩斯总供给曲线的政策含义是：只要国民收入或产量处在小于充分就业的水平，那么，国家就可以使用增加需求的政策来使经济达到充分就业状态，如图 15-12 所示。

---

① 除了在学术上进行争论的文献以外，至少还有两个流传于西方的事例可以说明凯恩斯不赞成当时的古典学者只重视研究长期情况。其一，凯恩斯说过，"在长期中，我们都会死掉。"对此，古典学者反驳说："但是，仍然有一些人会活下来。"其二，凯恩斯用把经济社会比喻为一条航行于大海中的船的故事来讥讽当时的古典学者。他说：当大海中的船遇到暴风疾浪时，船上的人纷纷设法拯救船的覆灭。然而此时，却有一些人说道："不用担心，在长期，大海终究会风平浪静的。"

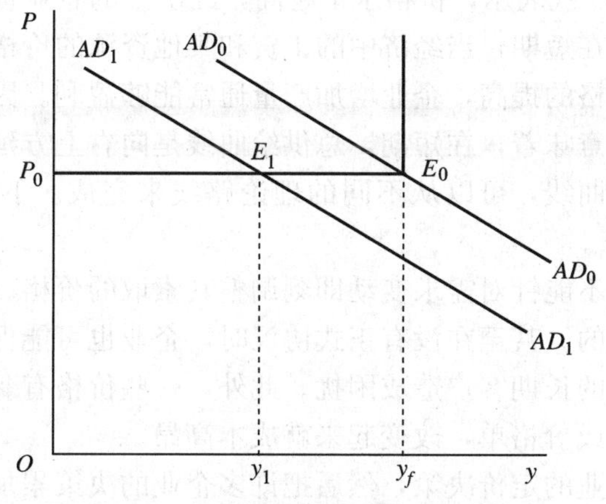

图 15-12　凯恩斯总供给曲线的政策含义

在图 15-12 中，代表总需求曲线的 AD_1 与凯恩斯总供给曲线（P_0E_0）相交于 E_1 点。在 E_1 点，价格水平为 P_0，产量（y_1）处于小于充分就业的产量水平。为了改善这一状况，国家可以通过增加需求的政策来使总需求曲线（AD_1）向右移动到 AD_0 的位置。这样，P_0E_0 与 AD_0 相交于 E_0 点。该点表明，此时的价格水平仍然为 P_0，但国民收入已经达到充分就业的数量（y_f）。

三、常规总供给曲线

垂直的古典总供给曲线和水平的凯恩斯总供给曲线分别代表总供给曲线的两种极端状态。前者来自货币工资（W）和价格水平（P）能够立即进行调整的假设；后者则来自货币工资（W）和价格水平完全不能进行调整的假设。因为在《就业、利息和货币通论》所针对的严重萧条的特殊情况下，既然 W 和 P 均保持不变，则显然意味着二者完全不能自行调节。

西方学者认为，在通常的或常规的情况下，经济的短期总供给曲线位于两个极端之间，如图 15-13 的 CC 线所示。

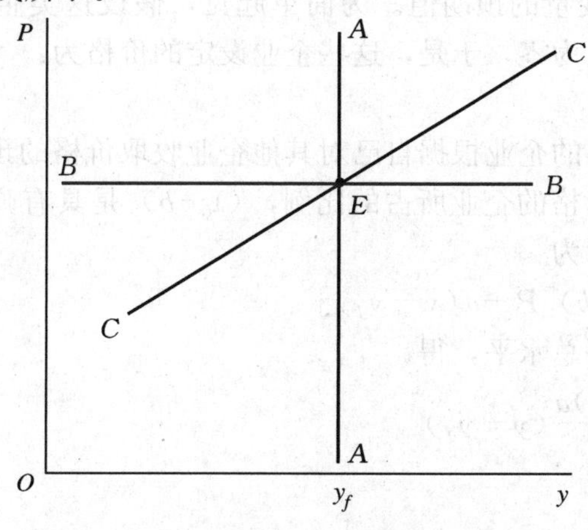

图 15-13　（线性的）常规总供给曲线

向右上方延伸的 CC 线表示，价格水平越高，经济中的企业提供的总产出就越多。从微观经济学的角度看，在短期，当经济中的工资和其他资源的价格相对固定或不太容易变化时，随着企业产品价格的提高，企业增加产量通常能够盈利。因此，更高的价格水平将导致更高的总产量。这意味着，在短期，总供给曲线是向右上方延伸的。

推导常规的总供给曲线，可以从不同的理论路线来完成。下面从黏性价格模型进行推导。

该模型强调了企业不能针对需求变动即刻调整其索取的价格。有时价格是由企业与顾客之间的长期合约约定的。甚至在没有正式协议时，企业也可能保持价格的稳定，以避免频繁的价格变动给自己的长期客户造成困扰。此外，一些价格有黏性是因为一旦企业印制和分发了它的产品目录或价格单，改变起来就成本高昂。

下面先考虑个体企业的定价决策，然后把许多企业的决策累加在一起来说明一个整体经济的供给行为。

考虑一个具有定价权的典型企业的定价决策。该企业合意的价格 p 取决于两个宏观经济变量。其一，总价格水平 P。更高的价格意味着更高的企业成本，因此价格水平 P 越高，企业对自己产品收取的价格也越高。其二，总收入水平 y。更高的收入提高了对企业产品的需求。由于在更高的生产水平上边际成本增加，因此，需求越大，企业收取的价格也越高。

按照上述说明，可以把企业的合意价格表示为：

$$p=P+a(y-y_f)$$

上式说明，企业合意的价格取决于价格水平 P 和相对于自然水平的总产出水平（$y-y_f$）。大于零的参数 a 衡量企业的合意价格对（$y-y_f$）项的反应有多大。

假设经济中有两种类型的企业。一些企业的价格有弹性，它们总可以根据上式来设定其价格。另一些企业的价格是黏性的，它们根据自己预期的经济状况事先宣布自己的价格。

具有黏性价格的企业根据下式设定价格：

$$p=EP+a(Ey-Ey_f)$$

式中，字母 E 代表一个变量的预期值。为简单起见，假设这类企业预期产出处于其自然水平，因此上式最后一项为零，于是，这些企业设定的价格为：

$$p=EP$$

也就是说，具有黏性价格的企业根据自己对其他企业收取价格的预期设定自己的价格。

如果 b 是具有黏性价格的企业所占的比例，（$1-b$）是具有弹性价格的企业所占的比例，则价格总水平可表示为

$$P=bEP+(1-b)[P+a(y-y_f)]$$

经整理，并解出价格总水平，得

$$P=EP+\frac{(1-b)a}{b}(y-y_f)$$

上式经过整理，可写为

$$y=y_f+\lambda(P-EP) \tag{15.11}$$

式中，$\lambda=\frac{b}{(1-b)a}$。(15.11) 式即为常规总供给曲线的方程。

由 (15.11) 式表示的常规（短期）总供给曲线的图形如图 15－14 所示。

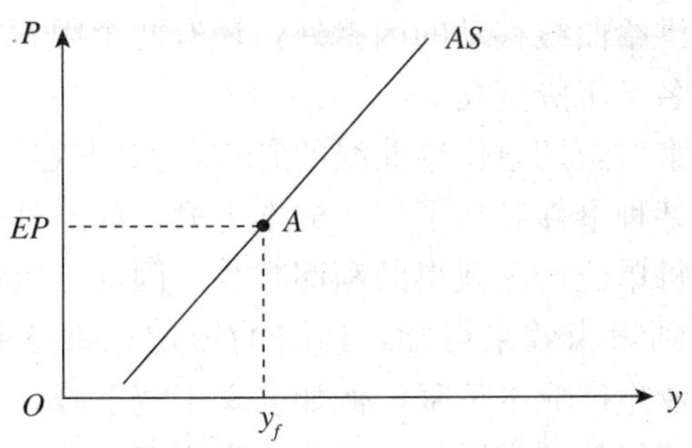

图 15－14 常规总供给曲线

图 15－14 明确说明了下述情况。如果经济中的价格水平高于预期价格水平 EP，则经济中的产出水平将高于其自然水平或潜在水平 y_f。反之，如果经济中的价格水平低于预期价格水平 EP，则经济中的产出水平将低于其自然水平或潜在水平 y_f。

需要注意的是，图 15－14 中的 AS 曲线是根据一个给定的参数 EP 画出的，当参数 EP 发生变动时，AS 曲线将发生移动。具体地说，当预期价格 EP 上升时，根据直线方程截距项的知识可知，AS 曲线向左方移动；当预期价格 EP 降低时，AS 曲线向右方移动。

（专栏 15－1 “为什么短期总供给曲线和长期总供给曲线不同”，请读者扫描本书封面二维码获取。）

四、短期总供给曲线的移动

下面考察导致短期总供给曲线移动的因素。

第一，可得到的劳动量增加使短期总供给曲线向右移动；而可得到的劳动量减少使短期总供给曲线向左移动。这意味着，劳动变动会引起短期总供给曲线发生移动。

第二，物质资本或人力资本（指人们通过教育、培训和经验获得的知识与技能）增加使短期总供给曲线向右移动；而物质资本或人力资本减少使短期总供给曲线向左移动。这意味着，资本变动会引起短期总供给曲线发生移动。

第三，自然资源可获得性的增加使短期总供给曲线向右移动；而自然资源可获得性的减少使短期总供给曲线向左移动。这意味着，自然资源变动会引起短期总供给曲线发生移动。

第四，技术知识进步使短期总供给曲线向右移动；可得到的技术减少使短期总供给曲线向左移动。

第五，预期价格水平上升一般会减少产品与劳务的供给量，并使短期总供给曲线向左移动。其原因在于，当工人和企业预期价格水平要上升时，他们就倾向于达成一个高水平名义工资的合同，而高工资增加了企业的成本，进而在既定的价格水平下减少了企业供给的产品与劳务的供给量。反之，当预期价格水平下降时，则增加了产品与劳务的供给量，并使短期总供给曲线向右移动。

对前四个因素，可以从生产函数的角度来理解，对第五个因素可以通过图 15－14 或总供给曲线方程（15.11）来理解。

除了以上导致短期总供给曲线移动的因素外，还有两个因素在这里也想指出：其一是投入品价格变化；其二是名义工资变化。

为了理解上述两个因素对短期总供给曲线的影响，回顾微观经济学关于企业目标是追求最大利润的假定。假设某种事件导致了生产成本上升，如石油价格的上升，那么在任一给定价格水平上，生产者每单位产品获得的利润减少，因此，生产者在所有价格水平上愿意供应的产量减少，考虑到累积效果可知，经济的短期总供给曲线就会向左方移动。相反，假设某种事件导致企业生产成本下降，例如名义工资下降，那么在任一给定的价格水平上，生产者每单位产品获得的利润增加，因此，生产者在所有价格水平上愿意供应的产量增加，考虑到累积效果可知，经济的短期总供给曲线就会向右方移动。

将上述分析进行概括，则有如下结论：其一，若投入品价格（如石油）上升，则经济的短期总供给曲线向左方移动；若投入品价格下降，则短期总供给曲线向右方移动。其二，若名义工资增加，则短期总供给曲线向左方移动；若名义工资下降，则短期总供给曲线向右方移动。

表 15－2 概括了上述因素对总供给曲线的影响。

表 15－2　　　　导致总供给曲线移动的因素

序号	因素及其变化	总供给曲线的变化
1	可得到的劳动供给量增加（劳动市场相对宽松）	向右方移动
2	资本增加	向右方移动
3	自然资源可获得性增加	向右方移动
4	技术进步	向右方移动
5	预期价格水平下降	向右方移动
6	投入品价格下降	向右方移动
7	名义工资下降	向右方移动

第四节　模型的结构和应用

一、模型的结构

在得到 *AD* 曲线和 *AS* 曲线之后，将两者结合在一个坐标系中，即构成宏观经济学中的 *AD*—*AS* 模型。这一模型的几何形式表示在图 15－15 中，把总需求曲线（*AD*）、短期总供给曲线（常规总供给曲线，*SRAS*）和长期总供给曲线（*LRAS*）① 画在一幅图中，

① 本章第三节已说明，垂直的古典总供给曲线又代表长期总供给曲线。

来显示宏观经济的长期均衡和短期均衡。

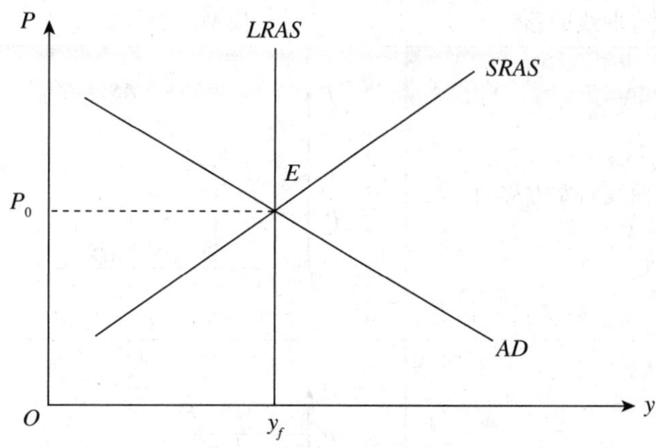

图 15-15　宏观经济长期和短期均衡

图 15-15 中，短期总供给曲线和总需求曲线交于长期总供给曲线上的一个点 E。因为短期均衡点位于长期总供给曲线上，所以此时经济处于充分就业的产量水平 y_f 上，经济中的企业满负荷工作，经济中的价格水平为 P_0，此时 P 既不会上升也不会下降。从理论上说，图中的 E 点处于宏观经济的短期均衡状态，因为该点使短期总供给曲线与总需求曲线相交，同时，E 点也处于宏观经济的长期均衡状态，因为 E 点位于经济的长期供给曲线上。

应该指出，现实宏观经济并不经常处于三线相交的长期均衡状态上，经济中的许多因素都会移动总需求曲线和（或）总供给曲线，使二者的交点偏离 E 点，进而造成宏观经济波动。下面依次说明上述模型的两个应用。

二、经济波动的解释

有了 *AD—AS* 模型，就有了分析宏观经济波动所需的基本分析工具。该模型的一个重要应用是对宏观经济短期波动的解释。

从 *AD—AS* 模型的理论视角看，宏观经济短期波动有两个基本原因，即 *AD* 曲线移动和 *AS* 曲线移动。在宏观经济学中，使 *AD* 曲线发生移动的事件被称为需求冲击（demand shock），使 *AS* 曲线发生移动的事件被称为供给冲击（supply shock）。

从现实来看，宏观经济在运行过程中可能会出现三种经济问题，即失业、通货膨胀和滞胀。失业，尤其是周期性失业常常与衰退联系在一起。衰退是指所考察的经济在一定时期内经历了产出下降和失业上升的情况。通货膨胀是指所考察的经济在一定时期价格水平持续地和显著地上涨。值得指出的是滞胀（stagflation），它是经济停滞（产出下降，失业增加）与通货膨胀（价格水平上升）的结合。滞胀是 20 世纪 70 年代出现在西方发达国家的一种新的宏观经济问题。

对于图 15-15 表示的 *AD—AS* 模型，在忽略了 *LRAS* 曲线的情况下，运用比较静态分析方法可以得到如表 15-3 所示的结果。

表 15-3　　　　　　　　*AD—AS* 模型中曲线的移动和相应的宏观经济问题

序号	曲线的移动	模型的表示	宏观经济问题
1	*AD* 曲线向左方移动	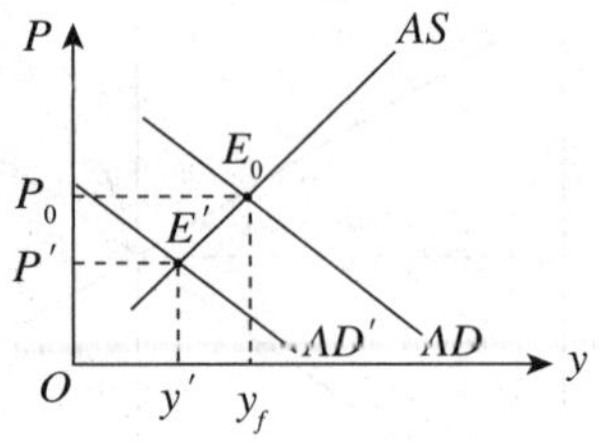 P, AS, E_0, P_0, E', P', AD', AD, y, O, y', y_f	失业
2	*AD* 曲线向右方移动	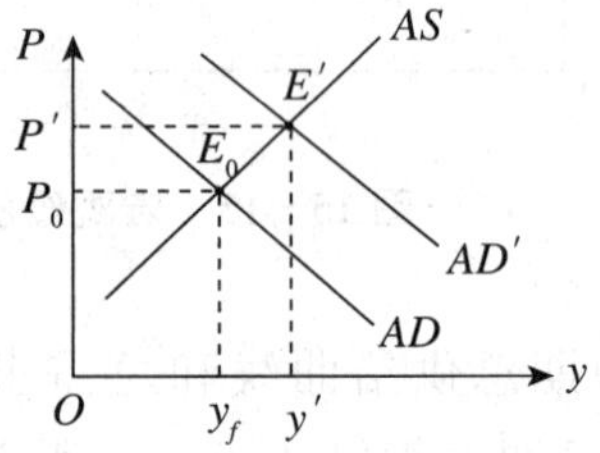 P, AS, E', P', E_0, P_0, AD', AD, y, O, y_f, y'	通货膨胀
3	*AS* 曲线向左方移动	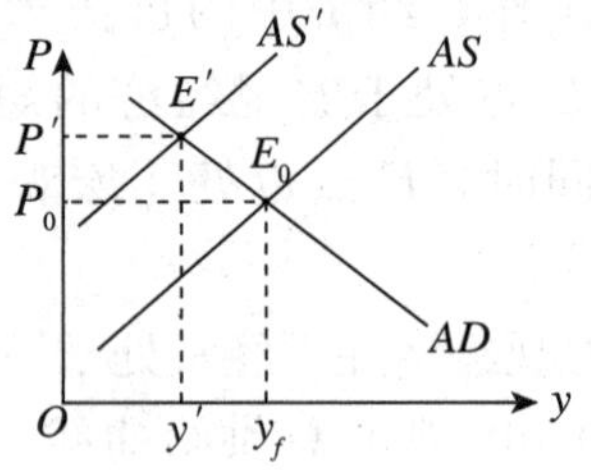 P, AS', AS, E', P', E_0, P_0, AD, y, O, y', y_f	滞胀

从表 15-3 可以看到，*AD*—*AS* 模型可以对三种宏观经济问题进行解释。关于表中第二种情况和第三种情况，下一章在说明通货膨胀的原因时会进行说明，这里不做赘述。下面以第一种情况为例对经济波动进行解释。

一般地，利用 *AD*—*AS* 模型分析宏观经济波动，可遵循四个步骤：

第一步，确定现实中发生的某个事件（冲击）是使 *AD* 曲线移动，还是使 *AS* 曲线移动（或者使两条曲线同时移动）。

第二步，确定相关曲线移动的方向。

第三步，用 *AD*—*AS* 模型图形说明这种移动如何影响短期的总产量和价格水平。

第四步，用 *AD*—*AS* 模型图形分析经济如何从其新的短期均衡变动到其长期均衡。

相对于第一种情况，假定所考察的经济某时期被悲观的情绪所笼罩，原因可能是政府官员丑闻、股票市场暴跌，或者海外战争爆发。按照上述经济分析的第一步，这一情况主要影响该经济的支出。在上述情况下，许多人对未来失去信心并改变了他们的计划，家庭削减了支出并推迟了大件商品的购买，企业则放弃或推迟了新设备的购买。显然，这一事件影响 *AD* 曲线。第二步，进一步地，由于家庭和企业现在在任何一个既定的价格水平下想要购买的产品与劳务减少了，这一事件会使 AD 曲线向左移动，如图 15－16 所示。

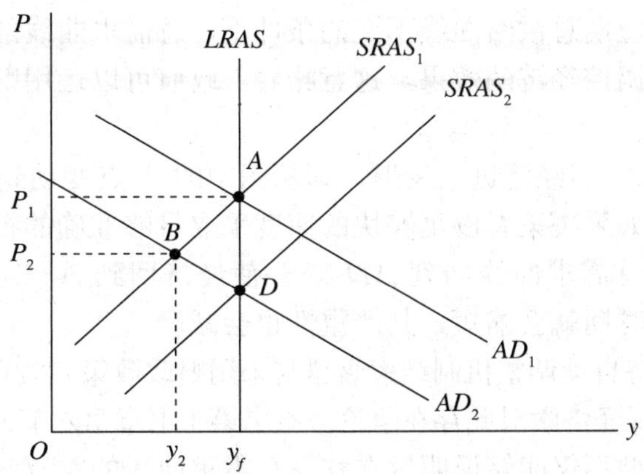

图 15－16　总需求下降的短期和长期影响

从图 15－16 中可以看到，经济最初的状态位于图中的 A 点，上述第一步和第二步表明，经济在经历上述事件后，新的短期均衡状态位于图中的 B 点。利用图 15－16，可以完成第三步，即通过比较新的均衡和最初的均衡，便可以说明总需求减少的影响。在短期，经济沿着最初的短期总供给曲线 $SRAS_1$，从 A 点变动到 B 点。此时，产量从原来的 y_f 下降到 y_2，价格水平从 P_1 下降到 P_2。产出水平下降表明经济处于衰退中。

现在进行分析的第四步，考察经济从短期均衡向长期均衡的转变。从图中可知，由于 B 点的价格水平低于 A 点的价格水平，于是工人和企业开始对低于预期的价格水平作出调整。工人愿意接受更低的工资，因为每一单位货币的工资能够购买更多的产品和劳务，另外，衰退造成的失业率上升也使得工人愿意接受更低的工资。企业也愿意接受更低的价格，需求的减少促使企业这样选择。随着时间的推移，预期价格水平下降了，从而促使短期总供给曲线从图中的 $SRAS_1$ 向右移动到 $SRAS_2$。这种移动使经济回到长期均衡点 D 处。在新的长期均衡点 D，产量回到了其自然水平。

总之，根据上面关于总需求曲线移动的分析，可以得出两个结论：

第一，在短期，总需求的下降会造成衰退。（表现在图 15－16 中，经济从 A 点变动到 B 点。）

第二，在长期，总需求的下降只造成价格水平的下降，但不影响产量。（表现在图 15－16 中，经济从 A 点最终变动到 D 点。）

在结束这部分的论述时，还想说明几点。第一，图 15－16 中的短期总供给曲线从 $SRAS_1$ 到 $SRAS_2$ 的移动不会马上发生，也就是说，经济从 B 点变动到 D 点可能需要一段时间。第二，在宏观经济中，把图 15－16 中描述的 B 点向 D 点的调整过程称为宏观经济的自动调整机制，因为它的发生不需要政府采取任何行动。

除了等待自动调整机制结束衰退外，另外一种选择是政府干预，这便涉及 AD—AS 模型的另一个应用。

三、模型的政策含义

本章第一节在说明总需求曲线时已经指出，政府支出增加或者货币供给增加都会使总需求曲线向右移动，在短期总供给曲线不变的条件下，总需求曲线的移动会改变经济的均衡状态，进而能够产生调控经济的效果，这意味着，政府可以运用财政政策和货币政策影响宏观经济。

回到图 15－16 上来，当经济进入衰退，即从图中的 A 点变动到 B 点时，政府就可以采取行动增加总需求。如果决策者以足够快的速度采取足够准确的行动，他们就可以抵消总需求最初的移动，使总需求曲线回到 AD_1，并使经济回到 A 点。如果政策是成功的，低产量和低就业的痛苦时期就会缩短，其严重性也会减轻。

值得指出的是，等待自动调整机制结束衰退与采用财政政策和货币政策结束衰退这两种方法中哪一种更好，宏观经济学对此存在争论。本书第十七章第六节说明了这方面的争论。

总需求—总供给模型不仅能够说明旨在移动总需求曲线的财政政策和货币政策，而且能够在一定程度上说明旨在影响和移动总供给曲线的所谓供给管理政策。

下面仍以衰退的情况为例进行说明，如图 15－17 所示。

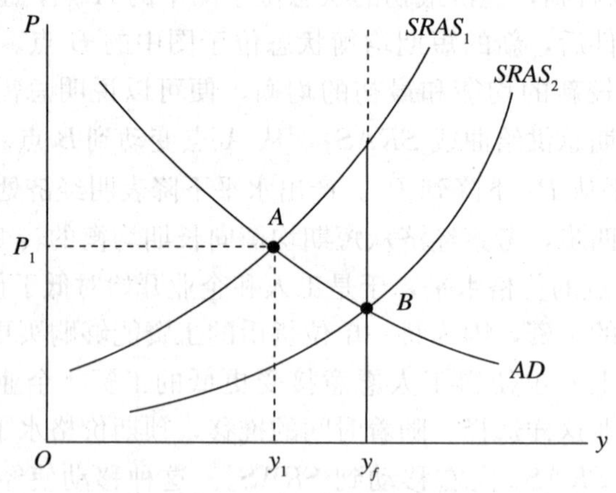

图 15－17　供给管理政策

假定当前经济位于图中的 A 点，此时经济的产量水平为 y_1，低于潜在产量 y_f，这时经济处于衰退状态。这时，如果政府能够运用一些手段，使得经济的总供给曲线从 $SRAS_1$ 向右移动到 $SRAS_2$，则经济将从 A 点变动到 B 点，B 点的产量为 y_f，是经济的潜在产量，这意味着经济已摆脱衰退状态。

那么，政府能够采取哪些手段移动经济的总供给曲线呢？虽然本章第三节在讲述总供给曲线时归纳了一些导致总供给曲线移动的因素，但这些因素由政府直接控制的并不多，政府更多的是通过一些举措间接地影响经济的总供给侧。本书第十七章说明了供给管理政策。

需要指出的是，虽然总需求—总供给模型在理论层面上说明了供给管理政策的思想，但是，由于上述原因，即便政府通过某些方式作用于宏观生产函数中的一些自变量，如劳动力、资本和技术，但这些因素能否发挥作用仍然有较大的不确定性和时间的滞后性。因此，目前的主流宏观经济学并不把供给管理政策作为短期宏观经济调控的工具。

第五节 考虑时间因素的 *AD—AS* 模型

本章到目前为止所阐述的总需求—总供给模型虽然为理解短期宏观经济波动和相应的政策问题提供了重要的见解，但应指出的是，目前的模型在本质上是静态模型，基本上不考虑时间因素，这在一定程度上也影响了模型的解释力。本节的内容是把时间因素加入总需求—总供给模型并进行分析。①

一、扩展的总需求—总供给模型

把时间因素加入静态的总需求—总供给模型，就是引入下面的条件：(1) 经济的潜在产量随时间的推移不断增长，这使得经济的长期总供给曲线向右方移动；(2) 在大部分年份里，经济的总需求曲线向右方移动；(3) 除了工人和企业预期高价格水平的时期外，经济的短期总供给曲线都向右方移动。

图 15－18 表明在考虑到上述条件后，基本的总需求—总供给模型所发生的变化。

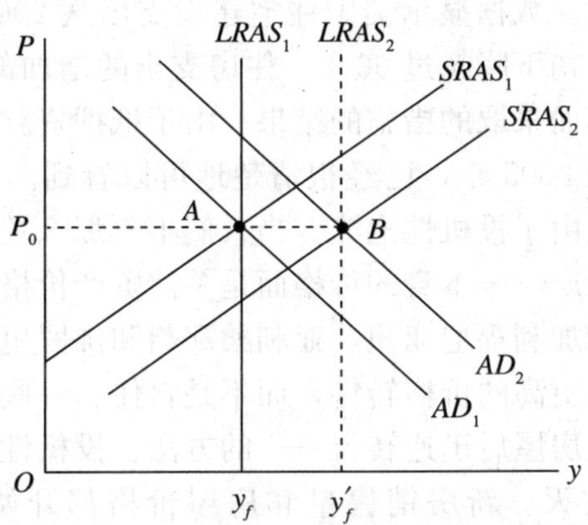

图 15－18 扩展的总需求—总供给模型

图 15－18 中，A 点为起始点，并且是 AD_1、$SRAS_1$ 和 $LRAS_1$ 三线的交点。由于 A 点在 $LRAS_1$ 上，这时经济处于长期均衡（和短期均衡）。随着时间的推移，经济的长期总供给曲线从 $LRAS_1$ 向右移动到 $LRAS_2$。长期总供给曲线之所以向右移动，是因为每年一国的劳动力和资本存量都会增加，技术进步也在发生，从而使潜在产量增加，图中，潜在产量由 y_f 增加到 y_f'。与此同时，经济的短期总供给曲线也从原来的 $SRAS_1$ 移动到 $SRAS_2$，短期总供给曲线移动的原因在于，造成长期总供给曲线右移的变量也会增加企业在短期愿意提供的产品和劳务的数量。最后，随着时间的推移，经济的总需求曲线从 AD_1 向右移动至 AD_2。总需求曲线移动的原因为：随着人口的增长和收入的提高，消费会随时

① 在宏观经济学的高级教材中，把考虑时间因素的 $AD—AS$ 模型称为动态 $AD—AS$ 模型。

间增加；随着经济的增长，企业将扩大生产能力，新企业也将建立，这导致投资增加；人口的增长和经济的扩张要求政府提供更多的服务，如增加警察和教师，从而政府购买也会增加。

图 15－18 中，新的均衡点在 B 点，即 AD_2 与 $SRAS_2$ 的交点，它们位于 $LRAS_2$ 上。在新均衡处，价格水平保持在 P_0 处，实际产量增长到 y_f'，此时不存在通货膨胀。这是因为，在图 15－18 中，总需求曲线和短期总供给曲线向右移动的距离正好等于长期总供给曲线移动的距离。但是这种情况不是常态。原因在于，首先，短期总供给曲线同样受工人和企业对未来价格水平变动的预期以及供给冲击的影响。这些变量可以部分或完全抵消短期总供给曲线在一年间向右移动的正常趋势。其次，消费者、企业和政府可能削减支出，支出的减少将造成总需求曲线向右移动的距离小于正常情况，甚至可能会向左移动。

总之，上述扩展的总需求—总供给模型能够使人们更现实地描述经济实际产出和价格水平的变化。下面给出扩展的总需求—总供给模型的两个应用。

二、扩展模型的应用①之一

作为扩展模型的一个应用，这里考察美国在 2007—2009 年的衰退。这次衰退始于 2007 年 12 月。三个因素的共同作用造成了这次衰退。

（1）房地产泡沫的破灭。数据显示美国住宅建设支出从 2002 年至 2005 年迅速增长，而后在 2005 年末至 2010 年初下降超过 60%。住房支出的增加部分地是美联储在 2001 年衰退期间和之后为降低利率而采取的措施的结果。由于抵押贷款利率下降，更多的消费者开始购买新住房。但是，到 2005 年，已经很清楚地可以看到，新建住房和原有房产的价格迅速攀升的原因部分地是由于投机性泡沫。当人们不再那么关注资产——无论是住房等实物资产还是股票等金融资产——本身的价格而是关注资产价格上升的预期时，泡沫就出现了。在美国某些地区，如加利福尼亚州、亚利桑那州和佛罗里达州，许多住宅的购买者是投资者，他们的目的是以更高的价格转售，而不是自住。一些深受大众喜爱的电视节目也在探究人们炒房——购买房屋后迅速转售——的方法。投机性泡沫最终走到了尽头，房地产泡沫在 2006 年开始破灭。新房销售量和房屋价格都开始下降。随着住宅建设支出——投资支出的一个组成部分——的下降，总需求增长速度放缓。

（2）金融危机。房地产市场出现的问题对住宅建设业的工人和企业来说都是坏消息。此外，房屋价格下降使得越来越多的借款人拖欠他们的抵押贷款。这些违约现象使银行和一些其他金融机构遭受了严重的损失。从 2008 年春季开始，美国财政部和美联储都进行了干预，目的是救助一些大型金融机构使它们免于破产。进一步的情况是，金融危机导致了信贷紧缩，这使许多家庭和企业难以获得贷款来为其支出融资。这种信贷紧缩也造成了消费支出和投资支出的下降。

（3）2008 年石油价格的大幅飙升。石油价格从 2004 年的每桶 34 美元迅速飙升到 2008 年年中的每桶 140 美元。石油价格的上涨是由迅速发展的经济体（尤其是印度和中国）对石油的需求增加和短期内难以提高开采量导致的。石油价格上升引发了导致短期总

① 哈伯德，奥布赖恩．经济学精要．3 版．北京：中国人民大学出版社，2014：515－516.

供给曲线向左移动的供给冲击。

图 15－19 通过表示出经济在 2007 年和 2008 年的短期宏观经济均衡说明了衰退的开始。在图中，2007 年的短期均衡发生在 AD_{2007} 和 $SRAS_{2007}$ 的交点，实际 GDP 为 13.21 万亿美元，价格水平为 106.2。2007 年的实际 GDP 略高于 $LRAS_{2007}$ 表示的潜在 GDP（13.20 万亿美元）。2008 年的总需求曲线从 AD_{2007} 向右移动到 AD_{2008}。总需求的增加量少于潜在 GDP 的增加量，这是因为房地产泡沫的破灭和金融危机对消费支出和投资支出产生了负面影响。油价上升引发的供给冲击使得短期总供给曲线从 $SRAS_{2007}$ 向左移动到 $SRAS_{2008}$。在 2008 年的短期均衡，实际 GDP 为 13.16 万亿美元，价格水平为 108.6。在短期均衡，实际 GDP 和潜在 GDP 差距很大。毫不奇怪，失业率从 2007 年的 4.6%提高至 2008 年的 5.8%。价格水平仅从 106.2 提高至 108.6，所以通货膨胀率低，仅为 2.4%。

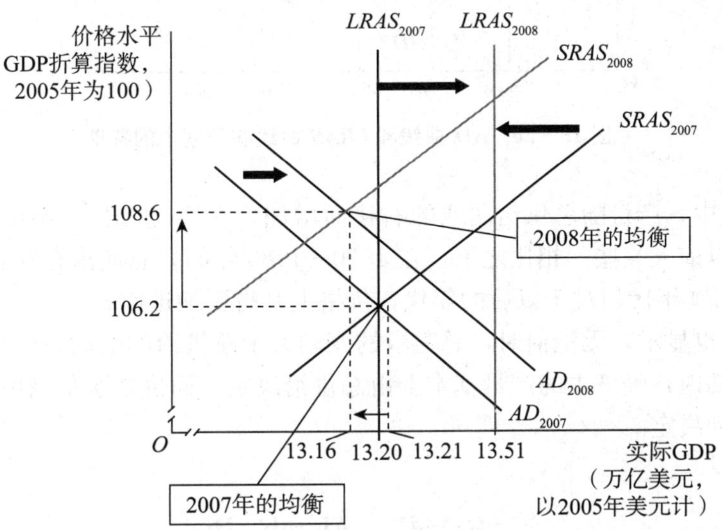

图 15－19　美国 2007—2009 年的衰退

到 2009 年，衰退仍在持续，潜在 GDP 增加至 13.78 万亿美元，而实际 GDP 降低至 12.70 万亿美元。实际 GDP 和潜在 GDP 的差距进一步扩大，这使得失业率猛增至 9.3%。这是 1981—1982 年衰退以来的最高失业率，也是 20 世纪 30 年代大萧条后的第二高失业率。虽然此次衰退在 2009 年 6 月结束，但是，在 2010 年和 2011 年，实际 GDP 增长缓慢，失业率仍然高于 9%。

三、扩展模型的应用之二

如果把扩展模型的时间维度进一步拉长，便可以看到一国经济产出与价格的变动趋势。下面仍以美国经济为例。①

首先，美国长期总供给曲线随时间的推移而以稳定的速度向右移动，2%的 GDP 年增长率较低，而 4%的 GDP 年增长率较高。其次，长期中的总需求则大多根据货币供给的变

① 多恩布什，费希尔，斯塔兹．宏观经济学．12 版．北京：中国人民大学出版社，2017：88－89.

动而可大可小。

图 15-20 显示了美国 20 世纪 70 年代到 2010 年间一组典型的总供求曲线。

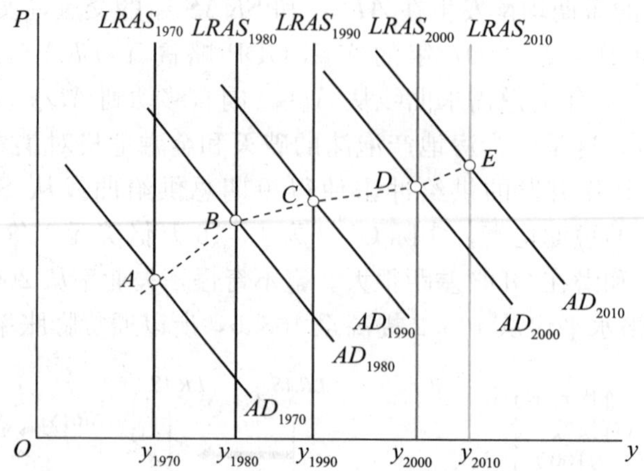

图 15-20 AD 曲线和 LRAS 曲线在长期内的移动

图 15-20 中，产量随总供给曲线的右移而增加，在 20 世纪 90 年代的移动因经济运行良好也许比以前大一些。相比之下，在 1970—1980 年间，总需求存在较大的垂直变动，所以，20 世纪 70 年代相对于以后的年代，价格上升得更加迅速。

图 15-20 也显示，无论何时，总需求的变动大于总供给的变动，价格水平都会上涨。在特别长的时期内，经济中的产量基本上由总供给决定，而价格水平则由相对于总供给变动的总需求变动决定。

第六节　结 束 语

本章要点可以归结如下：

(1) 和微观经济学中供求曲线的交点决定个别产品的数量和价格相类似，总需求曲线和总供给曲线的交点决定整个社会的产量和价格水平。

(2) 总需求曲线表示社会需求方面的产量与价格水平之间的关系。这一关系来自假设价格不变的 *IS—LM* 模型。去掉该模型中价格不变的假设，即可得到需求方面的产量 (y) 与价格水平 (P) 之间的关系。总需求曲线向右下方倾斜。

(3) 短期总供给曲线表示社会供给方面的产量与价格水平之间的关系。这一关系来自总量生产函数和劳动市场。由于地租仅占国民收入的微小部分，所以总量生产函数仅包含两个自变量，即就业量 (N) 和资本存量 (K)。又由于资本存量在短期中被假设为一个不变的常量，所以短期总量生产函数只存在一个自变量 (N)。就业量 (N) 的大小取决于货币工资 (W) 和价格水平 (P)。把总量生产函数和劳动市场结合在一起，可以得到表示社会总供给方面的产量与价格水平之间关系的总供给曲线。常规的总供给曲线向右上方延伸。

(4) 总供给曲线的斜率取决于货币工资 (W) 和价格水平 (P) 之间的调整速度。

古典学派认为二者的调整速度很快，甚至可以立即调整。在能够立即调整的假设下，总供给曲线成为一条垂直线，构成总供给曲线的古典学派极端，被称为古典总供给曲线。由于古典学派倾向于研究长期状态，所以垂直的总供给曲线也被称为长期总供给曲线的极端状态。

(5) 凯恩斯认为货币工资（W）和价格水平（P）之间的调整速度很慢，甚至根本不能进行调整。在根本不能调整的假设下，总供给曲线成为一条水平线，构成总供给曲线的凯恩斯极端。由于凯恩斯主要研究短期的情况，所以水平的总供给曲线也被称为短期总供给曲线的极端状态。

(6) 在一般情况下，总供给曲线位于古典和凯恩斯这两个极端之间。它在两个极端之间的倾斜度是一个尚在争论之中的问题。

(7) 总需求曲线和总供给曲线的交点决定总产量（y）和价格水平（P）。在短期内，总需求曲线的移动比较频繁。它向左和向右的移动造成产量（y）的减少和增加以及相应的价格水平的下降和上升。在短期内，总供给曲线不易移动，但是，来自外部的冲击可以使它从充分就业的位置向左移动，从而导致失业和价格的上升，即出现滞胀状态；它在短期内从充分就业向右的移动是罕见的，甚至仅是一种理论上的设想。

关于本章的内容，有四点需要提请读者注意：

第一，对 AD—AS 模型的论述可以说是本书到目前为止对全部宏观经济理论作出的总结。这一论述涉及了三个市场和一个总量生产函数，即产品市场、货币市场、劳动市场和短期总量生产函数。利用产品市场和货币市场的均衡条件（即 IS—LM 模型）可以求得 y 与 P 之间的关系，此即为总需求函数或曲线。给定价格水平 P，利用劳动市场可以确定经济的就业量，将就业量代入总量生产函数，便可求得经济的总产量，进而可以得到产出水平 y 和价格水平 P 的关系，即总供给函数或曲线。把总需求函数（或曲线）和总供给函数（或曲线）联立在一起，就可以求得供求均衡时的 y 和 P。

第二，由于劳动市场均衡的方程涉及 W 和 P 的调整速度，所以对二者调整速度的不同假设会推导出不同形状的总供给曲线。当二者被假设为能够立即调整时，总供给曲线是一条垂直线，被称为短期总供给曲线的古典极端。当二者被假设为完全不能调整时，总供给曲线是一条水平线，被称为短期总供给曲线的凯恩斯极端。西方学者认为，合乎现实的总供给曲线应该处于两个极端之间，它的斜率的大小代表调整速度的快慢，被称为常规的总供给曲线。关于调整速度的快慢是西方学者正在争论中的一个热门话题，目前尚未有定论。

第三，既然总需求—总供给模型是本书宏观部分迄今所包括内容的总结，本书在前面对宏观经济学所作出的全部评析当然也适用于这个模型。为了避免重复，这里不再予以论述。

第四，在总需求—总供给模型中，生产函数是总供给曲线的一个组成部分。然而，在生产函数中，却存在着一个重大缺点：它假设整个国家只生产一种产品（y 或国民收入）。然而，这个单一的产品却有两种不同的用途：消费和投资。要想做到这一点，必须假设：不论国民收入的数值为多少，它所包含的消费品和投资品的比例都能满足消费和投资两个部门的要求，而事实表明，这种假设是没有充分根据的。

虽然生产函数的这一重大缺点并不足以推翻总需求—总供给模型，然而，它可以再一次提醒我们，西方经济学是一个很不精确的学科，从而即使以它的有用部分而论，它也只能在很粗略的意义上向我们提供参考性意见。

生产函数的单一产品的缺点也同样适用于本书微观部分第八章中的边际生产力理论。由于这一缺点不像资本衡量问题那样威胁到该理论的成立与否，所以我们在当时没有提及。但是，它仍然是涉及该理论能否存在的次要原因。

早在百余年以前，马克思已经考虑到生产资料（投资品）和消费（消费品）两大部门的比例问题。他的简单再生产和扩大再生产的公式以及对公式的说明可以充分证实这一点。[①] 在今天，它们仍具有重大的意义。

① 资本论：第2卷.2版.北京：人民出版社，2004：20-21章.

第十六章

失业与通货膨胀

从上一章中可以看到，总需求曲线和总供给曲线未必相交于充分就业点，即使二者偶然相交于充分就业点，二者向左或向右移动也可以造成失业或（和）物价的变化，即经济波动。从现实情况看，总需求和总供给由于经常受到外界的干扰而经常处于变动中。换言之，西方的市场经济经常遭受失业和通货膨胀的痛苦和损害。

为了避免这种痛苦和损害，西方学者对失业和通货膨胀进行了比较系统的研究。本章将简要说明这方面的研究成果。

第一节　失业的描述

一、失业的数据

西方国家重视失业问题，从而经常通过民间和官方组织来收集和公布失业数据。例如，美国的盖洛普公司（Gallup）经常进行民意调查，向人们询问什么是美国面临的最主要问题，答案可能包括毒品、犯罪、污染和核战争等。1983 年，由于美国的失业率达到了 9.5%，接受调查的大多数美国人都认为失业是当时美国面临的最主要问题。而在 1996 年，美国的失业率为 5.6%，美国的民意调查表明，失业已不被认为是主要问题。也就是说，当失业率高时，失业就被视为美国的全国性问题，而当失业率低时，失业就不被列入重要问题的名单中。

图 16－1 显示了美国 1950 年以来的失业率情况。从图中可以看出，失业率总为正，这表明即便是在经济繁荣时期也有人成为失业者。

本书在第十二章第六节说明了，失业率是失业人数占劳动力总数的比率，失业率的波动反映了就业的波动情况。当就业率下降时，由于工人被解雇，失业率上升。一般地，失业率在经济衰退期间上升，在经济复苏期间下降。根据美国的统计数据，在2008—2009年经历金融危机和衰退后，美国9%左右的失业率持续了好几年，直到2014年才下降到约6%。

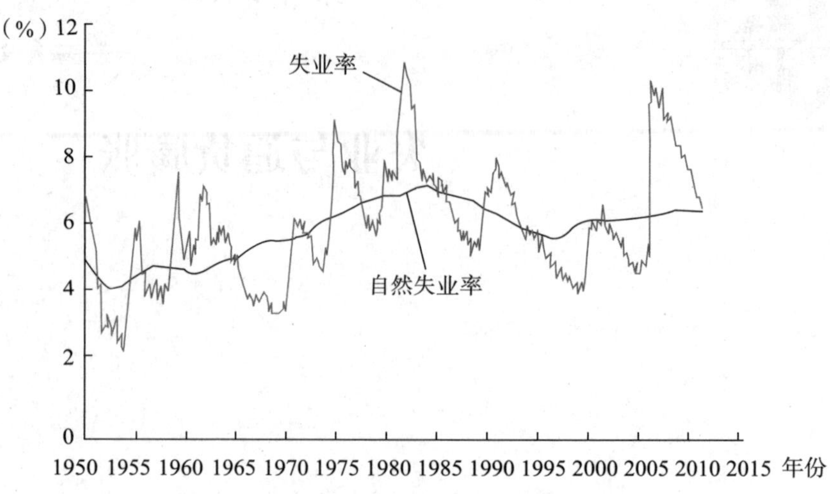

图16-1 美国的失业率与自然失业率

资料来源：美国劳工部。

（专栏16-1“中国的城镇登记失业率及其存在的问题”，请读者扫描本书封面二维码获取。）

二、自然失业率和自然就业率

本书第十二章第六节给出了自然失业率的定义，为了更好地理解自然失业率，下面给出一种自然失业率的表示方式。

设N代表劳动力，E代表就业者人数，U代表失业者人数，则有$N=E+U$，相应地，失业率为U/N。假定劳动力总数N不变，并重点考察劳动力中的人数在就业与失业之间的转换。

记l代表离职率，即每个月失去自己工作的就业者比例；f代表就职率，即每个月找到工作的失业者的比例。

容易理解，如果失业率既没有上升也没有下降，换句话说，如果劳动市场处于稳定状态，那么，找到工作的人数必定等于失去工作的人数。而找到工作的人数是fU，失去工作的人数是lE，因此，劳动市场达到稳定状态的条件就是

$$fU=lE$$

又因为$E=N-U$，上式变为

$$fU=l(N-U)$$

解得

$$U/N=\frac{l}{l+f}$$

上式给出的失业率就是自然失业率，因为在正常时期失业率是稳定的。上式表明，自然失业率取决于离职率 l 和就职率 f。离职率越高，自然失业率越高；就职率越高，自然失业率越低。上述公式的另一个意义在于，给出了一种估计自然失业率的方法。

与自然失业率相联系的一个概念是自然就业率，其含义是与自然失业率相对应的就业率，即充分就业量除以劳动力总量所得到的比率。按照这一界定，显然，一个经济的自然失业率与自然就业率之和为 100%。这意味着知道两者中的一个，就可以推知另一个。从这个意义上说，自然失业率和自然就业率是一枚硬币的两面。在不会产生混淆的情况下，一些西方文献将它们统称为自然率。

自然失业率不仅在理解充分就业和潜在产量（或充分就业产量）方面发挥作用，也在理解宏观经济学和宏观经济政策方面发挥着重要作用。

三、失业的经济学解释

失业现象从表面上看就是过多的劳动力去追逐过少的工作岗位。为了更好地理解失业问题，西方学者使用微观经济学的供给—需求分析框架对不同类型的失业加以解释。见图 16-2。

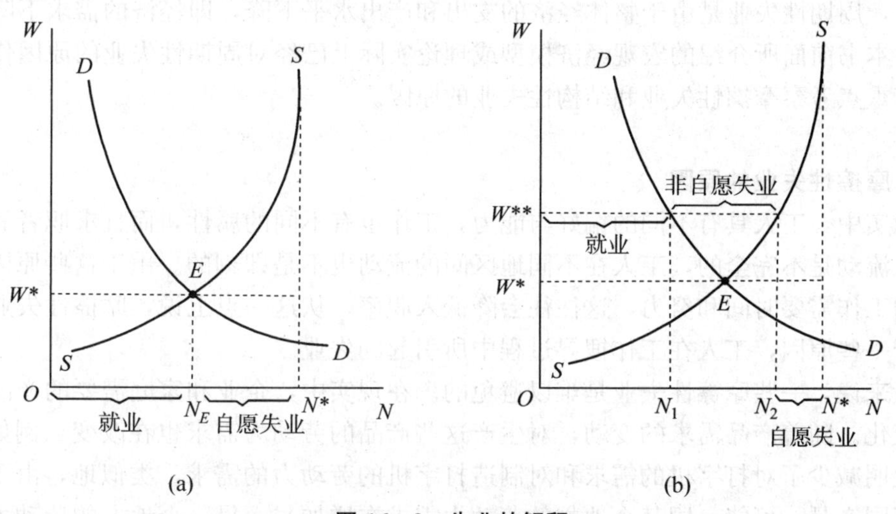

图 16-2 失业的解释

图 16-2 中，横轴为劳动力数量，纵轴为劳动力价格，即工资率。曲线 DD 为劳动需求曲线，曲线 SS 为劳动供给曲线。图 16-2（a）描述的是竞争性的劳动力供给和需求的一般情况。市场均衡点在 E 点，工资水平为 W^*。在竞争性的、市场出清的均衡状态下，厂商愿意雇用接受市场工资水平为 W^* 的合格工人，雇用的数量为 N_E。在 W^* 的工资水平上，另有数量为 N^*-N_E 的工人，他们虽愿意工作，但要求较高的工资。由于这部分工人不愿意在现行的市场工资率下工作，所以他们被认为是自愿失业的。在现行工资率下，自愿失业者可能更偏好闲暇或其他活动，而不是工作。他们可能属于摩擦性失业，也可能正在寻找第一份工作；他们可能是生产率较低的劳动力，相对于较低收入的工作，他

们更愿意享受福利和失业保险。

图 16－2（b）显示的是非出清的劳动市场情况，它用来说明没有伸缩性的工资怎样导致非自愿失业。一次经济波动使劳动市场工资过高，劳动的价格是 W^{**} 而不是均衡工资或市场出清的工资 W^{*}。

在过高的工资率下，寻找工作的合格工人的数量大于提供的工作职位数。愿意在工资 W^{**} 下工作的工人数量是 N_2，而企业愿意雇用的数量则为 N_1。由于工资高于市场出清水平，于是出现劳动供给过剩，N_2-N_1 表示的是这部分非自愿失业的失业者的数量。在劳动力供给过剩的情况下，企业雇用劳动力时将会提出更严格的技能要求，雇用最有资格、最有经验的劳动者。

图 16－2(b) 所说明的非自愿失业理论假定工资是刚性的，由此引出进一步的问题：为什么工资不上下浮动以便实现市场出清？为什么劳动市场与谷物、玉米和普通股票那样的市场不同？这些问题属于现代宏观经济学中富有争议的论题，西方经济学家还没有形成共识。

第二节　失业的原因

本书第十二章第六节把失业分为三种类型，即摩擦性失业、结构性失业和周期性失业。其中，周期性失业是由于整体经济的支出和产出水平下降，即经济的需求下降而造成的失业。本书前面所介绍的宏观经济模型或理论实际上已经对周期性失业的原因作出了解释。本节重点考察摩擦性失业和结构性失业的原因。

一、摩擦性失业的原因

在现实中，工人具有不同的偏好与能力，工作也有不同的属性，而且求职者和空缺职位的信息流动是不完全的，工人在不同地区间的流动也不是即刻的。由于这些原因，找一份合适的工作需要时间和努力，这往往会降低入职率。从这一点上说，摩擦性失业又可描述为由于一些原因，工人在工作搜寻过程中所引起的失业。

一般来说，一些摩擦性失业是难以避免的。在现实中，企业和家庭需要的产品类型随着时间变化。随着产品需求的变动，对生产这些产品的劳动力需求也在改变。例如，个人电脑的发明减少了对打字机的需求和对制造打字机的劳动力的需求。类似地，由于不同地区生产不同产品，可能一国某个地方的劳动力需求在增加，而另一个地方的劳动力需求在下降。在概念上，人们把需求在不同行业和地区之间的构成变动称为部门转移。由于部门转移总在发生，且工人改变部门需要时间，因此，摩擦性失业总是存在。

此外，当工人所在的企业倒闭了，或由于主观和客观原因，工人离职了，工人们找到新工作需要花费时间和努力。所有这些都意味着，一个经济中的摩擦性失业是无法避免的。

在劳动市场上，企业和工人都在搜寻，但两者的搜寻目标并不相同。工人想得到令人愉快并且体面的高薪工作，而企业则搜寻能够胜任特定工作且索要的工资水平合理的好员工。而工作匹配需要时间，同时自愿或被迫离开工作岗位的工人在找到新工作之前，都将会经历一段失业的时间。

二、结构性失业的原因

结构性失业是指劳动力的供给和需求不匹配所造成的失业，其特点是既有失业，又有职位空缺，失业者或者没有合适的技能，或者居住地点不当，因此无法填补现有的职位空缺。

结构性失业的一个来源是工资刚性（wage rigidity），即工资不能调整到使劳动市场的供给等于需求从而消除失业的水平。本章第一节的图 16－2（b）已经说明了没有伸缩性的工资，即工资刚性如何导致失业。在那里只是解释非自愿失业。由于结构性失业与非自愿失业会有重合和交叉，因此该图形也可以解释结构性失业。在工资刚性的情况下，工人失业并不是因为他们不积极寻找最适合于他们个人技能的工作，而是因为愿意工作的人数与可以得到的工作人数之间存在根本性的不匹配。在现行工资水平下，劳动供给量超过劳动需求量，所以许多工人只是在等待招工。

既然工资刚性是结构性失业的一个来源，那么工资刚性的原因又是什么？西方学者给出了三个原因：最低工资法、效率工资和工会的垄断力量。下面说明前两个原因。

为了减少贫困和降低收入不平等，一些国家先后颁布了最低工资法案。以美国为例，美国政府在 1938 年通过了该国的最低工资法《公平劳动标准法案》，该法案规定的最低工资一般为制造业平均工资的 30％～50％，现在是每小时 7.25 美元。对大多数工人来说，最低工资约束不起作用，因为他们的小时工资高于这一最低水平。但对一些工人，特别是不熟练的工人和缺乏经验的工人来说，最低工资将他们的工资提高到均衡水平之上。因此，最低工资减少了企业对劳动的需求。在美国，最低工资常常是一个政治上的争论话题。

效率工资理论认为，高工资使工人的生产效率更高。工资对工人效率的影响可以解释尽管存在超额劳动供给，企业也不能削减工资，因为尽管削减工资减少了企业的工资总额，但它还会降低工人的生产率和企业利润。

西方学者提出了各种理论来解释工资如何影响工人的生产率。一种理论认为，高工资减少了劳动力的更替。在现实中，员工辞职有很多原因，如接受了其他企业更好的职位、改变职业或迁移到另一个地方。企业给工人支付的工资越高，工人留在企业的激励就越大。企业通过支付高工资减少了工人辞职的频率，不仅减少了用于雇用和培训新工人所花费的时间和金钱，而且保证了企业各项业务工作的连续性。另外一种理论认为，高工资提高了工人的努力程度。一般来说，企业不可能完全监督其员工的努力程度，员工必须自己决定工作的努力程度。员工可以选择努力工作，也可以选择偷懒及冒着被发现和被解雇的风险。这便是微观经济学所提出的道德风险的例子。在这种情况下，企业通过支付高工资减少道德风险问题。工资越高，工人被解雇的代价越大。通过支付高工资，企业可以促使更多的员工不偷懒，从而提高了生产效率。

第三节　失业的影响与奥肯定律

一、失业的影响

失业有两种主要的影响，即社会影响和经济影响。失业的社会影响虽然难以估计和衡量，但它最易为人们所感受到。失业威胁着作为社会单位和经济单位的家庭的稳定。没有收入或收入遭受损失，户主就不能起到应有的作用。家庭的要求和需要得不到满足，家庭关系将因此而受到损害。西方学者已经发现，高失业率常常与吸毒、高离婚率以及高犯罪率联系在一起。西方有关心理学研究指出，失业造成的创伤不亚于亲人去世或学业上的失败。此外，家庭之外的人际关系也受到失业的严重影响。一个失业者在就业的人员当中失去了自尊和影响力，面临着被同事拒绝的可能性，并且可能会失去自尊和自信。最终，失业者在情感上会遭受沉重打击。

失业的经济影响可以用机会成本的概念来理解。当失业率上升时，经济中本可由失业工人生产出来的产品和劳务就损失了。衰退期间的损失，就好像是将众多的汽车、房屋、衣物和其他物品都销毁掉了。从产出核算的角度看，失业者的收入总损失等于生产的损失，因此，丧失的产量是计量周期性失业损失的主要尺度，因为它表明经济处于非充分就业状态。表 16-1 给出了在 20 世纪的高失业时期，美国实际产出相对潜在 GDP 的减少量。

表 16-1 **高失业时期的经济损失额**

时期	产出损失		
	平均失业率（%）	GDP 损失（10 亿美元，以 2008 年美元计）	占该时期 GDP 的百分比（%）
大萧条时期（1929—1939 年）	18.2	2 796	30.0
石油危机和通货膨胀时期（1975—1984 年）	7.7	1 694	2.7
新经济跌落后萧条的时期（2001—2003 年）	5.5	509	1.4

资料来源：萨缪尔森，诺德豪斯．宏观经济学．19 版．北京：人民邮电出版社，2012：277.

从表 16-1 中可知，美国最大的经济损失发生在大萧条时期。而 20 世纪 70 年代和 80 年代的石油危机与通货膨胀也使产出损失高达 1 万多亿美元。相比之下，2001—2003年这一时期，失业的损失非常小。

二、奥肯定律

20 世纪 60 年代，美国经济学家阿瑟·奥肯根据美国的数据提出了经济周期中失业变动与产出变动的经验关系，即奥肯定律。

奥肯定律的内容是，失业率每高于自然失业率 1 个百分点，实际 GDP 将低于潜在 GDP 2 个百分点。换一种方式说，相对于潜在 GDP，实际 GDP 每下降 2 个百分点，实际失业率就会相对于自然失业率上升 1 个百分点。

西方学者认为，奥肯定律揭示了产品市场和劳动市场之间极为重要的联系，它描述了实际 GDP 的短期变动与失业率变动的联系。根据奥肯定律，可以通过失业率的变动推测或估计 GDP 的变动，也可以通过 GDP 的变动预测失业率的变动。例如，假定经济的自然失业率为 6%，如果实际失业率为 8%，高于 6%的自然失业率 2 个百分点，则实际 GDP 就将比潜在 GDP 低 4%左右。在宏观经济学中，GDP 偏离其潜在值的百分比被称为 GDP 缺口。

奥肯定律可以用下面的公式来表示：

$$\frac{y-y_f}{y_f}=-\alpha(u-u^*) \tag{16.1}$$

式中，y 为实际产出；y_f 为潜在产出；u 为实际失业率；u^* 为自然失业率；α 为大于零的参数。

奥肯定律的一个重要结论是，实际 GDP 必须保持与潜在 GDP 同样快的增长，以防止失业率的上升。如果政府想让失业率下降，那么，该经济社会实际 GDP 的增长必须快于潜在 GDP 的增长。

第四节　通货膨胀的描述

一、通货膨胀的数据

描述通货膨胀的主要工具是通货膨胀率的变化。例如，1981 年，美国的通货膨胀率达到 10.4%，在盖洛普公司进行的民意调查中，接受调查的大多数美国人都认为当时通货膨胀是美国面临的最主要问题。此后，从 1983 年以来，美国的通货膨胀率都维持在 6%以下，相关的民意调查显示，通货膨胀在很长一段时间都不被认为是主要问题。①

和失业一样，通货膨胀是经济运行状况的主要指示器。图 16－3 反映了美国 1955 年以来通货膨胀率的情况。

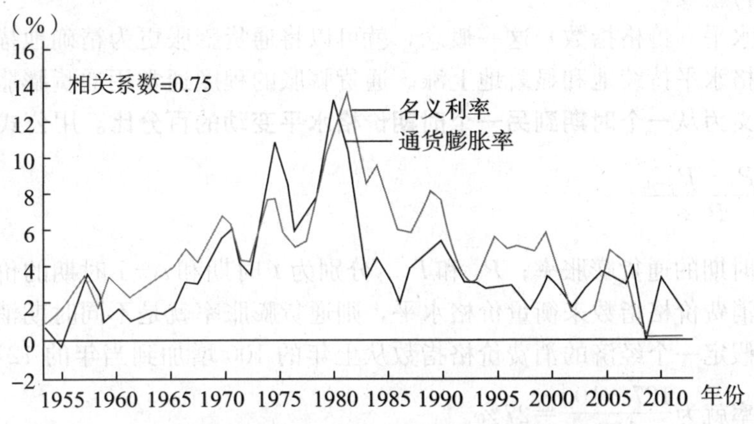

图 16－3　美国 1955 年以来的通货膨胀率

资料来源：美联储。

从图 16－3 中可以看出，在长达近 60 年的时间中，美国的通货膨胀率很不稳定。20 世纪 80 年代初的通货膨胀率曾达到令人难以接受的高水平，而在 20 世纪 90 年代，由于美联储的有效控制和较小的供给冲击，通货膨胀率一直稳定在较低的水平。

① 多恩布什，费希尔，斯塔兹．宏观经济学．12 版．北京：中国人民大学出版社，2017：109－110.

二、通货膨胀的衡量

当一个经济中的大多数产品和劳务的价格连续在一段时间内普遍上涨时，宏观经济学就称这个经济经历着通货膨胀。按照这一说明，如果仅有一种商品的价格上升，这不是通货膨胀。只有大多数产品和劳务的价格持续上升才是通货膨胀。

那么，如何理解大多数产品和劳务的价格上升呢？考虑到现实经济当中成千上万种不同商品价格加总的实际情况，以及经济当中一些商品价格上涨的同时，另一些商品的价格却可能在下降，而且各种商品价格涨跌幅度也不尽相同这种复杂情况，宏观经济学运用价格指数这一概念进行说明。

先看一下人们较熟悉的股票市场的情况。在股票市场上，在开市期间的每时每刻都有许多股票在进行交易。在同一时间里，所交易的股票的价格各异，而且不断变化。有些股票价格上涨，有些股票价格下跌，且各种股票的涨跌幅度也不相同，有些大，有些小。在股票市场中，单用某一种股票价格的变化来描述整个股票市场的价格变动情况显然是不合适的。那么，究竟怎样描述整个股票市场的价格变动情况呢？为此，人们提出了股票价格指数的概念。股票价格指数是股票市场上各种股票价格的一种平均数，利用股票价格指数及其变化，人们就可以衡量和描述整个股票市场价格的变化情况。

与股票的情形类似，宏观经济学用价格指数来描述整个经济中的各种产品和劳务价格的总体平均数，也就是经济中的价格水平。宏观经济学中常涉及的价格指数主要有 GDP 折算指数、消费价格指数（CPI）和生产者价格指数（PPI），它们已在本书第十二章做了说明，这里不再重复。

有了价格水平（价格指数）这一概念，就可以将通货膨胀更为精确地描述为经济社会在一定时期价格水平持续地和显著地上涨。通货膨胀的程度通常用通货膨胀率来衡量。**通货膨胀率被定义为从一个时期到另一个时期价格水平变动的百分比。**用公式表示就是①：

$$\pi_t=\frac{P_t-P_{t-1}}{P_{t-1}}$$

式中，π_t 为 t 时期的通货膨胀率；P_t 和 P_{t-1} 分别为 t 时期和 $t-1$ 时期的价格水平。如果用上面介绍的消费价格指数来衡量价格水平，则通货膨胀率就是不同时期消费价格指数变动的百分比。假定一个经济的消费价格指数从上年的 100 增加到当年的 127，那么这一时期的通货膨胀率就为 $\frac{127-100}{100}=27\%$。

三、通货膨胀的分类

对于通货膨胀，西方学者从不同角度进行了分类。

1. 按照价格上升的速度进行分类

按照价格上升的速度，西方学者认为存在着三种类型的通货膨胀：第一，**温和的通货**

① 当价格水平 P 随时间推移而连续变动时，通货膨胀率可以被表示为 $\pi=\frac{\dot{P}}{P}$，式中，$\dot{P}=\frac{\mathrm{d}P}{\mathrm{d}t}$。

膨胀，指每年物价上升的比例在10%以内。目前，许多国家都存在着这种温和类型的通货膨胀。一些西方经济学家并不十分害怕温和的通货膨胀，甚至有些人还认为这种缓慢而逐步上升的价格对经济和收入的增长有积极的刺激作用。第二，**奔腾的通货膨胀，指年通货膨胀率在10%和100%之间。**这时，货币流通速度提高而货币购买力下降，并且均具有较快的速度。西方学者认为，当奔腾的通货膨胀发生以后，由于价格上涨率高，公众预期价格还会进一步上涨，因而采取各种措施来保护自己，以免受通货膨胀之害，这使得通货膨胀更为加剧。第三，**超级通货膨胀，指通货膨胀率在100%以上。**发生这种通货膨胀时，价格持续猛涨，人们都尽快地使货币脱手，从而大大加快货币流通速度。其结果是，人们对货币完全失去信任，货币购买力猛降，各种正常的经济联系遭到破坏，以致货币体系和价格体系最后完全崩溃。在严重的情况下，还会出现社会动乱。

2. 按照对价格影响的差别分类

按照对不同商品的价格影响的大小加以区分，存在两种通货膨胀类型：第一种为**平衡的通货膨胀，即每种商品的价格都按相同比例上升。**这里所指的商品价格还包括生产要素的价格，如工资率、租金、利率等。第二种为**非平衡的通货膨胀，即各种商品价格上升的比例并不完全相同。**例如，甲商品价格的上涨幅度大于乙商品价格的上涨幅度，或者，利率上升的比例大于工资上升的比例，等等。

3. 按照人们的预期程度加以区分

按照人们的预期程度，可以分为两种通货膨胀类型：一种为未预期到的通货膨胀，即价格上升的速度超出人们的预料，或者人们根本没有想到价格会上涨。例如，国际市场原料价格的突然上涨所引起的国内价格的上升，或者在长时期中价格不变的情况下突然出现的价格上涨。另一种为预期到的通货膨胀。例如，当某一国家的物价水平年复一年地按5%的速度上升时，人们便会预计到物价水平将以同一比例继续上升。既然物价按5%的比例增长成为意料之中的事，则该国居民在日常生活中进行经济核算时会把物价上升的比例考虑在内。例如，银行贷款的利息率肯定会高于5%，因为5%的利率仅能起到补偿通货膨胀的作用。由于每个人都把5%的物价上涨考虑在内，所以每个人所要求的价格在每一时期中都要上升5%。每种商品的价格上涨5%，劳动者所要求的工资、厂商所要求的利润率都会以相同的速度上涨。因此，预期到的通货膨胀具有自我维持的特点，有点像物理学上的运动中物体的惯性。因此，预期到的通货膨胀有时又被称为惯性的通货膨胀。

（专栏16-2“1978—2013年中国的通货膨胀”，请读者扫描本书封面二维码获取。）

第五节　通货膨胀的原因

关于通货膨胀的原因，西方经济学家提出了种种解释，可分为三个方面：第一个方面为货币数量论的解释，这种解释强调货币在通货膨胀过程中的重要性；第二个方面是用总需求与总供给来解释，包括从需求的角度和供给的角度进行解释；第三个方面是从经济结构因素变动的角度说明通货膨胀的原因。下面依次加以说明。

一、作为货币现象的通货膨胀

货币数量论在解释通货膨胀方面的基本思想是，每一次通货膨胀背后都有货币供给的迅速增长。这一理论的出发点是如下所示的交易方程①：

$$MV=Py \tag{16.2}$$

式中，M 为货币供给量；V 为货币流通速度，它被定义为名义收入与货币量之比，即一定时期（如一年）平均一元钱用于购买最终产品与劳务的次数；P 为价格水平；y 为实际收入水平。

方程（16.2）左边的 MV 反映的是经济中的总支出，而右边的 Py 为名义收入水平。由于经济中对产品与劳务支出的货币额即为产品和劳务的总销售价值，因而方程的两边相等。由方程（16.2）可以得到如下关系式②：

$$\pi=\hat{m}-\hat{y}+\hat{v} \tag{16.3}$$

式中，π 为通货膨胀率；$\hat{m}$ 为货币增长率；$\hat{y}$ 为产量增长率；$\hat{v}$ 为货币流通速度变化率。

根据方程（16.3），通货膨胀来源于三个方面，即货币流通速度、货币增长和产量增长。进一步地，假定货币流通速度不变，则有

$$\pi=\hat{m}-\hat{y} \tag{16.4}$$

上式表明，通货膨胀等于货币增长率减去产量增长率。同时，在长期内，实际产量的增长率是固定不变的。因此，上述方程意味着，在长期内，货币供给增长率的变化一对一地导致通货膨胀率的变化。

这里举一个例子。如果货币供给按每年 7%的速度增长，且实际产量按每年 4%的速度增长，则该经济每年的通货膨胀率将是 3%。

上述论断在经验上是否成立呢？下面考察美国和世界一些国家的情况进行说明。图 16－4 显示了美国自 19 世纪 70 年代至 21 世纪头十年每 10 年的货币增长率和通货膨胀率。

该图证实了货币增长率和通货膨胀率之间有非常紧密的关系。货币供给迅速增长的年代，如 20 世纪初和 20 世纪 70 年代，往往也是通货膨胀率高的年代。而货币增长放慢的 10 年，如 20 世纪 20 年代和 30 年代，也是通货膨胀率低的年代。事实上，在上述时期，通货膨胀率为负数，在宏观经济学中，这种现象被称为通货紧缩。

图 16－5 则显示了自 1990 年以来一批样本国家的平均货币增长率和年通货膨胀率的情况。

---

① 关于这一方程，本书第二十一章还将加以说明。

② 这个关系式的推导如下：将（16.2）式中的变量动态化，并取自然对数有：

$$\ln P+\ln y=\ln M+\ln V$$

对上式关于时间 t 求微分，并整理得：

$$\frac{\dot{P}}{P}=\frac{\dot{M}}{M}+\frac{\dot{V}}{V}-\frac{\dot{y}}{y}$$

若记 $\pi=\frac{\dot{P}}{P}$，$\hat{m}=\frac{\dot{M}}{M}$，$\hat{v}=\frac{\dot{V}}{V}$，$\hat{y}=\frac{\dot{y}}{y}$，则有：

$$\pi=\hat{m}-\hat{y}+\hat{v}$$

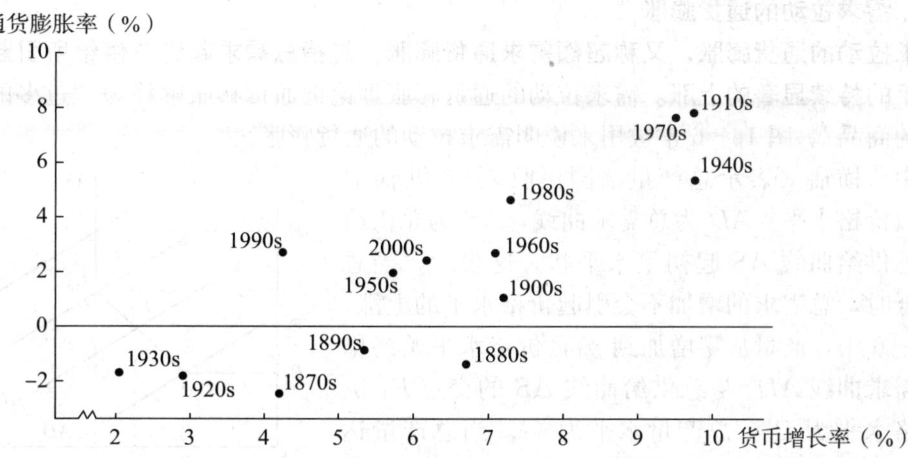

图 16-4 美国的货币增长率和通货膨胀率

资料来源：琼斯．宏观经济学．上海：上海三联书店，2010：184.

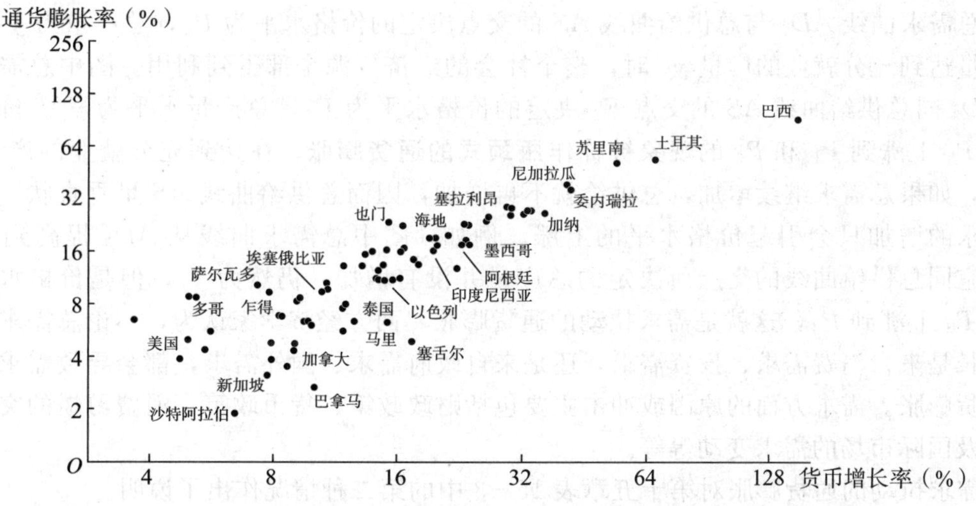

图 16-5 世界一些国家的货币增长率和通货膨胀率

资料来源：琼斯．宏观经济学．上海：上海三联书店，2010：184.

从图 16-5 可以看出，一些国家集中在坐标图中的左下角，这些国家具有低货币增长和低通货膨胀的特点。例如美国，在这一时期，货币增长率为 4.7%，通货膨胀率为 2.7%。像印度尼西亚（货币增长率为 18.7%，通货膨胀率为 12.5%）和墨西哥（货币增长率为 22.8%，通货膨胀率为 15.2%）这样的国家在这一时期属于中等通货膨胀的范围。而处于图 16-5 右上角的国家，如塞拉利昂和委内瑞拉，显示出高通货膨胀和高货币增长，两者的增长速度平均每年都达 25%以上。

上面的论述基本上归纳出宏观经济学的一个基本共识，那就是货币主义的代表人物弗里德曼的一句名言："通货膨胀时时处处都是一种货币现象。"

二、需求拉动的通货膨胀

需求拉动的通货膨胀，又称超额需求通货膨胀，是指总需求超过总供给所引起的一般价格水平的持续显著的上涨。需求拉动的通货膨胀理论把通货膨胀解释为“过多的货币追逐过少的商品”。图 16－6 常被用来说明需求拉动的通货膨胀。

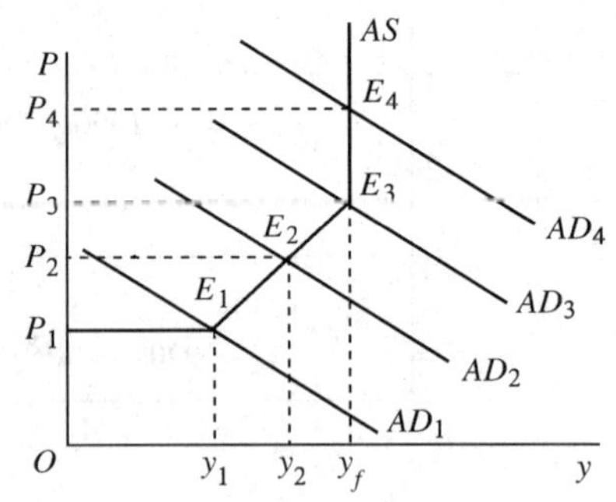

图 16－6　需求拉动的通货膨胀

图中，横轴 y 表示总产量（国民收入），纵轴 P 表示一般价格水平。AD 为总需求曲线，AS 为总供给曲线。总供给曲线 AS 起初呈水平状。这表示，当总产量较低时，总需求的增加不会引起价格水平的上涨。在图 16－6 中，产量从零增加到 y_1，价格水平始终稳定。总需求曲线 AD_1 与总供给曲线 AS 的交点 E_1 决定的价格水平为 P_1，总产量水平为 y_1。当总产量达到 y_1 以后，继续增加总需求，就会遇到生产过程中所谓的**瓶颈现象**，即由于劳动、原料、生产设备等的不足而使成本提高，从而引起价格水平的上涨。图中总需求曲线 AD 继续提高时，总供给曲线 AS 便开始逐渐向右上方倾斜，价格水平逐渐上涨。总需求曲线 AD_2 与总供给曲线 AS 的交点决定的价格水平为 P_2，总产量为 y_2。当总产量达到充分就业的产量 y_f 时，整个社会的经济资源全部得到利用。图中总需求曲线 AD_3 同总供给曲线 AS 的交点 E_3 决定的价格水平为 P_3，总产量水平为 y_f。价格水平从 P_1 上涨到 P_2 和 P_3 的现象被称作**瓶颈式的通货膨胀**。在达到充分就业的产量 y_f 以后，如果总需求继续增加，总供给就不再增加，因而总供给曲线 AS 呈垂直状。这时总需求的增加只会引起价格水平的上涨。例如，图中总需求曲线从 AD_3 提高到 AD_4 时，它同总供给曲线的交点所决定的总产量并没有增加，仍然为 y_f，但是价格水平已经从 P_3 上涨到 P_4，这就是需求拉动的通货膨胀。西方经济学家认为，不论总需求的过度增长是来自消费需求、投资需求，还是来自政府需求、国外需求，都会导致需求拉动的通货膨胀。需求方面的原因或冲击主要包括财政政策、货币政策、消费习惯的突然改变以及国际市场的需求变动等等。

需求拉动的通货膨胀对第十五章表 15－3 中的第二种情况作出了说明。

三、成本推动的通货膨胀

成本推动的通货膨胀理论，是西方学者试图从供给方面说明为什么会发生一般价格水平上涨的一种理论。**成本推动的通货膨胀，又称成本通货膨胀或供给通货膨胀，是指在没有超额需求的情况下由于供给方面成本的提高所引起的一般价格水平持续和显著的上涨。**

西方学者认为，成本推动的通货膨胀主要是由工资的提高造成的。他们把这种成本推动的通货膨胀叫做工资推动的通货膨胀，以区别于利润提高造成的成本推动的通货膨胀。

工资推动的通货膨胀是指不完全竞争的劳动市场造成的过高工资所导致的一般价格水平的上涨。据西方学者解释，在完全竞争的劳动市场上，工资率完全取决于劳动的供求，工资的提高不会导致通货膨胀；而在不完全竞争的劳动市场上，由于工会组织的存在，工资不再是竞争性的工资，而是工会和雇主集体议价的工资。并且由于工资的增长率超过生产率的增长率，工资的提高会导致成本提高，从而导致一般价格水平上涨，这就是所谓**工资推动的通货膨胀**。西方学者进而认为，工资提高和价格上涨之间存在因果关系：工资提高引起价格上涨，价格上涨又引起工资提高。这样，工资提高和价格上涨形成了螺旋式的上升运动，即所谓**工资—价格螺旋**。

利润推动的通货膨胀是指垄断企业和寡头企业利用市场势力谋取过高利润所导致的一般价格水平的上涨。西方学者认为，就像不完全竞争的劳动市场是工资推动的通货膨胀的前提一样，不完全竞争的产品市场是利润推动的通货膨胀的前提。在完全竞争的产品市场上，价格完全取决于商品的供求，任何企业都不能通过控制产量来改变市场价格；而在不完全竞争的产品市场上，垄断企业和寡头企业为了追求更大的利润，可以操纵价格，把产品价格定得很高，致使价格上涨的速度超过成本增长的速度。

在总需求曲线不变的情况下，包括工资推动的通货膨胀和利润推动的通货膨胀在内的成本推动的通货膨胀，可以用图 16-7 来说明。

图中，总需求是既定的，不发生变动，变动只出现在总供给方面。当总供给曲线为 AS_1 时，这一总供给曲线和总需求曲线 AD 的交点 E_1 决定的总产量为 y_1，价格水平为 P_1。当总供给曲线由于成本提高而移到 AS_2 时，总供给曲线与总需求曲线的交点 E_2 决定的总产量为 y_2，价格水平为 P_2。这时，总产量比以前下降，而价格水平比以前上涨。当总供给曲线由于成本进一步提高而移动到 AS_3 时，总供给曲线和总需求曲线的交点 E_3 决定的总产量为 y_3，价格水平为 P_3。这时的总产量进一步下降，而价格水平进一步上涨。

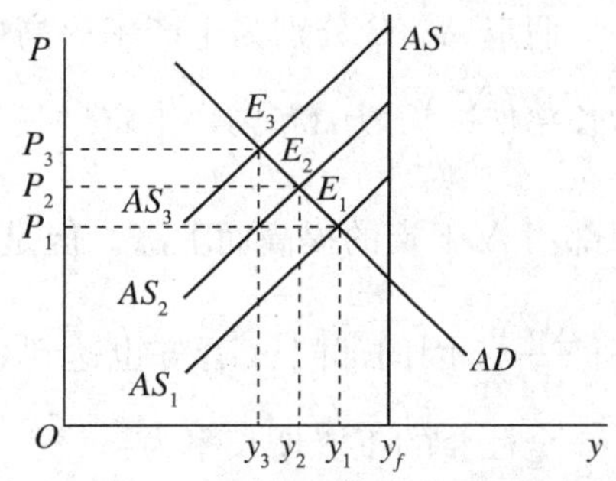

图 16-7　成本推动的通货膨胀

本书第十五章中的表 15-3 指出，在总需求曲线不发生移动的条件下，总供给曲线向左移动，会引起滞胀，即经济停滞（产出下降）与通货膨胀（价格上升）同时出现。图 16-7 则从理论上说明了这种情况。不利的供给冲击（如石油价格的上涨）推动了成本上升，使短期总供给曲线向左方移动，其结果会出现滞胀。值得指出的是，滞胀的出现，给凯恩斯主义者带来了很大的麻烦，也使宏观经济学由原来凯恩斯主义一家独大的局面发生了根本性的变化。

一些西方学者认为，单纯用需求拉动或成本推动都不足以说明一般价格水平持续上涨，而应当同时从需求和供给两个方面以及二者的相互影响说明通货膨胀。于是又有人提出了从供给和需求两个方面及其相互影响说明通货膨胀的理论，即**混合通货膨胀理论**。限于篇幅，本书就不对其进行介绍了。

四、结构性通货膨胀

西方经济学家认为，在没有需求拉动和成本推动的情况下，只是由于经济结构因素的变动，也会出现一般价格水平的持续上涨。他们把这种价格水平的上涨叫做结构性通货膨胀。

结构性通货膨胀理论把通货膨胀的起因归结为经济结构本身所具有的特点。根据西方学者的解释，从生产率提高的速度看，社会经济结构的特点是，一些部门生产率提高的速度快，另一些部门生产率提高的速度慢；从经济发展的过程看，社会经济结构的特点是，一些部门正在迅速发展，另一些部门渐趋衰落；从同世界市场的关系看，社会经济结构的特点是，一些部门（开放部门）同世界市场的联系十分密切，另一些部门（非开放部门）同世界市场没有密切联系。现代社会经济结构不容易使生产要素从生产率低的部门转移到生产率高的部门，从渐趋衰落的部门转移到正在迅速发展的部门，从非开放部门转移到开放部门。但是，生产率提高慢的部门、正在趋向衰落的部门以及非开放部门在工资和价格问题上都要求"公平"，要求向生产率提高快的部门、正在迅速发展的部门以及开放部门"看齐"，要求"赶上去"，结果导致一般价格水平的上涨。

西方学者通常用生产率提高快慢不同的两个部门说明结构性通货膨胀。由于生产率提高的快慢不同，两个部门工资增长的快慢也应当有区别。但是，生产率提高慢的部门要求工资增长向生产率提高快的部门看齐，结果使全社会工资增长速度超过生产率增长速度，因而引起通货膨胀。

假定A、B分别为生产率提高快慢不同的两个部门，二者的产量相等。部门A的生产增长率$\left(\frac{\Delta y}{y}\right)_{\mathrm{A}}$为3.5%，工资增长率$\left(\frac{\Delta W}{W}\right)_{\mathrm{A}}$也为3.5%。这时全社会的一般价格水平不会因部门A工资的提高而上涨。但是，当部门B的生产增长率$\left(\frac{\Delta y}{y}\right)_{\mathrm{B}}$是0.5%，而工资增长率$\left(\frac{\Delta W}{W}\right)_{\mathrm{B}}$因向部门A看齐也达到3.5%时，这就使全社会的工资增长率超过生产增长率。

全社会的工资增长率为：

$$\frac{\Delta W}{W}=\left[\left(\frac{\Delta W}{W}\right)_{\mathrm{A}}+\left(\frac{\Delta W}{W}\right)_{\mathrm{B}}\right]\div 2=3.5\%$$

全社会的生产增长率为：

$$\frac{\Delta y}{y}=\left[\left(\frac{\Delta y}{y}\right)_{\mathrm{A}}+\left(\frac{\Delta y}{y}\right)_{\mathrm{B}}\right]\div 2=(3.5\%+0.5\%)\div 2=2\%$$

这样，全社会工资增长率超过生产增长率1.5%，工资增长率超过生产增长率的百分比就是价格上涨率或通货膨胀率。[①] 西方学者认为，上述说明同样适用于在工资问题上渐

---

① 西方学者认为，在劳动生产增长率、货币工资增长率和通货膨胀率之间具有如下数量关系：

通货膨胀率＝货币工资增长率－劳动生产增长率

这一关系可以用下列方式推导出来：由微观经济学的货币工资等于劳动边际产量价值的公式 $W=P\cdot MP$ ［这里，W 可以理解为整个社会的（平均）货币工资，P 为社会的（平均）价格水平，MP 为整个社会的劳动的边际产量，并用 MP 大体衡量社会的劳动生产率］，并将上述三个变量动态化，即将 W、P 和 MP 都看成时间 t 的函数，则通过对 $W=P\cdot MP$ 关于时间 t 求微分，可以得到：

$$\dot{W}=\dot{P}\cdot MP+\dot{MP}\cdot P \tag{1}$$

式中，带点的字母表示该字母所代表的变量关于时间 t 的导数。例如，$\dot{W}=\mathrm{d}W/\mathrm{d}t$，等等。用（1）式除以 $W=P\cdot MP$，经变形有：

$$\frac{\dot{P}}{P}=\frac{\dot{W}}{W}-\frac{\dot{MP}}{MP} \tag{2}$$

根据各变量的含义及增长率的表达式知，（2）式即为所推导的关系。

趋衰落的部门向正在迅速发展的部门看齐、非开放部门向开放部门看齐的情况。

五、通货膨胀的持续

上面关于需求拉动的通货膨胀和成本推动的通货膨胀的分析表明，对经济的冲击如何移动了总需求曲线和总供给曲线，导致一个新的更高价格水平的均衡。但是，通货膨胀不是价格水平的一次性改变，而是价格水平的持续上升。在大多数情况下通货膨胀似乎有一种惯性。如果经济有了8%的通货膨胀率，那么，这8%的通货膨胀率会有不断持续下去的趋势。这种情况被称为通货膨胀螺旋。

产生这种现象的原因在于，如果经济中大多数人都预期到同样的通货膨胀率，那么，这种通货膨胀预期就会变成经济运行的现实。在通货膨胀时期，劳工与厂方谈判，要求保证工资上升与物价水平的上涨相一致，以使他们的实际工资不会下降。银行在贷款时也希望确保一定的实际收益率，因此，银行在确定贷款利率时，要考虑到它们年末收回的货币值低于年初贷出时的货币值这一情况。这意味着，在以货币计量的一些名义变量（如工资、租金等）的提高和价格上涨之间存在着因果关系。以工资为例，工资提高引起价格上涨，价格上涨又引起工资提高。于是，工资提高和价格上涨形成了螺旋式的上升运动。

考虑到上述情况，可以说，单纯用需求拉动或成本推动都不足以说明一般价格水平的持续上涨。事实上，无论通货膨胀的原因如何，只要通货膨胀开始，需求拉动和成本推动过程几乎都发挥着作用，即使导致通货膨胀的初始原因消失了，通货膨胀也可以自行持续下去。当工人们预期物价会上涨时，他们就会坚持要求增加工资，而工资的上升又使企业成本增加，从而导致更高的价格水平。

图16－8进一步说明了通货膨胀螺旋。

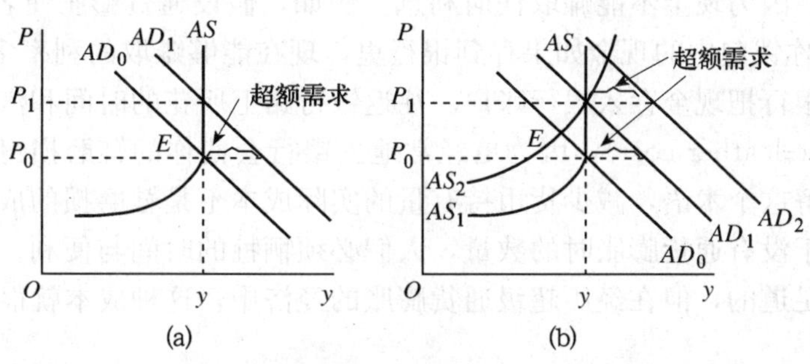

图16－8 通货膨胀螺旋

在图16－8（a）中，经济初始时处于均衡点E，它位于总供给曲线比较陡的部分。现在假定出现总需求冲击，总需求曲线从AD_0移到AD_1。这个移动使得在原来的价格水平上出现了超额需求，结果价格上升到P_1。根据上面所说的工资—价格螺旋，价格上升会引起工资提高，较高的工资使总供给曲线向左上方移动，表现在图16－8（b）中，就是总供给曲线由AS_1移动到AS_2。同时，更高的工资率意味着人们有更多的货币收入，导致更多的消费，从而使总需求进一步扩大，在图16－8（b）中，总需求曲线由AD_1移动到AD_2。在新的价格水平P_1下，新的总需求曲线AD_2与新的总供给曲线AS_2之间仍有差距。于是又存在一个对商品的超额需求，导致价格进一步上涨，又引发了另一轮的工资上涨。这样，通货膨胀的压力在整个经济中具有不断循环下去的趋势。

第六节　通货膨胀的成本

通货膨胀是一个受到密切和广泛关注的宏观经济问题。那么它的后果是什么呢？从理论的角度看，通货膨胀给整个经济施加了两种类型的成本：预期到的通货膨胀成本和未预期到的通货膨胀成本。下面分别予以介绍。

一、预期到的通货膨胀成本

1. 菜单成本

大多数企业并不是每天改变其产品的价格。相反，企业往往公布价格，并使其在几周、几个月甚至几年内保持不变。企业不经常改变价格是因为改变价格有成本。调整价格的成本被称为菜单成本（menu costs）。菜单成本包括决定新价格的成本、印刷新清单和目录的成本、把这些新价格表和目录送给中间商和顾客的成本、为新价格做广告的成本，甚至包括处理顾客对价格变动的恼怒的成本。高通货膨胀，哪怕被完全预期到了，要求企业频繁地改变价格，特别是在超级通货膨胀期间，企业必须每天甚至更频繁地变动价格，以便与经济中所有其他价格保持一致。

2. 鞋底成本

当通货膨胀高时，通常名义利率上升以补偿价格水平的上升。结果，把现金放在口袋里的成本更高了，因为现金不能赚取任何利息。例如，假设通货膨胀使名义利率从7%上升到12%。放在你钱包中的现金如果存到银行里，现在能够赚取的利率多了5%，这可能会促使你去一趟银行把现金存入银行账户。往返银行路上所花的时间和汽油钱等开支被称为鞋底成本（shoe-leather cost），因为更经常地去银行会使你的鞋磨损得更快。当然，不能只从字面上理解这个术语，减少货币持有量的实际成本不是鞋磨损的成本，而是为了使手头保留的钱少于没有通货膨胀时的数量，人们必须牺牲的时间与便利。通货膨胀的鞋底成本似乎是微不足道的，但在经历超级通货膨胀的经济中，这种成本就很重要了。

3. 税收扭曲

在现实中，一个经济的税率不会对预期到的通货膨胀作出充分调整，这会对经济中的当事人产生一种成本。

为了说明问题，假设某人1980年以每股10美元的价格买进微软公司的股票，并在2010年以50美元的价格抛出该股票。按照美国的税法，当计算纳税人的收入时，必须把赚到的40美元资本收益包括在该人的收入中。但是，假设从1980年到2010年价格水平翻了一倍，在这种情况下，1980年该人投资的10美元就相当于2010年的20美元。当该人以50美元出售股票时，该人的真实收益仅为30美元。然而，税法并不考虑通货膨胀，而是对该人40美元的收益征税。因此，通货膨胀扩大了资本收益的规模，无形中增加了这种收入的税收负担。

4. 相对价格变动导致的资源配置不当

在通常情况下，市场经济依靠相对价格来配置稀缺资源。消费者通过比较各种产品与劳务的质量和价格决定购买什么，以及购买多少。通过这些决策，市场决定稀缺的生产要素如何在个人与企业之间进行配置。由于在同一市场竞争的企业并不总是同时改变价格，更高的通货膨胀会引起更高的相对价格的变动性。由于相对价格更可能比没有通货膨胀的情况下更高或更低，当通货膨胀扭曲了相对价格时，消费者的决策也被扭曲了，市场也就不能把资源配置到其最好的用途中。

5. 混乱与不方便

货币作为经济中的计价单位是人们用来表示价格和记录债务的东西。换句话说，货币是用以衡量经济交易的尺度。这种尺度的一致性使经济当事人能够轻易地比较产品和服务的价格。当产品和服务的价格上升时，会计师也会错误地衡量企业的收入。因为通货膨胀使不同时期的货币有不同的真实价值，所以，在存在通货膨胀的经济中计算企业的利润更加复杂。因此，在某种程度上，通货膨胀使投资者不能区分成功与不成功的企业，这又抑制了金融市场把经济中的储蓄配置到不同类型投资中的作用。

二、未预期到的通货膨胀成本

上述说明的预期到的通货膨胀成本可能是巨大的，而意料之外的通货膨胀成本甚至可能更高。具体地说，未预期到的通货膨胀成本有以下几种。

1. 不确定性的增加

对经济的当事人来说，与其预期相异的通货膨胀可能导致不正确的投资和储蓄决策，这些不正确的决策对经济当事人来说都是成本高昂的。为了说明，先考察通货膨胀低于预期的情况。假定你预期下一年的通货膨胀率为10%，但实际通货膨胀率要低一些，比如说5%。考虑两笔金融交易：

(1) 购买定期存单。如果定期存单支付的利率为12%（其中10%是对预期通货膨胀作出的调整，2%是实际利率），那么你将会有意外的收获。你赚取的实际利率不是2%，而是7%（=12%−5%）。如果你早知道你会赚取如此高的收益，你甚至会储蓄更多。你未能预见到更低的通货膨胀，其成本是高昂的。

(2) 获取汽车贷款。如果你以12%的利率获取汽车贷款，实际出现的通货膨胀率是5%而不是10%，这笔贷款的实际成本现在是7%（=12%−5%）而非你预期的2%（=12%−10%）。如果你知道贷款的成本会那么高，你也许就不会借钱而会推迟购买汽车。

现在，再考察通货膨胀高于预期的情况。假定实际通货膨胀率比预期的高，比如说15%。

(1) 购买定期存单。你的定期存单赚取的实际收益将是−3%（=12%−15%），你会希望你没有存这么多钱。

(2) 获取汽车贷款。汽车贷款的实际成本将会非常低，为−3%（=12%−15%），因此你会后悔没有借入更多钱用于投资。

未预期到的通货膨胀也会扭曲关于工作多长时间和企业应该雇用多少劳动的决策。假定你和你的老板预期来年的通货膨胀率会增加10%。你收到的工资上涨10%，以补偿预期的价格增加。实际通货膨胀率为5%，因此你的实际工资增加了5%，这5%的增加是未预期到的，你会愿意增加工作时间。而你的老板付给你的实际工资比他预期的多了5%，他希望减少你的工作时间，甚至后悔雇用你。

因此，未预期到的通货膨胀会导致许多有代价的决策，包括储蓄、投资以及就业的劳动量等决策，这会导致经济效率降低。而且，大多数人不喜欢不确定性，因此，未预期到的通货膨胀波动往往降低经济福利。

2. 不合意的财富的再分配

未预期到的通货膨胀以一种既与才能无关又与需要无关的方式在经济中重新分配财富。其表现为：

首先，通货膨胀不利于靠固定的货币收入维持生活的人。对于固定收入阶层来说，其收入是固定的货币数额，落后于上升的物价水平。其实际收入因通货膨胀而减少，他们的每一元收入的购买力将随价格的上升而下降。而且，由于他们的货币收入没有变化，因而他们的生活水平必然相应地降低。

哪些人属于固定收入阶层呢？最为明显的就是那些领取救济金、退休金的人，那些工薪阶层、公务员以及靠福利和其他转移支付维持生活的人，他们在相当长的时间内所获得的收入是不变的。特别是那些只获得少量救济金的老人，遇到这种经济灾难，更是苦不堪言，他们是通货膨胀的牺牲品。

相反，那些靠变动收入维持生活的人，则会从通货膨胀中得益，这些人的货币收入会走在价格水平和生活费用上涨之前。例如，在扩张的行业中工作并有强大的工会支持的工人就是这样。他们的工资合同中订立有工资随生活费用的上涨而提高的条款，或是有强有力的工会代表他们进行谈判，在每个新合同中都能得到大幅度的工资增长。那些从利润中得到收入的企业主也能从通货膨胀中获利，如果产品价格比资源价格上升得快，则企业的收益将比它的成本增长得快。

其次，通货膨胀对储蓄者不利。随着价格的上涨，存款的实际价值或购买力就会降低，那些口袋中有闲置货币和存款在银行的人受到沉重的打击。同样，像保险金、养老金以及其他固定价值的证券财产等，它们本来是作为防患未然和蓄资养老的，在通货膨胀中，其实际价值也会下降。

再次，通货膨胀还可以导致债务人和债权人之间发生收入再分配的作用。具体来说，通货膨胀靠牺牲债权人的利益而使债务人获利。假如甲向乙借款1万元，一年后归还，而这段时间内价格水平上升一倍，那么一年后甲归还给乙的1万元相当于借时的一半。这里假定借贷双方没有预期到通货膨胀的影响。但是，一旦预期到通货膨胀，则上述的再分配就会改变。

如果借贷的名义利率为10%，而通货膨胀率为20%，则实际利率为−10%。实际利率为名义利率和通货膨胀率的差额，若名义利率为10%，通货膨胀率为5%，则实际利率为5%。只要通货膨胀率大于名义利率，则实际利率就是负值。

3. 相对价格变动性的增加

我们已经看到，预期的通货膨胀会导致价格变动性的增加，这使经济效率降低。这一问题在通货膨胀没有预期到时甚至更加严重。当通货膨胀被预期到时，设定价格不那么频繁的企业发现，随着时间的流逝，它们产品的相对价格变得更加不适当了。但是，由于它们预期一定程度的通货膨胀，它们具有制订计划以最小化由此产生的成本的某种能力。相反，如果通货膨胀没有被预期到，当企业设定的价格相对于其他价格变动时，企业可能难以明白其中的缘由。例如，假定通货膨胀率为15%，比一家企业预期的10%要高出5%。当该企业提价10%时，它可能发现其产品的需求暂时高于预期，从而可能增加生产。但是，实际上，该产品的长期需求没有上升——短期需求增加是因为相对价格暂时下降了5%，因此需求将下降到原来的水平。如果企业理解这一点，它也许就不会扩大生产了。因此，高于预期的通货膨胀可能导致生产过剩。

现在假定通货膨胀率为5%，比一家企业预期的10%要低5%。当该企业提价10%时，它会发现需求下降，从而可能削减生产。但是，该产品的长期需求实际上并没有下降。该企业产品的相对价格只是暂时上升，而企业并不知情。这样的话，企业也可能作出错误的生产决策。因此，未预期到的通货膨胀有可能急剧增加相对价格的变动性，带来经济的低效率和资源的不当配置。

第七节　失业与通货膨胀的关系——菲利普斯曲线

如前所述，失业与通货膨胀是短期宏观经济运行中的两个主要问题。如果经济决策者的目标是低通货膨胀和低失业，则他们会发现低通货膨胀和低失业目标往往是冲突的。利用总需求—总供给模型进行分析，假设决策者想用货币政策或财政政策扩大总需求，在理论上，这种政策将使经济沿着短期总供给曲线变动到更高产出和更高物价水平的一点上。较高的产出意味着较低的失业，因为当企业生产更多时，它们需要更多的劳动力，而较高的物价水平则意味着较高的通货膨胀。因此，当决策者使经济沿着短期总供给曲线向上移动时，他们降低了失业率而提高了通货膨胀率。相反，当决策者紧缩总需求并使经济沿短期总供给曲线向下移动时，失业增加，同时通货膨胀下降了。因此，有必要从理论上探讨失业和通货膨胀之间的关系，在宏观经济学中，失业和通货膨胀的关系主要是由菲利普斯曲线来说明的。

一、菲利普斯曲线的提出

1958年，在英国任教的新西兰籍经济学家菲利普斯在研究了1861—1957年英国的失业率和货币工资增长率的统计资料后，提出了一条用以表示失业率和货币工资增长率之间替换关系的曲线。**在以横轴表示失业率，纵轴表示货币工资增长率的坐标系中，画出一条向右下方倾斜的曲线，这就是最初的菲利普斯曲线。**该曲线表明：当失业率较低时，货币工资增长率较高；反之，当失业率较高时，货币工资增长率较低，甚至为负数。

以萨缪尔森为代表的新古典综合派随后便把菲利普斯曲线改造为失业和通货膨胀之间的关系，并把它作为新古典综合理论的一个组成部分，用以解释通货膨胀。

新古典综合派对最初的菲利普斯曲线加以改造的出发点在于如下所示的货币工资增长

率、劳动生产增长率和通货膨胀率之间的关系①：

通货膨胀率＝货币工资增长率－劳动生产增长率

根据这一关系，若劳动生产增长率为零，则通货膨胀率就与货币工资增长率一致。因此，经改造的菲利普斯曲线就表示了失业率与通货膨胀率之间的替换关系，即失业率高，则通货膨胀率低；失业率低，则通货膨胀率高。菲利普斯曲线如图 16－9 所示。

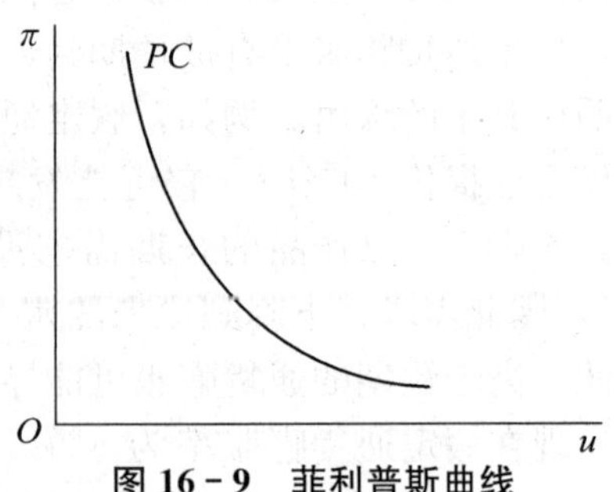

图 16－9　菲利普斯曲线

图中，横轴代表失业率 u，纵轴代表通货膨胀率 π，向右下方倾斜的曲线 PC 即为菲利普斯曲线。菲利普斯曲线所揭示的失业与通货膨胀的替换关系与美国 20 世纪 60 年代通货膨胀和失业的数据吻合得很好，如图 16－10 所示。

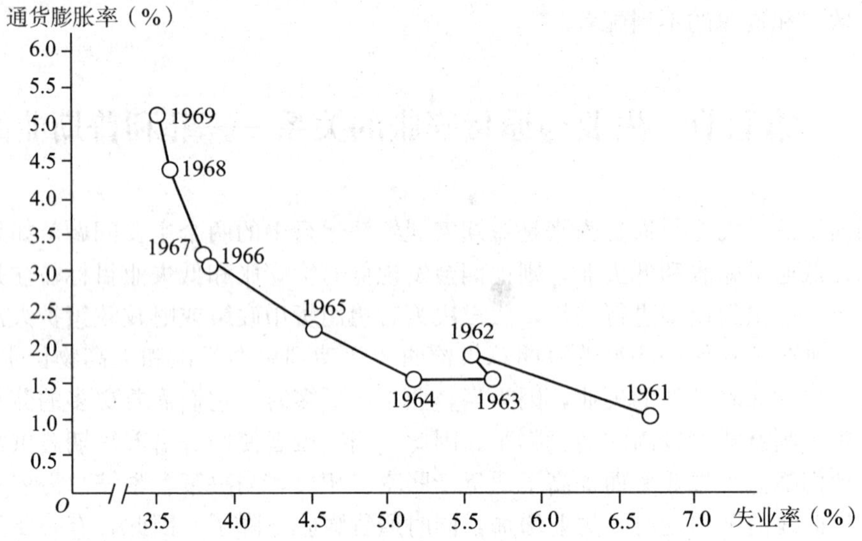

图 16－10　1961—1969 年美国的通货膨胀与失业

资料来源：多恩布什等．宏观经济学．7 版．北京：中国人民大学出版社，2000：98.

若设 u^* 代表自然失业率，则可以将简单形式的菲利普斯曲线表示为

$$\pi = -a(u-u^*) \tag{16.5}$$

（16.5）式中，参数 a 衡量价格对于失业率变动的反应程度。举例来说，如果 a 是 2，上述方程表示，实际失业率相对于自然失业率每增加一个百分点，则通货膨胀率下降两个百分点。总之，上述方程描述的是，当失业率超过自然失业率，即 $u>u^*$ 时，价格水平就下降，当失业率低于自然失业率，即 $u<u^*$ 时，价格水平就上升。

① 这一关系在第五节论述结构性通货膨胀时已指出。

二、菲利普斯曲线的推导

菲利普斯曲线说明了，经济在短期中出现的通货膨胀与失业的组合是由于总需求冲击导致总需求曲线的移动使经济沿着短期总供给曲线变动。正如上一章所看到的，在短期中，产品与劳务总需求的增加引起产量增加，价格水平上升。产量增加意味着就业增多，从而失业率降低。另外，价格水平上升意味着通货膨胀率上升。

上述描述意味着，菲利普斯曲线与上一章讲述的总需求—总供给模型有重要的关系。换句话说，菲利普斯曲线可以从总需求—总供给模型中推导出来。下面就来说明菲利普斯曲线的推导。

图 16－11(a) 是用总需求—总供给模型表示的经济。如果经济的总需求较低，如图中的 AD_L 曲线所示，那么该经济就有图中的 A 点所显示的结果：经济的产量为 y_A，价格水平为 P_A。相比之下，如果经济的总需求较高，如图中的 AD_H 曲线所示，则该经济就有图中 B 点所显示的结果：经济的产量为 y_B，价格水平为 P_B。

图 16－11(b) 显示了上述两种可能结果对失业和通货膨胀意味着什么。因为当企业生产更多产品与劳务时，它们会需要更多的工人，所以在结果 B 时的失业率会低于在结果 A 时的失业率，即 $u_B < u_A$。另外，根据图 16－11（a），结果 B 时的价格水平高于结果 A，所以对应的通货膨胀率也比结果 A 要高，在图 16－11（b）中，即有 $\pi_B > \pi_A$。在图 16－11（b）中，连接 A 点和 B 点构成的曲线便是反映失业率和通货膨胀率关系的曲线。

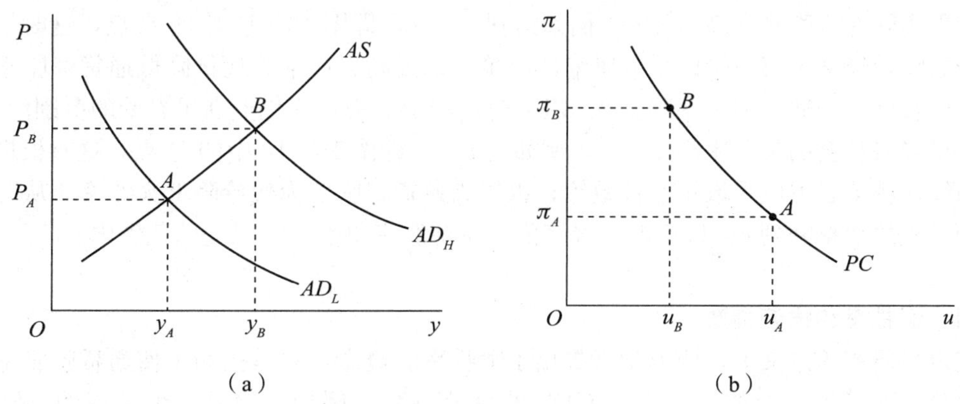

图 16－11　菲利普斯曲线的推导

三、菲利普斯曲线的政策含义

菲利普斯曲线被修正后，迅速成为西方宏观经济政策分析的基石。它表明，政策制定者可以选择不同的失业率和通货膨胀率的组合。例如，只要他们能够容忍高通货膨胀，他们就可以拥有低的失业率，或者他们可以通过高失业率来维持低通货膨胀率。换言之，在失业和通货膨胀之间存在着一种“替换关系”（trade-off），即用一定的通货膨胀率的增加来换取一定的失业率的减少，或者，用后者的增加来减少前者。

具体而言，一个经济社会先确定一个社会临界点，由此确定一个失业与通货膨胀的组合区域。如果实际的失业率和通货膨胀率组合在组合区域内，则社会决策者不用采取调节行动，如在区域之外，则可根据菲利普斯曲线所表示的关系进行调节。现用图 16－12 来说明。

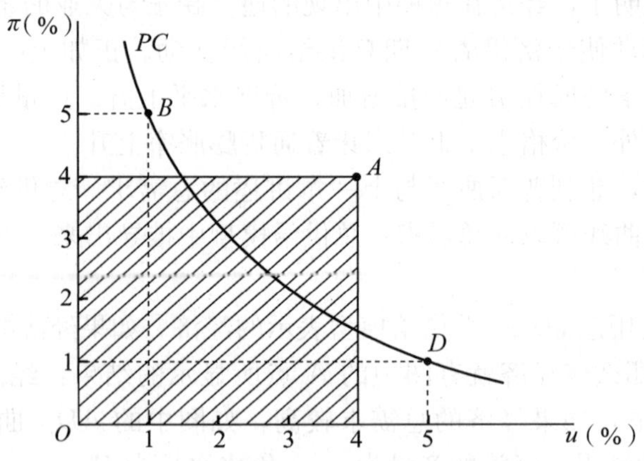

图 16－12　菲利普斯曲线与政策运用

在图 16－12 中，假定当失业率和通货膨胀率在 4%以内时，经济社会被认为是安全的或可容忍的，这时在图中就得到了一个临界点，即 A 点，由此形成一个四边形的区域，称其为安全区域，如图中的阴影部分所示。如果该经济的实际失业率与通货膨胀率组合落在安全区域内，则决策者无须采取任何措施(即政策)进行调节。

如果实际通货膨胀率高于 4%，例如达到了 5%，即图 16－12 中的 B 点，这时根据菲利普斯曲线，经济决策者可以采取紧缩性政策，以提高失业率为代价降低通货膨胀率。从图中可以看到，当通货膨胀率降到 4%以下时，经济的失业率仍然在可忍受的范围内。

如果经济社会的失业率高于 4%，例如为 5%，即图 16－12 中的 D 点，这时根据菲利普斯曲线，决策者可以采取扩张性政策，以提高通货膨胀率为代价降低失业率。从图中可以看到，当失业率降到 4%以下时，经济的通货膨胀率仍然在可忍受的范围内。

四、牺牲率和痛苦指数

在定量研究的意义上，西方学者提出了牺牲率的概念，它是指为了使通货膨胀率降低一个百分点而必须放弃的一年实际 GDP 的百分点数。例如，如果一个经济的牺牲率为 5%，则意味着该经济的通货膨胀率每下降 1 个百分点，该经济一年的 GDP 必须牺牲约 5 个百分点。牺牲率通常依时间、地点以及降低通货膨胀的方式而有所变化。尽管如此，还是有一个大致估计，这对进行政策选择还是有用的。表 16－2 给出了一些国家平均牺牲率的估计值。

表 16－2　　一些国家平均牺牲率的估计值

国家	平均牺牲率（%）
澳大利亚	1.00
加拿大	1.50
法国	0.75
德国	2.92

续前表

国家	平均牺牲率（%）
意大利	1.74
日本	0.93
瑞士	1.57
英国	0.79
美国	2.39

资料来源：多恩布什，费希尔，斯塔兹．宏观经济学．12版．北京：中国人民大学出版社，2017：110.

进一步地，还可以用失业来表示牺牲率。本章说明的奥肯定律告诉我们，失业率变动1%，会使得GDP变动2%。因此，在牺牲率为5%的条件下，通货膨胀率降低1%，则要求周期性失业大约上升2.5%。

一般来说，公众对通货膨胀和失业都不喜欢。在理论上，试图计量失业与通货膨胀的政治效应的一种方式被称为痛苦指数，它被定义为：

痛苦指数＝失业率＋通货膨胀率

西方一些学者认为，如果一个经济的痛苦指数水平低或趋于下降，可以说明政府政绩较好；反之，如果该经济的痛苦指数水平高或者趋于上升，则说明政府的政绩较差。

五、附加预期的菲利普斯曲线

1968年，货币主义的代表人物、美国经济学家弗里德曼指出了菲利普斯曲线分析的一个严重缺陷，即它忽略了影响工资变动的一个重要因素：工人对通货膨胀的预期。① 弗里德曼指出，企业和工人关注的不是名义工资，而是实际工资。当劳资双方谈判新工资协议时，他们都会对新协议期的通货膨胀进行预期，并根据预期的通货膨胀相应地调整名义工资水平。根据这种说法，人们预期通货膨胀率越高，名义工资增加得越快。由此，弗里德曼等人提出了短期菲利普斯曲线的概念。这里所说的“短期”，是指从预期到需要根据通货膨胀作出调整的时间间隔。**短期菲利普斯曲线就是预期通货膨胀率保持不变时，表示通货膨胀率与失业率之间关系的曲线。**

根据以上说明，为了显示预期通货膨胀的重要性，将菲利普斯曲线方程即（16.5）式改写为

$$(\pi-\pi^e)=-a(u-u^*)$$

即

$$\pi=\pi^e-a(u-u^*) \qquad (16.6)$$

式中，π^e 表示预期通货膨胀率。(16.6)式被称为**现代菲利普斯曲线或附加预期的菲利普斯曲线**。注意，附加预期的菲利普斯曲线有一个重要性质，这就是当实际通货膨胀率等于预期通货膨胀率时，失业处于自然失业率水平。这意味着，附加预期的菲利普斯曲线在预期通货膨胀水平上与自然失业率相交。本章第一节已经以不同方式描述了自然失业率这一概

① M. Friedman, “The Role of Monetary Policy,” *American Economic Review* 58 (1968), pp. 1 - 17.

念。这里想说明的是，利用（16.6）式所示的附加预期的菲利普斯曲线，**可以将自然失业率定义为非加速通货膨胀的失业率**（nonaccelerating inflation rate of unemployment，NAIRU）。在（16.6）式中，当 $\pi^e=\pi$ 时，$u=u^*$，这意味着，当经济的通货膨胀既不加速也不减速时的失业率即为自然失业率。一般地，这一自然失业率的定义是西方学者使用最普遍的一个定义。附加预期的菲利普斯曲线如图 16-13 所示。

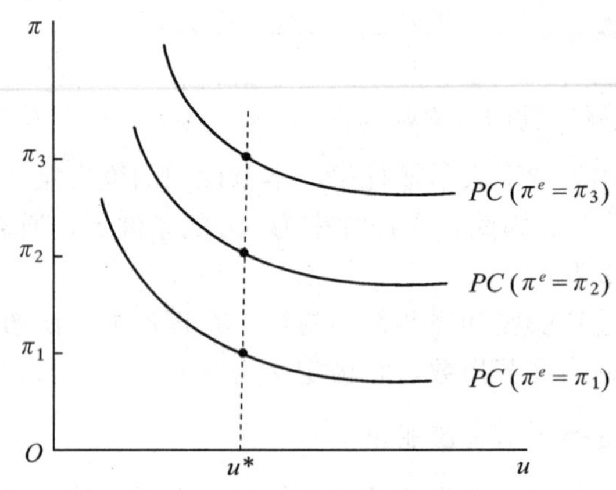

图 16-13 附加预期的菲利普斯曲线

本节前面部分曾指出，菲利普斯曲线所揭示的失业与通货膨胀的替换关系与美国 20 世纪 60 年代通货膨胀和失业的数据吻合得很好。然而，20 世纪 70 年代以来，简单的菲利普斯曲线与美国的实际情况相距甚远。图 16-14 给出了 1960—2013 年美国通货膨胀率与失业率的实际数据。

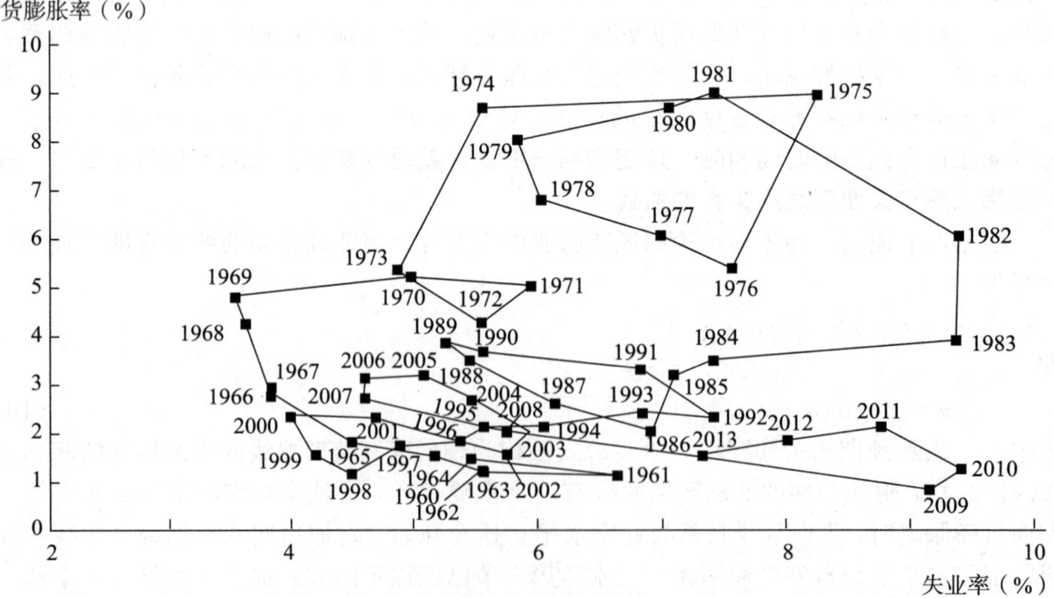

图 16-14 1960—2013 年美国通货膨胀率与失业率的实际数据

资料来源：美国商务部和美国劳工部。

从图中可以看出，20 世纪 70 年代和 80 年代，美国通货膨胀与失业的数据与简单的菲利普斯曲线不相吻合。针对这一情况，一些西方学者认为，这主要是由于忽略预期通货膨胀这一重要因素造成的。基于这一认识，一些西方学者试图用附加预期的菲利普斯曲线来拟合实际数据。图 16－15 给出了美国 20 世纪 60 年代初期和 80 年代初期的（附加预期的）菲利普斯曲线。

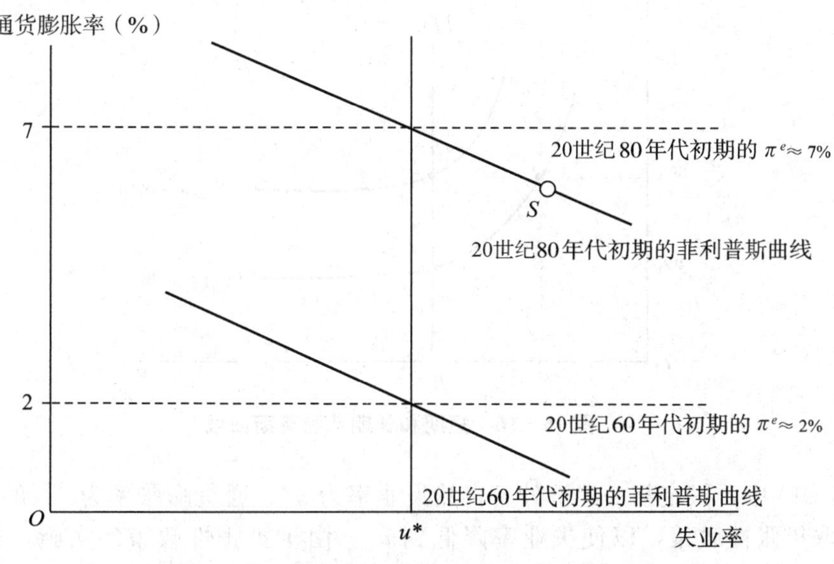

图 16－15　通货膨胀预期与短期菲利普斯曲线

图 16－15 中的两条短期菲利普斯曲线分别反映了 20 世纪 60 年代初期较低的预期通货膨胀水平与 20 世纪 80 年代初期较高的预期通货膨胀水平。有两点需要注意：一是它们所反映的失业与通货膨胀的短期替换关系相同，即它们的斜率相等。二是 20 世纪 60 年代初期的充分就业水平（或相应的自然失业率水平）与大约 2%的年通货膨胀率相对应，而 20 世纪 80 年代初期的充分就业水平与大约 7%的年通货膨胀率相对应。总之，在西方学者看来，附加预期的菲利普斯曲线在解释失业与通货膨胀的关系方面还算是成功的。

应该指出，附加预期的短期菲利普斯曲线表明，在预期的通货膨胀率低于实际的通货膨胀率的短期中，失业率与通货膨胀率之间仍存在着替换关系。由此，向右下方倾斜的短期菲利普斯曲线的政策含义就是，在短期中引起通货膨胀率上升的扩张性财政政策与货币政策是可以起到减少失业的作用的。换句话说，调节总需求的宏观经济政策在短期是有效的。①

六、长期菲利普斯曲线

按照一些西方学者的说法，在长期中，工人将根据实际发生的情况不断调整自己的预期，工人预期的通货膨胀率与实际的通货膨胀率迟早会一致，这时工人会要求改变名义工资，以使实际工资不变，从而较高的通货膨胀就不会起到减少失业的作用。西方学者认为，

① 这是货币主义的观点。

在以失业率为横坐标，通货膨胀率为纵坐标的坐标系中，长期当中的菲利普斯曲线，即长期菲利普斯曲线是一条垂直线，表明失业率与通货膨胀率之间不存在替换关系。而且，在长期中，经济社会能够实现充分就业，经济社会的失业率将处在自然失业率的水平。

可以用图 16－16 说明短期菲利普斯曲线不断移动，进而形成长期菲利普斯曲线的过程。

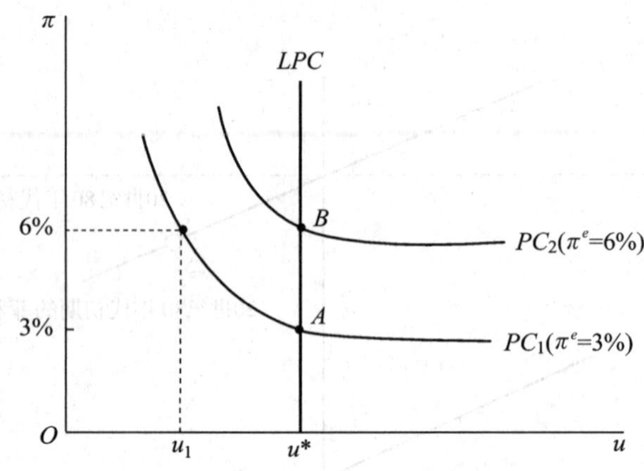

图 16－16 短期和长期菲利普斯曲线

图 16－16 中，假定某一经济处于自然失业率为 u^*、通货膨胀率为 3%的 A 点。若这时政府采取扩张性政策，以使失业率降低到 u_1。由于扩张性政策的实施，总需求增加，导致价格水平上升，使通货膨胀率上升为6%。因为在 A 点处，工人预期的通货膨胀率为 3%，而现在实际的通货膨胀率为 6%，高于预期的通货膨胀率，使实际工资下降，从而会增加生产，增加就业，失业率减少为 u_1。于是就会发生图中短期菲利普斯曲线 $PC_1(\pi^e=3\%)$ 所示的情况，失业率由 u^* 下降为 u_1，而通货膨胀率则从 3%上升到 6%。

但这种情况只能是短期的。经过一段时间，工人们会发现价格水平的上升和实际工资的下降，这时他们便要求提高货币工资。与此同时，工人们会相应地调整其预期，即从原来的 3%调整到现在的 6%。伴随着这种调整，实际工资回到了原有的水平。相应地，企业生产和就业也都回到了原有的水平，失业率又回到原来的 u^*。但此时经济已处于具有较高通货膨胀率预期（即 6%）的 B 点。

将以上过程重复下去，可以想象，在短期，由于工人不能及时改变预期，存在着失业与通货膨胀之间的替换关系，表现在图 16－16 中，便有诸如 PC_1、PC_2 等各条短期菲利普斯曲线。随着工人预期通货膨胀率的上升，短期菲利普斯曲线不断上升。

从长期来看，工人预期的通货膨胀与实际通货膨胀是一致的。因此，企业不会增加生产和就业，失业率也就不会下降，从而便形成了一条与自然失业率重合的长期菲利普斯曲线 LPC。从图 16－16 可知，**垂直于自然失业率水平的长期菲利普斯曲线表明，在长期中，不存在失业与通货膨胀的替换关系。**

长期菲利普斯曲线的政策含义是，从长期来看，政府运用扩张性政策不但不能降低失业率，还会使通货膨胀率不断上升。

第八节 结 束 语

本章要点可以归结如下：

（1）失业可分为摩擦性失业、结构性失业和周期性失业。

（2）自然失业率是经济在稳定状态下的失业率，也是经济在正常时期的失业率，它取决于离职率和就职率。

（3）奥肯定律描述了失业与实际 GDP 的关系。

（4）失业的影响既有经济方面的，也有社会方面的。

（5）通货膨胀可以从不同角度进行分类，既可按照价格上升的速度进行分类，又可按照对价格影响的差别分类，还可按照人们的预期程度加以分类。

（6）通货膨胀现象既可从货币角度解释，又可从总供给或总需求角度解释，还可从经济结构角度解释。

（7）通货膨胀的成本包括预期到的成本和未预期到的成本。

（8）菲利普斯曲线最初反映的是失业率与工资上涨率之间的关系。现代的菲利普斯曲线主要反映失业率与通货膨胀率之间的关系。

（9）根据菲利普斯曲线，控制总需求的决策者面临通货膨胀与失业之间的短期替换关系。

（10）在以失业率为横坐标，通货膨胀率为纵坐标的坐标系中，长期菲利普斯曲线是一条位于自然失业率水平上的垂直线。

宏观经济学通常将短期定义为 1～5 年的时间范围。在短期内主要关注的问题是失业率与通货膨胀率的最小化波动，在理论上，这需要达到实际 GDP 波动的最小化。

图 16－17 对比了两种虚构的经济体：图 16－17（a）中的“振荡经济体”和图 16－17（b）中的“稳定经济体”。

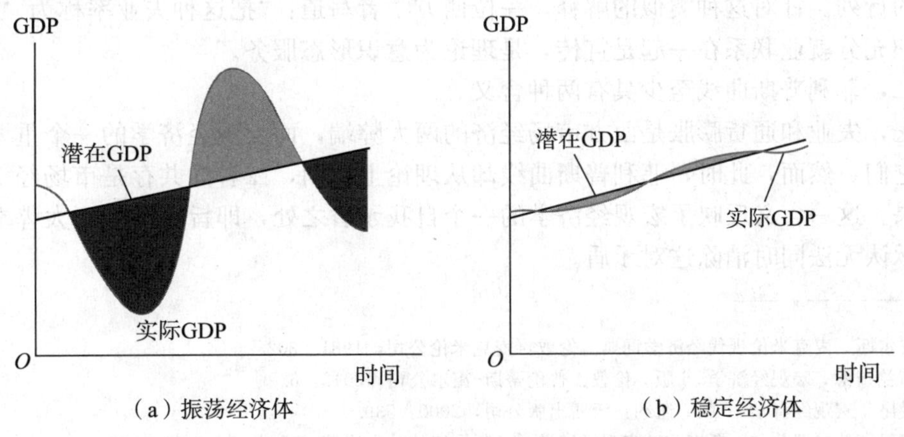

图 16－17 振荡经济体和稳定经济体

两图中黑色的潜在 GDP 线完全一样。两个经济体的唯一区别在于经济波动的幅度，通常以 GDP 缺口的大小表示。在图中，缺口是指深灰色阴影与浅灰色阴影表示的实际 GDP 与潜在 GDP 之间的差额。

在图 16－17（a）中，振荡不定成为宏观经济的地狱，它伴随着严重的经济波动和实际 GDP 与潜在 GDP 之间的巨大缺口。而在图 16－17（b）中，稳定是宏观经济的天堂，它伴随着温和的经济波动与较小的 GDP 缺口。所有的宏观经济学家都更喜欢图 16－17（b）描绘的经济状态，而非图 16－17（a）的经济状态。经济学家的基本共识是，稳定是比振荡更加良好的经济标志。

关于本章介绍的内容，存在两点值得注意之处：

第一，自然失业率（或自然就业率）是一个意义比较含混而又带有一定意识形态色彩的名词。

首先，自然失业率的意义含混不清。例如，一本流行的西方经济学词典对它给出了如下定义："是现行的经济结构所意味着的失业率"①。三本流行的西方教材的定义顺次为："价格和工资的决策相互协调时的失业率"②；"处于稳定状态时的失业率，即在长期中经济社会趋于接近的失业率"③；"进入和脱离失业群体人数相等时的失业率"④。虽然这些定义的文字表达方式有所不同，但是，在西方学者之间似乎存在着一种默契，即：文字表达方式的差异是由于定义所强调的方面的不同，从而大体说来，自然失业率是指"充分就业时的失业率"⑤。本章如实地反映了这一既有差异又有共同点的情况。为什么西方学者以比较隐晦的方式来定义自然失业率？对此，我们在下面加以论述。

其次，自然失业率这一名词带有一定的意识形态色彩，因为就业和失业都是社会现象而不是自然现象。把社会造成的事实看做自然形成的后果，其目的不外乎是说：这一后果是自然规律所导致的，从而这一后果的正确性不容怀疑。换言之，充分就业（即自然失业率存在时的状态）是西方市场经济运行的不容置疑的趋向。因此，当这一结果存在时，即使存在着摩擦性失业和自愿失业，那也与社会制度无关。因为前者是不可避免的自然形成的事实，而后者也来源于自然的原因。正是自然所形成的偏好才使那些嫌工资太低的人处于失业的行列。针对这种类似的解释，一位西方学者写道："把这种失业率称为'自然的'并把它和充分就业联系在一起是宣传，是理论为意识形态服务。"⑥

第二，菲利普斯曲线至少具有两种含义。

首先，失业和通货膨胀是西方市场经济的两大弊端，而宏观经济学的一个重要目的正是消除它们。然而，此时，菲利普斯曲线却从理论上证明，二者的共存是市场经济运行应有的后果。这一含义反映了宏观经济学的一个自我矛盾之处，即旨在消除两大弊端的宏观理论却承认无法同时消除这对矛盾。

---

① 皮尔斯．麦克米伦现代经济学词典．伦敦：麦克米伦公司，1981：302.

② 布兰查德．宏观经济学．6版．伦敦：普伦蒂斯-霍尔公司，2012：6.

③ 曼昆．宏观经济学．8版．纽约：沃斯出版公司，2000：539.

④ 多恩布什，费希尔，斯塔兹．宏观经济学．12版．纽约：麦格劳-希尔公司，2013：537.

⑤ 为了节约篇幅，这里不作说明。

⑥ 威克斯．对新古典宏观经济学的批判．伦敦：麦克米伦公司，1989：235.

其次，菲利普斯曲线也表明，失业和通货膨胀是相互消长的，即失业的减少会增加通货膨胀，而通货膨胀的降低又会带来失业的上升。这也就是说：在二者之间存在着为西方学者所承认的“替换关系”。正如本章在前面说明的那样，“替换关系”在政策上的含义是：可以用失业来医治通货膨胀，也可以用通货膨胀来医治失业。这一含义不仅在学术上被认同，而且在政策上发生作用。例如，在 20 世纪 80 年代，美国遭受到严重的物价上涨，其年通货膨胀率达到 10%以上。当时的里根政府以 10%左右的失业率，试图达到抑制通货膨胀的目的。

然而，失业和通货膨胀都会给人们带来痛苦①，给社会带来损失。二者在政策上的“替换”达到什么程度则应该取决于二者对社会造成损害的大小。然而，损害并不是由所有的社会成员平均负担的；社会各阶层或阶级负担的轻重取决于政策对它们的影响。因此，一些西方学者认为，用失业把通货膨胀率降低到什么程度至少部分地取决于决策者的意识形态。在这里，我们举出希柏斯模型作为例子，并不意味着该模型是正确的，我们在这里仅仅试图说明意识形态对西方反通胀政策可能造成的影响。为了说明希柏斯模型，参见图 16-18。

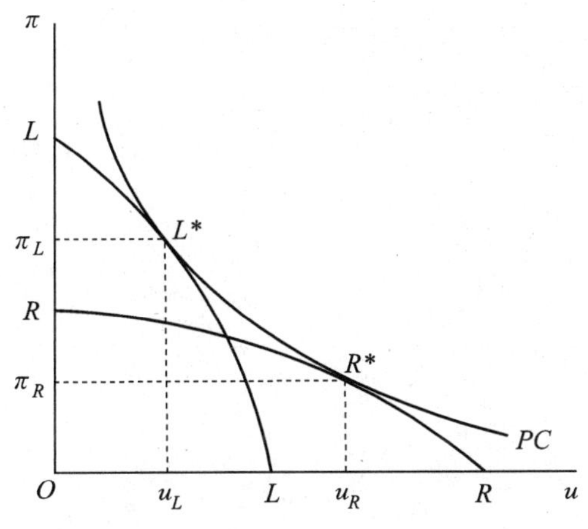

图 16-18　希柏斯模型

图 16-18 的 PC 线表明一社会的短期菲利普斯曲线。图中的 LL 曲线和 RR 曲线顺次代表左派和右派决策者的“痛苦曲线”，因为图中的横轴和纵轴分别表示失业率和通货膨胀率，而二者都会造成痛苦。“痛苦曲线”的意思与无差异曲线类似；不过，前者与后者相反，它向外凸出，用以表示痛苦量随着失业率和通胀率的增加而递增。由于左派决策者偏向于劳动者，而失业对穷人的损害较多，所以 LL 曲线较为陡峭。这意味着，每增加一个百分点的失业率带来的痛苦大于每百分点通胀率的增加带来的痛苦。由于右派决策者偏向于富人，而通货膨胀对富人的损害较多，所以 RR 曲线比较平坦。这意味着，每增加一个百分点的失业率带来的痛苦小于每百分点通胀率的增加带来的痛苦。

按照左派和右派决策者的痛苦曲线，LL 曲线和 RR 曲线与 PC 曲线顺次相切于 L^* 点

① 如本章第七节引出的痛苦指数。

和 R^* 点。L^* 表示决策者选择较小的失业率（u_L）和较大的通胀率（π_L），而 R^* 则相反。据说这一结果是有事实根据的。

关于希柏斯模型的正确性，虽然西方存在着争论，但是，不论争论的后果如何，该模型可以向我们显示：以菲利普斯曲线为理论根据的西方经济政策并没有真正消除失业和通货膨胀，仅是用一种病痛来代替另一种病痛。该模型也为意识形态对政策选择的影响提供了一个新的说明。

第十七章

宏观经济政策

前面几章分析了国民收入决定的三个基本模型以及国民收入波动引发的失业和通胀问题。这些模型表明，国民收入在短期内的波动主要来自需求方面，同时与供给方面的变动也有关。为此有必要由政府对经济波动加以调节和管理。本章就来讨论对经济调节的宏观经济政策。

第一节　宏观经济政策目标以及经济政策影响

一、宏观经济政策目标

宏观经济政策可以表述为，政府为了增进整体经济福利、改善整体经济运行状况，以达到一定的政策目标而对宏观经济领域进行的有意识的干预。在宏观经济学中，宏观经济政策的目标有四种，即：充分就业、价格稳定、经济持续均衡增长和国际收支平衡。① 宏观经济政策就是为了达到这些目标而制定的手段和措施。

充分就业是宏观经济政策的第一目标。本书第十二章第六节将失业分为三种类型，即摩擦性失业、结构性失业和周期性失业。摩擦性失业发生在个人正常寻找工作的过程中。当空缺职位要求的技能和位置与劳动力成员当前的技能和位置不匹配时，就会发生结构性失业。宏观经济学认为，任何经济体通常都拥有一定数量的摩擦性失业和结构性失业。本书第十二章第六节也定义了自然失业率，按照相关定义和说明，当现实失业率等于自然失业率时，周期性失业为零。宏观经济学认为，一方面，周期性失业是一国政府应予以关注

① 除了上述目标，一些经济政策也在其他方面发挥作用。例如，累进所得税和社会保障支出有调节收入分配的作用，某些税收措施可用于扶持某些产业和地区的经济发展或防止环境污染，因而财政政策也可作为调节收入分配、调整产业结构、平衡地区发展和治理环境污染的工具。同样，货币政策也可以在这些方面发挥某些作用。然而，这里的分析仅限于宏观经济政策如何为实现上述四个目标服务。

的重要宏观经济问题；另一方面，周期性失业是可以消除的，即当周期性失业为正时，政府可以通过财政政策和货币政策扩张经济予以减少或消除。失业总被认为会给社会及失业者本人和家庭带来损失。失业给失业者本人及其家庭在物质生活和精神生活上带来了莫大痛苦，也使社会损失了本来应当可以得到的产出量。因此，降低失业率，实现充分就业，常常成为西方宏观经济政策的首要的或重要的目标。

价格稳定是宏观经济政策的第二个目标。**价格稳定是指价格总水平的稳定，它是一个宏观经济概念**。由于各种商品价格变化繁杂的统计困难，西方学者一般用价格指数来表示一般价格水平的变化。价格稳定成为宏观经济政策的目标，是由于通货膨胀对经济有不良影响。值得注意的是，价格稳定不是指每种商品的价格固定不变，而是指价格指数的相对稳定，即不出现通货膨胀。实践表明，西方国家的通货膨胀已经无法完全消除，因此大部分西方国家已把一般的轻微通货膨胀的存在，看做基本正常的经济现象。

宏观经济政策的第三个目标是**经济持续均衡增长**。**经济增长是指在一个特定时期内经济社会所生产的人均产量和人均收入的持续增长**，通常用一定时期内实际国内生产总值年均增长率来衡量。第二次世界大战后西方国家的经济增长经历了一个从高速增长到低速增长的过程。经济增长和失业常常是相互关联的。如何维持较高的增长率以实现充分就业，是西方国家宏观经济政策追求的目标之一。

随着国际经济交往的密切，如何**平衡国际收支**也成为一国宏观经济政策的重要目标之一。国际收支对现代开放型经济的国家是至关重要的。西方经济学家认为，一国的国际收支状况不仅反映了这个国家的对外经济交往情况，还反映出该国经济的稳定程度。当一国国际收支处于失衡状态时，就必然会对国内经济形成冲击，从而影响该国国内的就业水平、价格水平及经济增长。

西方学者认为，要实现既定的经济政策目标，首先，政府运用的各种政策手段必须相互配合、协调一致。如果财政当局与货币当局的政策手段和目标发生冲突，那么就达不到理想的经济效果，甚至可能偏离政策目标更远。其次，政府在制定目标时，不能追求单一目标，而应该综合考虑，否则会带来经济上和政治上的副作用。因为经济政策目标相互之间不但存在互补性，也存在一定的冲突，如充分就业与价格稳定之间就存在两难选择。再次，还要考虑到政策本身的协调和对时机的把握程度。上述这些都影响政策有效性，即关系到政府经济目标实现的可能性和实现的程度。因此，政府在制定经济目标和经济政策时应该作整体性的宏观战略考虑和安排。

二、宏观经济政策的作用和影响

宏观经济政策可分为需求管理政策和供给管理政策，前者包括财政政策和货币政策，后者包括人力政策和收入政策等，但主要是需求管理政策，即财政政策和货币政策。要说明国家如何运用财政政策和货币政策调节经济，先要说明一下什么是财政政策和货币政策的作用和影响。

财政政策是政府变动税收和支出以便影响总需求进而影响就业和国民收入的政策。变动税收是指改变税率和税收结构。例如，经济萧条时，政府采用减税措施，给个人和企业多留些可支配收入，以刺激消费和投资需求从而增加生产和就业。尽管这又会增加对货币的需求，使利率上升、私人投资受到一定影响、削弱减税对增加总需求的作用，但总的说来，国民收入还是增加了。再如，高收入者边际消费倾向较低，低收入者边际消费倾向较高，因而改变所得税结构，使高收入者增加些赋税负担，使低收入者减少些负担，同样可起到刺激社会总需求的作用。变动政府支出指改变政府对产品与劳务的购买支出以及转移支付。例如，在经济萧条时，政府扩大对产品和劳务的购买，多搞些公共建设，就可以扩大私人企业的商品销路，还可以增加消费，刺激总需求。尽管这样做也会增加对货币的需求，从而使利率上升，影响一些私人投资，但总的说来，生产和就业还是会增加。政府还可以采用投资税收抵免或加速折旧等办法给私人投资以津贴，直接刺激私人投资，增加生产和就业。以上所有这些措施，都是扩张性的财政政策。当然，在经济高涨、通货膨胀率上升得太快时，政府也可以采用增税、减少政府支出等紧缩性财政措施以控制物价上涨。

货币政策是货币当局即中央银行通过银行体系变动货币供给量来调节总需求的政策。 例如，在经济萧条时增加货币供给，一方面可降低利率，刺激私人投资，另一方面货币供给增加可直接支持企业扩大投资，进而刺激消费，使生产和就业增加；反之，在经济过热、通货膨胀率太高时，可紧缩货币供给量以提高利率，抑制投资和消费，使生产和就业减少或增长慢一些。前者是扩张性货币政策，后者是紧缩性货币政策。

可见，无论是财政政策还是货币政策，都是通过影响利率、消费、投资进而影响总需求，使就业和国民收入得到调节。这些影响如表 17－1 所示。

表 17－1　　财政政策和货币政策的影响

政策种类	对利率的影响	对消费的影响	对投资的影响	对 GDP 的影响
财政政策（减少所得税）	上升	增加	减少	增加
财政政策（增加政府开支，包括政府购买和转移支付）	上升	增加	减少	增加
财政政策（投资津贴）	上升	增加	增加	增加
货币政策（扩大货币供给）	下降	增加	增加	增加

第二节　财政政策及其效果

一、财政的构成与财政政策工具

西方国家的经济是市场经济，但政府也直接参与经济活动，并在经济生活中起着十分重要的作用。这种作用与财政直接有关。在西方国家中，近几十年来政府参与经济活动的规模有了显著增长。拿政府支出来说，现在的美国政府支出大约占 GDP 的 1/3，而在第一次世界大战前的 1913 年，政府支出还不足 GDP 的 1/10。还要指出，美国政府支出在 GDP 中的比例按经济规模来说在主要工业化国家中还是比较小的，法国和德国政府支出接近 GDP 的一半。国家财政由政府收入和支出两个方面构成，其中政府支出包括政府购买和转移支付，而政府收入则包含税收和公债两个部分。

政府支出是指整个国家中各级政府支出的总和，由许多具体的支出项目构成，主要可分为政府购买和政府转移支付两类。**政府购买是指政府对产品和劳务的购买。如购买军需品、购买机关办公用品、发放政府雇员报酬、实施公共项目工程所需的支出等都属于政府购买。**政府购买是一种实质性支出，有着产品和劳务的实际交易，因而直接形成社会需求和购买力，是国民收入的一个组成部分。因此，政府购买支出是决定国民收入大小的重要因素之一，其规模直接关系到社会总需求的增减。政府购买支出对整个社会总支出水平具有十分重要的调节作用。在社会总支出水平过低时，政府可以提高购买支出水平，如举办公共工程，增加社会整体需求水平，以此同衰退进行斗争。反之，当总支出水平过高时，政府可以采取减少购买支出的政策，降低社会总体需求，以此来抑制通货膨胀。因此，变动政府购买支出水平是财政政策的有力手段。

政府支出中另一部分是转移支付。与政府购买不同，**政府转移支付是指政府在社会福利保险、贫困救济和补助等方面的支出。**这是一种货币性支出，政府在付出这些货币时并无相应的产品和劳务的交换发生，是一种不以取得生产出来的产品和劳务作为报偿的支出。因此，转移支付不能算作国民收入的组成部分。它所做的仅仅是通过政府将收入在不同社会成员之间进行转移和重新分配，全社会的总收入并没有变动。据此，政府对农业的补贴也被看做政府转移支付。既然转移支付是政府支出的重要组成部分，因此，政府转移支付也是一项重要的财政政策工具。在前面的乘数分析中我们已经知道，它同样能够通过转移支付乘数作用于国民收入，但乘数效应要小于政府购买支出乘数效应。一般来讲，在总支出不足时，失业会增加，这时政府应增加社会福利费用，提高转移支付水平，从而增加人们的可支配收入和消费支出水平，社会有效需求因而增加；在总支出水平过高时，通货膨胀率上升，政府应减少社会福利支出，降低转移支付水平，从而降低人们的可支配收入和社会总需求水平。除了失业救济、养老金等福利费用外，其他转移支付项目如农产品价格补贴也应随经济风向而改变。

政府支出中各个构成部分在支出总额中的相对重要性是会变化的。拿美国来说，从1950年到1970年再到1990年，随着“冷战”的逐步结束，国防费在联邦支出中的比重从51%降到45%再降到27%，但由于老龄人口的增加，包括为老龄人口支付养老金在内的社会保障支出所占比重从11%增加到22%再增加到33%，同时，由于公债利息支出所占比重逐渐增长，因而，在政府支出中政府购买部分相对变小而转移支付部分相对变大了。

再看政府的收入。税收是政府收入中最主要的部分，它是国家为了实现其职能按照法律预先规定的标准，强制地、无偿地取得财政收入的一种手段，因此税收具有强制性、无偿性、固定性三个基本特征。正因为如此，税收可作为实行财政政策的有力手段之一。西方国家财政收入的增长，在很大程度上来源于税收收入的增长。税收依据不同标准可以作不同的分类。根据课税对象，税收可分为三类：财产税、所得税和流转税。财产税主要指对不动产即土地和土地上建筑物等所征收的税。遗产税一般包含在财产税中。所得税是对个人和公司的所得征税。在西方政府税收中，所得税占有很大比重，因此所得税税率的变动对经济活动会产生重大影响。流转税则是对流通中产品和劳务交易的总额征税。增值税是流转税的主要税种之一。根据收入中被扣除的比例，税收可以分为累退税、累进税和比例税。累退税是税率随征税客体总量增加而递减的一种税。比例税是税率不随征税客体总量变动而变动的一种税，即按固定比率从收入中征税，多适用于流转税和财产税。累进税是税率随征税客体总量增加而增加的一种税。西方国家的所得税多属于累进税。这三种税通过税率的高低及其变动来反映赋税负担轻重和税收总量的关系。因此税率的大小及其变动方向对经济活动如个人收入和消费会直接产生很大影响。税收作为一种政府收入手段，既是西方国家财政收入的主要来源，也是国家实施财政政策的一个重要手段。与政府购买支出、转移支付一样，税收同样具有乘数效应，即税收的变动对国民收入的变动具有倍增作用。由于税收乘数有两种：一种是税率的变动对总收入的影响，另一种是税收绝对量的变动对总收入的影响，因此税收作为政策工具，当被用来调节社会总需求时，既可以通过改变税率来实现，也可以通过变动税收总量来实现，如通过一次性减税来达到刺激社会总需求增加的目的。就税率而言，由于所得税是税收的主要来源，因此，改变税率主要是变动所得税的税率。一般来说，降低税率、减少税收都会引致社会总需求增加和国民产出的增长，反之则引起社会总需求和国民产出的降低。因此，在需求不足时可采取减税措施来抑制经济衰退，在需求过旺时可采取增税措施来抑制通货膨胀。

当政府税收不足以弥补政府支出时，政府就会发行公债，使公债成为政府财政收入的又一组成部分。**公债是政府对公众的债务，或公众对政府的债权**。它不同于税收，是政府运用信用形式筹集财政资金的特殊形式，包括中央政府的债务和地方政府的债务。中央政府的债务称国债。政府借债一般有短期债、中期债和长期债三种形式。短期债一般通过出售国库券取得，主要进入短期资金市场（货币市场），利率较低，期限一般为 3 个月、6 个月和 1 年三种。中长期债一般通过发行中长期债券取得，期限在 1 年以上 5 年以下的为中期债券，期限在 5 年以上的为长期债券。美国长期债券最长的为 40 年。中长期债券利率也因时间长、风险大而较高。中长期债券是西方国家资本市场（长期资金市场）上最主要的交易品种之一。因此，政府公债的发行，一方面能增加财政收入，影响财政收支，属于财政政策；另一方面又能对包括货币市场和资本市场在内的金融市场的扩张和紧缩起重要作用，影响货币的供求，从而调节社会的总需求水平。因此，公债也是政府实施宏观调控的经济政策工具。

二、自动稳定与斟酌使用

政府的财政收支及其变动会直接、间接地影响宏观经济的运行。第二次世界大战后，西方国家经济虽然仍有周期性波动，但同20世纪30年代的大萧条相比，波动幅度大大变小，衰退的持续时间也大为缩短。其原因是多方面的，其中与西方财政制度与财政政策对经济的自动调节与主动调节不无关系。自动调节指西方财政制度本身有着自动地抑制经济波动的作用，即自动稳定器；主动调节指政府有意识地实行所谓反周期的相机抉择的积极财政政策。

1. 自动稳定器

自动稳定器，亦称内在稳定器，是指经济系统本身存在的一种会减少各种干扰对国民收入的冲击的机制，能够在经济繁荣时期自动抑制通货膨胀，在经济衰退时期自动减轻萧条，无须政府采取任何行动。财政政策的这种内在稳定经济的功能主要通过下述三项制度得到发挥。

首先是政府税收的自动变化。当经济衰退时，国民产出水平下降，个人收入减少；在税率不变的情况下，政府税收会自动减少，留给人们的可支配收入也会自动地少减少一些，从而使消费和需求也自动地少下降一些。在实行累进税的情况下，经济衰退使纳税人的收入自动进入较低纳税档次，政府税收下降的幅度会超过个人收入下降的幅度，从而可起到抑制衰退的作用；反之，当经济繁荣时，失业率下降，人们的收入自动增加，税收会随个人收入的增加而自动增加，可支配收入也就会自动地少增加一些，从而使消费和总需求自动地少增加一些。在实行累进税的情况下，繁荣使纳税人的收入自动进入较高的纳税档次，政府税收上升的幅度会超过个人收入上升的幅度，从而起到抑制通货膨胀的作用。由此西方学者认为，税收的这种因经济变动而自动发生变化的内在机动性和伸缩性是一种有助于减轻经济波动的自动稳定因素。

其次是政府转移支付的自动变化，包括政府的失业救济和其他社会福利支出。当经济出现衰退与萧条时，失业增加，符合救济条件的人数增多，失业救济和其他社会福利开支就会相应增加，这可以抑制人们收入特别是可支配收入的下降，进而抑制消费需求的下降。当经济繁荣时，失业人数减少，失业救济和其他福利费支出也会自然减少，从而抑制可支配收入和消费的增长。

最后是农产品价格维持制度。经济萧条时，国民收入下降，农产品价格下降，政府依照农产品价格维持制度，按支持价格收购农产品，可使农民收入和消费维持在一定水平上。经济繁荣时，国民收入水平上升，农产品价格上升，这时政府减少对农产品的收购并抛售农产品，限制农产品价格的上升，也就抑制了农民收入的增长，从而也就减少了总需求的增加量。

总之，政府税收和转移支付的自动变化、农产品价格维持制度对宏观经济活动都能起到稳定作用。它们都是财政制度的内在稳定器和应对经济波动的第一道防线。

2. 斟酌使用的财政政策

由于政府收支中转移支付和税收通过乘数作用所产生的效果都比一般自发性支出（如投资支出和政府购买支出）所能产生的效果要小，因此虽然各种自动稳定器一直在起作用，但作用毕竟有限，特别是对于剧烈的经济波动，自动稳定器更难以扭转。因此，西方经济学者认为，为确保经济稳定，**政府要审时度势，主动采取一些财政措施，变动支出水平或税收以稳定总需求水平，使之接近物价稳定的充分就业水平**。这就是**斟酌使用的或权衡性的财政政策**。当认为总需求非常低，即出现经济衰退时，政府应削减税收、降低税率、增加支出或双管齐下以刺激总需求；反之，当认为总需求非常高，即出现通货膨胀时，政府应增加税收或削减开支以抑制总需求。前者称为扩张性财政政策，后者称为紧缩性财政政策。这种**交替使用的扩张性和紧缩性财政政策，被称为补偿性财政政策**。究竟什么时候采取扩张性财政政策，什么时候采取紧缩性财政政策，应由政府对经济发展的形势加以分析权衡，斟酌使用。这样一套经济政策就是凯恩斯主义的相机抉择的“需求管理”。由于凯恩斯分析的是需求不足型萧条经济，因此他认为调节经济的重点要放在总需求的管理方面。凯恩斯主义者则认为，当总需求水平过低、产生衰退和失业时，政府应采取刺激需求的扩张性财政措施；当总需求水平过高、产生通货膨胀时，政府应采取抑制总需求的紧缩性财政措施。简言之，要“逆经济风向行事”。

从 20 世纪 30 年代初美国罗斯福的“新政”到 60 年代初肯尼迪的繁荣，在一定的限度内，都是政府运用这套财政政策来提高有效需求的结果。但是 20 世纪 60 年代后期以来“滞胀”局面的出现，使人们对这种政策提出了怀疑。这说明斟酌使用的财政政策的作用同样具有局限性，因为在实际经济活动中存在各种各样的限制因素影响着这种财政政策作用的发挥。首先是时滞。发现总需求的变化，变动财政政策以及乘数作用的发挥，都需要时间。其次是不确定性。实行财政政策时，政府主要面临两个方面的不确定：第一，乘数的大小难以准确地确定；第二，政府必须预测总需求水平通过财政政策的作用达到预定目标究竟需要多少时间。而在这一时间内，总需求特别是投资可能会发生戏剧性的变化，这就可能导致决策失误。第三，外在的不可预测的随机因素的干扰，也可能导致财政政策达不到预期结果。此外，还存在下面的章节中要分析的财政政策的“挤出效应”问题。所以，实行积极的财政政策时必须全面考虑这些因素的影响，尽量使其效果接近预期目标。

三、功能财政和预算盈余

根据权衡性财政政策，政府实施财政方面的积极政策主要是为了实现无通货膨胀的充分就业水平。当实现这一目标时，预算可以是盈余，也可以是赤字。这样的财政为功能财政。

预算赤字是政府财政支出大于收入的差额。实行扩张性财政政策，即减税和扩大政府支出就会造成预算赤字。**预算盈余是政府收入超过支出的余额**。实行紧缩性财政政策，即增税和减少政府支出，会产生预算盈余。

功能财政思想是凯恩斯主义者的财政思想。他们认为不能机械地用财政预算收支平衡的观点来对待预算赤字和预算盈余，而应根据反经济周期的需要来利用预算赤字和预算盈余。当国民收入低于充分就业的收入水平（即存在通货紧缩缺口）时，政府有义务实行扩张性财政政策，增加支出或减少税收，以实现充分就业。如果起初存在财政盈余，则政府有责任减少盈余甚至不惜出现更大赤字，坚定地实行扩张性政策。反之，当存在通货膨胀缺口时，政府有责任减少支出，增加税收。如果起初存在预算盈余，则不应担心出现更大盈余，而宁可盈余增大也要实行紧缩性政策；如果起初存在预算赤字，则应通过紧缩性政策减少赤字，甚至出现盈余。总之，功能财政思想认为，政府为了实现充分就业和消除通货膨胀，需要赤字就赤字，需要盈余就盈余，而不应为实现财政收支平衡而妨碍政府财政政策的正确制定和实行。可见功能财政是斟酌使用的财政政策的指导思想，而斟酌使用的财政政策是功能财政思想的实现和贯彻。它的提出，是对原有财政平衡预算思想的否定。西方学者认为原有财政预算平衡思想主要是年度平衡预算和周期平衡预算两种。

年度平衡预算要求每个财政年度的收支平衡。这是在 20 世纪 30 年代大危机以前普遍采取的政策原则。后来这个原则遭到凯恩斯主义者的攻击。他们认为，在经济衰退时，税收必然会随收入的减少而减少，如果坚持年度平衡预算的观点，那么为了减少赤字，只有减少政府支出或提高税率，其结果会加深衰退；当经济过热、出现通货膨胀时，税收必然随收入的增加而增加，为了减少盈余，要增加政府支出或降低税率，其结果反而会加剧通货膨胀。这样，坚持年度平衡预算只会使经济波动更加严重。

所谓**周期平衡预算是指政府收支在一个经济周期中保持平衡**。在经济衰退时实行扩张性政策，有意安排预算赤字，在繁荣时期实行紧缩性政策，有意安排预算盈余，以繁荣时的盈余弥补衰退时的赤字，使整个经济周期的盈余和赤字相抵而实现预算平衡。这种思想在理论上似乎非常完美，但实行起来非常困难。这是因为在一个预算周期内，很难准确估计繁荣与衰退的时间与程度，两者更不会完全相等，因此连预算都难以事先确定，从而周期预算平衡也无法实现。

虽然功能财政思想否定了原有的预算观点，主张预算目标不应是追求政府收支平衡，而应是无通货膨胀的充分就业，这一思想与机械地追求政府收支平衡目标相比，是一大进步，但是这种政策的实施也存在一定的困难。这不仅是由于经济波动难以预测，经济形势难以估计，而且决策也需要时间，效果也滞后，因此这种预算也难以充分奏效。例如，为消除通货膨胀而采取紧缩性政策，即增加税收或减少政府支出，但由于政策滞后，也许经济已转入衰退，但仍在实行紧缩性政策，结果会使衰退更加严重。

四、赤字与公债

按照功能财政的思想，二战后西方国家普遍实行了干预经济的积极的财政政策。这种政策从理论上说是逆经济风向行事的“相机抉择”，但事实上多数是搞扩张性财政，结果是财政赤字的上升和国家债务的积累。财政赤字是预算开支超过收入的结果。

弥补赤字的途径无非是：借债和出售政府资产。政府借债又可分两类，一类是向中央银行借债，这实际上就是让中央银行增发货币或者说增加基础货币，这可称为货币筹资，其结果是通货膨胀，因而它本质上是用征收通货膨胀税的方式来解决赤字问题。另一类是向国内公众（商业银行及其他金融机构、企业和居民）和外国举债，这可称为债务筹资。一般说来，向国内公众和外国举债，不过是国内外购买力向政府部门转移，并不立即直接引起通货膨胀，因为基础货币并没有增加。然而，政府发行公债时往往会引起利率上升（因为发行或者说卖出公债时货币供给量要减少），中央银行如果想稳定利率，则必然要通过公开市场业务买进债券，从而增加货币供给。这样，预算赤字增加也会引起通货膨胀。

公债作为政府取得收入的一种形式可以为预算赤字融资，使赤字得到弥补。然而，政府发行了公债要还本付息，未清偿的债务会逐渐累积成巨大的债务净存量，这些债务净存量所要支付的利息又构成政府预算支出中一个十分庞大的支出。在美国，政府的利息支出在 GDP 中的比重在 1960—1969 年即 20 世纪 60 年代为 1.3%，而在 90 年代初已上升到 3.5%，即政府利息支出占 GDP 的份额在这 30 年左右增长了将近 2 倍，利息支出已成为政府支出中的重要组成部分。一国政府预算的总赤字等于非利息赤字（由不包括利息支付的全部政府开支减全部政府收入构成）和利息支出的总和，因此，即使非利息赤字为零或不变，只要利息支出增长，总赤字也会增加。赤字的增长如果仍是通过债务融资予以解决，则利息支出又会增加，从而使赤字进一步增加。可见，在其他条件不变时，赤字增长引起债务增长，债务增长引起利息负担增长，会使赤字进一步增长，如此循环往复，使公债利息支出本身成为赤字和公债逐步增长的重要因素之一。在美国，1992 年底政府债务总量达 4 万亿美元，平均每个美国人分摊到 1.6 万美元，看上去这简直是一个天文数字了，但由于美国的经济总量大，因而仍可以承受。一国债务与 GDP 之比称为债务—收入比率，这一比率的变动主要取决于公债的实际利率、实际 GDP 的增长率和非利息预算盈余的状况。在非利息预算盈余不变时，公债利率越高，产出增长率越低，债务—收入比率就越有可能上升。如果非利息预算能不断有盈余，实际利率有所下降，实际 GDP 不断有所增长，则债务—收入比率会逐步下降。

近几年来，美国以及许多西方国家的财政赤字始终居高不下，财政支出的增长总是快于财政收入和 GDP 的增长。从收入看，由于经济增长乏力以及减税等原因，财政收入占 GDP 的比重逐步下降，而财政支出占 GDP 的比重由于人口老龄化导致医保、社保这些刚性支出等因素而持续快速攀升，加上国家债务规模带来的利息支出大幅上升，使得财政赤字不断增加。解决财政赤字问题无非是增加税收、减少支出和举债三个途径。增加税收会得罪富有的选民，减少支出主要是压缩医保、社保等支出，这就会得罪贫困的选民。为争取选民，最好的办法还是政府举债。从 2001 年到 2010 年全球公共债务大量增加并且大部分来自西方发达国家。不仅希腊、爱尔兰、意大利、西班牙、葡萄牙等国债台高筑，而且法国、日本、美国等所谓“一线”发达国家也卷入债务危机。例如美国到 2010 年联邦政府债务余额突破 14 万亿美元的天文数字。目前美国财政赤字占 GDP 的比重接近 10%，国债占 GDP 的比重达 100%。这就是财政赤字债务化的结果。

五、西方财政的分级管理模式

任何财政政策的制定和实施都是在一定的财政预算管理体制下进行的。一国政府通过财政政策所进行的一切干预活动，都必须以本国的财政管理体制为基础。因此，财政管理体制对政府调控宏观经济具有十分强烈的制约作用。下面对西方财政管理体制中的分级管理体制做一简单介绍。

根据财权和事权相一致的原则，西方国家普遍采取分级管理的财政体制。在财政分级管理体制下，税收被划分为中央税、地方税和中央与地方共享税三种，分别规定为中央政府和地方政府的财政收入来源；支出也同样被划分为中央政府支出和地方政府支出，并各自规定了相应的支出范围。至于中央政府对地方政府的调节，则主要依靠税收返还制度和中央政府支出对地方政府的财政补助形式进行，中央政府财政预算与地方政府财政预算各自分开，自求平衡。美国是这种财政分级管理体制的典型代表。它实行联邦、州和地方的三级财政预算管理体系。就税收种类而言，联邦税主要包括个人所得税、财产税、社会保险税等。地方税包括财产税、公共设施税等。其中财产税由地方、州、联邦三级共同分享。联邦政府财政收入约占全部收入的 60%，主要来自个人所得税、公司所得税、社会保险税这三项税收，州和地方约占 40%。在联邦政府的预算支出中，约有 10%用于补助州与地方。这样联邦政府既可以凭借其财力对州和地方的发展进行干预和影响，又可在一定程度上促进全美国经济的平衡发展，调动地方理财的积极性，克服一切依赖中央的倾向。1932 年前，州与地方政府来自联邦政府的补贴仅占总收入的 3%，但自 1934 年后开始上升到 13%，现在一般维持在 10%左右。就支出而言，联邦政府的支出主要用于国防和国际关系，其次是社会保险。州与地方政府的财政支出则主要用于教育、道路、公共福利及公共设施等。在这种财政分级管理体制下，政府的预算收入与支出、所制定的税制结构与累进所得税制、失业保险等，都成为美国政府调控宏观经济、调整中央与地方关系以及帮助政府实施经济政策目标的重要手段。

六、财政政策效果的 *IS—LM* 图形分析

西方学者认为，财政政策效果可以通过 IS—LM 图形加以分析。财政政策效果的大小是指政府收支变化（包括变动税收、政府购买和转移支付等）使 IS 曲线变动对国民收入变动产生的影响。从 IS—LM 图形看，这种影响的大小随 IS 曲线和 LM 曲线的斜率不同而有所区别。

当 LM 曲线不变时，IS 曲线斜率的绝对值越大，即 IS 曲线越陡峭，则移动 IS 曲线时收入变化就越大，即财政政策效果就越大；反之，IS 曲线越平坦，则 IS 曲线移动时收入变化就越小，即财政政策效果就越小。如图 17－1（a）和（b）所示。

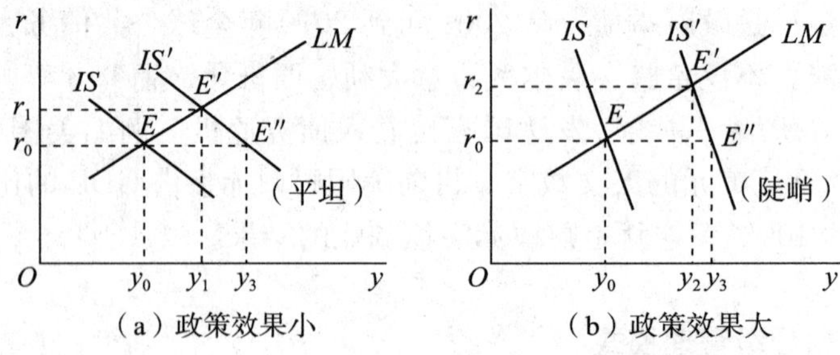

图 17－1　财政政策效果因 *IS* 曲线的斜率而异

从图 17－1（a）和（b）可见，$y_0y_1 < y_0y_2$，也就是说，图 17－1（a）表示的政策效果小于图 17－1（b）表示的政策效果，原因在于图 17－1（a）中 IS 曲线比较平坦，而图 17－1（b）中 IS 曲线比较陡峭。IS 曲线的斜率主要由投资的利率系数决定，IS 曲线越平坦，表示投资的利率系数越大，即利率变动一定幅度所引起的投资变动的幅度越大。若投资对利率变动的反应较敏感，则一项扩张性财政政策使利率上升时，就会使私人投资下降很多，就是“挤出效应”较大。**“挤出效应”是指政府支出增加所引起的私人消费或投资降低的效果**。因此，IS 曲线越平坦，实行扩张性财政政策时被挤出的私人投资就越多，从而使国民收入增加得就越少，即政策效果越小。图 17－1（a）中的 y_1y_3 即由于利率上升而被挤出的私人投资所减少的国民收入，y_0y_1 是这项财政政策带来的收入。图 17－1（b）中 IS 曲线较陡峭，说明政府支出的“挤出效应”较小，因而政策效果较大。

在 IS 曲线的斜率不变时，财政政策效果又随 LM 曲线的斜率不同而不同。LM 曲线的斜率越大，即 LM 曲线越陡峭，则移动 IS 曲线时收入变动就越小，即财政政策效果就越小，反之，LM 曲线越平坦，则财政政策效果就越大，如图 17－2 所示。

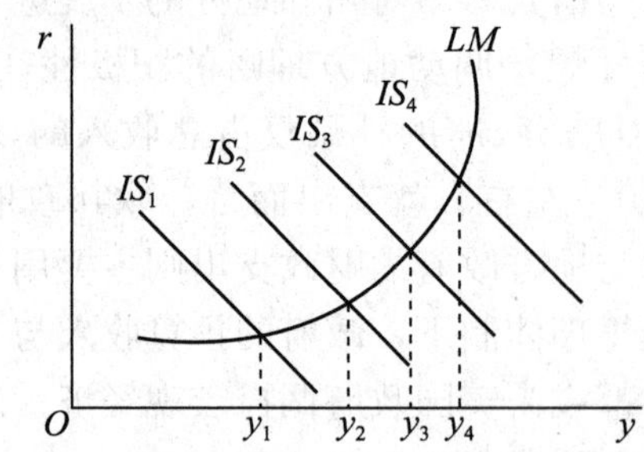

图 17－2　财政政策效果因 *LM* 曲线的斜率而异

在图 17-2 中，有一条斜率逐渐变得陡峭的 LM 曲线，相当于第十四章所说的 LM 曲线有三个区域，一般说来，在经济萧条、收入和利率较低时，LM 曲线较平缓，财政政策效果较大，而在收入水平较高、接近充分就业水平时，LM 曲线较陡峭，财政政策效果较小，表现在图中，政府支出同样增加 Δg，使 IS 曲线右移同样距离，即 IS_1 到 IS_2 的水平距离和 IS_3 到 IS_4 的水平距离是相同的，但国民收入增加的程度 y_1y_2 明显大于 y_3y_4。

为什么政府增加同样一笔支出，在 LM 曲线斜率较大即曲线较陡峭时，产生的国民收入增量较小，即政策效果较小；相反，在 LM 曲线较平坦时，产生的国民收入增量较大，即政策效果较大？这是因为 LM 曲线斜率较大即曲线较陡峭，表示货币需求的利率系数较小，或者说货币需求对利率的反应较不灵敏。这意味着由政府支出增加而来的一定的货币需求增加将使利率上升较多，从而对私人部门投资产生较大的挤出效应，结果使财政政策效果较小。相反，当货币需求利率系数较大（从而 LM 曲线较平坦）时，政府由于增加支出，即使向私人部门借了很多钱（通过出售公债），也不会使利率上升很多，从而不会对私人投资产生很大影响。这样，政府增加支出就会使国民收入增加较多，即财政政策效果较大。

上面说明了投资需求的利率系数和货币需求的利率系数对财政政策效果的影响。此外，支出乘数也会影响政策效果。这是因为较大的支出乘数意味着一笔政府支出会带来较多的收入增加，从而有较大的政策效果。然而，如果经济处于投资对利率高度敏感而货币需求对利率不敏感的状态，则即使支出乘数很大也无法使财政政策产生强有力的效果。

七、财政政策案例：肯尼迪减税

20 世纪 60 年代初，约翰·F. 肯尼迪上台时，第二次世界大战后美国的第四次经济危机还未过去。失业率最高时达到 7.1%，企业破产数创 1929—1933 年大萧条以来的最高水平。怎么办？传统的凯恩斯式的大搞工程建设处方已不再有效，因为继续投资公共工程，不仅效率低下，而且为投资这类工程需要大量放出货币，从而会导致严重的通货膨胀。

这时候，作为肯尼迪政府经济顾问的萨缪尔森等人提出了一套既保卫美元又刺激增长的政策建议。在货币政策方面，提高短期贷款利率以阻止美元外流，降低长期贷款利率以刺激国内投资。在财政政策方面，主要通过降低税收，增加企业、居民收入以促进更多消费和投资、拉动内需来实现经济复苏。肯尼迪总统采纳了由这些经济学家组成的特别研究小组起草的一份报告中的大部分减税建议。

在降低公司税收方面，政府对新投资提供了 7%的投资税优惠，并提高第二次世界大战时推行的企业固定资产的加速折旧率。公司所得税税率从 30%～50%降低到 22%～50%，1965 年进一步降低到 22%～48%。

在降低个人所得税方面，将个人所得税税率从 20%～91%降低到 16%～77%，1965 年进一步降低到 14%～77%，有效期至 1981 年。

由联邦政府通过减税、免税、退税对私人企业提供投资优惠、加速折旧等办法，对个人消费和私人投资提供了刺激，对 20 世纪 60 年代美国经济的快速增长起了很大的推动作用。1964—1966 年，美国实际 GDP 以令人瞩目的 5.5%的平均速度增长。失业率在 1965 年下降到 4.4%，通货膨胀率每年低于 3%。因此肯尼迪减税政策的成功往往被认为是凯恩斯主义经济学的成就之一。

（专栏 17－1“美国财政制度与政策变迁的简要回顾”，请读者扫描本书封面二维码获取。）

第三节　货币政策及其效果

一、商业银行和中央银行

要了解货币政策，必须首先具备一些西方银行制度的知识，因为货币政策要通过银行制度来实现。

在银行制度方面，西方主要国家的金融机构并不完全相同。但是，大致说来，它们的金融机构包括金融中介机构和中央银行两类。金融中介机构中最主要的是商业银行，还包括储蓄和贷款协会、信用协会、保险公司、私人养老基金等。

商业银行之所以称为商业银行，是因为早先向银行借款的人都经营商业，但后来工业、农业、建筑业、消费者也日益依赖商业银行融通资金，故其客户遍及经济各部门，业务也多种多样，这时之所以仍叫商业银行，只是沿用旧称罢了。商业银行的主要业务是负债业务、资产业务和中间业务。负债业务主要是吸收存款，包括活期存款、定期存款和储蓄存款。资产业务主要包括放款和投资两类业务。放款业务是为企业提供短期贷款，包括票据贴现、抵押贷款等。投资业务就是购买有价证券以取得利息收入。中间业务是指代为顾客办理支付事项和其他委托事项，从中收取手续费的业务。

中央银行是一国的最高金融当局，它统筹管理全国的金融活动，实施货币政策以影响经济。当今世界除了少数地区和国家外，几乎所有已独立的国家和地区都设立了中央银行。它在美国是联邦储备体系（简称美联储），在英国是英格兰银行，在法国是法兰西银行，在德国是德意志联邦银行，在日本是日本银行，在中国是中国人民银行。一般认为，中央银行具有三个职能：

（1）作为发行的银行，发行国家的货币。

（2）作为银行的银行，既为商业银行提供贷款（用票据再贴现、抵押贷款等办法），又为商业银行集中保管存款准备金，还为商业银行集中办理全国的结算业务。

（3）作为国家的银行，第一，它代理国库，一方面根据国库委托代收各种税款和公债价款等收入作为国库的活期存款，另一方面代理国库拨付各项经费，代办各种付款与转账；第二，提供政府所需资金，既用贴现短期国库券等形式为政府提供短期资金，也用帮助政府发行公债或直接购买公债方式为政府提供长期资金；第三，代表政府与外国发生金融业务关系；第四，执行货币政策；第五，监督、管理全国金融市场的活动。

说明了什么是商业银行和中央银行以后，就可以再来说明货币是由谁供给以及怎样供给的。第十四章已经说过，狭义的货币供给（M1）是指流通中的硬币、纸币和银行活期存款的总和。因为在西方经济学中，货币可被定义为在产品和劳务的交换及债务清偿中作为交换媒介或者支付工具而被法定为普遍接受的物品，因此最符合这个定义的是流通中的硬币、纸币和活期存款。流通中的硬币和纸币被称为通货，而活期存款同通货一样随时可用来支付债务，因而也可被看做严格意义上的货币，而且是最重要的货币，因为货币供给量中的大部分是活期存款，同时通过活期存款的派生机制还会创造货币。

二、存款创造和货币供给

商业银行吸收的存款不管是否为活期存款，银行都有随时给客户提取的义务，因为即使是定期存款或者储蓄存款，客户也可以在一定条件下（例如放弃原来的存款利率）将其变成活期存款。尽管如此，很少会出现所有储户在同一时间里取走全部存款的现象。因此，银行可以把绝大部分存款用于从事贷款或购买短期债券等盈利活动，只需要留下一部分存款作为应付提款需要的准备金就可以了。**这种经常保留的供支付存款提取用的一定金额，称为存款准备金**。在现代银行制度中，**这种准备金在存款中应当占的最低比率是由政府（具体由中央银行）规定的。这一比率称为法定准备率。按法定准备率提留的准备金是法定准备金**。法定准备金的一部分是银行库存现金，另一部分存放在中央银行的存款账户上。由于商业银行都想赚取尽可能多的利润，因此它们会把法定准备金以上的那部分存款当做超额准备金贷放出去或用于短期债券投资。正是这种可用较小比率的准备金来支持活期存款的能力，使得银行体系得以创造货币。下面举个例子说明这一点。

假定法定准备率为20%，再假定银行客户会将其一切货币收入以活期存款形式存入银行。在这种情况下，甲客户将100万美元存入自己有账户的A银行，银行系统就因此增加了100万美元的存款。A银行按法定准备率保留20万美元作为准备金存入中央银行，其余80万美元全部贷出，假定是借给一家公司用来购买机器，机器制造厂乙得到这笔从A银行开来的支票后又全部存入与自己有往来的B银行，B银行得到这80万美元支票存款后留下16万美元作为准备金存入中央银行，然后贷放出64万美元，得到这笔贷款的丙厂商又会把它存入与自己有业务往来的C银行，C银行留下其中12.8万美元作为准备金存入自己在中央银行的账户上，然后贷出51.2万美元。由此，不断存贷下去，各银行的存款总和是：

$$
\begin{aligned}
&100+80+64+51.2+\cdots \\
&=100(1+0.8+0.8^2+0.8^3+\cdots+0.8^{n-1}+\cdots) \\
&=\frac{100}{1-0.8}=500\ (\text{万美元})
\end{aligned}
$$

[①]

而贷款总和是：

$$
\begin{aligned}
&80+64+51.2+\cdots \\
&=100(0.8+0.8^2+0.8^3+\cdots+0.8^{n}+\cdots)=400\ (\text{万美元})
\end{aligned}
$$

从以上例子可见，存款总和（用D表示）同这笔原始存款（用R表示）及法定准备率（用r_d表示）之间的关系为：$D=\frac{R}{r_d}$。

---

① $1+0.8+0.8^2+0.8^3+\cdots+0.8^{n-1}+\cdots$是一个递减等比数列，其和为：$\frac{1}{1-0.8}$。

上面例子中这笔原始存款假定来自中央银行增加的一笔原始货币供给，则**中央银行新增一笔原始货币供给将使活期存款总和（亦即货币供给量）扩大为这笔新增原始货币供给量的$\frac{1}{r_d}$倍**。

在上例中就是5倍，$\frac{1}{r_d}$称为**货币创造乘数**，用k表示，则$k=\frac{1}{r_d}$，它是法定准备率的倒数。若法定准备率是0.2，则$k=5$。

上述例子中的派生存款及贷款情况可如表17－2所示。

表17－2　银行存款的多倍派生存款　单位：万美元

存款人 (1)	银行存款 (2)＝(3)＋(4)	银行贷款 (3)＝(2)×0.8	存款准备金 (4)＝(2)×0.2
甲	100	80	20
乙	80	64	16
丙	64	51.2	12.8
⋮	⋮	⋮	⋮
合计	500	400	100

从上面的分析可知，货币的供给不能只看到中央银行起初投放了多少货币，而必须更为重视派生存款或者说派生货币，即由于货币创造乘数的作用而增加的货币供给量，而货币创造乘数的大小和法定准备率有关，法定准备率越大，乘数就越小。这是因为，准备率越大，说明商业银行吸收的每一轮存款中可用于贷款的份额越小，由于贷款会转化为存款，因而，下一轮存款就越少。

但应看到，以上所说货币创造乘数为法定准备率的倒数是有条件的。

第一，商业银行没有超额储备，即商业银行得到的存款扣除法定准备金后会全部贷放出去。但是，如果银行找不到可靠的贷款对象，或厂商由于预期利润率太低而不愿借款，或银行认为贷款的市场利率太低而不愿贷款，诸如此类原因都会使银行的实际贷款低于其本身的贷款能力。这部分没有贷放出去的款额就形成了**超额准备金，即超过法定准备金要求的准备金**（可用ER表示）。**超额准备金与存款的比率可称超额准备率**（可用r_e表示），法定准备金加超额准备金是银行的实际准备金。法定准备率加超额准备率是实际准备率。考虑到有超额准备金时，货币创造乘数就不再是$k=\frac{1}{r_d}$，而应当是$k=\frac{1}{r_d+r_e}$，即实际准备率的倒数。派生存款总额$D=\frac{R}{r_d+r_e}$。例如，上面例子中这笔100万美元的原始存款在法定准备率$r_d=20\%$时本来可派生出500万美元的存款，但如果超额准备率$r_e=5\%$，则只能派生出400万美元的存款，因为本来银行应有的80万美元的贷款能力，现在实际只贷出75万美元，还有5万美元的超额准备金未能形成派生存款，是一种漏出，于是货币创造乘数从5变成了4。有了漏出，货币创造乘数就变为$k=\frac{1}{r_d+r_e}$。可见，货币创造乘数不但和法定准备金有关，和超额准备金也有关。一般说来，市场贷款利率（用r表示）越高，银行越不愿多留超额准备金，因为准备金不能生利。因此，市场利率上升，超额准备率下降从而实际准备率会下降，货币乘数就会增大。货币乘数除了和法定准备率及市场利率有关外，还和商业银行向中央银行借款的利率或者说再贴现率有关。再贴现率或者说贴现率上升，表示商业银行向中央银行借款的成本上升，这会促使商业银行自己多留准备金，从而会提高实际准备率。可见，当贴现率上升时，货币创造乘数就会变小。

第二，银行客户将一切货币收入存入银行，支付完全以支票形式进行。假若客户未将得到的贷款全部存入银行，而是抽出一定比例的现金，则又会形成一种漏出。例如，在上面的例子中，假定银行客户（甲、乙、丙、丁等）在每一轮存款中抽出5%的现金，则A银行能贷出的款项将不再是75万美元（仍假定超额准备率 $r_e=5\%$）而是70万美元（70＝100－20－5－5），B银行贷出的款项将是49万美元（49＝70－0.2×70－0.05×70－0.05×70），如此继续下去最后形成的派生存款将是 $\frac{100}{1-0.7}=333.3$（万美元）。现金和准备金一样不能形成派生存款。因此，若用 r_c 表示现金在存款中的比率，则有超额准备金和现金漏出时，货币创造乘数就为：$k=\frac{1}{r_d+r_e+r_c}$（注意：这里仅把活期存款当做货币供给）。

从这个式子中可以看到，货币创造乘数除了和法定准备率、超额准备率有关外，还和现金—存款比率有关。这一比率上升时，货币创造乘数会变小。

上面说过，客户甲把100万美元存入银行时，这笔原始存款成为以后一轮一轮派生存款的来源或者说基础。可见，如果非银行部门（个人或企业）缩减其持有的货币，并将它存入银行，商业银行的超额准备金就会增加。这就为存款扩张或者说货币创造提供了基础。**存款扩张的基础是商业银行的准备金总额（包括法定的和超额的）加上非银行部门持有的通货，可称为基础货币或货币基础。由于它会派生出货币，因此是一种高能量的或者说活动力强大的货币，故又称高能货币或强力货币**。如果用 C_u 表示非银行部门持有的通货，用 R_d 表示法定准备金，用 R_e 表示超额准备金，用 H 表示基础货币，则有 $H=C_u+R_d+R_e$。这是商业银行借以扩张货币供给的基础。考虑到货币供给（严格意义的货币供给M1）$M=C_u+D$，即为通货和活期存款的总和，则：

$$\frac{M}{H}=\frac{C_u+D}{C_u+R_d+R_e}$$

再将上式中右边的分子、分母都除以 D，则得：

$$\frac{M}{H}=\frac{\frac{C_u}{D}+1}{\frac{C_u}{D}+\frac{R_d}{D}+\frac{R_e}{D}}=\frac{r_c+1}{r_c+r_d+r_e} \tag{17.1}$$

这里，$\frac{M}{H}$ 就是货币创造乘数，它等于 $\frac{r_c+1}{r_c+r_d+r_e}$。它之所以和上面例子中说过的 $k=\frac{1}{r_c+r_d+r_e}$ 不同，是因为上面例子中仅把活期存款总和当成货币供给量，而这里已把活期存款和通货合在一起当成货币供给量。在这里，由于$\frac{M}{H}=\frac{r_c+1}{r_c+r_d+r_e}$，即$M=\frac{r_c+1}{r_c+r_d+r_e}\cdot H$，而货币创造乘数$\frac{r_c+1}{r_c+r_d+r_e}$又如上所述，和法定准备率、中央银行贴现率、市场借款利率及现金—存款比率有关，因此总体说来，货币供给可看做是基础货币供给、法定准备率、贴现率、市场利率和现金—存款比率的函数。所有这些影响货币供给的因素，都可以归结到准备金变动对货币供给变动的作用上来，因为准备金是银行创造货币的基础。中央银行正是通过控制准备金的供给来调节整个货币供给的。

这里必须强调指出：上述银行存款的多倍扩大的连锁反应也会发生相反的作用。例如，当客户甲从A银行中取走他的100万美元的存款时，A银行必须支付100万美元的现款，其中的20万美元可由原有的准备金抵消，但为了弥补另外的80万美元，A银行必须收回贷款80万美元。这样，乙为了偿付这80万美元，又必须从B银行取出存款80万美元，依此类推。读者可以自行计算出整个银行体系缩小的存款总额为500万美元。换言之，相反的连锁反应会使整个银行体系按乘数来缩小存款总额。此外还必须强调指出，这种多倍扩大或相应程度缩小只有通过一国的整个银行体系才能做到。例如，在表17-2中合计为500万美元的银行存款是存款人甲、乙、丙等存入不同银行的存款总和。这些不同银行意味着一国的整个银行体系。

三、债券价格与市场利率的关系

债券价格与市场利率具有反方向变化的关系，即：债券的价格越高，意味着利率越低；反之，债券的价格越低，意味着利率越高。这一反方向关系适用于一切金融市场，也是理解下面论述的货币政策的必要知识。这里用一个简单的例子加以说明：

假设今天（某年的1月1日）有一张一年到期（该年的12月31日）的、面值（到期偿付的本金）为100元、票面利率①（债券规定偿付的利率）为10%的债券。这就是说：在1年到期（该年的12月31日）时，该债券可以换取到110元（100元本金+10元利息=110元）。

一方面，如果这张债券在今天的市场价格为105元，则这就表明：在市场上，今天的105元能换取到一年后的110元，从而今天的市场利率必然是4.76%（$\frac{110-105}{105}=0.047\,6=4.76\%$），否则，该债券的市场价格就不会是105元。另一方面，如果该债券的市场价格为95元，则这表明：在市场上，今天的95元能换取到一年后的110元，从而今天的市场利率必然是15.8%（$\frac{110-95}{95}=0.158=15.8\%$），否则，该债券的市场价格就不会是95元。由此可见，债券的价格从105元下降到95元，意味着利率从4.76%上升到15.8%。对有不同数值和规定的债券，虽然计算的步骤可以较为复杂，但是计算的基本方法和反方向的结果却是一致的。总之，债券价格和市场利率呈现出方向相反的关系存在于一切金融市场。

---

① 票面利率仅仅代表对某一债券人为规定的利率。它可以等于但绝不必然等于市场自发形成的利率。在西方经济学中，利率一般系指市场利率。

四、货币政策及其工具

中央银行通过控制货币供应量以及通过货币供应量来调节利率进而影响投资和整个经济以达到一定经济目标的行为就是货币政策。当然，这主要是凯恩斯主义者的观点，大致也是西方目前的主流观点。他们认为，货币政策和财政政策一样，也可以调节国民收入以达到稳定物价、充分就业的目标，实现经济稳定增长。二者的不同之处在于，财政政策直接影响总需求的规模，这种直接作用是没有任何中间变量的，而货币政策还要通过利率的变动对总需求发生影响，因而是间接发挥作用。

货币政策一般也分为扩张性的和紧缩性的。前者是通过增加货币供给来带动总需求的增长。货币供给增加时，利率会降低，取得信贷更为容易，因此经济萧条时多采用扩张性货币政策；反之，紧缩性货币政策是通过削减货币供给来降低总需求水平，在这种情况下，取得信贷比较困难，利率也随之提高，因此，在通货膨胀严重时，多采用紧缩性货币政策。

中央银行运用哪些工具来变动货币供给量呢？西方主要国家运用工具的具体方式并不完全相同，但是，在基本原则上，却是大体一致的。这里主要以美国的运作方式为例。

1. 再贴现率政策

这是美国中央银行最早运用的货币政策工具。**再贴现率是中央银行对商业银行及其他金融机构的贷款或者说放款利率**。本来，这种贴现是指商业银行把商业票据出售给当地的联邦储备银行，联邦储备银行按贴现率扣除一定利息后再把所贷款项加到商业银行的准备金账户上作为增加的准备金，所以把中央银行给商业银行的借款称为“贴现”。在美国，中央银行作为最后贷款人，主要是为了协助商业银行及其他存款机构对存款备有足够的准备金。如果一家存款机构（主要指商业银行）的准备金临时不足，比方说当某一银行的客户出乎意料地要把一大笔存款转到其他银行时，就会使该银行临时出现准备金不足的困难，则这时该银行就可用它持有的政府债券或合格的客户票据向当地的联邦储备银行的贴现窗口（办理这类贴现业务的地点）办理再贴现或申请借款。当这种贴现或借款增加时，就意味着商业银行准备金增加，进而引起货币供给量多倍增加。当这种贴现减少时，会引起货币供给量多倍减少。贴现率政策是指中央银行通过变动给商业银行及其他存款机构的贷款利率来调节货币供应量。贴现率提高，商业银行向中央银行的借款就会减少，准备金减少从而货币供给量就会减少；贴现率降低，商业银行向中央银行的借款就会增加，准备金增加从而货币供给量就会增加。但实际上，美联储并不经常使用贴现率来控制货币供给，因为贴现窗口的主要作用是允许商业银行和其他金融机构对其短期现金压力作出反应，对临时发生的准备金不足作适当调整。正因为贴现窗口主要用于满足银行临时准备金不足，因此，目前变动贴现率在货币政策中的重要性和早先相比已大大减弱。事实上，银行和其他存款机构也尽量避免去贴现窗口借款，只将它作为紧急求援手段，平时少加利用，以免被人误认为自己财务状况有问题。还需指出，通过变动贴现率控制货币供给本身也存在一些问题，例如，当银行十分缺乏准备金时，即使贴现率很高，银行依然会从联储贴现窗口借款。可见，通过变动贴现率来控制银行准备金的效果是相当有限的。事实上，再贴现率政策往往作为补充手段和公开市场业务政策结合在一起执行。

2. 公开市场业务

这是目前中央控制货币供给最重要也是最常用的工具。**公开市场业务是指中央银行在金融市场上公开买卖政府债券以控制货币供给和利率的政策行为**。政府债券是政府为筹措弥补财政赤字的资金而发行的支付利息的国库券或债券。这些被初次卖出的债券在普通居民、厂商、银行、养老基金等单位中被反复交易。美联储可参加这种交易，在这种交易中扩大和收缩货币供给。当美联储在公开市场上购买政府债券时，商业银行和其他存款机构的准备金将会以两种方式增加：如果美联储向个人或公司等非银行机构买进债券，则会开出支票，债券出售者将该支票存入自己的银行账户，该银行则将支票交给联邦储备体系作为自己在美联储账户上增加的准备金存款；如果美联储直接从各银行买进债券，则可直接按债券金额增加各银行在联邦储备体系中的准备金存款。当美联储售出政府债券时，情况则相反，准备金的变动就会引起货币供给按乘数发生变动。准备金变动了，银行客户取得信贷变得容易或困难了，本身就会影响经济，同时，美联储买卖政府债券的行为，也会引起债券市场上需求和供给的变动，因而影响到债券价格以及市场利率。有价证券市场是一个竞争性市场，其价格由供求关系决定。当中央银行要购买债券时，对债券的市场需求就增加，债券价格会上升，而债券价格的上升，就意味着利率的下降；反之亦然。公开市场业务之所以能成为中央银行控制货币供给最主要的手段，是因为运用这种政策手段有着比用其他手段更多的灵活性。例如在公开市场业务中，中央银行可及时地按照一定的目标来买卖政府债券，从而易于准确地控制银行体系的准备金。如果中央银行希望大量地变动货币供给，那么就可以根据改变量的规模来决定买进或卖出政府债券的数量；如果中央银行只希望少量地变动货币供给，那么就可以用少量的债券买卖达到目的。由于公开市场操作很灵活，因而便于被中央银行及时用来改变货币供给的方向，如变买进债券为卖出债券，立即就有可能使增加货币供给变为减少货币供给。

3. 变动法定准备率

中央银行有权决定商业银行和其他存款机构的法定准备率，如果中央银行认为需要增加货币供给，就可以降低法定准备率，使所有的存款机构对每一笔客户存款只需留出更少的准备金，或反过来说，让每一美元的准备金可支撑更多的存款。假定原来法定准备率为20%，则100美元存款必须留出20美元准备金，可贷金额为80美元，这样，增加1万美元的准备金就可以派生出5万美元的存款。若中央银行把法定准备率降低到10%，则100美元存款只需10美元准备金就行了，可贷金额为90美元，这样，增加1万美元的准备金就可以派生出10万美元的存款，货币供给就因此增加了一倍。可见，降低法定准备率，实际上等于增加了银行准备金，而提高法定准备率，就等于减少了银行准备金。从理论上说，变动法定准备率是中央银行调整货币供给最简单的办法。然而，中央银行一般不愿轻易使用变动法定准备率这一手段。这是因为，商业银行向中央银行报告它们的准备金和存款状况时有一个时滞，因此今天变动的准备率一般要过一段日子（比方说两周以后）才起作用。再者，变动法定准备率的作用十分猛烈，一旦准备率变动，所有银行的信用就都必须扩张或收缩。因此，这一政策手段很少使用，一般几年才改变一次准备率。如果准备率变动频繁，那么会使商业银行和所有金融机构的正常信贷业务受到干扰而感到无所适从。

上述三大货币政策工具常常需要配合使用。例如，在中央银行在公开市场业务中出售政府债券使市场利率上升（即债券价格下降）后，正如上面已经说过的那样，再贴现率必须相应提高，以防止商业银行增加贴现。于是，商业银行对它的顾客的贷款利率也将提高，以免产生亏损。相反，当中央银行认为需要扩大信用时，在公开市场业务中买进债券的同时，也可降低再贴现率。

货币政策除了以上三种主要工具外，还有一些其他工具，道义劝告就是其中之一。所谓**道义劝告，是指中央银行运用自己在金融体系中的特殊地位和威望，通过对银行及其他金融机构的劝告，影响其贷款和投资方向，以达到控制信用的目的**。如在衰退时期，鼓励银行扩大贷款，在通货膨胀时期，劝阻银行不要任意扩大信用，这也往往会收到一定的效果。但由于道义劝告没有可靠的法律地位，因而并不是强有力的控制措施。

五、货币政策操作方式和泰勒规则

货币政策是央行通过变动货币供给影响利率从而影响经济的政策。那么货币政策的中介目标究竟是利率还是货币供应量？在历史上，美联储素有以利率为中介目标的传统，但20世纪70年代货币主义兴起后，美联储慢慢信奉货币政策应实行一个以长期名义GDP增长率为基础的确定的货币供应量增长率的“单一规则”，从而以货币供应量为中介目标的货币政策操作体系被确立了。但经过十多年的实践后，上述政策操作体系遇到巨大挑战，主要是货币供应量与物价水平的关系越来越不密切，因为20世纪70年代以来社会上充满了大量流动资金，这些资金没有被包括也很难被包括在货币供应量内，如果继续用货币供应量作为货币政策中介目标，政策就会出现重大失误。于是20世纪90年代起美联储对货币政策理念作了重大调整，确立了以调整实际利率为货币政策的主要依据和中介目标。泰勒规则对推动这一调整有着重要影响。

泰勒规则是美国斯坦福大学经济学教授约翰·泰勒于1993年根据美国的实际经济数据提出的针对通货膨胀率和产出增长率来调节利率的货币政策规则。具体来说，泰勒通过对美国、英国及加拿大等国货币政策的实践研究发现，在各种影响物价水平和经济增长率的因素中，真实利率是唯一能与物价和经济增长率保持长期稳定关系的变量，因此要使货币政策能真正调节物价（从而通货膨胀）和经济增长（从而就业和失业），货币当局就应把调节真实利率作为主要操作方式。泰勒规则就是这样一种描述短期利率如何针对通货膨胀率和产出率变化调整的准则。

泰勒提出，央行的货币政策应遵循以下规则：

$$i=i^{*}+a(p-p^{*})-b(u-u^{*})$$

式中，p 和 p^{*} 分别是实际通胀率和目标通胀率，u 和 u^{*} 分别是实际失业率和自然失业率，i 和 i^{*} 分别是名义利率（以联邦基金利率即银行之间短期资金拆借利率衡量）和名义目标利率，a 和 b 是正的系数，表示央行对通胀和失业的关心程度。

假定经济中存在一个“真实”的均衡联邦基金利率，在该利率水平上，就业率和物价均保持在由其自然法则决定的合理水平上。如果上述真实利率、经济增长率（从而就业率）和通胀率的关系遭到破坏，货币当局就应采取措施予以纠正：若通胀率高于目标值（$p>p^{*}$），央行就应将名义利率 i 设定为高于 i^{*}，以抑制通货膨胀；若失业率高于自然失业率（$u>u^{*}$），央行就应降低名义利率，以降低失业率。

泰勒认为，没有必要刻板地执行这个规则。当经济发生严重外来冲击时，货币政策不必拘泥于这个公式。但这个规则确实提供了一个货币政策思路：选择一个通胀目标，不仅应考虑当前通胀，也应考虑失业情况。研究发现，美、德中央银行在制定货币政策时并不考虑泰勒规则，但这个规则却很好地描述了它们过去 15～20 年的行为。难怪有人认为，1993 年和 1994 年美联储主席格林斯潘两次关于调整货币政策的证词都反映了“泰勒规则”的影响。

（专栏 17－2“经济复苏时期美联储的货币政策操作与泰勒规则”，请读者扫描本书封面二维码获取。）

六、货币政策效果的 *IS—LM* 图形分析

货币政策的效果指变动货币供给量的政策对总需求的影响。假定增加货币供给能使国民收入有较大增加，则货币政策效果就大；反之，则小。货币政策效果同样取决于 *IS* 曲线和 *LM* 曲线的斜率。

在 *LM* 曲线形状基本不变时，*IS* 曲线越平坦，*LM* 曲线的移动（由于实行变动货币供给量的货币政策）对国民收入变动的影响就越大；反之，*IS* 曲线越陡峭，*LM* 曲线的移动对国民收入变动的影响就越小，如图 17－3 所示。

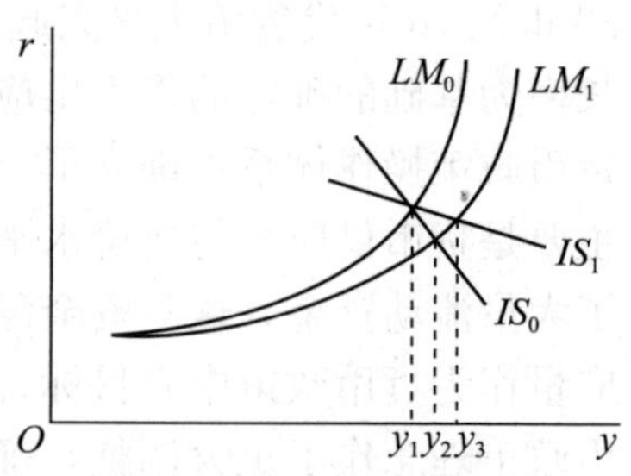

图 17－3　货币政策效果因 *IS* 曲线的斜率而异

图 17－3 中有两条 *IS* 曲线，IS_0 较陡峭，IS_1 较平坦。当货币供给增加使 *LM* 曲线从 LM_0 右移到 LM_1 时，当 *IS* 曲线较陡峭时，国民收入增加较少，即货币政策效果较小；而当 *IS* 曲线较平缓时，国民收入增加较多，即货币政策效果较大。这是因为，*IS* 曲线较陡峭，表示投资的利率系数较小（当然，支出乘数较小时 *IS* 曲线也较陡峭，但 *IS* 曲线的斜率主要取决于投资的利率系数），即投资对利率变动的敏感程度较差，因此，*LM* 曲线由于货币供给增加而向右移动使利率下降时，投资不会增加很多，从而国民收入也不会有较大增加；反之，*IS* 曲线较平坦，表示投资的利率系数较大，因此，货币供给增加使利率下降时，投资和收入会增加较多。

当 *IS* 曲线的斜率不变时，*LM* 曲线越平坦，货币政策效果越小；反之，则货币政策效果越大，如图 17－4 所示。

在图 17－4 中，IS_0 和 IS_1 的斜率相同，货币供给增加使 *LM* 曲线从 LM_0 右移到 LM_1 时，*LM* 曲线较平坦时，收入增加较少；而 *LM* 曲线较陡峭时，收入增加较多。

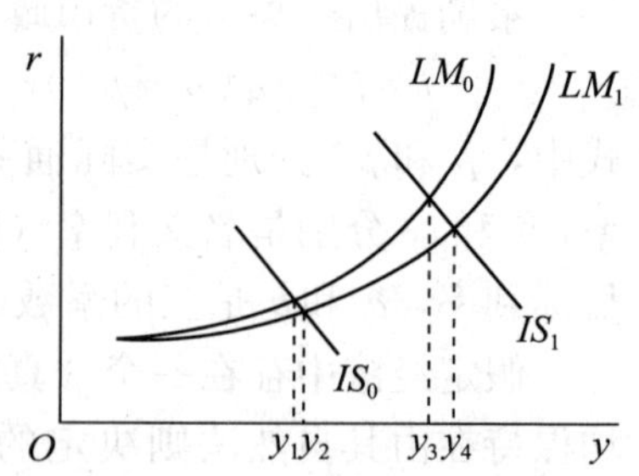

图 17－4　货币政策效果因 *LM* 曲线的斜率而异

为什么会如此？这是因为，*LM* 曲线较平坦，表示货币需求受利率的影响较大，即利率稍有变动就会使货币需求变动很多，因而货币供给量变动对利率变动的作用较小，从而增加货币供给量的货币政策就不会对投资和国民收入有较大影响；反之，*LM* 曲线较陡峭，表示货币需求受利率的影响较小，即货币供给量稍有增加就会使利率下降较多，因而使投资和国民收入有较多增加，即货币政策的效果较大。

七、货币政策的局限性

西方国家实行货币政策，常常是为了稳定经济，减少经济波动，但在实践中也存在一些局限性。

第一，在通货膨胀时期实行紧缩性的货币政策可能效果比较显著，但在经济衰退时期实行扩张性的货币政策效果就不明显。那时候，厂商对经济前景普遍悲观，即使中央银行松动银根，降低利率，投资者也不肯增加贷款而从事投资活动，银行为安全起见，也不肯轻易贷款。特别是由于存在着流动偏好陷阱，不论银根如何松动，利率都不会降低。这样，货币政策作为反衰退的政策，其效果就相当微弱。在西方有些学者把货币政策制止通货膨胀的效果比喻为马用缰绳拉车前进，意思是说：效果很好；然而，他们却把货币政策促进繁荣的效果比喻为马用缰绳使车后退，即政策很难发生作用。

进一步说，即使从反通货膨胀的角度看，货币政策的作用也主要表现于反对需求拉动的通货膨胀，而对成本推动的通货膨胀，货币政策的效果就很小。因为物价的上升若是由工资上涨幅度超过劳动生产率上升幅度引起或由垄断厂商为获取高额利润引起的，则中央银行想通过控制货币供给来抑制通货膨胀就比较困难了。

第二，从货币市场均衡的情况看，增加或减少货币供给要影响利率，必须以货币流通速度不变为前提。如果这一前提并不存在，货币供给变动对经济的影响就要打折扣。在经济繁荣时期，中央银行为抑制通货膨胀需要紧缩货币供给，或者说放慢货币供给的增长率，然而，那时公众一般会增加支出，而且物价上升快时，公众不愿把货币持有在手中，而希望尽快花出去，从而货币流通速度会加快，在一定时期内本来的 1 美元也许可完成 2 美元交易的任务，这无异于在流通领域增加了 1 倍货币供给量。这时候，即使中央银行把货币供给减少 50%，也无法把通货膨胀率降下来。反过来说，在经济衰退时期，货币流通速度下降，这时中央银行增加货币供给对经济的影响也就可能被货币流通速度下降所抵消。可见，若货币流通速度加快或放慢，那么，用变动货币供给量的办法来影响利率、投资和国民收入的货币政策效果就会受到影响或打折扣。

第三，货币政策的外部时滞也会影响政策效果。中央银行变动货币供给量，要通过影响利率来影响投资，然后影响就业和国民收入，因而，货币政策的作用要经过相当长一段时间才会充分得到发挥。尤其是，市场利率变动以后，投资规模并不会很快发生相应变动。利率下降以后，厂商扩大生产规模需要一个过程，利率上升以后，厂商缩小生产规模更不是一件容易的事，已经在建的工程难以停建，已经雇用的员工要解雇也不是轻而易举的事。总之，货币政策即使在开始采用时不用花很长时间，但执行后到产生效果却有一个相当长的过程，在此过程中，经济状况有可能发生与人们原先预料的相反的变化。比方说，经济衰退时中央银行扩大货币供给，但未等这一政策效果完全发挥出来经济就已转入繁荣，物价已开始较快地上升，则原来的扩张性货币政策就不是反衰退，而是对加剧通货膨胀起了火上浇油的作用。

第四，在开放经济中，货币政策的效果还要因为资金在国际上流动而受到影响。例如，一国实行紧缩性货币政策时，利率上升，国外资金会流入，若汇率浮动，则本币会升值，出口会受抑制，进口会受刺激，从而使本国总需求比在封闭经济情况下有更大的下降；若实行固定汇率，则中央银行为使本币不升值，势必抛出本币，按固定汇率收购外币，于是货币市场上本国货币供给增加，使原先实行的紧缩性货币政策效果大打折扣。

货币政策在实践中存在的问题远不止这些，但仅从这些方面看，货币政策作为平抑经济波动的手段，作用也是有限的。

八、货币政策案例：沃克尔紧缩货币治通胀

20 世纪 70 年代初，美国总统尼克松实施了工薪及物价管制，并废除了美元金本位制，即不再履行 35 美元兑换 1 盎司黄金的承诺。当时的美联储主席伯恩斯为了帮助尼克松 1972 年成功连任，要营造经济繁荣表象，随心所欲地增加货币供应。由于物价管制，通胀并未随之发生，但积聚了庞大的物价上升的潜在压力，而金价在短短几个月内迅速上升。后来，尼克松为水门事件丑闻所困，物价管制被取消，物价开始如脱缰的野马一样飞奔。1977 年卡特当选总统时，通胀已十分严重，但是伯恩斯继续放宽货币，使通胀率一度高达 14.8%，金价在 1980 年逼近每盎司 850 美元。

1979 年沃克尔受命于卡特总统出任美联储主席。当时美国的通货膨胀率已高达 14.8%。为了坚决抑制高通胀，沃克尔超常规地紧缩银根，20 世纪 80 年代初将联邦基金利率提升至 20%。这样，他一方面把美国经济拖入自 30 年代以来最大的一次萧条，为此饱受批评，但另一方面把美国的通胀率坚决降了下来。1987 年他离任时通胀率大约已降到 4.4%的水平。一场严重的近乎恶性的通货膨胀终于被制服了。

第四节　两种政策的混合使用

根据以上几节的分析可知，如果某一时期经济处于萧条状态，则政府既可采用扩张性财政政策，也可采用扩张性货币政策，还可以将两种政策结合起来使用，如图 17－5 所示。

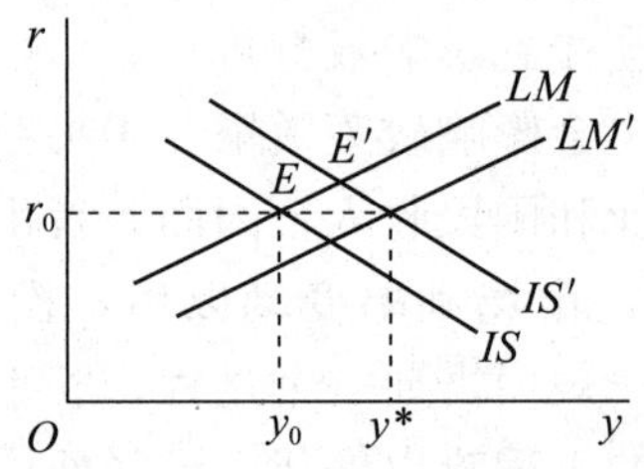

图 17－5　财政政策和货币政策的混合使用

假定经济起初处于图中的 E 点，收入为 y_0，利率为 r_0，而充分就业的收入为 y^*。为渡过萧条，达到充分就业，政府可实行扩张性财政政策将 IS 曲线右移，也可实行扩张性货币政策将 LM 曲线右移。采用这两种政策虽都可以使收入达到 y^*，但会使利率大幅度上升或下降。如果既想使收入增加到 y^*，又不使利率变动，则可采用扩张性财政政策和货币政策结合使用的办法。如图 17－5 所示，为了将收入从 y_0 提高到 y^*，可

实行扩张性财政政策，使产出水平上升，但为了使利率不由于产出上升而上升，可相应地实行扩张性货币政策，增加货币供应量，使利率保持原有水平。从图 17－5 中可见，如果仅实行扩张性财政政策，将 IS 曲线移到 IS'，则均衡点为 E'，利率上升到 r_0 之上，会发生“挤出效应”，产量不可能达到 y^*；如果采用“适应性的”货币政策，即按利率不上升的要求，增加货币供给，将 LM 曲线移到 LM'，则利率可保持不变，投资不被挤出，产量就可达到 y^*。

财政政策和货币政策可有多种结合，这种结合的政策效应，有的是事先可预计的，有的则必须根据财政政策和货币政策何者更强有力而定，因而是不确定的。例如，图 17－5 中 IS 曲线和 LM 曲线的移动幅度相同，因而产出增加时利率也不变，若财政政策的影响大于货币政策，IS 曲线右移的距离超过 LM 曲线右移的距离，则利率就会上升；反之，则会下降。可见，这两种政策结合使用时对利率的影响是不确定的。表 17－3 就给出了各种政策混合使用的效应。

表 17－3　　财政政策和货币政策混合使用的政策效应

	政策混合	产出	利率
1	扩张性财政政策和紧缩性货币政策	不确定	上　升
2	紧缩性财政政策和紧缩性货币政策	减　少	不确定
3	紧缩性财政政策和扩张性货币政策	不确定	下　降
4	扩张性财政政策和扩张性货币政策	增　加	不确定

政府和中央银行可以根据具体情况和不同目标，选择不同的政策组合。例如，当经济萧条但又不太严重时，可采用第一种组合，用扩张性财政政策刺激总需求，又用紧缩性货币政策控制通货膨胀；当经济发生严重通货膨胀时，可采用第二种组合，紧缩货币来提高利率，降低总需求水平，又紧缩财政，以防止利率过分提高；当经济中出现通货膨胀又不太严重时，可采用第三种组合，用紧缩性财政政策压缩总需求，又用扩张性货币政策降低利率，以免财政过度紧缩而引起衰退；当经济严重萧条时，可采用第四种组合，用扩张性财政政策增加总需求，用扩张性货币政策降低利率以克服“挤出效应”。

例如，20 世纪 60 年代初美国经济萧条，为渡过衰退，政府一方面减税，另一方面采用“适应性的”货币政策，使产量增加时利率基本上保持不变。到 60 年代末 70 年代初，美国经济生活中通货膨胀率过高而失业率较低，为控制通货膨胀，实行了紧缩财政和紧缩货币相结合的政策。70 年代末 80 年代初，美国里根政府为克服通货膨胀和经济萧条并存的“滞胀”局面，采用了减税和紧缩通货相结合的政策，一方面刺激需求，增加供给，另一方面又克服通货膨胀。

在考虑如何混合使用两种政策时，不仅要看当时的经济形势，还要考虑政治上的需要。这是因为，虽然扩张性财政政策和货币政策都可增加总需求，但不同政策的后果可以对不同的人群产生不同的影响，也会使 GDP 的组成比例发生变化。例如，实行扩张性货币政策会使利率下降，投资增加，因而对投资部门尤其是住宅建设部门十分有利。可是，实行减税的扩张性财政政策，则有利于增加个人可支配收入，从而可增加消费支出。而同样是采用扩张性财政政策，如果是增加政府支出，例如兴办教育、防止污染、培训工人等，则人们受益的情况又不相同。正因为不同政策措施会对GDP的组成比例（投资、消费和政府购买在GDP中的构成比例）产生不同的影响，进而影响不同人群的利益，因此，政府在作出混合使用各种政策的决策时，必须考虑各行各业、各个阶层人群的利益如何协调的问题。

*第五节　博弈论在宏观经济政策中的应用

随着理性预期理论的兴起，宏观经济学对预期在经济政策制定中的作用给予了相当的重视，由此产生了博弈理论在宏观经济政策理论方面的应用。事实上，这也构成了西方宏观经济学特别是宏观经济政策理论的一种发展。为了进一步说明宏观经济学的这一发展，本节用一个简单的博弈论模型来说明西方学者对货币政策的一种考察。

一、货币政策的博弈论描述

按照西方学者的说法，货币政策可以看成是政府（中央银行）与工会之间的一场博弈。政府为了达到低通货膨胀的目标，需要影响工人的工资协议，而这又取决于工会组织如何预期并作出相应的反应。

这场博弈的规则是，工会组织以一致要求增加货币工资作为第一步，工会须在增加名义工资还是不增加名义工资之间作出选择。政府走第二步，如果政府可以自由运用相机抉择权，它可以在提高货币增长率和不提高货币增长率之间作出选择。于是，这场博弈存在下面四种可能的结果（见图17－6）。

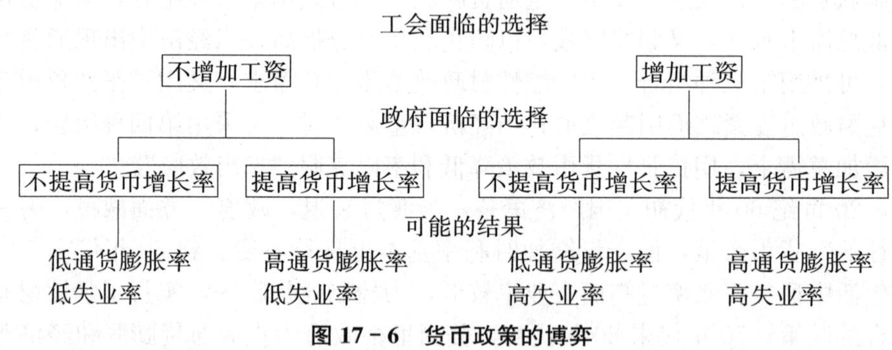

图17－6　货币政策的博弈

二、货币政策的博弈模型

为了以简单的方式用博弈论分析上面描述的货币政策，下面用一个具体的博弈模型来说明。

如上所述，博弈的局中人为政府（中央银行）和工会。政府的策略有两个：不提高货币增长率和提高货币增长率，为简单起见，分别将其记为“不增”和“增”。工会的策略也有两个：不增加货币工资和增加货币工资，亦分别简记为“不增”和“增”。四种可能的博弈支付（即可以用货币来衡量的好处）由下述矩阵表示（见图 17－7）。

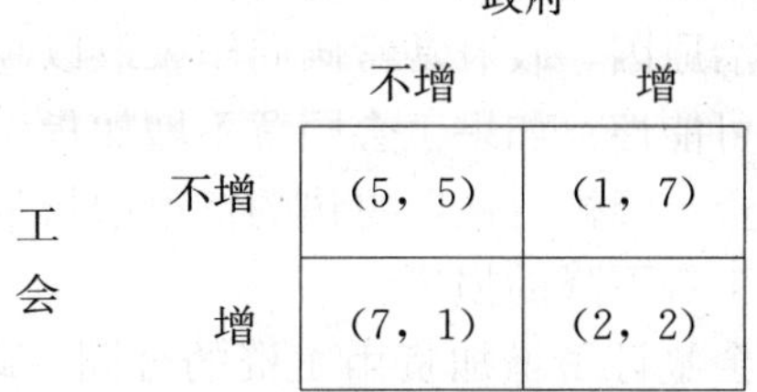

		政府	
		不增	增
工会	不增	(5, 5)	(1, 7)
	增	(7, 1)	(2, 2)

图 17－7　政府与工会的博弈

在上述矩阵中，数对中的第一个数表示工会的支付，第二个数表示政府的支付。例如，策略组合（不增，增）的支付为（1，7），如果工会采取不增加货币工资策略，政府采取提高货币增长率策略，则工会的支付为 1①，而政府的支付为 7②。读者可以对其他支付数对作类似的解释。现在的问题是求出这个模型的解。

从本书微观部分所介绍的博弈论的基本知识中可知道，这里所给出的模型与“囚徒困境”的结构是一样的。于是，容易理解，从工会和政府共同的观点看，最好的选择显然是工会不要求增加货币工资，政府不增发货币，即策略组合为（不增，不增）。但是从博弈双方自身的利益看，无论对方选择什么策略，采取“增”这一策略总是最好的选择。然而，一旦博弈双方从各自的利益出发都选择“增”策略，工会和政府都会面对“更坏”的结果：双方所获得的支付都比他们同时选择“不增”策略时的支付要低。在单期静态博弈的情况下，这一模型的解，即策略组合（增，增）便构成纳什均衡，因为经济一旦处于这一状态，任何一方要改变策略都会使自身的状况变坏。③ 就像“囚徒困境”模型一样，虽然博弈双方都采取“不增”的策略的组合从总体上说是最有利的，但这一状态是不稳定的。由于双方都从利己的动机出发，结果都采取“增”策略，这虽不是最有利的结局，却是一个稳定的结局。总之，这一简单的博弈论模型刻画了政府（中央银行）和工会在宏观经济政策方面的复杂关系。

三、时间不一致性

利用前面所描述的工会与政府的博弈，还可以说明宏观经济政策的一个重要特点，即时间不一致性。

回到本节第一部分的情况中，假定在工资谈判前，政府公布紧缩性的货币政策，希望它有助于节制工资上升。如果政府坚持这样做，那么，对工会来说最有利的选择是不要求与预期通货膨胀相一致的工资上涨。这样将产生理想的结果：低通货膨胀率、低失业率。若工会坚持要求增加工资，而政府仍坚持紧缩性货币政策，失业率就会提高。

① 由于工人的实际工资下降，从而使其境况恶化，因此，该支付数值相对较小。

② 该支付数值相对较大的原因在于，当工会没有改变名义工资时，政府提高货币增长率会使失业减少，同时不存在价格上涨压力，从而政府会获得较大的利益。

③ 这里，“状况变坏”的具体含义为支付数值减少。

然而，工会还能设想出这样的问题：一旦不要求工资上涨的工资协议定下来后，政府还会把不提高货币增长率作为最好的政策吗？答案往往是否定的。

实际的情况是，出于政治原因，政府常常倾向于采取以高通货膨胀率换取低失业率的政策。这就出现了这样一种可能性：如果工会同意不增加货币工资，政府很可能想抓住这个机会来减少失业。由于工资已经被钉住，更快的货币增长至少在短期内有利于创造就业机会，结果，工人遭受实际工资下降的损失。

另一种情况是，假如工会签订了增加货币工资的合同，政府决策者面临的选择则是：或者坚持紧缩性货币政策，让失业率上升；或者放弃紧缩性政策，以减少失业。在这种情况下，工会便会预期政府很可能放弃原来的紧缩性政策，而选择目前看来更好的政策：加快货币扩张，以降低失业率。**一项起初适合于今天的政策，随着时间的推移，就可能不再适合于明天，这就发生了时间不一致性。**① 借助于时间不一致性这一概念，可知政府最初的低通货膨胀政策因时间不一致性而受挫。如果工会意识到这一点，并预期货币将会更快地增长，那么，签订增加货币工资的合同总会使工人的处境好一些。若真如预期的那样，中央银行放弃了紧缩性政策，其结果则很可能是高通货膨胀率，而就业却不会增加。由此看来，如果政府可以根据情况的变化自由选择某个时期的政策，即使是最好的政策也存在着通货膨胀的倾向。政策的时间不一致性告诉人们，没有硬性规定政府必须执行其原来的计划，政府就有权选择目前看来更好的政策。问题在于，如果经济主体（在这里是工会）意识到这种情况，他们就会预测政策的变化并采取相应的行动，以阻止决策者所设想的目的的实现。

因此，赢得信誉的可靠办法就是：借助于人人相信决策者必须遵从有约束力的规则来消除政府改变政策的可能性。在“时间不一致性”概念被提出之前，赞成规则的人倾向于非干预主义，他们认为反通货膨胀政策是无效的，甚至是有害的。时间不一致性的概念不仅使宏观经济政策争论的焦点转移到了积极干预政策是否有效的问题上，而且启示人们，建立对规则的信任比具体的规则本身更为重要。

第六节　关于总需求管理政策的争论

上面所说的财政政策和货币政策思想，体现了凯恩斯主义经济学家的理论和政策主张，属于对经济进行干预的思潮。但也有另外一些经济学家反对这种干预，而主张经济自由。是否主张经济干预，就是是否主张对总需求加以管理和调节。如果主张管理和调节，又怎样来管理和调节，或者说按什么规则来管理和调节，对这些问题，经济学家有不同看法。

一、要不要干预

在要不要采取政策来稳定经济的问题上，一些经济学家认为，经济波动的根源是外生

① “时间不一致性”这一概念最早在芬·基德兰德与爱德华·普雷斯科特合写的《宁要单一规则，不要相机抉择：最优计划的不一致性》[载《政治经济学杂志》，1977 (85)] 一文中被提出。

因素的干扰，社会经济本身会适应这些干扰，市场会对经济环境的变化提供良好的解决办法。比方说，外生的冲击（如技术变革、战争、自然灾害等）造成了失业，只要希望工作的人肯降低工资和非货币报酬要求，总会找到工作，因而失业不会成为问题。政府不用为此进行干预，干预也无能为力。另一些经济学家（如新古典宏观经济学家）也相信市场会对经济变动作出迅速的反应，政府干预政策不但在很大程度上无效，反而会带来一些坏处。理由主要有：

一是政府预测能力有限。政府预测经济，要运用宏观计量经济模型。政府机构和私人企业为了预测市场和进行政策分析，建立了这样或那样的模型。这些模型由一些方程组成。然而这些方程的变量和参数并不会像模型中假设的那样准确。它们是多变且难以捉摸的。例如，人们的边际消费倾向就不会一成不变。这样，建立在这些模型基础上的经济政策是否能正确调控经济就成问题。此外，政策实施后要经过一段时间（即时滞）才会影响经济。但政策制定者很难预测几个月后经济会怎样变化，会不会本来以为要衰退，实际结果不仅不衰退反而走热起来，原以为要升温结果反而衰退。总之，经济变动有很大的不确定性，而人们的预测能力有限，这给制定政策带来了难度。

二是政策的时滞。这是指政策从认识到决策，再到实施和产生效果，要有一个时间过程。这种时滞分为内在时滞和外在时滞。内在时滞指经济中发生了不稳定到决策者制定出适当政策并付诸实施之间的时间间隔，包括认识时滞（指经济中发生了变动，对这种变动情况的资料作收集、分析、加工、整理、评价等所需的时间）、决策时滞（主要指政策制定者作决策所需要的立法程序的时间）、实施时滞（指从作出决策到付诸实施所需要的时间，也称行动时滞）。外在时滞指经济政策从实施到对经济发生作用并达到预期目标所需要的时间过程，由于政策实施后首先要影响中间变量，再由中间变量影响到目标变量，这都需要一个时间过程。例如，减税政策实施后首先要影响到可支配收入（中间变量），然后才能影响到消费和投资进而影响到国民收入（目标变量）。通常来说，财政政策内在时滞较长，尤其决策时滞较长，而货币政策内在时滞较短，但其外在时滞较长，因为从变动货币供应量到影响利率，再到影响投资和国民收入，需要较长时间。不管如何，财政政策和货币政策都有时滞。在此过程中，经济可能发生了与预期目标不同的变化，这就会影响经济政策的效果。

三是公众对政策的反应。例如，政府制定增加货币供给的政策时，并没有考虑到理性预期的当事人能够利用有关货币政策规则的知识很快形成未来价格和其他经济变量的正确预期并采取相应的对策（如事先就要求提高工资、利率等）。如果公众（经济当事人）作出这种理性预期的对策，那么增加货币供应的政策就会变得无效。

基于以上种种理由，这些经济学家不主张对经济波动作人为干预，相信市场本身会对经济的变动作出自动调整。

然而凯恩斯主义者则坚持稳定经济的政策是必要的、有效的。他们认为，经济在遭受来自需求方或供给方的冲击后会衰退，工资和价格并不能迅速调整到市场出清状态。如果衰退引起了大规模失业，由于种种原因（例如工资合同未到期）企业并不能立刻降低工资，因而工人并不会很快重新就业。工资和价格即使会调整，但这种调整只能缓慢进行。要让经济调整到实际产量等于正常产量状态需要一个很长的过程，甚至可能要几年的时间。在这个过程中，经济处于非均衡状态，会出现经济萧条和失业局面，给社会带来长期痛苦。政府采取稳定的政策，即刺激需求的财政政策或货币政策，就会较快恢复经济。可见，这样的政策是必要的和有效的。

这种要不要采取稳定经济的政策的讨论还会长期进行下去，但实际上各国政府在发生经济较大波动时都是采取政策来调节的。

二、关于政策有效性的争论

上面已经讲到经济学家关于政策有效性的争论中公众对政策的反应问题，但这是指公众对政府增加货币供给政策的反应问题。现在再讲一个公众对财政政策的反应问题即政府用发行公债来刺激经济有没有效果问题的争论。凯恩斯主义者认为，国家实行赤字财政政策时，用发行公债比增加税收弥补赤字要好，增加税收会影响消费需求，从而降低赤字财政政策的效果。

新古典主义经济学家 R. 巴罗根据当年（1817 年）大卫·李嘉图的一个猜测，认为政府用公债筹资和用增加税收筹资可能对经济的影响是一样的，因为人们会认识到政府还债还是要用增加税收来解决，因此他们会把相当于未来增加税收的一部分财富储蓄起来。尽管李嘉图自己并不认为上述猜测在现实中行得通，但巴罗认为，按理性行事的人们确实是如此行事的，就是政府还债的更高赋税可能部分会落到后代人身上，但人们都是关心后代的，因此还是会为后代着想而增加储蓄以应付还债。这就是所谓的巴罗-李嘉图等价定理。根据这一定理，政府借债只是公民纳税被推迟而已，故不会刺激消费。因此政府用发行公债搞赤字财政的政策是无效的。

巴罗-李嘉图等价定理受到凯恩斯主义者的批评。他们认为，人们通常并没有动机为超出自己生命限度的未来征税而积蓄财富，他们关心的是自己当前的利益，并不关心自己生命以外的事情，并不会认为今天的政府借债就是明天的更重赋税从而为未来还债增加储蓄，而会把钱用于消费和投资。因此政府用发行公债搞赤字财政来增加总需求的政策还是有效的。

三、按什么规则对经济进行干预

如果认为政府还是应该对经济运行作一定的政策干预或调节，那么就会产生另一个问题：要按什么样的规则进行干预？

以货币政策说，经济学家提出过如下几种不同的政策规则。

第一种是稳定比率货币供应量增长的规则。这就是货币主义的代表人物弗里德曼提出的所谓“单一规则”。他提出，在没有通货膨胀的情况下，按平均国民收入增长率加上人口增长率来规定并宣布一个长期不变的货币增长率，是货币政策最好的选择，此外就不要再进行其他政策调节。据说这样的货币政策能给经济提供一个稳定的环境，可防止货币本身成为经济波动的根源。这一点本书后面还要提到。

第二种是以名义 GDP 为目标变量的政策规则。根据此规则，央行宣布一个名义 GDP 的年增长率目标，若名义 GDP 上升到此目标以上，就降低货币增长率以抑制总需求。若低于此目标，就提高货币增长率以刺激总需求。据称这种规则会比上述单一规则的政策更能导致产出的稳定。

第三种是以一定的名义通胀率为目标变量的政策规则。根据此规则，央行公开宣布一个较低的通货膨胀率，然后根据实际通胀率与此目标通胀率的偏离程度调整货币供给，即实际通胀率高于目标通胀率时就降低货币增长率以抑制总需求，反之则提高货币增长率以刺激总需求。据称这一规则具有容易操作且容易公布于众的优点。

第四种是以一定的真实利率（“真实”的联邦基金利率）作为操作变量的政策规则，这就是上面讨论过的泰勒规则。泰勒认为，在各种影响物价水平和经济增长率的因素中，真实利率是唯一能与物价（从而通货膨胀率）和增长（从而失业率）保持长期稳定关系的变量。因此，货币政策要能调节物价和经济增长，货币当局就应把调节真实的名义利率作为主要操作方式。若实际通胀率和失业率偏离目标值，就应当调节名义利率，以抑制通胀或降低失业率。

对比上述四种规则不难发现，第一种规则即“单一规则”实际上属于不主张政府干预的经济自由主义，因为按此规则，政府除按一定比率增加货币供应量外，其余都不用调节，市场本身会对经济波动作出调整。其余三种规则都属于主张国家对经济波动进行干预的思潮，且本质上也都是“相机抉择”的权衡性政策思想。它们都主张在经济波动时要用货币政策对经济进行干预。它们的主要区别在于把什么当做政策目标变量。第二、第三种规则的目标变量分别是 GDP 和通胀率，操作变量都是货币供应量。第四种规则的目标变量是通胀率和失业率（实际上也是 GDP 增长率），操作变量是利率。可见，这几种政策规则的区别只是在政策目标变量和操作变量的选择上。

第七节　供给管理政策

从完整的角度看，宏观经济政策除了前面论述的需求管理之外，还包括供给管理。本节就对后者做简要说明。

一、短期供给管理政策的含义

这里所谓的供给管理的政策不是指如何促进经济长期增长的政策，例如发展教育事业、增加资本积累、推进科技进步等方面的政策，而是指在短期内如何从供给方面采取一些政策措施来消除较大经济波动带来的失业和通胀。如果由于某种原因使 AS 曲线向左移动，可能形成失业和通胀并存的滞胀局面。短期供给管理政策通常就是用来对付这种局面的。

下面分两点来说明这种供给管理政策。

二、收入政策和人力政策

收入政策和人力政策是从供给方面分别用来对付通货膨胀和失业的政策措施。面对 20 世纪 70 年代各主要西方国家出现的滞胀局面，调节总需求的宏观经济政策，无论是财政政策还是货币政策都显得无能为力。这些政策只能用来对付单独发生的失业和通胀。为了对付同时出现的失业和通胀，主流的凯恩斯主义经济学家即新古典综合派的主要代表人物如萨缪尔森、托宾等人主张，应当在推行宏观的财政、货币政策的同时配合实行收入政策和人力政策。

收入政策是用来限制垄断企业和工会对物价和工资操纵的一种重要政策，即实行以管制工资—物价为主要内容的政策。一般说来，它包括如下不同措施：(1) 工资—物价“指导”线，即由政府当局根据长期劳动生产率增长趋势来确定工资和物价的增长标准，要求企业和工会通过双方协商，自愿把工资和物价的增长率限制在全社会劳动生产率平均增长幅度以内。(2) 对某种具体的较快上涨的工资或者物价形势，由政府进行“权威性”劝说或者施加压力来扭转局势。(3) 实行工资—物价的硬性管制，即由政府颁布法令对工资和物价实施管制，甚至暂时加以冻结。(4) 以税收为基础的收入政策，即政府以税收作为惩罚或者奖励的手段来限制工资增长。如果工资增长率保持在政府规定的界限以下，则以减少个人和公司所得税作为奖励；如果工资增长率超过政府规定的界限，则以增加所得税作为惩罚。

人力政策是用以改进劳动市场状况，消除劳动市场不完全性，以便克服失业和通货膨胀进退两难的困境的。这种政策通常包括以下措施：发展多吸收劳动力的服务部门；由政府直接雇用私人企业不愿招雇的工人和非熟练工人，让他们从事对社会有益的事业，并使这些处境不利的工人通过有用经验的传授和劳动习惯的养成而能够从事那些正规的永久性的工作；加强劳动力的重新培训；指导和协助失业人员寻找工作，以增加就业机会；增大劳工在地区或者职业方面的流动性等。

三、供给学派的政策主张

如果说新古典综合派的收入政策和人力政策还只是财政政策与货币政策的配角，那么20世纪70年代后期在美国兴起并作为里根总统经济政策重要参考的供给学派的政策思想，则是直接作为凯恩斯主义学派的总需求管理政策的对立面出现的供给管理政策主张。他们的供给管理政策主张的核心是强调激励的作用，认为激励意味着对工作、储蓄、投资和企业家才能足够的报酬，而凯恩斯主义的需求管理政策使政府支出日益增加，为了弥补财政赤字，只能靠增加税收和发行货币，结果严重挫伤工作、储蓄和投资积极性，造成供给不足从而使失业和通胀同时出现。

为了增强激励，供给学派提出了一套供给管理的政策思想，其核心是减税，特别是要降低高边际税率（增加的税收在增加的收入中的比例），因为高边际税率是妨碍工作、储蓄、投资和创新积极性及提高劳动生产率的罪魁祸首。降低了税收，就会提高资产报酬率，鼓励储蓄和投资，提高劳动生产率，降低产品成本，缓和通货膨胀，并导致消费、产出和就业增加。

为了证明减税的重要性，供给学派还对肯尼迪减税政策的效果做了重新解释。1964年和1965年生效的肯尼迪减税使边际税率平均下降20%，带来了美国经济的高涨。对于减税的效果，凯恩斯主义经济学家将它归功于减税提高了消费和投资需求。供给学派认为并不是如此，因为减税不仅没有刺激消费，反而使储蓄增长并超过了减税额。例如1967年储蓄增加了190亿美元，相当于减税额的121%。这说明减税对经济的刺激主要在于增加了储蓄，提高了资本形成能力，从而促进了增长。[①]

供给学派的政策思想大大影响了里根政府的政策。1977 年一些议员提出的在 3 年内全面削减边际税率 30%的《肯普-罗思法案》就一度为里根政府所坚持并取得了促进经济复兴的效果。这是继肯尼迪减税后美国减税政策的又一成功案例。

在供给政策方面，除了减税政策这一主要思想以外，供给学派还提出以下一些主张：(1) 减少政府开支，削减福利支出。这不但可以平衡财政收支，还可以提高私人投资能力，增加供给。供给学派认为，创造就业主要得靠私人投资，不能靠公共部门扩张和增加财政支出，财政扩张只会挤出私人部门增长带来的就业。(2) 货币供给的稳定、适度和可测，使货币供应量增长和长期经济增长相适应。(3) 减少国家对经济的干预和控制，充分发挥企业家的积极性，更多依靠市场力量调节经济。[②]

第八节 结 束 语

本章要点可以归结如下：

(1) 管理总需求的宏观经济政策主要有四个目标：充分就业、价格稳定、经济均衡增长和国际收支平衡；而西方国家使用财政和货币这两种政策力求达到这四个目标。各种财政政策工具（所得税、政府支出、投资津贴等）和货币政策工具对利率、消费、投资与 GDP 会有不同的影响。

(2) 西方国家财政由政府收入（包括税收和公债）和支出（包括政府购买和转移支付）两方面构成，而财政对经济的调节又分为自动调节和主动调节两类。自动调节指西方财政制度本身有着自动地抑制经济波动的作用，此即自动稳定器，包括政府税收的自动变化、政府支出的自动变化和农产品价格维持制度；主动调节指政府有意识地实行积极的财政政策，即斟酌使用的熨平经济波动的财政政策。实行积极的财政政策，财政的功能就要发生从单纯地追求预算平衡到追求充分就业和物价稳定的转变，从而对财政赤字和公债的作用要有一个新的认识。

(3) 积极的货币政策是中央银行通过货币供给量来调节利率进而影响投资和整个经济的政策。狭义货币包括通货和活期存款。活期存款的派生机制，使中央银行能通过控制准备金来调节整个货币供给。中央银行变动货币供给的政策工具主要有再贴现率、公开市场业务和变动法定准备率。

(4) 财政政策和货币政策还可根据经济形势变化的需要作混合使用。

(5) 对于是否要用财政政策和货币政策对总需求加以调节和管理，以及按什么规则来调节和管理，主张经济自由的经济学家和凯恩斯主义者有着很大分歧和争论。

(6) 来自供给管理的政策包括主流凯恩斯主义者的收入政策、人力政策和供给学派的以减税为核心的刺激供给的政策。二者的出发点和着眼点不同。

---

① 保罗·克雷·罗伯茨．供给学派的革命．上海：上海译文出版社，1987：230.

② 尹伯成．西方经济学说史．3 版．上海：复旦大学出版社，2012：129.

本章论述了西方宏观经济政策的执行及其后果。在这些方面，西方学者提出了一些有关宏观经济政策的局限性的论点，其中比较普遍认可的有四个。

第一，货币政策制止严重萧条时的无能为力。当严重的萧条状态出现时，人们对经济前景的信心异常低下。这时，即使采用非常宽松的货币政策，即以低微的利率提供大量的贷款，企业仍然可能不愿投资，而消费者仍然不愿增加消费；正如西方谚语所说："你可以把马牵到河边，但不能强迫它喝水"。有的西方学者把这种货币政策无能为力的情况比喻为"牛马用缰绳来推车"，意思是说：用紧缩性的货币政策来制止通货膨胀相当于牛马通过缰绳来拉车，这种办法当然有效，但是，如果反过来，用缰绳来推车前进，相当于用宽松的货币政策走出萧条状态，这显然是难以办到的。

第二，尽管政策正确而适时，但官员们却有可能由于利己的政治考虑而不予执行。这种情况有时被称为"政治经济周期"。例如，一本流行的教材写道："政治经济周期研究经济政策的决定和政治考虑之间的关系。"① 在西方，政治官员最关心能否在竞选中取胜，因此，他们对经济政策的执行往往以能否有利于竞选取胜，而不以能否对人民真正有利为前提。这样，在他当选以后的一段时期，由于照顾党派或与己有关的利益，他可以容忍对经济表现不利的政策，从而导致经济发展迟缓，因为他可以把责任推给上一届的当权者。然而，当他快要面临再度竞选连任时，则必须迅速执行有利于经济的政策，使它呈现出蓬勃发展的面貌。如此循环交替，形成下降和上升的周期。

对这种说法，西方学者的研究表明：并不存在有力的事实根据。虽然如此，政治考虑也被认为应该是影响经济决策的一个因素。

第三，经济政策在时间上滞后的性质。这一点本章第六节已说过了。

第四，市场机制所牵涉的为数众多的变量和因素使财政政策和货币政策所能运用的有限手段难以奏效。从本章所介绍的市场机制的情况中可以看到：市场机制是复杂多变的，而与此同时，财政政策和货币政策可能运用的手段，如税收、政府开支、公开市场业务、准备率的改变等，又是为数有限的。要想以如此之少的手段来控制如此复杂多变的市场机制的运行，其效果显然难以达到预想的程度。

尽管西方的宏观经济政策在理论上和实践上存在这样那样的局限性，但是不可否认，它也确实反映了社会化大生产和现代市场经济对国家在宏观经济上加以协调和管理的要求。不管是资本主义还是社会主义的市场经济，都需要这种协调和管理，而这种协调和管理不可能依靠政府用行政命令的方式、用下达指令性计划指标的方式来实现。经济政策必须反映和符合经济规律的要求。市场经济运行只能靠符合市场经济运行规律的经济政策来调节和管理。财政政策和货币政策正是这样的宏观经济政策。因此，研究和借鉴西方经济政策和理论对我国很有现实意义，因为我国社会主义市场经济同样属于现代市场经济。

中华人民共和国成立后我国曾长期实行高度集中的计划管理制度。这一体制虽然曾在历史上对恢复和发展我国国民经济起过一定的积极作用，但实践证明这种经济管理体制对优化资源配置是低效率的。我国 20 世纪五六十年代的长期短缺经济事实就证明了这一点。后来，随着我国经济改革开放和社会主义市场经济的发展，计划经济体制越来越显示出阻

① 多恩布什，费希尔，斯塔兹．宏观经济学．8 版．纽约：麦克劳-希尔公司，2001：154.

碍生产力发展的弊端。社会主义市场经济的发展，要求相应建立起一套符合市场经济发展规律要求的宏观经济调控机制。在这方面，西方财政政策和货币政策理论与实践经验很值得我们参考。以往我国宏观经济中缺少内在的、灵活的调节机制，企业对市场反应也不灵敏。我国经济统计、数据分析、综合处理手段也较落后，政府难以准确及时地掌握实际经济动态，往往要等到问题成堆、形势严峻时才采取果断措施，而且常用行政命令方式，各行各业“一刀切”，结果常引起经济大起大落，造成不必要的损失。这种情况后来随着市场经济逐步发展，宏观调控方式慢慢改进，局面有所改善。但多年来我国在运用市场经济手段调控经济方面存在的几大问题始终没有得到根本解决：一是行政性垄断的央企对国家财政政策和货币政策反应不灵，因为它们产权不清晰，还常能从政府那里得到形形色色的照顾；二是地方政府为追求 GDP 增长，过去曾竭力抗拒和化解中央政府的调控政策，即使是产能过剩项目或会造成严重环境污染的项目，还照样想上马；三是金融改革始终滞后，利率市场化进度缓慢，难以使资金价格在实现资源优化配置方面真正发挥作用。资金市场上不是流动性过剩进一步吹大资产泡沫（如房地产泡沫），就是“钱荒”进一步加剧中小企业融资难度。党的十八届三中全会针对这些问题果断作出决定，必须进一步处理好政府和市场的关系，并对更好地发挥政府作用提出了明确要求，强调政府的职责和作用主要是保持宏观经济稳定，加强和优化公共服务，保障公平竞争，加强市场监管，维护市场秩序，推动可持续发展，促进共同富裕，弥补市场失灵。在财政政策方面，决定要改革现行财税体制，建立事权和支出责任相适应的制度。要明确事权、改革税制、稳定税负、透明预算、提高效率。在金融体制方面也大大加快了改革进度。相信通过深化改革，我国调控宏观经济的政策将进一步显出其成效。

第十八章

蒙代尔-弗莱明模型

当今的世界已经不是封闭经济，任何一个国家或地区都与其他国家或地区有一定程度的经济贸易往来。为了反映这样的事实，本章放弃封闭经济的假设，以开放经济的视角考察一国宏观经济的运行和政府政策的影响。本章的基本内容就是介绍开放经济下的一个重要的短期经济模型，即蒙代尔-弗莱明模型。该模型从某种意义上说是本书第十四章讲述的 $IS—LM$ 模型在范围上的扩展。

第一节　预备知识：汇率、净出口和资本净流出

为了顺利引出蒙代尔-弗莱明模型，本节介绍一些预备知识，依次为汇率、净出口和资本净流出。汇率是衡量国际交易的价格的变量。净出口和资本净流出则反映国家间物品流动以及资本流动的情况。

一、汇率

汇率是一个国家的货币折算成另一个国家货币的比率，它表示的是两个国家货币间的互换关系。

1. 汇率的标价

汇率主要有两种标价方法。一种被称为直接标价法，它是用一单位的外国货币作为标准，折算为一定数额的本国货币来表示的汇率。用这种标价法，一单位外币折算的本国货币量减少，即汇率下降表示外国货币贬值或本国货币升值。另一种被称为间接标价法，它是用一单位的本国货币作为标准，折算为一定数额的外国货币来表示的汇率。用这种标价

法，一单位本国货币折算的外国货币量增加，表示本国货币升值或外国货币贬值；反之，如果一单位本国货币折算的外国货币量减少，表示本国货币贬值或外国货币升值。按照上述说明，如果人们得到了某种外币的直接标价，只要取其“倒数”，即用1除以这个标价，就马上得到了该外币的间接标价，反之亦然。例如，在美元兑换欧元的汇率表示中，如果把1欧元兑换1.207 9美元理解为直接标价，则用间接标价法表示的汇率即为1美元兑换0.827 9（=1/1.207 9）欧元。

在实际生活中，当人们提到两个国家之间的汇率时，一般指的都是所谓名义汇率，名义汇率是指两个国家通货的相对价格。由于每个国家通货的实际购买力是与各个国家的价格因素相关的，所以名义汇率并没有考虑到两个国家价格水平的情况。而当考虑到两国价格因素时，就涉及实际汇率这一概念。我们将在后面加以说明。

在本章的论述中，用字母 e 表示没有考虑到两国价格因素的名义汇率，并约定 e 用间接标价法表示，即 e 是本币的外币价格。例如，如果把美元理解为本币，日元理解为外币，用间接标价法表示的美元兑换日元的汇率即为1美元兑换100日元。

2. 汇率制度

世界上的汇率制度主要有**固定汇率制**与**浮动汇率制**两种。固定汇率制是指一国货币同他国货币的汇率基本固定，其波动限于一定的幅度之内。浮动汇率制是指一国不规定本国货币与他国货币的官方汇率，听任汇率由外汇市场的供求关系自发地决定。浮动汇率制又分为自由浮动与管理浮动，前者指中央银行对外汇市场不采取任何干预措施，汇率完全由外汇市场的供求力量自发地决定。后者指实行浮动汇率制的国家，对外汇市场进行各种形式的干预活动，主要是根据外汇市场的供求情况售出或购入外汇，以通过对外汇供求的影响来影响汇率。

从第二次世界大战后的情况看，西方各国在20世纪70年代之前实行的都是固定汇率制，即按照以美元为中心的国际金融体系（又称“布雷顿森林体系”）所实施的固定汇率制。之后，由于美元危机，布雷顿森林体系崩溃，西方各国相继放弃了固定汇率制而采用浮动汇率制。目前，世界上有80多个国家仍然采用固定汇率制，有60多个国家则是采用不同程度的浮动汇率制。

3. 固定汇率制的运行

根据上面的说明，在固定汇率制下，一国中央银行随时准备按事先承诺的价格从事本币与外币的买卖。以美国为例，假定美联储宣布将汇率固定在1美元兑换100日元。为了有效实行这种政策，美联储要有美元储备和日元储备。

一般地说，固定汇率制的运行是影响一国货币供给的。仍以美国为例，假定美联储宣布将汇率固定在1美元兑换100日元，但由于某种原因，外汇市场均衡汇率是1美元兑换150日元。在这种情况下，市场上的套利者发现存在获利机会：他们可以在外汇市场上用2美元购买300日元，然后将300日元卖给美联储，从中获利1美元。当美联储从套利者手中购买这些日元时，向他们支付的美元自动地增加了美国的货币供给。货币供给以这种方式持续增加直至均衡汇率降到美联储所宣布的水平。

如果外汇市场均衡汇率为1美元兑换50日元，则套利者通过用1美元向美联储购买100日元，然后在外汇市场上以2美元卖出这些日元而获利。而当美联储卖出这些日元时，它所得到的 1 美元就自动地减少了美国的货币供给。货币供给持续下降直至均衡汇率上升到所宣布的水平时为止。

4. 实际汇率

前面说过，名义汇率并没有考虑到两个国家价格水平的情况，而当考虑到两国价格因素时，就涉及实际汇率（real exchange rate）这一概念。

实际汇率是两国产品的相对价格，它告诉我们能按什么比率用一国的产品交换另一国的产品。

为了说明实际汇率与名义汇率之间的关系，设想一下许多国家都生产的一种产品：汽车。假设一辆美国汽车价值 1 万美元，而一辆类似的日本汽车价值 240 万日元。为了比较这两辆汽车的价格，我们必须把它们转变为一种共同的通货。如果 1 美元价值 120 日元，那么，美国汽车价值 120 万日元。比较美国汽车的价格（120 万日元）和日本汽车的价格（240 万日元），我们可以得出结论：美国汽车的价格为日本汽车的一半。换言之，在现期价格下，我们可以用 2 辆美国汽车换 1 辆日本汽车。

我们可以把以上计算概括为：

$$\text{实际汇率}=\frac{120\text{ 日元/美元}\times 1\text{ 万美元/美国汽车}}{240\text{ 万日元/日本汽车}}$$

$$=0.5\text{ 日本汽车/美国汽车}$$

在这些价格和这种汇率下，我们得出每辆美国汽车相当于 0.5 辆日本汽车。更一般地说，我们把这种关系表示为：

$$\text{实际汇率}=\frac{\text{名义汇率}\times\text{国内产品的价格}}{\text{国外产品的价格}}$$

我们交换外国与本国产品的比率取决于用本国货币表示的产品价格和交换通货的比率。

这种单一产品的实际汇率计算方法为我们定义更广义的一篮子产品的实际汇率提供了启示。设 e 代表名义汇率（每 1 美元的日元数量），P 代表美国的价格水平（用美元衡量），P_f 代表日本的价格水平（用日元衡量）。那么实际汇率 ε 就是：

$$\text{实际汇率}=\text{名义汇率}\times\text{物价水平比率}$$

$$\varepsilon=e\times\frac{P}{P_f} \tag{18.1}$$

可以根据两个国家的名义汇率和物价水平来计算这两个国家之间的实际汇率。如果实际汇率较高，外国产品就相对便宜，而国内产品相对昂贵。如果实际汇率较低，外国产品就相对昂贵，而国内产品相对便宜。

二、净出口

一个开放经济以两种方式和其他经济相互交易：一是在世界产品市场上购买或销售产品与劳务；二是在世界金融市场上购买或销售股票和债券这类资本资产。净出口与前者相关。

本书第十二章在介绍用支出法核算 GDP 的内容中，引出了净出口的概念。净出口是一国出口额与其进口额的差额。根据这一定义，如果净出口为正值，即出口大于进口，表明一国向国外出售的产品与劳务多于它向其他国家购买的，在这种情况下，该国有贸易盈余（trade surplus）。如果净出口为负值，即出口小于进口，则表明一国向国外出售的产品与劳务少于它向其他国家购买的，在这种情况下，可以说该国有贸易赤字（trade deficit）。如果净出口为零，即一国的出口与进口相等，可以说该国贸易平衡（balanced trade）。

一般地说，影响一国出口、进口和净出口的因素较多，这些因素主要包括：(1) 消费者对国内与国外物品的偏好；(2) 国内与国外物品的价格；(3) 国内通货与国外通货的汇率；(4) 国内与国外消费者的收入；(5) 一国向另一国运送物品的成本；(6) 政府的国际贸易政策。

一般认为，在上述诸因素中，汇率和国内收入水平被认为是两个最重要的影响净出口的因素。

假定实际汇率较低，在这种情况下，由于国内产品相对便宜，所以，这时外国人想购买该国的许多产品，而国内居民减少购买进口产品，这导致该国的净出口增加。反之，若实际汇率较高，则会出现相反的情况。总之，按照本章约定的汇率标价法，一国净出口反向地依赖于实际汇率。

当一国收入提高时，该国消费者用于购买本国产品和进口产品的支出都会增加。一般认为，出口不直接受一国实际收入的影响。因此，一国净出口反向地取决于一国的实际收入。

基于上述说明，在宏观经济学中，通常将净出口表示为下式：

$$nx = a - \gamma y - n\varepsilon = a - \gamma y - ne \times \left(\frac{P}{P_f}\right) \tag{18.2}$$

(18.2) 式被称为净出口函数，式中，nx 为净出口，a、γ 和 n 均为正参数。参数 γ 被称为边际进口倾向，即净出口变动与引起这种变动的收入变动的比率。

对于净出口函数 (18.2) 式而言，为了强调实际汇率对净出口的影响，常将其简写为

$$nx = nx(\varepsilon) \tag{18.3}$$

方程 (18.3) 反映的内容，可以用图 18-1 表示。

图 18-1 表明，实际汇率越低，净出口越大；反之，则越小。要注意的是净出口可以小于零。

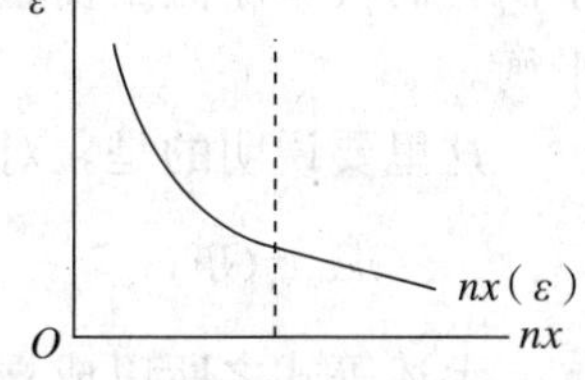

图 18-1 净出口与实际汇率

三、资本净流出

资本净流出与在世界金融市场上购买或销售股票和债券等资本资产有关。

1. 资本净流出的概念和影响因素

资本净流出（net capital outflow）是指本国居民购买的外国资产与外国人购买的本国资产之间的差额，即

资本净流出＝本国居民购买的外国资产－外国人购买的本国资产

一国和世界各国之间的资本流动一般采取两种形式：一种形式表现为一国在另一国开了一家快餐店，这被称为外国直接投资。另一种形式表现为一国公民购买了另一国公司的股票，这被称为外国有价证券投资。

按照上述说明，资本净流出既可以是正的，也可以是负的。当它为正时，本国居民购买的外国资产多于外国人购买的本国资产。这时可以说资本流出本国。当资本净流出为负时，本国居民购买的外国资产少于外国人购买的本国资产，这时可以说资本流入本国。

一般地，影响资本净流出的因素主要有：(1) 国外资产得到的实际利率；(2) 国内资产得到的实际利率；(3) 持有国外资产可能面对的经济与政治风险；(4) 影响国外对国内资产所有权的政府政策。

在上述因素中，一般认为国内实际利率是较重要的因素。考虑一个要决定把自己的资金投在哪里的国内投资者。该投资者可以在国内投资，例如，通过贷款给国内的公司，或者也可以在国外投资，例如，通过贷款给外国公司。虽然有许多因素影响该投资者的决策，但该投资者可以赚得的利息肯定是一个重要因素。一个投资者在国内能赚到的利息越高，则国外投资的吸引力越小。

一般地，随着一国利率上升，该国的储蓄流到国外的就会越少，而从其他国家流入该国的资金就越多。所以资本净流出一般是国内利率的减函数。如果用 CF 表示资本净流出，r 为实际利率，则把下式称为资本净流出函数：

$$CF = CF(r) \tag{18.4}$$

图 18-2 显示了资本净流出与实际利率之间的关系。

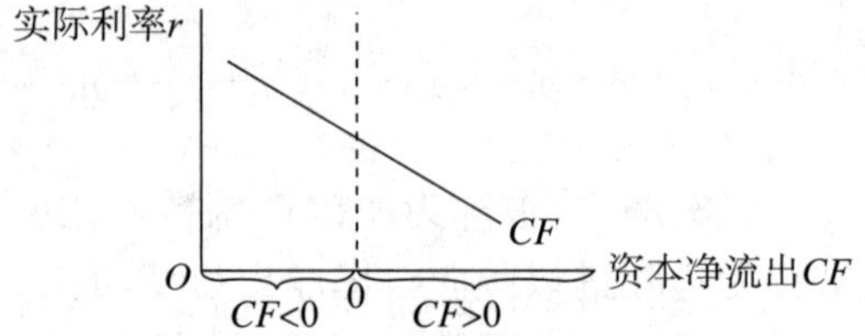

图 18-2　资本净流出函数

更高的国内利率抑制国内投资者贷款给国外，同时鼓励国外投资者贷款给国内，因此，资本净流出 CF 与利率负相关。

2. 净出口与资本净流出相等

净出口衡量一国出口与其进口之间的不平衡，而资本净流出衡量本国居民购买的外国资产与外国人购买的本国资产之间的不平衡。

这里要说明的是，对一国而言，资本净流出 CF 必然总是等于净出口 nx：

$$nx = CF \tag{18.5}$$

上述等式之所以成立，是因为影响这个等式一方的每一次交易也必然完全等量地影响另一方。例如，当一国有贸易盈余（$nx>0$）时，外国人购买该国产品与劳务多于该国人购买的外国产品与劳务。该国人用他们从产品与劳务的国外净销售中得到的外国通货做什么呢？他们必定购买外国资产，因此，该国资本流向国外（$CF>0$）。相反，如果一国有贸易赤字（$nx<0$），那么该国人用于购买外国产品与劳务的支出就多于他们从国外销售中得到的收入。因此，部分支出必定通过出售该国人的国外资产来筹资，因此，外国资本流

入该国（$CF<0$）。

第二节　模型的结构

在本节中，把对经济总需求的分析扩展到开放经济环境中，建立的模型被称为蒙代尔-弗莱明模型（Mundell-Fleming model）。

实际上，蒙代尔-弗莱明模型与本书第十四章论述的 $IS—LM$ 模型密切相关。这两个模型都强调了产品市场与货币市场之间的相互作用。这两个模型都假定物价水平是固定的，并说明是什么因素引起总产出的短期波动。两者的主要差异在于，$IS—LM$ 模型假设一个封闭经济，而蒙代尔-弗莱明模型假设一个开放经济。

一、关键假设：资本完全流动的小型开放经济

蒙代尔-弗莱明模型的一个关键假设是所考察的经济是资本能够完全流动的小型开放经济。这里的“小型”是指所考察的经济只是世界市场的一小部分，从而其本身对世界某些方面，特别是利率的影响微不足道。这里的“资本完全流动”，是指该国居民可以完全进入世界金融市场。特别是，该国政府并不阻止国际借贷。

由于这样的假设，可以得到下面的推论，即所考察的这样的小型开放经济中的利率 r 必定等于世界利率 r_w，即 $r=r_w$。

小型开放经济中的居民绝不会以任何高于 r_w 的利率借贷，因为他们总可以以 r_w 的利率从国外得到贷款。同样，这个经济的居民也不必以低于 r_w 的利率放贷，因为他们总可以通过向国外借款而获得 r_w 的收益率。在一个小型开放经济中，国内利率在短时间内可能略有上升，而一旦出现这种情况，外国人就会注意到较高利率并开始向这个国家贷款（例如，通过购买这个国家的债券）。资本的流入使国内利率回到 r_w。同样，如果任何事件一旦开始使国内利率下降，资本就会流出该国到国外去赚取更高的收益，而这种资本流出将使国内利率回升到 r_w。因此，$r=r_w$ 代表一个假设：国际资本流动之迅速足以使国内利率等于世界利率。

二、开放经济的 *IS* 曲线

蒙代尔-弗莱明模型对产品与服务市场的描述与 $IS—LM$ 模型大致相同，但它增加了净出口这个新项。特别是产品市场用下式表示：

$$y=c(y)+i(r)+g+nx(\varepsilon) \tag{18.6}$$

这个式子表明，总收入 y 是消费 c、投资 i、政府购买 g 和净出口 nx 之和。消费正向地取决于可支配收入 y。投资反向地取决于利率 r。净出口反向地取决于汇率 ε。

另外，蒙代尔-弗莱明模型假设国内物价水平和国外物价水平都是固定的，因此，实际汇率与名义汇率是同比例的。这就是说，当名义汇率升值时（比如说，从每美元兑 100 日元上升到 120 日元），相对于国内产品而言，外国的产品变得更便宜，这就引起出口的

减少和进口的增加。按照上述说明和（18.1）式，可以把 $nx(\varepsilon)$ 换成 $nx(e)$。

以上的产品市场均衡条件有两个金融变量（利率和汇率）影响产品和服务的产出，但这种情况可以通过使用完全资本流动的假设加以简化。令 $r=r_w$。我们得到

$$y=c(y)+i(r_w)+g+nx(e) \tag{18.7}$$

我们把它称为 IS^* 方程。（星号提醒我们该函数把利率保持在不变的世界利率 r_w 水平上。）我们把这一方程绘制成收入/产出在横轴上、汇率在纵轴上的图形。这一曲线由图 18-3（c）表示。

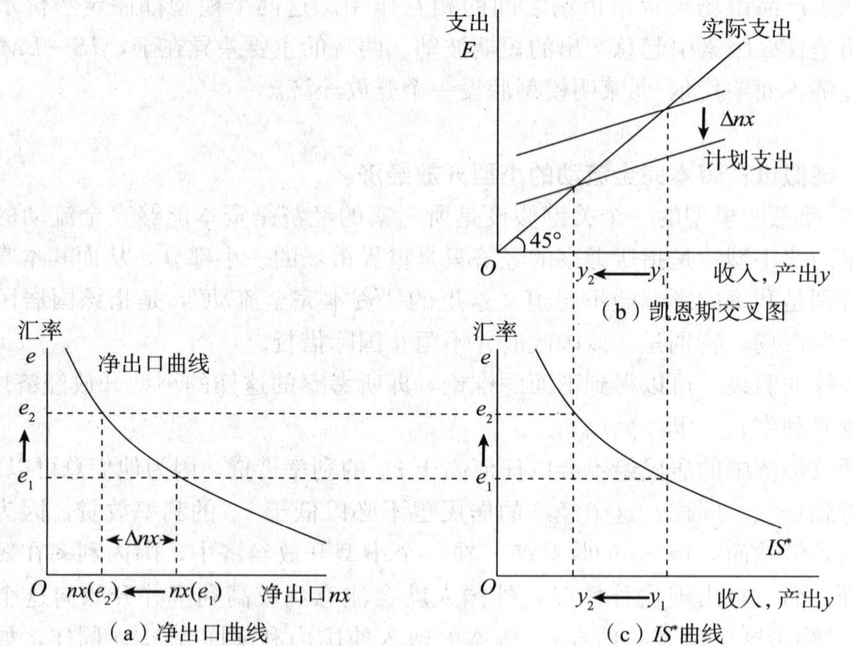

图 18-3　IS^* 曲线

IS^* 曲线向右下方倾斜，这是因为较高的汇率减少了净出口，从而减少了总收入。图 18-3 中的其他图形把净出口曲线和简单凯恩斯收入决定图形结合在一起推导出 IS^* 曲线。在图 18-3（a）中，汇率从 e_1 上升到 e_2，使净出口从 $nx(e_1)$ 减少为 $nx(e_2)$。在图 18-3（b）中，净出口的减少使计划支出曲线向下移动，从而使收入从 y_1 减少为 y_2。IS^* 曲线概括了汇率 e 和收入 y 之间的关系。

根据图 18-3 可知，在其他因素不变时，政府购买增加，IS^* 曲线向右方移动，政府购买减少，IS^* 曲线向左方移动。

三、货币市场与 LM^* 曲线

蒙代尔-弗莱明模型用与 IS—LM 模型相似的一个方程来代表货币市场：

$$\frac{M}{P}=L(r,y) \tag{18.8}$$

这个方程说明，实际货币供给 M/P 等于货币需求 $L(r, y)$。实际货币的需求反向地取决于利率 r，正向地取决于收入 y。货币供给 M 是由中央银行控制的外生变量，而且，由于蒙代尔-弗莱明模型旨在分析短期波动，所以假设物价水平也是外生固定的。

再次加入国内利率等于世界利率的假设，即 $r=r_w$：

$$\frac{M}{P}=L(r_w, y) \tag{18.9}$$

把它称为 LM^* 方程。我们可以像图 18－4（b）那样用垂线直观地表示这个方程。LM^* 曲线之所以垂直，是因为汇率并没有进入 LM^* 方程。给定世界利率，无论汇率如何，LM^* 方程决定了总收入。图 18－4 显示了 LM^* 曲线是如何来自世界利率和 LM 曲线的，LM 曲线把利率与收入联系起来。

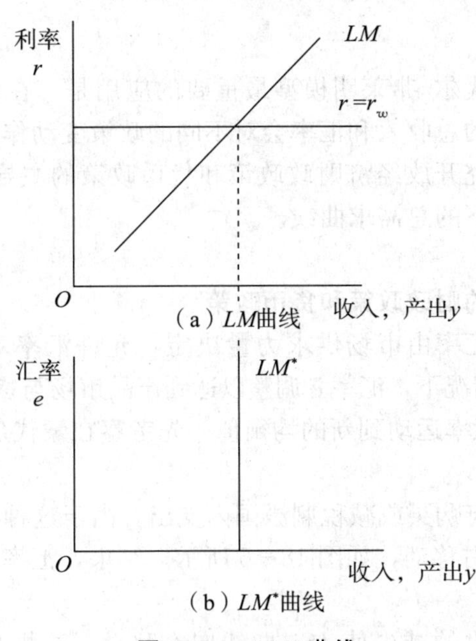

图 18－4　LM^* 曲线

根据图 18－4 可知，当货币供给量 M 增加时，LM^* 曲线向右移动，当货币供给量 M 减少时，LM^* 曲线向左移动。

四、蒙代尔-弗莱明模型

把前面说明的 IS^* 曲线和 LM^* 曲线综合在一起就形成了蒙代尔-弗莱明模型，它可以用两个方程来表示：

$$y=c(y)+i(r_w)+g+nx(e) \qquad IS^*$$

$$\frac{M}{P}=L(r_w, y) \qquad LM^*$$

第一个方程描述了产品市场的均衡，第二个方程描述了货币市场的均衡。外生变量是

财政变量 g、货币变量 M、物价水平 P 以及世界利率 r_w。内生变量是收入 y 和汇率 e。

图 18－5 显示了蒙代尔-弗莱明模型的图形。经济的均衡处于 IS^* 曲线和 LM^* 曲线的交点。这个交点表示产品市场与货币市场都均衡时的汇率与收入水平。根据图 18－5，我们可以用蒙代尔-弗莱明模型说明收入 y 和汇率 e 会对政策变动作出什么反应。

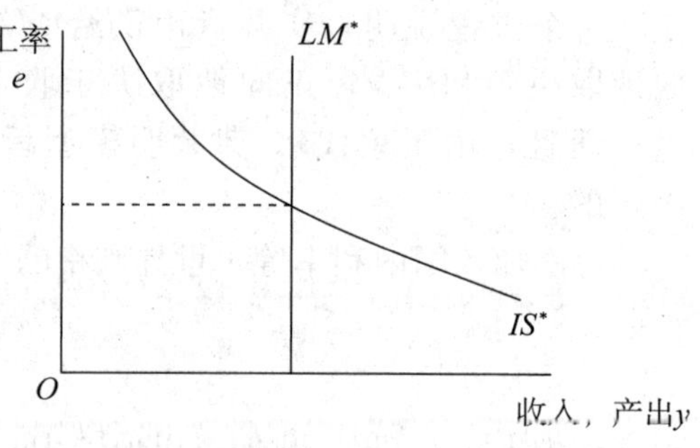

图 18－5　蒙代尔-弗莱明模型

第三节　模型的应用

在宏观经济学中，蒙代尔-弗莱明模型最重要的应用是，在该模型的假定下，考察在不同的汇率制度下，经济的总收入和汇率会对不同的政策变动作出什么反应。

该模型被描述为“研究开放经济财政政策和货币政策的主导政策范式”。本节最后还介绍了小型开放经济假定下的总需求曲线。

一、浮动汇率制度下的财政政策和货币政策

在浮动汇率制度下，汇率由市场供求力量决定，允许汇率对经济状况的变动作出反应，自由地变动。在这种情况下，汇率 e 调整以达到产品市场与货币市场的同时均衡。当某种力量改变均衡时，允许汇率运动到新的均衡值。先考察在蒙代尔-弗莱明框架下，财政政策变动的影响。

假定政府通过增加政府购买或减税刺激国内支出。由于这种扩张性财政政策增加了计划支出，它使 IS^* 曲线向右移动，如图 18－6 所示。结果，汇率上升了，而收入水平保持不变。

政府购买的增加或税收的减少使 IS^* 曲线向右移动。这提高了汇率，但对收入没有影响。

要注意的是，财政政策在小型开放经济中与在封闭经济中具有十分不同的影响。在封闭经济的 IS—LM 模型中，财政扩张增加了收入；而在浮动汇率的小型开放经济中，财政扩张使收入保持在同一水平上。这种不同在机制上是因为 LM^* 是垂直的，而我们用来研究封闭经济的 LM 曲线是向上倾斜的。但这个解释不能令人满意。不同结果背后的经济力量是什么呢？要回答这个问题，我们必须仔细考虑资本的国际流动发生了什么，以及这些资本流动对国内经济的含义。

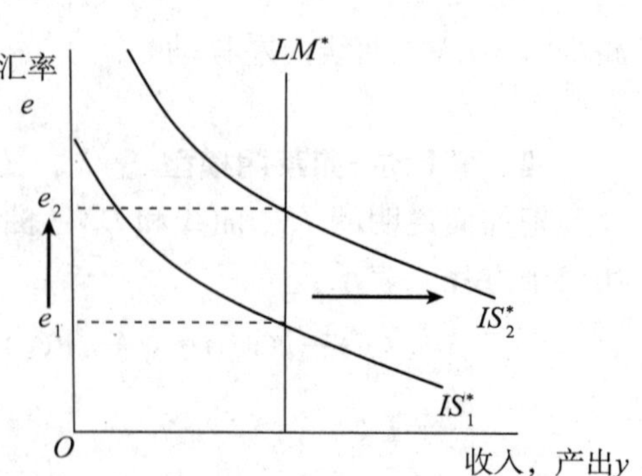

图 18－6　浮动汇率制度下的财政扩张

利率和汇率是其中的关键变量。在一个封闭经济中，当收入增加时，利率上升，因为更高的收入增加了对货币的需求。在一个小型开放经济中这种情况是不可能的：只要利率上升到世界利率 r_w 以上，资本就迅速从国外流入以便从较高的回报中获益。这一资本流入不仅使利率回到 r_w，还有另一个作用：由于国外投资者需要买进本币在国内投资，资本流入增加了外汇市场上对本币的需求，抬高了本币的价值。本币的升值使国内产品相对于国外产品变得昂贵，从而减少了净出口。净出口的减少抵消了扩张性财政政策对收入的影响。

为什么净出口减少如此之大，以至财政政策完全无力影响收入呢？为了回答这个问题，考虑描述货币市场的方程：

$$\frac{M}{P}=L(r,y) \tag{18.10}$$

在封闭经济和开放经济中，实际货币余额的供给量 M/P 被中央银行固定（央行确定 M）并存在黏性价格的假设（从而使 P 固定）。需求量（由 r 与 y 决定）一定会等于这个固定的供给。在一个封闭经济中，财政扩张引起均衡利率的上升。利率的这一上升（它减少了货币需求量）使得均衡收入增加（从而又增加了货币需求量）。与此相反，在一个小型开放经济中，r 固定在 r_w，因此，可以满足这个方程的只有一个收入水平，当财政政策变动时，这一收入水平保持不变。因此，当政府增加支出或减税时，汇率的升值和净出口的减少必然会大到足以完全抵消政策对收入的扩张作用。

下面再考虑在浮动汇率制度下货币政策的影响。

现在假定中央银行增加了货币供给。由于假定物价水平是固定的，货币供给的增加意味着实际货币余额的增加。实际货币余额的增加使 LM^* 曲线向右移动，如图 18-7 所示。因此，货币供给的增加提高了收入并降低了汇率。

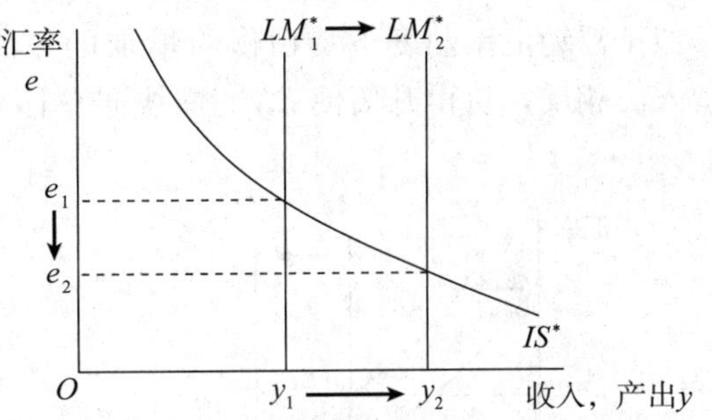

图 18-7 浮动汇率制度下的货币扩张

虽然货币政策在开放经济中与在封闭经济中一样影响收入，但货币传递机制是不同的。回想一下，在一个封闭经济中货币供给的增加使支出增加是因为它降低了利率并刺激了投资。在一个小型开放经济中，由于利率是由世界利率固定的，所以这一货币传递渠道并不存在。那么货币政策是如何影响支出的？要回答这一问题，我们需要再次考虑资本的国际流动及其对国内经济的影响。

利率和汇率仍然是关键变量。一旦货币供给的增加给国内利率以向下的压力，由于投资者会把资金投入到其他地方寻求更高的收益，资本流出该经济。资本的这一流出阻止了国内利率下降到低于世界利率 r_w 的水平。还有一个作用：由于海外投资需要把本币换成外币，资本的流出增加了外汇市场上国内通货的供给，使本币贬值。这一贬值使国内产品相对于国外产品更为便宜，从而刺激了净出口。因此，在一个小型开放经济中，货币政策通过改变汇率而不是改变利率来影响收入。

下面考察在蒙代尔-弗莱明模型中，固定汇率制度下财政政策和货币政策的影响。

二、固定汇率制度下的财政政策和货币政策

在固定汇率制度下，一国中央银行宣布一个汇率值，并随时准备买卖本币以便将汇率保持在所宣布的水平上。

先考察财政政策如何影响有着固定汇率的小型开放经济。假定政府通过增加政府购买或减税刺激国内支出。这种政策使 IS^* 曲线向右移动，如图 18－8 所示，对汇率产生了向上的压力。但是根据本章第一节对固定汇率制度所作的说明，由于中央银行随时准备按照固定汇率进行外国与本国通货的交换，套利者对汇率上升作出的反应是把外汇卖给中央银行，这就自动引起货币扩张。货币供给的增加使 LM^* 曲线向右移动。因此，在固定汇率制度下财政扩张增加了总收入。

下面考察固定汇率制度下货币政策的影响。

设想一个固定汇率制度下运行的中央银行希望增加货币供给——例如，通过从公众手中购买债券。这会发生什么呢？这种政策的初始影响是使 LM^* 曲线向右移动，降低了汇率，如图 18－9 所示。但是，由于中央银行承诺按固定汇率交易本国与外国通货，根据本章第一节对固定汇率制度所作的说明，套利者对汇率下降作出的反应是向中央银行出售本国通货，导致货币供给和 LM^* 曲线回到其初始位置。因此，在固定汇率制度下货币政策通常是无效的。由于同意把汇率固定，中央银行放弃了它对货币供给的控制。然而，一个采用固定汇率的国家也可以运用一种货币政策：它可以决定改变所固定的汇率水平。通货的官方价值的下跌被称为**货币贬值**（devaluation），通货的官方价值的上升被称为**货币升值**（revaluation）。在蒙代尔-弗莱明模型中，货币贬值使 LM^* 曲线向右移动，它起着类似于浮动汇率制度下货币供给增加的作用。因此，货币贬值扩大了净出口，并增加总收入。相反，货币升值使 LM^* 曲线向左移动，减少了净出口，并降低了总收入。

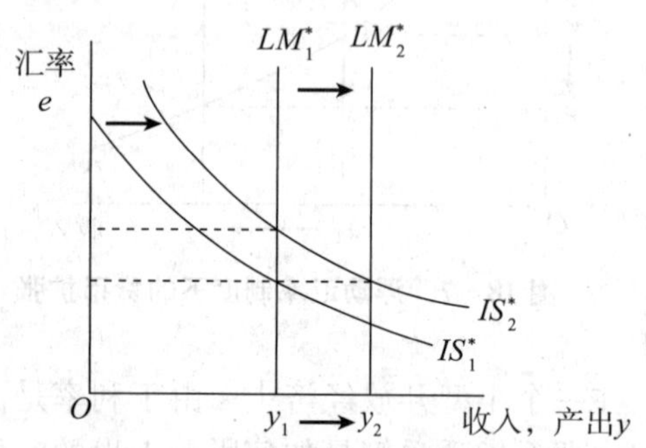

图 18－8　固定汇率制度下的财政扩张

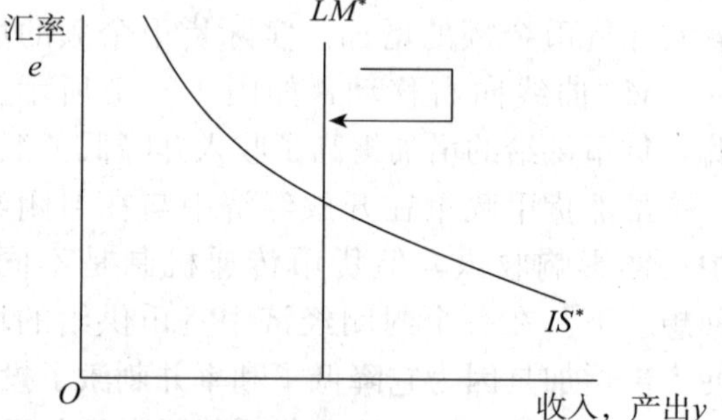

图 18－9　固定汇率制度下的货币扩张

如果中央银行试图增加货币供给——例如，通过向公众购买债券——它就对汇率施加了向下的压力。为了维持固定汇率，货币供给和 LM^* 曲线必须回到初始位置。因此，在固定汇率制度下，名义货币政策是无效的。

三、蒙代尔-弗莱明模型中的政策：小结

蒙代尔-弗莱明模型说明了财政政策和货币政策对小型开放经济的影响都取决于汇率是浮动的还是固定的。表 18－1 概括了前面关于财政政策、货币政策对收入、汇率的短期

影响的分析。令人吃惊的是，在浮动汇率制度和固定汇率制度下所有结果都不同。

表 18-1　　　　　　蒙代尔-弗莱明模型：政策效应的总结

政策	汇率制度					
	浮动汇率			固定汇率		
	对以下各项的影响					
	y	e	nx	y	e	nx
财政扩张	—	↑	↓	↑	—	—
货币扩张	↑	↓	↑	—	—	—

说明：本表展示了各种经济政策对收入 y、汇率 e 和贸易余额 nx 影响的方向。"↑"表示某变量增加；"↓"表示某变量减少；"—"表示无影响。要记住，汇率定义为每单位本国通货兑换的外国通货量（例如，1 美元兑换 100 日元）。

更具体地说，蒙代尔-弗莱明模型说明了货币政策与财政政策影响总收入的效力取决于汇率制度。在浮动汇率制度下，只有货币政策能够影响收入。财政政策通常的扩张性影响被通货价值的上升和净出口的下降所抵消。在固定汇率制度下，只有财政政策能够影响收入。货币政策正常潜力的丧失是因为货币供给全部用在了把汇率维持在所宣布的水平上。

四、小型开放经济的总需求曲线

到现在为止，我们一直用蒙代尔-弗莱明模型来研究当物价水平固定时的短期小型开放经济。现在考虑当物价水平改变时会发生什么。这样做将说明蒙代尔-弗莱明模型是如何提供了小型开放经济的总需求曲线的理论。

因为我们现在要考察价格调整，经济中的名义汇率和实际汇率不再一起运动。因此，我们必须区分这两个变量。如我们在本章所约定的，名义汇率为 e，实际汇率为 ε，实际汇率等于 eP/P_f。我们可以把蒙代尔-弗莱明模型写为：

$$y=c(y)+i(r_w)+g+nx(\varepsilon) \qquad IS^*$$

$$\frac{M}{P}=L(r_w,y) \qquad LM^*$$

第一个式子描述了 IS^* 曲线，第二个式子描述了 LM^* 曲线。要注意的是，净出口取决于实际汇率。

图 18-10 显示了当物价水平下降时所发生的情况。由于较低的物价水平增加了实际货币余额，LM^* 曲线向右移动，如图 18-10（a）所示。实际汇率贬值，而收入的均衡水平提高了。正如图 18-10（b）所示，总需求曲线概括了物价水平和收入水平之间的这种负相关关系。

因此，正如 IS—LM 模型解释了封闭经济中的总需求曲线一样，蒙代尔-弗莱明模型解释了小型开放经济的总需求曲线。在这两种情况下，总需求曲线都表示随着物价水平变动而产生的产品市场和货币市场的一组均衡。而且，在这两种情况下，除物价水平变动外，任何改变均衡收入的因素都会使总需求曲线移动。给定价格水平，增加收入的政策和事件使总需求曲线向右移动；给定价格水平，减少收入的政策和事件使总需求曲线向左移动。

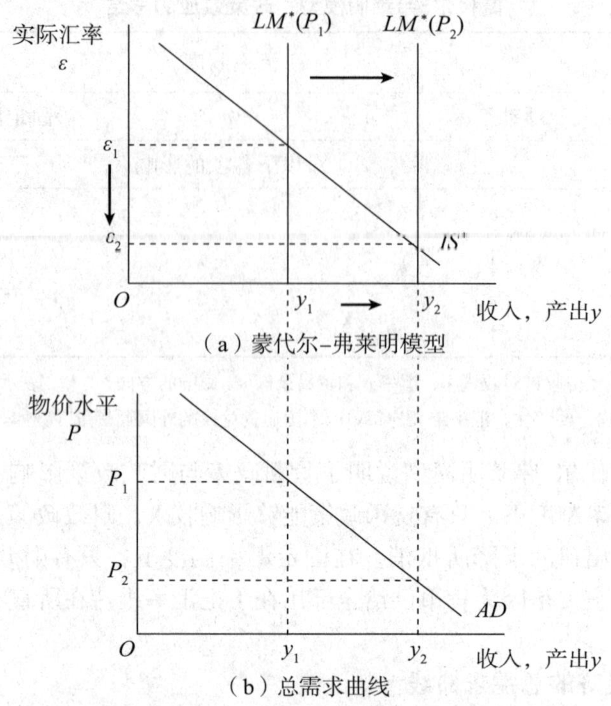

（a）蒙代尔-弗莱明模型

（b）总需求曲线

图 18-10　作为一种总需求理论的蒙代尔-弗莱明模型

第四节　模型的扩展

本章前面所论述的蒙代尔-弗莱明模型是一个小型开放经济的模型。与小型开放经济相对应的是大型开放经济，它与小型开放经济的不同在于，它的利率并不是由世界利率固定的。在一个大型开放经济中，必须考虑利率和资本流出之间的关系。本节旨在把蒙代尔-弗莱明模型扩展到大型开放经济中，进而考察政府财政政策和货币政策对经济的影响。

一、模型的结构

该模型的三个方程是

$$y=c(y)+i(r)+g+nx(e) \tag{18.11}$$

$$\frac{M}{P}=L(r,y) \tag{18.12}$$

$$nx(e)=CF(r) \tag{18.13}$$

（18.11）式与（18.7）式大致相同，唯一的不同在于前者中利率是变量，而后者中利率为常数。（18.12）式与（18.9）式大致相同，主要区别在于前者中利率是变量，而后者中利率为常数。(18.13)式来自关系式(18.5),它表示一国净出口 nx 等于资本净流出,而资本净流出又取决于国内利率。

从另一角度看,这一模型涉及了三个市场,即产品市场、货币市场和外汇市场。(18.11)式反映的是产品市场均衡;(18.12)式为货币市场均衡;而(18.13)式则描述了外汇市场均衡。

为了看清(18.13)式反映的是外汇市场,应该知道外汇市场有供求双方,且这一市场能够协调那些希望用国内通货交换其他国家通货的人。一般地说,资本净流出代表了为购买国外资产而供给的本国货币量,例如当一家美国机构想购买日本政府债券时,它就需要把美元兑换为日元,因此它在外汇市场上供给美元。净出口代表了购买本国产品与劳务的净出口而需要的本国货币量。例如,当一家日本公司想购买美国产品时,它需要把日元兑换成美元,因此,它在外汇市场需要美元。图 18-11 描述了外汇市场。

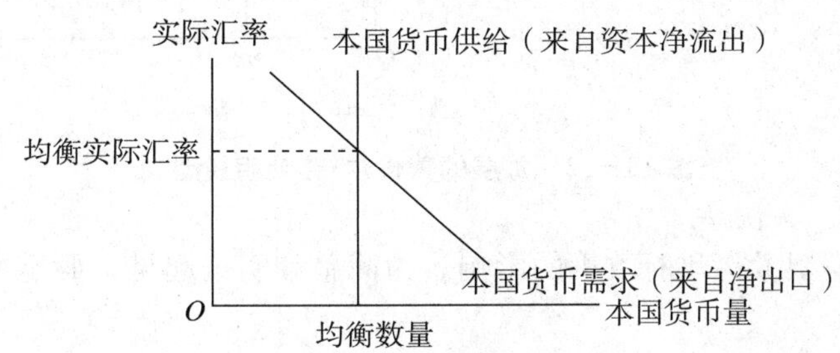

图 18-11 外汇市场均衡

在图 18-11 中,外汇市场需求曲线由净出口曲线描述,它是向右下方倾斜的,即较高的实际汇率使本国的产品更为昂贵,并减少了为购买这些产品所需要的本国货币量。外汇市场的供给曲线由资本净流出描述,它是垂直的,因为由于资本净流出而供给的本国货币量并不取决于真实汇率。外汇市场上使供求相等的汇率为均衡汇率。在图 18-11 中,当两条曲线相交时,外汇市场的供给量等于需求量,外汇市场达到均衡,由此便可决定均衡的实际汇率。

将(18.13)式代入(18.11)式中,则有

$$y=c(y)+i(r)+g+CF(r) \tag{18.14}$$

$$\frac{M}{P}=L(r,y) \tag{18.15}$$

上述方程与封闭经济的 *IS—LM* 模型的两个方程非常相似。唯一的区别是总支出中有两项取决于利率。一是投资,更高的利率减少了投资。但现在,更高的利率还减少了资本净流出,从而降低了净出口。

上述模型还可以用三幅图来表示,如图 18-12 所示。

图 18-12(a)给出了 *IS—LM* 图形,与封闭经济的 *IS—LM* 模型一样,纵轴代表利率 r,横轴代表收入 y。值得说明的是,图 18-12(a)中的 *IS* 曲线比封闭经济中的 *IS* 曲线更平坦些,原因在于前者方程中含有资本净流出项 $CF(r)$。

图 18-12(b)和图 18-12(c)表示从图 18-12(a)中得出的均衡值如何决定资本净流出、净出口和汇率。由图 18-12(a)确定的均衡利率在图 18-12(b)中决定了资本

净流出，确定了资本净流出后，借助于图 18－12（c）就确定了汇率。

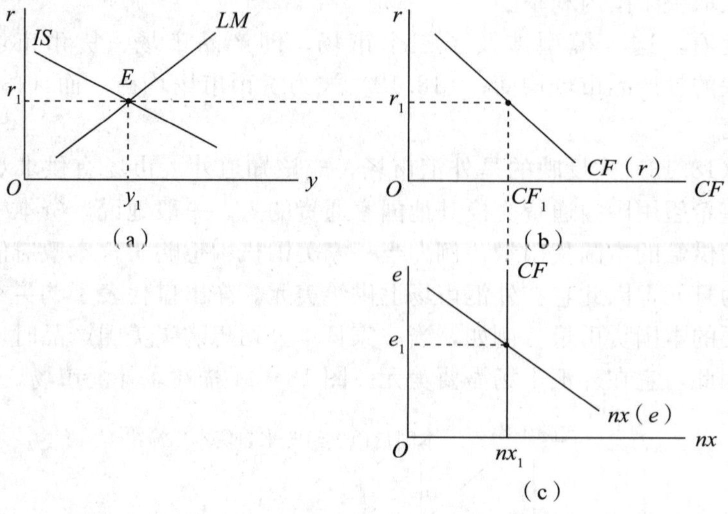

图 18－12　扩展的蒙代尔-弗莱明模型

下面利用上述模型考察政府政策的影响。为简单和明确起见，假定所考察的经济实行浮动汇率制度。

二、财政政策的影响

图 18－13 显示了财政扩张的影响。

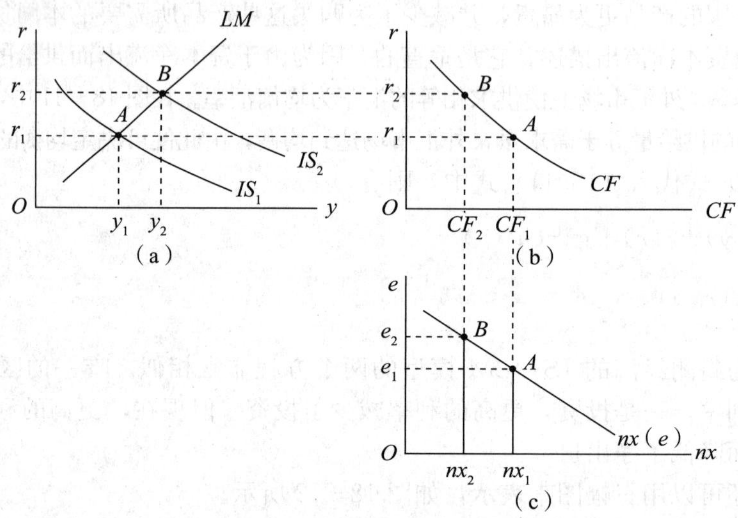

图 18－13　财政扩张的影响

一国政府增加政府购买或减税，将使经济的 *IS* 曲线向右移动，正如图 18－13（a）所示，*IS* 曲线的这种移动使收入水平增加和利率上升。这种影响类似于封闭经济的情况。

但在大型开放经济中，更高的利率减少了资本净流出，如图 18－13（b）所示。资本净流出的降低减少了外汇市场上的美元供给。汇率升值，如图 18－13（c）所示。由于国内产品相对于国外产品变得更昂贵了，所以净出口下降了。

图 18－13 显示，与浮动汇率制度下的小型开放经济不同，在大型开放经济中，财政扩张确实增加了收入。然而，对收入的影响小于封闭经济的情况。在封闭经济中，财政政策的扩张性影响部分地被投资的挤出所抵消：当利率上升时，投资下降，减小了财政政策乘数。在大型开放经济中，还有另一种抵消因素：当利率上升时，资本净流出减少，外汇市场上通货升值，净出口下降。这进一步减小了财政政策乘数。（在图 18－13 中，这一额外的渠道体现为前面提到的更平坦的 *IS* 曲线：对于任何给定的 *IS* 曲线右移，更平坦的曲线意味着收入增加得更少。）这些影响加在一起也不足以像小型开放经济那样使财政政策无效，但它们确实降低了财政政策的影响。

三、货币政策的影响

图 18－14 显示了货币扩张的影响。

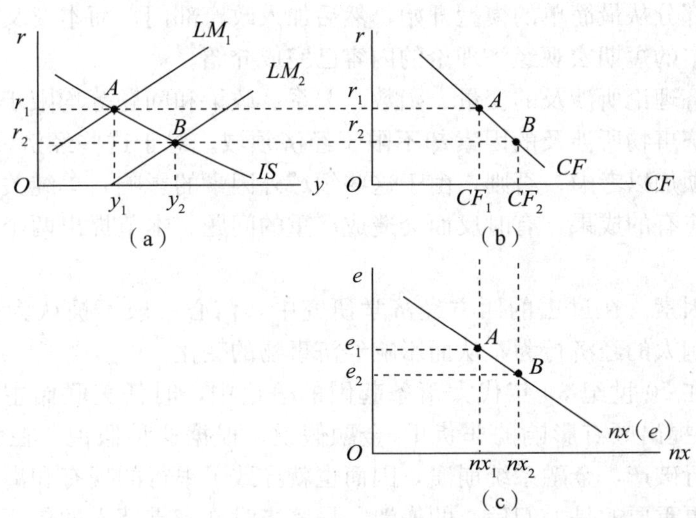

图 18－14　货币扩张的影响

货币供给增加使 *LM* 曲线向右移动，如图 18－14（a）所示，收入水平上升，利率下降。这些影响仍然和封闭经济的情况类似。

然而，如图 18－14（b）所示，更低的利率导致更高的资本净流出。*CF* 的增加提高了外汇市场上的本国货币供给，从而使得汇率降低，如图 18－14（c）所示。随着国内产品相对于国外产品变得便宜，净出口增加了。

现在我们可以看到，在大型开放经济中，货币传导机制通过两个渠道起作用。与封闭经济一样，货币扩张降低了利率，从而刺激了投资。与小型开放经济一样，货币扩张导致外汇市场上通货的贬值，从而刺激了净出口。这两种影响都导致了更高的总收入。确实，由于这里的 *IS* 曲线比封闭经济中的 *IS* 曲线更平坦，所以，*LM* 曲线的任何给定移动对收入都有更大的影响。

第五节 结束语

本章要点可以归纳如下：

（1）名义汇率是用一国通货交换另一国通货的比率。实际汇率是交换两国生产物品的比率，它表示为名义汇率乘以两国价格水平的比率。

（2）蒙代尔-弗莱明模型是小型开放经济的 *IS—LM* 模型。它把价格水平作为给定的，然后说明引起收入和汇率波动的因素。

（3）蒙代尔-弗莱明模型说明了在浮动汇率制度下，财政政策不影响总收入，但货币政策能够影响总收入。

（4）蒙代尔-弗莱明模型说明了在固定汇率制度下，财政政策影响总收入，但货币政策不影响总收入。

本书的宏观部分从最简单的模型开始，然后加入政府部门，而本章又考虑了国际经济部门。至此，基本的短期宏观经济理论的内容已完成介绍。

虽然宏观经济理论所涉及的变量、函数、关系、政策和问题等均限于经济领域，但在现实生活中，经济事物所涉及的因素却不限于经济领域。对于这些经济领域以外的因素，经济管理人员必须加以考虑。否则，由于这些领域外因素的影响，单纯关注经济事物的举措往往不能得到应有的成果，有时反而会造成严重的问题。本节提出两个值得重视的经济领域以外的因素。

第一，信心因素。在过去的西方经济学研究中，信心一般不被认为是经济因素，然而，它却可以影响人的经济行为，从而影响经济事物的变化。

在有关美国在 20 世纪 30 年代大萧条起因的争论中，时任美联储主席伯南克（Bernanke，1983）曾提出颇有影响的非货币/金融假说。根据这种假说，在大危机爆发的初期，由于许多银行破产，金融系统崩溃，因而也就导致了银行的现有和潜在客户知识与信息网络的崩溃，更重要的是人们信心的崩溃。尽管当时许多借债人的信用是好的，但他们因此被拒绝了贷款申请。这进一步导致私人投资的急剧下降。

针对 2008 年下半年爆发的全球金融危机，国务院总理温家宝一针见血地指出了信心的重要性。温家宝说，"从这场危机一开始，我就到处讲，信心比黄金和货币还重要，我以为金融危机在一定程度上是信心危机和信用危机。在这个关键时刻，提振信心最为重要。只有消费者有信心，才能大胆地消费。只有企业经营人有信心，才能大胆地投资。只有国家领导人有信心，才能开动脑筋，想方设法采取及时果断措施应对危机。只有有信心，我们这个国家才有新希望。"2010 年 4 月 15 日，国家统计局公布的中国 2010 年第一季度宏观经济数据表明，我国经济已走出全球金融危机所施加给我国的消极影响。这一切也表明，处于经济领域之外的信心因素是绝不应被忽略的。

第二，意识形态因素。在国际经济的决策中，经济因素当然起着重大的作用，但是，意识形态因素也具有相当重要的影响。我们仍以消除国际收支赤字作为例子。

消除国际收支赤字至少有两种政策：其一即是上面说过的货币贬值，其二是对外汇施加管制。前者被认为是符合自由市场的经营原则；后者被认为是政府对市场的干预。在其他条件相等的条件下，如何在二者之间进行抉择？在这里，选择往往取决于意识形态的考虑。仍以东南亚危机为例。在货币恶性持续贬值已经成为祸根的情况下，当时的国际货币基金组织还是倾向于自由市场的经营原则，宁可把大量款项借给有关的东南亚国家，用于在自由市场支持受到冲击的货币，而不愿意看到这些国家实施外汇管制政策。这种政策的选择显然与国际货币基金组织的意识形态有关。

关于国际货币基金组织的意识形态的倾向，一本专门研究世界经济组织的著作写道："国际货币基金组织的经济哲学的主导原则系根源于自由主义的经济模式……该基金组织献身于市场经济并且深信，通过自由和不受阻挠的市场力量来发生作用的市场原则可以对经济复苏和增长问题提供最好的治疗方案。"① 正是由于意识形态的影响，该基金组织采用了通过自由市场的交易来制止货币贬值的政策。这说明，作为经济领域以外的因素的意识形态对经济决策能够产生相当大的影响。

附录　南—北关系的一种经济分析

本附录通过给出当今流行的南—北关系的一种经济分析，来说明将宏观经济模型化的方法扩展到两个（或多个）经济之间相互作用的情形。

一、南—北关系简述

划分世界经济的一种常用方法是区别发达国家和发展中国家。前者通常称为北方，后者通常称为南方。"南—北"这一术语暗含着一个地理上的格局，世界上较富裕的国家大多位于北半球，较贫穷的国家大多位于南半球。"南—北"这一术语产生于20世纪70年代贫困国家的领导人呼吁建立"新的世界经济秩序"的运动中。

出于便于模型化的目的，北方一般被认为是工业化的、技术先进的、高收入的地区，并向南方出口工业制成品；南方则被认为是农业占统治地位、技术相对落后、平均收入较低、向北方出口初级产品的地区。

二、南—北关系模型化的两种思路

在用经济模型分析南—北关系的过程中，存在着两种思路。一是把两个区域视为在同一个基本结构中按同一个模型运行，但两种区域的具体参数有区别；二是将两区域视为各自具有根本性区别的结构。在第一种思路中，两区域的经济是对称的，相应的分析被称为对称方法（或模型）；第二种思路被称为非对称的，相应的分析被称为非对称方法（或模型）。以下只说明对称方法。

---

① 威廉斯．国际经济组织和第三世界．纽约：哈瓦斯特和惠特西夫出版社，1994：71.

三、用对称方法分析南—北关系

假定南北双方之间互相进行贸易。每一个地区生产另一地区需求并可以进口的商品，它们或者作为消费品，或者作为中间产品。假定两个地区均存在失业，所以产出的增加是可能的。

设北方的收入恒等式为：

$$y_n=\beta_n y_n+a_n+x_n-m_n y_n \tag{18a.1}$$

式中，y_n 为北方的产出；β_n 为北方的边际消费倾向；a_n 为北方投入在自己生产中的实际支出（包括投资、政府购买和自发消费等）；x_n 为北方向南方的实际出口；m_n 为北方的边际进口倾向。

类似地，南方的收入恒等式为：

$$y_s=\beta_s y_s+a_s+x_s-m_s y_s \tag{18a.2}$$

式中，y_s 为南方的产出；β_s 为南方的边际消费倾向；a_s 为南方投入在自己生产中的实际支出；x_s 为南方向北方的实际出口；m_s 为南方的边际进口倾向。

因为北方的出口是南方的进口，南方的出口是北方的进口，地区间便有了明确的相互依赖性。这时 x_n 和 x_s 可以写为：

$$x_n=m_s y_s \tag{18a.3}$$

$$x_s=m_n y_n \tag{18a.4}$$

将（18a.3）式代入（18a.1）式，将（18a.4）式代入（18a.2）式，则有：

$$y_n=\beta_n y_n+a_n+m_s y_s-m_n y_n \tag{18a.5}$$

$$y_s=\beta_s y_s+a_s+m_n y_n-m_s y_s \tag{18a.6}$$

上述结果表明，南方和北方的产出具有相互依赖的关系。关系式（18a.5）式和（18a.6）式给出了一个简单但有用的南北相互依赖的模型。该模型有两个方程、两个未知量，即两个地区的产出或收入水平。求两地区收入的均衡值，可得：

$$y_n^*=\left(\frac{k_n}{1-k_n k_s m_s m_n}\right)(a_n+m_s k_s a_s) \tag{18a.7}$$

$$y_s^*=\left(\frac{k_s}{1-k_n k_s m_s m_n}\right)(a_s+m_n k_n a_n) \tag{18a.8}$$

式中，$k_n=\dfrac{1}{1-\beta_n+m_n}$，$k_s=\dfrac{1}{1-\beta_s+m_s}$。

k_n、k_s 分别被称为北方和南方地区的开放经济乘数，它们不涉及这里所说的相互依赖关系，这里称其为非相依乘数。在实际当中，当一个地区的收入水平通过贸易影响到另一个地区的收入水平时，（18a.7）式和（18a.8）式右端第一个括号中的表达式就是考虑到经济相互依赖性下的开放经济乘数。注意到相依乘数大于非相依乘数，因为相依乘数中的分母$(1-k_n k_s m_s m_n)$是一个小于 1 的正数。

注意到两个地区的相依乘数表达式的分母相同，因此，两个地区哪一个的非相依乘数越大，则其相依乘数就越大。换句话说，若 $k_n > k_s$，则北方的相依乘数比南方的大；若 $k_s > k_n$，则结论刚好相反。

相互依赖性不仅提高了每个地区的乘数，也使得各自地区对产出有贡献的自发支出提高。为了理解这一点，现在来检验一下（18a.7）式和（18a.8）式右端第二个括号内的各项。在（18a.7）式中，不仅北方在其商品上的自发支出决定产出的均衡水平，南方在自己商品上的自发支出也同样起决定作用。实际上，南方的进口倾向 m_s 和非相依乘数 k_s 都出现在（18a.7）式中。南方产出水平的决定也存在完全类似的情况。

在南—北关系的分析中，关键问题是哪个地区最终具有较高的收入水平。决定因素是进口倾向，具有较低进口倾向的地区会倾向于具有较高收入。例如，当北方的进口倾向 m_n 变小时，其乘数的非相依量 k_n 就变得越大，在对自己收入水平有积极影响的同时，反过来却减少了其国内自发支出对南方收入水平的积极影响。于是，从某种意义来说，具有较小进口依赖性的地区将趋于具有较优的收入实绩。

在现实世界中，北方的收入水平的确要高一些。根据这一模型的假定，可以得出结论，即北方所具有的持久的收入优势很可能是由于北方比南方有着较小的进口倾向：因南方比北方更加依赖进口从而使南北之间产生收入差距。虽然两个地区结构相似，但模型中两个重要参数（各自的进口倾向）的差异决定了它们相对收入水平的差别。

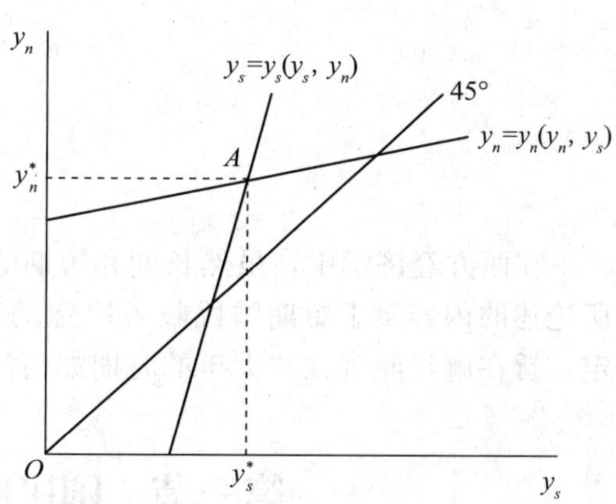

图 18a-1　实际收入的持久不均等

图 18a-1 阐明了在均衡状态时，北方的收入水平高于南方的情形。利用等式（18a.5）和等式（18a.6），我们可以粗略地将北方的收入描述为另一地区收入的函数，同理，南方也是这样。

北方的收入曲线以下标 n 表示，南方的收入曲线用下标 s 表示。如果两条曲线恰好相交于 45°线上，两个地区就有相同的收入水平。在这种情况下，两地区之间从总体上看存在着经济均等。但如果曲线交于 45°线两侧，那么一个地区就要比另一个地区富裕。

图 18a-1 中的两条收入曲线交于 45°线左侧，说明北方的均衡收入水平较高，因此南北间便存在均衡收入的差距，从而有了持久性的不均等。

（专栏 18a-1“希腊的债务危机”，请读者扫描本书封面二维码获取。）

第十九章 经济增长

在西方经济学中，虽然长期和短期的划分标准并不精确，但是大体说来，本章以前所论述的内容属于短期国民收入决定的范围，而本章的内容则涉及长期国民收入的决定，旨在解释经济在几十年的时期如何演进。

第一节 国民收入长期趋势和波动

图 19－1 说明了随着时间的推移，国民收入的趋势和波动的情况。

图中的细线表示实际 GDP 的趋势过程。GDP 的趋势过程是经济中当生产要素被充分利用时，GDP 所经历的过程。给定一个特定的时期，细线所对应的产量即为经济中现有资源被充分利用时所能生产的产量，也就是本章前面所说的充分就业产量或潜在产量。一般地，随着时间的推移，潜在产量由于下述原因而呈现出上升趋势，即经济中可得到的资源更多了，人口规模增加了，厂商获得了更先进的生产工具并修建新的工厂，土地得到改良以利于种植，新产品和新生产方法的发明和采用，增加了知识存量，等等。总之，经济中资源可得性的增加使得经济能生产出更多的产品和劳务。

图 19－1 中的粗线则表示在不同时期实际 GDP 的路径，从图中可以看出，经济中的实际产量不总是处于其趋势水平，即充分就业的水平。更经常地，产量围绕其趋势波动。在图中所标志的复苏时期，生产要素的利用量增加，由于人们加班加点工作，几台机器轮班运转，产量有可能超过其趋势；反之，在衰退时期，由于失业增加，机器设备闲置，产量小于现有资源与技术实际能生产的水平。

图 19－2 显示了美国 1929—2009 年实际产量和潜在产量的时间路径。

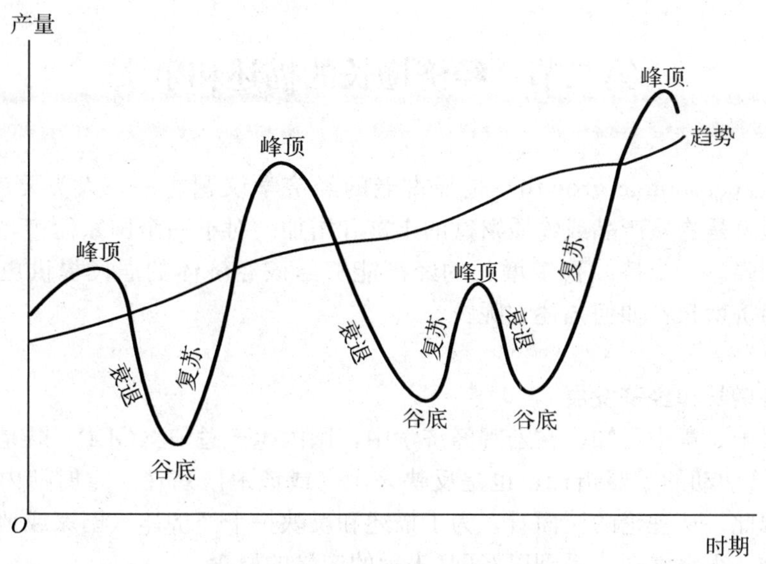

图 19-1　国民收入的趋势和波动

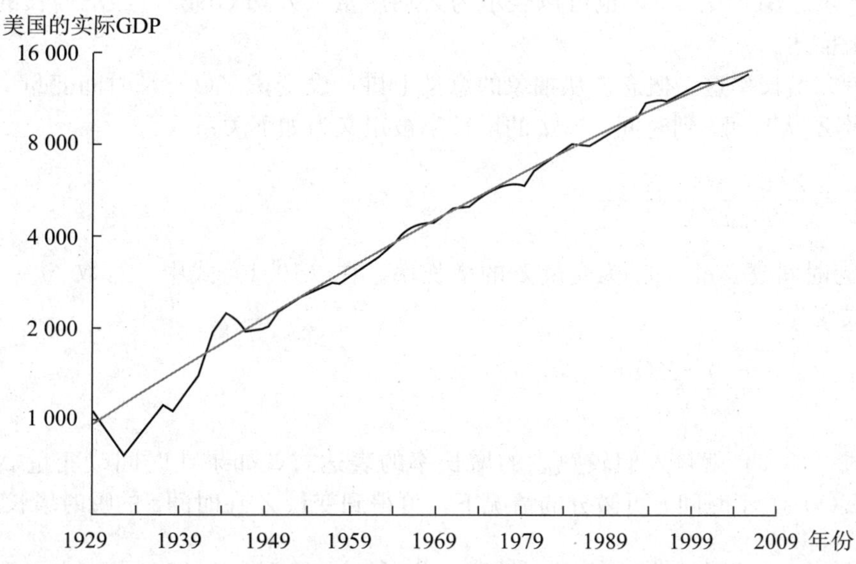

图 19-2　美国实际 GDP 和趋势线（1929—2009 年，以 2009 年的 10 亿美元为单位）

资料来源：Bureau of Economic Analysis，National Income and Product Accounts (GDP).

从图 19-2 中可以看到，在长达几十年的时期里，美国经济的实际产量围绕着其潜在产量而波动。

一般地，本章以前所论述的内容属于短期宏观经济分析的范围，旨在解释和分析经济波动。而本章的内容则属于长期宏观经济分析的范围，旨在解释和分析经济体潜在产量的演进。

第二节　经济增长的描述和事实

经济增长（economic growth）是最古老的经济学议题之一。人类要生存，要发展，其基础和前提就是物质产品或物质财富的丰富和增加。对于一个国家而言，发展的基本目标是民富和国强。一个持续稳定增长的经济能够给该经济体的居民提供更多的福祉。那么，什么是经济增长？如何描述它呢？

一、经济增长和经济发展

从本书第十二章中可知，在宏观经济学中，国内生产总值（GDP）既是衡量一个国家（或地区）经济活动的重要指标，也是反映该国（或该地区）在一定时期内生产总成果的重要指标。因此，从理论的层面看，为了描述和反映一个经济体（国家或地区）物质产品的丰富和增加，很自然地联系到以 GDP 表示的产量的概念。

一般地，在宏观经济学中，经济增长被定义为产量的增加，这里，产量既可以表示为经济的总产量（GDP 总量），也可以表示为人均产量（人均 GDP）。经济增长的程度可以用增长率来描述。

先来考察增长率这一概念。从抽象的意义上讲，设变量 $Z(t)$ 是时间变量 t 的实值函数，则变量 Z 从时间 t 到时间 $t+\Delta t$ 的增长率被定义为如下关系式：

$$g_z=\frac{Z(t+\Delta t)-Z(t)}{\Delta t Z(t)} \tag{19.1}$$

式中，Δt 为时间改变量；g_z 为变量 Z 的增长率。在（19.1）式中，若取 $\Delta t=1$，则增长率的关系式变为：

$$g_z=\frac{Z(t+1)-Z(t)}{Z(t)} \tag{19.2}$$

关系式（19.2）就是人们较熟悉的增长率的表达式。如果让时间改变量 Δt 趋于零，则在变量 $Z(t)$ 关于时间 t 可微分的情况下，可得到变量 Z 在时间 t 的瞬时增长率表达式：

$$g_z=\lim_{\Delta t\to 0}\frac{Z(t+\Delta t)-Z(t)}{\Delta t Z(t)}=\frac{\dot{Z}(t)}{Z(t)}=\frac{\mathrm{dln}Z(t)}{\mathrm{d}t} \tag{19.3}$$

式中，$\dot{Z}(t)=\frac{\mathrm{d}Z(t)}{\mathrm{d}t}$为 $Z(t)$ 关于时间变量 t 的导数。通常，可将（19.2）式表示的增长率称为常规增长率，将（19.3）式表示的增长率称为瞬时增长率（instantaneous growth rate）。瞬时增长率由于与导数或微分相联系，从而在关于增长率的理论分析中有时可能更方便。

利用公式（19.3），可以得到关于增长率的三个结论①：

结论 1：如果 $Z(t)=X(t)Y(t)$，则

$$g_z=g_x+g_y \tag{19.4}$$

即两个变量之积的增长率，等于两个变量增长率之和。

结论 2：如果 $Z(t)=\frac{X(t)}{Y(t)}$，则

$$g_z=g_x-g_y \tag{19.5}$$

即两个变量之商的增长率，等于两个变量增长率之差。

结论 3：如果 $z(t)=[X(t)]^a$，a 为常数，则

$$g_z=ag_x \tag{19.6}$$

回到经济增长问题上来，若用 Y_t 表示 t 时期的总产量，Y_{t-1} 表示（$t-1$）时期的总产量，则总产量意义下的增长率为：

$$g_Y=\frac{Y_t-Y_{t-1}}{Y_{t-1}} \tag{19.7}$$

若用 y_t 表示 t 时期的人均产量②，y_{t-1} 表示（$t-1$）时期的人均产量，则人均产量意义下的增长率为：

$$g_y=\frac{y_t-y_{t-1}}{y_{t-1}} \tag{19.8}$$

考察国民经济长期问题经常涉及两个既有联系又有区别的概念，即经济增长和经济发展。前面已经说明了经济增长的概念。

如果说经济增长是一个“量”的概念，那么经济发展就是一个比较复杂的“质”的概念。从广泛的意义上说，经济发展不仅包括经济增长，还包括国民的生活质量，以及整个社会各个不同方面的总体进步。总之，经济发展是反映一个经济社会总体发展水平的综合性概念。

一般地，主流的宏观经济学都把经济增长作为其重要内容之一，而对经济发展问题论

---

① 三个结论依次证明如下：

如果 $Z(t)=X(t)Y(t)$，对其取自然对数，则有

$$\ln Z(t)=\ln X(t)+\ln Y(t) \tag{1}$$

对（1）式关于时间变量 t 求导数，并利用（19.3）式可得

$$g_z=g_x+g_y$$

如果 $Z(t)=\frac{X(t)}{Y(t)}$，对其取自然对数，则有

$$\ln Z(t)=\ln X(t)-\ln Y(t) \tag{2}$$

对（2）式关于时间变量 t 求导数，并利用（19.3）式可得

$$g_z=g_x-g_y$$

如果 $Z(t)=[X(t)]^a$，对其取自然对数，有

$$\ln Z(t)=a\ln X(t) \tag{3}$$

对（3）式关于时间变量 t 求导数，并利用（19.3）式可得

$$g_z=ag_x$$

② 在本章前面的宏观经济学论述中，一般用小写字母 y 表示实际总产量。而在本章中，约定用大写字母 Y 表示总产量，用小写字母 y 表示人均产量。特此说明。

述的并不多。[①] 遵循这种做法，本章主要论述经济增长的内容。

二、经济增长和发展的一些事实

为了更好地理解和认识经济增长问题的重要性，有必要说明经济增长和发展的一些事实。先来考察国家间收入水平的差异，然后展示国家间收入增长率的差异。

虽然就像在本书第十二章中就已经指出的那样，GDP 指标有着这样那样的缺陷，但 GDP 仍不失为一个粗略地度量一国生活水平的现成指标。下面可以看到，国家间生活水平的差距如此之大，以至即使一个不十分精确的指标也足以得到人们的关注。

表 19－1 给出了 2012 年世界上 14 个人口最多的国家的人均收入情况。

表 19－1　　生活水平的国际差异

国家	人均收入（2012 年，美元）	国家	人均收入（2012 年，美元）
美国	54 749	菲律宾	6 110
日本	35 618	尼日利亚	5 535
俄罗斯	23 589	印度	5 138
墨西哥	16 426	越南	4 998
巴西	14 551	巴基斯坦	4 437
中国	10 960	孟加拉国	2 405
印度尼西亚	9 011	埃塞俄比亚	1 240

资料来源：世界银行。数据是经过购买力平价（PPP）调整的，也就是说，表中的收入数字考虑了各国生活成本的差别。

该表明显地反映了这样一个事实：在国家间人均收入方面，进而在生活水平方面存在着巨大的差异。以该表为例，在 2012 年，美国以人均收入 54 749 美元列在首位，埃塞俄比亚的人均收入仅为 1 240 美元，美国人均收入约为埃塞俄比亚人均收入的 44 倍。换一种方式说，一个代表性的美国工人 1 天的工作收入相当于一个代表性的埃塞俄比亚工人工作 44 天的收入。

人均 GDP 尽管不是一个衡量人类福利的完美指标，但是正像美国经济学家曼昆所说的，GDP 高的国家负担得起孩子更好的医疗保健，负担得起更好的教育制度，也可以教育更多公民阅读和欣赏诗歌。总之，GDP 确实衡量了人们过上一种有意义生活的投入能力。[②]

表 19－1 显示的是不同国家的收入水平，这些数据说明国家之间的富裕程度或生活水平存在着巨大差异。下面要展示的是一些国家的收入增长率，即人均收入以多快的速度增长。增长是重要的，因为增长较快的国家随着时间的推移其收入可以达到更高的水平。

设 y_t 和 y_{t+n} 分别为一国 t 时期和（$t+n$）时期的人均 GDP，则该国 n 期的人均 GDP 的平均增长率可表示为[③]：

---

① 在西方国家的经济学科中，专门论述经济发展的学科被称为发展经济学。

② 曼昆．经济学原理（宏观经济学分册）．6 版．北京：北京大学出版社，2012：18.

③ （19.9）式推导如下：记 $g=\frac{y_{t+1}-y_t}{y_t}$，则有 $y_{t+1}=(1+g)y_t$，如果 y 连续两个时期按相同的增长率 g 增长，那么（$t+1$）期和（$t+2$）期的 y 值均可以按照上式表示出来，即有 $y_{t+2}=(1+g)y_{t+1}=(1+g)(1+g)y_t=(1+g)^2y_t$。依此类推，$n$ 期的平均增长率满足 $y_{t+n}=(1+g)^n y_t$，将 g 解出，便有 $g=\left(\frac{y_{t+n}}{y_t}\right)^{\frac{1}{n}}-1$。

$$g=\left(\frac{y_{t+n}}{y_t}\right)^{\frac{1}{n}}-1 \tag{19.9}$$

根据（19.9）式，当知道每个国家在任意不同年份的人均 GDP 数据时，就可求得该国在相应时期的人均 GDP 的年均增长率。图 19－3 显示了 128 个国家（地区）1970—2005 年经济增长率的分布状况。

在图中，按照人均收入年均增长率对这些国家（地区）进行分组，图形显示了每一组国家（地区）的数据以及属于该组的其中几个国家（地区）的名字。例如，加拿大在此期间的年均增长率为 2.07%，因此，加拿大与另外 15 个国家（地区）同处一组，它们的年均增长率落在 2.0%～2.5%范围内。

图 19－3 显示，不同国家（地区）的经济增长率有显著的差异。在图形的顶部是所谓"增长奇迹"的国家和地区，它们的年均增长率均超过 5%。位于图形底部的则是经历"增长灾难"的国家和地区，如委内瑞拉、尼日尔、加蓬和尼加拉瓜，这些国家在 30 多年的时期中都经历了负增长。

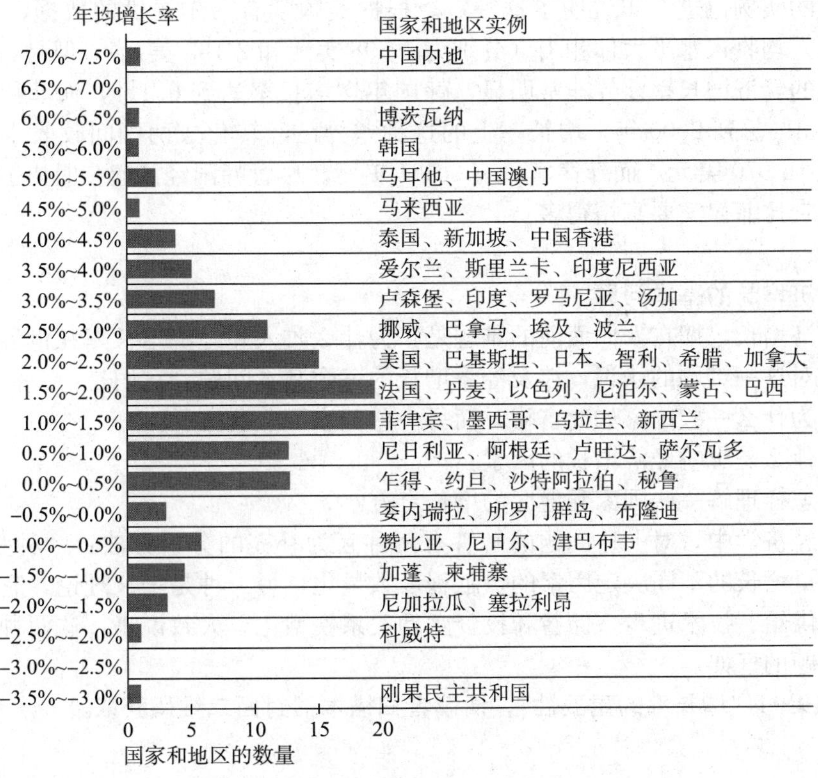

图 19－3 经济增长率分布，1970—2005 年

资料来源：戴维·N. 韦尔．经济增长．2 版．北京：中国人民大学出版社，2011：14.

经济增长作为人类福利进步的一项基础，其重要性是不言而喻的。事实上，国家间人均收入增长率即使只有微小的差别，如果长期持续下去，也会导致不同国民之间相对生活水准的显著差别。表 19－2 显示了持续增长对于五个假想国家的生活水平的复利①效果，这五个国家的人均收入都以 1 000 美元作为起点。

表 19－2　　不同增长率的累积效果　　单位：美元

年数	国家 1 增长率 $g=1\%$	国家 2 增长率 $g=2\%$	国家 3 增长率 $g=3\%$	国家 4 增长率 $g=4\%$	国家 5 增长率 $g=5\%$
0	1 000	1 000	1 000	1 000	1 000
10	1 100	1 220	1 340	1 480	1 630
20	1 220	1 490	1 810	2 190	2 650
30	1 350	1 810	2 430	3 240	4 320
40	1 490	2 210	3 260	4 800	7 040
50	1 640	2 690	4 380	7 110	11 470

这些数据显示，在 50 年后，这五个国家在增长率方面的差距是如何导致相对生活水平的巨大分化的。

现实中的实例也进一步说明了这一点。根据美国学者韦尔提供的数据，1960 年韩国和菲律宾的人均收入水平大体相当（分别为 1 598 美元和 2 153 美元），但是，在随后的年份里，它们的经济增长率差异非常明显，韩国年均增长率达到 6.1%，而菲律宾的年均增长率仅为 1.3%。到 2000 年，增长率上的这种差异已经转化成两国间收入水平的巨大差异：韩国为 16 970 美元，而菲律宾只有 3 661 美元。尽管韩国经济起步时更穷一些，但到比较期末，它比菲律宾要富裕得多。

三、经济增长的基本问题

对于经济增长，摆在人们面前的难题是，为什么收入和经济增长率在世界各国存在着巨大差异？对这一难题的认识，涉及经济增长的三个基本问题，它们是：

第一，为什么一些国家如此富裕，而另一些国家那么贫穷？

第二，什么是影响经济增长的因素？

第三，怎样理解一些国家和地区的增长奇迹？

在宏观经济学中，对上述问题的解答有两种互为补充的分析方法：一种是增长核算，它试图把产量增长的不同决定因素的贡献程度数量化；另一种是增长理论，它把增长过程中生产要素供给、技术进步、储蓄和投资互动关系模型化。大致说来，这两种方法构成了分析增长问题的框架。

（专栏 19－1“增长率的重要性”，请读者扫描本书封面二维码获取。）

第三节　经济增长的决定因素

人们已经认识到，虽然经济增长的概念是清晰的，但导致经济增长的原因是复杂的。

① 复利就是当期的利息收入进入下一期计息的本金的一种计息方法，俗称“利滚利”。

为了系统认识经济增长的决定因素，西方学者区分了经济增长的直接原因（proximate causes）和根本原因（fundamental causes）。

一、增长的直接原因

简单地说，增长的直接原因是用本书第十五章引出的宏观生产函数或总量生产函数来说明的。

总量生产函数提供了总量投入与总产出（GDP）之间的数量关系。假定经济的总量生产函数为

$$Y = A\ F(N,\ K) \qquad (19.10)$$
$$\quad (+)\ (+)\ (+)$$

式中，总产出 Y[①] 取决于劳动 N 和资本 K 两种投入以及技术水平 A。（19.10）式右侧变量下方带有“+”号的意思是，作为因变量的 Y 与作为自变量的 A、N 和 K 之间的关系是同方向变动的。总量生产函数（19.10）式描述了在给定 A、N 和 K 的情况下，一个经济能够生产产品和劳务的能力。

根据微观经济学中规模报酬不变的概念，如果上述生产函数为规模报酬不变的，那么所有投入扩大一定比例也会使产出扩大同样的比例。在数学上，可以把（19.10）式写为

$$\lambda Y = AF(\lambda N, \lambda K) \qquad (19.11)$$

在上式中，设 $\lambda = \frac{1}{N}$，则上式变为

$$\frac{Y}{N} = AF\left(1, \frac{K}{N}\right) \qquad (19.12)$$

式中，表达式 Y/N 被定义为生产率，即每单位劳动投入所生产的产品和劳务的数量。显然，在这里生产率表示为每个工人的产量。因此，（19.12）式说明，生产率或每个工人的产量取决于人均资本 K/N 和代表技术状况的变量 A。

有了生产函数（19.10）式，就能简单说明经济增长的直接原因。经济增长被定义为产量的增加，而生产函数（19.10）式则表明，作为因变量的总产量 Y 取决于作为自变量的 N、K 和 A。从函数关系上说，当自变量中的一个或多个发生变化时，因变量的产出水平 Y 将会发生变化。特别地，根据前面对因变量 Y 和自变量 A、N 和 K 关系的说明，当 A、N 和 K 中的一个（或多个）增加时，则产出水平 Y 将会增加，进而引起经济增长。[②]

对于生产函数（19.10）式而言，增长的直接原因有三个，即作为生产要素的劳动 N 和资本 K，以及技术水平 A。

显然，增长的直接原因是从生产函数中的自变量着手的。在有的文献中，生产要素除了劳

---

① 本章第二节的脚注已说明，在本章约定，用大写字母 Y 表示总产量，用小写字母 y 表示人均产量。

② 经济增长不仅可以用总产量来定义，而且可以用人均产量来定义，这时，通常用人均生产函数（19.12）式加以说明，此处从略。

动和资本外，还包括人力资本[1]和经济的自然资源。这时，增长的直接原因也会相应地变化。

增长的直接原因不仅可以解释一个国家在不同时期由于生产函数中自变量的变化，进而引起的产出水平变化的增长现象，而且在一定条件下，还可以通过比较不同国家在劳动、资本和技术等方面的差别来解释不同国家 GDP 和生活水平的差别。

二、增长的根本原因

对增长的直接原因的探讨会引出这样一个问题：如果考虑不同国家 GDP 和生活水平的差别，为什么一些国家与另一些国家相比积累了更多的生产要素，开发和采用了更好的技术？如果增加生产要素和采用先进技术就能大量增加 GDP，那么世界上的所有国家不都想这么做吗？为什么世界上还会存在一些国家如此富裕，而另一些国家那么贫穷呢？

所谓增长的根本原因是指导致增长的直接原因有所差别的那些根源性原因。增长的根本原因和直接原因的关系如图 19-4 所示。

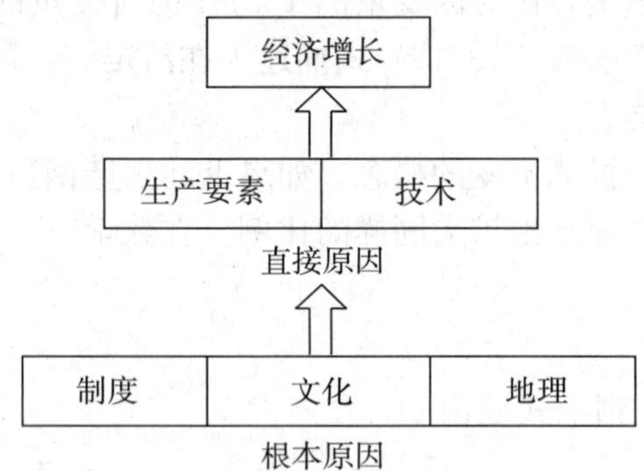

图 19-4　经济增长的根本原因和直接原因

当社会拥有充足的生产要素并在生产中有效地使用先进技术时，社会就出现了经济增长。但这只是增长的直接原因，因为生产要素和技术是由其他更深层次的因素决定的。西方学者将增长的根本原因划分为三个方面，即制度、文化和地理。

为了更清楚地看出直接原因和根本原因之间的区别，现在举一个例子。考虑一个人由于身体出现炎症而头痛和发高烧，为此该人服用了一些药物。在这个例子中，该人服用药物的直接原因是发烧和头痛，但是根本原因（也就是该人出现症状的原因）是该人身体出现炎症。

理解增长的直接原因和根本原因的另一种方式，是借助于数学中复合函数的概念。从前面的讨论知道，增长的直接原因可利用关系式（19.10）进行说明。为了说明根本原因对经济的影响，记字母 f 表示增长的根本原因，则 f 对经济产出的影响可以通过下面的复合函数来理解，即

$$Y=Y(f)=A(f)F[N(f),K(f)] \tag{19.13}$$

上述函数说明，一个经济的总产出（GDP）是通过变量 A、N 和 K 成为根本原因 f 的函数，进而通过生产函数成为根本原因 f 的复合函数。

---

① 人力资本是指人们通过教育、培训和经验获得的知识与技能。

由于本书篇幅所限，本章下面着重考察影响经济增长的直接原因。[①]

第四节　构建和分析新古典增长模型

上一节说明增长的直接原因时，主要是借助于生产函数进行的，这种分析在本质上是静态分析。为了解释为什么一个国家的国民收入会增长，以及为什么一些国家增长得比另一些国家快，则必须拓宽相关分析，以便描述经济随时间的推移而发生的变化。也就是说，需要对经济进行动态分析。

从当代的角度看，宏观经济学对经济增长理论所进行的较有影响的研究有两个时期：第一个时期是20世纪50年代后期和整个60年代；第二个时期是20世纪80年代后期和90年代初期。第一个时期的研究产生了新古典增长理论；第二个时期的研究产生了内生增长理论。本节和下节考察新古典增长理论，第六节论述内生增长理论。

一、基本假定和思路

新古典增长模型[②]建立在一个新古典生产方程体系之上，强调了在一个封闭的没有政府部门的经济中储蓄、人口增长及技术进步对增长的作用，它关注的焦点是经济增长的直接原因。新古典增长模型的基本假定是：(1) 经济由一个部门组成，该部门生产一种既可用于投资也可用于消费的商品；(2) 该经济为不存在国际贸易的封闭经济，且政府部门被忽略；(3) 生产的规模报酬不变；(4) 该经济的技术进步、人口增长及资本折旧的速度都由外生因素决定；(5) 社会储蓄函数为 $S=sY$，s 为储蓄率。

本着循序渐进的思路，这里关于新古典增长模型的构建分为两个部分，先论述没有技术进步的新古典增长模型，再论述具有技术进步的新古典增长模型。

二、没有技术进步的新古典增长模型

在没有技术进步的情况下，设经济的生产函数为：

$$Y=F(N,K) \tag{19.14}$$

式中，Y 为总产出；N 和 K 分别为总量劳动和总量资本，它们均随时间的推移而变化，从而 Y 也随时间的推移而变化。

根据生产规模报酬不变的假定，有：

$$\lambda Y=F(\lambda N,\lambda K)$$

对任何正数 λ 都成立，特别地，取 $\lambda=\frac{1}{N}$，上式变为：

---

① 对经济增长根本原因的考察，可参见戴维·N. 韦尔的《经济增长》(北京：中国人民大学出版社，2011)一书。

② 新古典增长模型有时又被称为索洛增长模型。

$$\frac{Y}{N}=F\left(1,\frac{K}{N}\right)$$

为说明简便起见，假定全部人口都参与生产，那么上式说明，人均产量 Y/N 只依赖于 K/N。用 y 表示人均产量，即 $y=\frac{Y}{N}$，k 表示人均资本，即 $k=\frac{K}{N}$，则生产函数可表示为下述人均形式：

$$y=f(k) \tag{19.15}$$

式中，$f(k)=F(1,\ k)$。

一般地说，资本积累受两种因素的影响，即投资（形成新资本）和折旧（旧资本的损耗）。假定折旧是资本存量的一个固定比率 δ $(0<\delta<1)$，人口增长率为 n，且储蓄能有效地转化为投资，则有：

$$\dot{K}=I-\delta K=S-\delta K=sY-\delta K$$

上式两边同除以 N，可得：

$$\frac{\dot{K}}{N}=\frac{sY}{N}-\frac{\delta K}{N}=sy-\delta k=sf(k)-\delta k \tag{19.16}$$

此外，由 $k=\frac{K}{N}$，对该式关于时间变量求导①，利用 $\dot{N}/N=n$ 经运算可得：

$$\dot{k}=\frac{\dot{K}}{N}-\frac{\dot{N}}{N}\cdot\frac{K}{N}=\frac{\dot{K}}{N}-nk$$

进而有：

$$\frac{\dot{K}}{N}=\dot{k}+nk$$

将上式代入（19.16）式，并整理，可得：

$$\dot{k}=sf(k)-(n+\delta)k \tag{19.17}$$

（19.17）式是新古典增长模型的基本方程。这一关系式表明人均资本变化等于人均储蓄减去 $(n+\delta)k$ 项。表达式 $(n+\delta)k$ 可以理解为“必要”的或者是“临界”的投资，它是保持人均资本 k 不变的必需投资。为了阻止人均资本 k 下降，需要用一部分投资来抵消折旧，这部分投资就是 δk 项。同样还需要一些投资，因为劳动数量以 n 的速率在增长，这部分投资就是 nk 项。因此资本存量必须以 $(n+\delta)$ 的速度增长，以维持 k 不变。总计为 $(n+\delta)k$ 的储蓄（或投资）被称为资本的广化。当人均储蓄（投资）大于临界投资所必要的数量时，k 将上升，这时经济社会经历着资本深化。根据以上解释，新古典增长模型的基本方程（19.17）式可表述为

资本深化＝人均储蓄(投资)－资本广化

---

① 在本章中约定，变量关于时间的导数一律用变量上加一点来表示，即 $\dot{k}=\frac{dk}{dt}$，$\dot{K}=\frac{dK}{dt}$，等等。

三、具有技术进步的新古典增长模型

现在构建具有技术进步的新古典增长模型，为此把经济的生产函数写为：

$$Y=F(AN,K) \tag{19.18}$$

在上述生产函数中，当作为技术状态的变量 A 随着时间的推移增大时，说明存在着技术进步，这时，经济中劳动效率提高了。20 世纪最有影响的劳动效率提高的例子是亨利·福特通过流水线进行大规模生产的创新，根据当时的观察计算，这一技术进步把工人组装一辆汽车主要部件的时间从 12.5 小时缩短到 1.5 小时。

在生产函数（19.18）式中，表达式 AN 被称为有效劳动，在这种情况下，新古典增长理论对生产函数的假定就变为，产出 Y 是资本 K 和有效劳动 AN 的一次齐次函数。

进一步地，记 $\hat{y}=\dfrac{Y}{AN}$，称其为按有效劳动平均的产量；$\hat{k}=\dfrac{K}{AN}$，称其为按有效劳动平均的资本；则（19.18）式可写为

$$\hat{y}=f(\hat{k}) \tag{19.19}$$

关于技术进步，新古典增长模型的一个重要假定是，技术进步是外生给定的，即假定变量 A 以一个固定的比例 a 增长，即有 $\dot{A}/A=a$。

为了得到具有技术进步的新古典增长模型的基本方程，专门考虑按有效劳动平均的资本，即

$$\hat{k}=\frac{K}{AN} \tag{19.20}$$

现对方程（19.20）式关于时间变量 t 求导数，利用导数的运算规则，可得

$$\begin{aligned}\dot{\hat{k}}&=\frac{\dot{K}}{AN}-\frac{K}{(AN)^2}\left[A\dot{N}+\dot{A}N\right]\\&=\frac{\dot{K}}{AN}-\frac{K}{AN}\cdot\frac{\dot{N}}{N}-\frac{K}{AN}\cdot\frac{\dot{A}}{A}\\&=\frac{sY-\delta K}{AN}-\hat{k}\cdot n-\hat{k}\cdot a\\&=\frac{sY}{AN}-\delta\hat{k}-n\hat{k}-a\hat{k}\end{aligned} \tag{19.21}$$

其中，上述第三个等式利用了假设 $\dot{N}/N=n$ 和 $\dot{A}/A=a$。

进一步地，利用 $\hat{y}=\dfrac{Y}{AN}$ 和关系式（19.19），（19.21）式可表示为

$$\dot{\hat{k}}=sf(\hat{k})-(n+\delta+a)\hat{k} \tag{19.22}$$

方程（19.22）便是具有技术进步的新古典增长模型的基本方程。这一方程表明，每单位有效劳动的资本存量 $\hat{k}$ 的变化取决于以下两方面的因素：等式右边第一项 $sf(\hat{k})$ 表示每单位有效劳动的实际投资量；第二项 $(n+\delta+a)\hat{k}$ 可以理解为投资平衡水平，表示投资量必须恰好使每单位有效劳动的投资保持在现有水平。

经济必须维持一定的投资水平以使 $\hat{k}$ 不下降的原因如下：首先，现有的资本存量不断磨损，需要有新投资以使资本存量不减少。其次，由于劳动和知识的增长，有效劳动的数

量是不断增加的，因此，需要足够的投资以使每单位有效劳动拥有的资本存量保持不变。

新古典增长模型的基本方程（19.17）和（19.22）在本质上是关于 k 和 $\hat{k}$ 的微分方程。在增长领域中，为了便于说明，常常将该模型用图形的方式来表示。以没有技术进步的新古典增长模型为例，其图形表示见图 19－5。

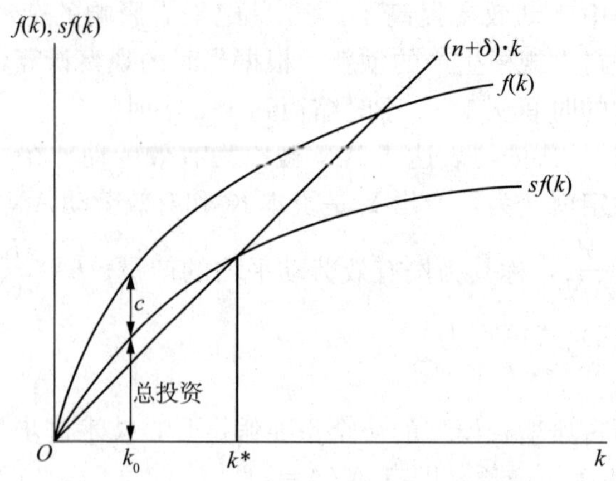

图 19－5　新古典增长模型的图形表示

在图 19－5 中，上面的曲线是生产函数曲线，基本方程（19.17）中的 $(n+\delta)k$ 项在图中是一条从原点出发的具有正斜率 $(n+\delta)$ 的直线。(19.17）式中的 $sf(k)$ 去掉参数 s（正值），就是生产函数。在形状上，$sf(k)$ 曲线和 $f(k)$ 曲线类似，都是从坐标原点出发，斜率为正，并且随着 k 的增加而变得越来越平坦。

四、稳态及其条件

在增长文献中，稳态（steady-state）是指包括资本存量和产出在内的有关内生变量将不会随时间的推移而变化的一种状态。根据上述说明，在新古典增长模型中，经济达到稳态的条件是 $\dot{k}=0$。进一步地，根据（19.17）式，对没有技术进步的新古典增长模型来说，该模型稳态的条件是

$$sf(k)=(n+\delta)k \tag{19.23}$$

根据（19.22）式，对具有技术进步的新古典增长模型来说，该模型稳态的条件是

$$sf(\hat{k})=(n+\delta+a)\hat{k} \tag{19.24}$$

新古典增长模型的稳态条件除了用方程来表示外，还可以用图形来表示。下面以没有技术进步的新古典增长模型为例进行说明，如图 19－6 所示。

根据上述稳态的含义，在图 19－6 中，当经济在 D 点上运行时，对应的人均资本存量为 k^*。当 k 为 k^* 时，$sf(k)$ 曲线正好与 $(n+\delta)k$ 线相交，这意味着两者相等。而由方程（19.17）可知，此时有 $\dot{k}=0$，即这时的人均资本量将不随着时间的推移而变化。所以，图 19－6 中 D 点所对应的状态即为该模型的稳态。

进一步地，如果资本存量不等于稳态水平，情况又如何呢？图 19－6 显示，在这种情况下，随着时间的推移，经济的资本存量将向稳态移动。例如，如果实际资本水平低于稳

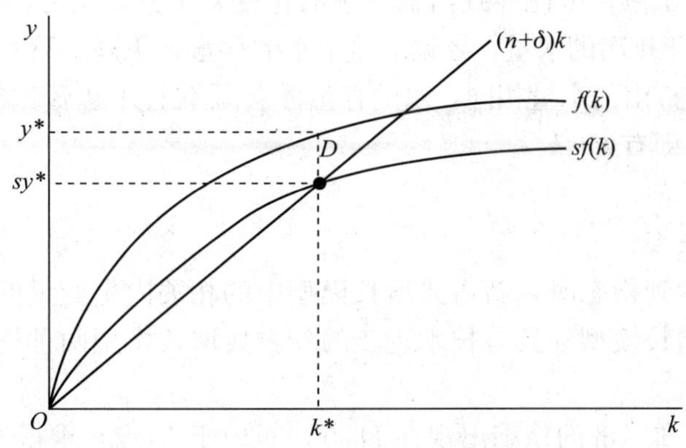

图 19-6　新古典增长模型的稳态

态水平，那么，从图中可以清楚地看出，投资量 $sf(k)$ 将大于 $(n+\delta)k$，这时，资本存量将像（19.17）式所显示的那样增加。同样，如果资本存量大于稳态水平，那么 $(n+\delta)k$ 项将大于投资量 $sf(k)$，在这种情况下，经济中的资本存量将随时间的推移而减少。以上论述表明，当经济偏离稳定状态时，无论人均资本过多还是过少，都存在着某种力量使其恢复到稳态。这意味着，新古典增长模型所确定的稳态是稳定的。

从理论上讲，新古典增长模型落在稳态的事实与资本的边际报酬递减密切相关。

由于稳态是经济的长期均衡状态，为了更充分地理解新古典增长模型的稳态，下面以浴盆模型的方式说明没有技术进步的新古典增长模型的稳态。

在新古典增长模型中，流入浴盆的流量是投资量 $sf(k)$，在图 19-7 中用从水龙头流出的水量来表示。

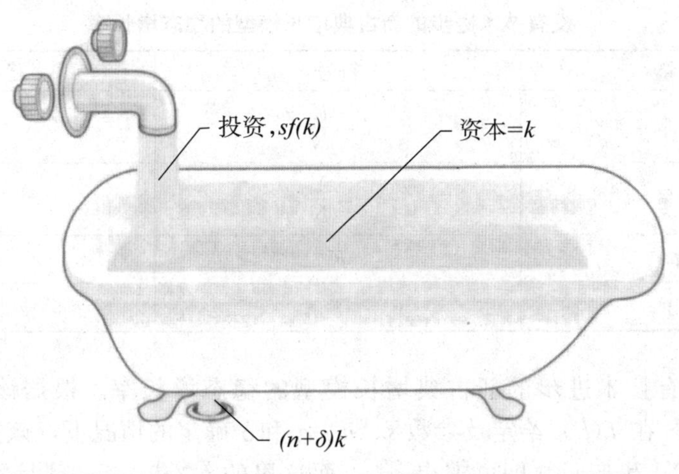

图 19-7　稳态的通俗说明

从浴盆流出的是 $(n+\delta)k$ 项，图中用从浴盆排水口排出的水量来表示。而浴盆中的水代表人均资本存量 k。如基本方程（19.17）表明的那样，当投资 $sf(k)>(n+\delta)k$ 时，流入浴盆的水量大于排出的水量，因此导致浴盆中水的存量 k 上升。反之，当 $sf(k)<(n+\delta)k$ 时，流入浴盆的水量小于排出的水量，导致浴盆中水的存量 k 下降。只有当 $sf(k)=(n+\delta)k$ 时，流入浴盆的水量与排出的水量相同，水的存量才会既不上升也不下降，因此使浴盆的水量处于一个稳定状态，即有 $k=k^*$。

五、稳态时的增长率

下面考虑当经济达到稳态时，新古典增长模型中的相关内生变量的增长率。下面分没有技术进步的新古典增长模型和具有技术进步的新古典增长模型两种情况来说明。先考虑前者。

根据图 19－6，可知经济的稳态出现在 D 点，对应于 D 点，求得人均资本 k、人均产量 y 和人均储蓄（投资）的稳态值分别为 k^*、y^* 和 sy^*。

由于 k^* 和 y^* 都为常数，故可知它们的增长率均为零，即

$$g_k=g_y=0 \tag{19.25}$$

方程（19.25）说明了新古典增长模型中的一个非常重要的结论，即人均资本和人均产出的稳态增长率均为零。出于这个原因，可以说在没有技术进步的情况下，新古典增长模型并没有对长期人均增长的决定因素作出解释。

进一步地，由于 $k=\dfrac{K}{N}$ 和 $y=\dfrac{Y}{N}$，利用本章关系式（19.5）并注意到人口增长率为 n，即有

$$g_K=g_Y=n \tag{19.26}$$

上式说明，在不考虑技术进步的情况下，总量资本和总产出的稳态增长率为 n，即人口增长率。把上述结论用表 19－3 表示如下。

表 19－3　　没有技术进步的新古典增长模型的稳态增长率

内生变量	符号	稳态增长率
人均资本	$k=\dfrac{K}{N}$	0
人均产量	$y=\dfrac{Y}{N}$	0
总资本	K	n
总产出	Y	n

现在说明具有技术进步的新古典增长模型的稳态增长率。根据该模型的稳态条件（19.24）式可知，在 $f(\hat{k})$ 给定及参数 s、n、a 和 δ 确定的情况下，该方程能决定一个确定的 $\hat{k}^*$，将其代入生产函数即可求得 $\hat{y}^*$，而这里的 $\hat{k}^*$ 和 $\hat{y}^*$ 又都是不依赖于时间的常数，故它们的增长率均为零。

又由于在具有技术进步的新古典增长模型中，$\hat{k}$ 和 $\hat{y}$ 的定义如下：

$$\hat{k}=\frac{K}{AN} \tag{19.27}$$

$$\hat{y}=\frac{Y}{AN} \tag{19.28}$$

再一次用到本章前面关于增长率的结论 1 和结论 2，即关系式（19.4）和（19.5），并注意到人口增长率为 n 和技术进步增长率为 a，便形成如表 19－4 所示的结果。

表 19－4　具有技术进步的新古典增长模型的稳态增长率

内生变量	符号	稳态增长率
按有效劳动平均的资本	$\hat{k}=\frac{K}{AN}$	0
按有效劳动平均的产量	$\hat{y}=\frac{Y}{AN}$	0
人均资本	$\frac{K}{N}=\hat{k}A$	a
人均产量	$\frac{Y}{N}=\hat{y}A$	a
总资本	$K=\hat{k}AN$	$n+a$
总产量	$Y=\hat{y}AN$	$n+a$

根据表 19－4 可知，在加入技术进步因素后，新古典增长模型终于可以解释本章前面所展示的生活水平的持续提高。也就是说，技术进步会导致人均产出的持续增长。一旦经济达到稳态，人均产出的增长率就只取决于技术进步的速率。根据新古典增长模型，只有技术进步才能解释经济持续增长和生活水平的持续上升。

第五节　应用新古典增长模型

有了新古典增长模型，本节应用该模型来考察一些相关的问题。

一、对收入差异的解释

本章第二节已经表明，在世界范围内，国家间的收入差距是巨大的，那么不考虑技术进步的新古典增长模型对此能加以解释吗？

理解新古典增长模型对收入差异的解释，在于说明对该模型所做的比较静态分析，具体而言，主要考虑经济的储蓄率增加和人口增长对经济稳态的影响。下面依次说明。

图 19－8 显示了储蓄率的增加是如何影响产量的。

图中，经济最初位于 C 点的稳态。现在假定储蓄上升了，从 s 提高到 s'，这使储蓄曲线上移至 $s'f(k)$ 的位置。这时新的稳态为 C'，比较 C 点和 C' 点，可知储蓄率的增加提高了稳态的人均资本和人均产量。

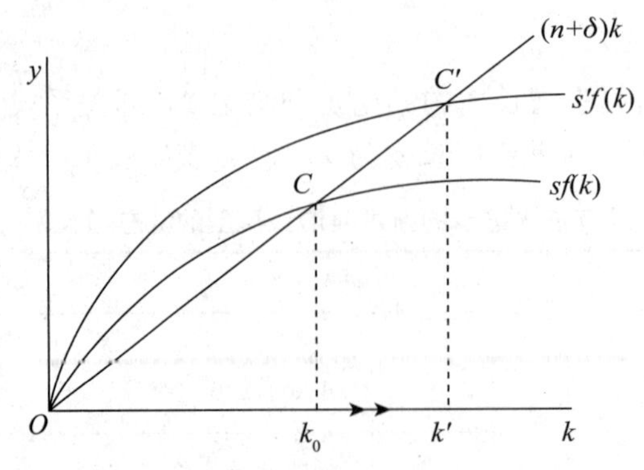

图 19-8　储蓄率增加的影响

对于从 C 点到C'点的转变，这里需要指出两点。第一，从短期看，更高的储蓄率导致了总产量和人均产量增长率的增加，这可以从人均资本从初始稳态的 k_0 上升到新的稳态中的 k'这一事实中看出。因为增加人均资本的唯一途径是资本存量比劳动力更快地增长，进而又引起产量的更快增长。第二，由于 C 点和 C'点都是稳态，按照前面关于稳态的分析，稳态中的产量增长率是独立于储蓄率的，从长期看，随着资本的积累，增长率逐渐降低，最终又回落到人口增长的水平。图 19-9 概括了以上分析。

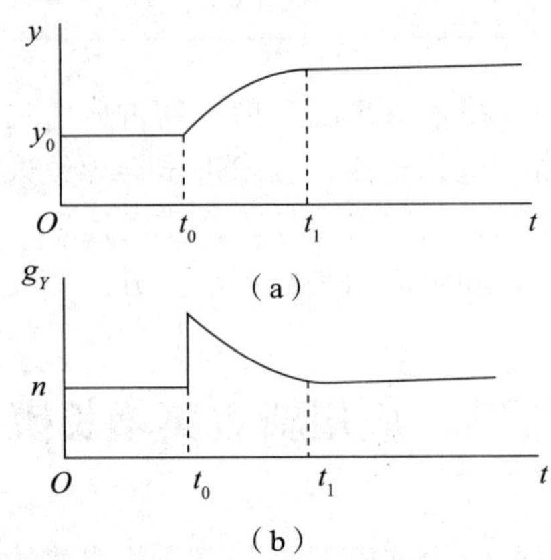

图 19-9　人均产出和总产量增长率随时间变化的轨迹

其中，图 19-9（a）显示了人均收入的时间路径。储蓄率的上升导致人均资本上升，从而增加人均产量，直到达到新的稳态为止。图 19-9（b）则显示了总产量增长率的时间路径。储蓄率的增加导致资本积累，从而带动了产量的一个暂时性的较高增长。但随着资本积累，总产量的增长最终会回落到人口增长率的水平上。

总之，新古典增长理论在这里得到的结论是，储蓄率的增加不能影响到稳态增长率，但确实能提高收入的稳态水平。用更专业的话说，就是储蓄率的增加只有水平效应，没有增长效应。

新古典增长模型的上述结论是否与现实情况吻合呢？图 19-10 给出了一些国家（地

区）人均收入与总投资占产出比例的关系。

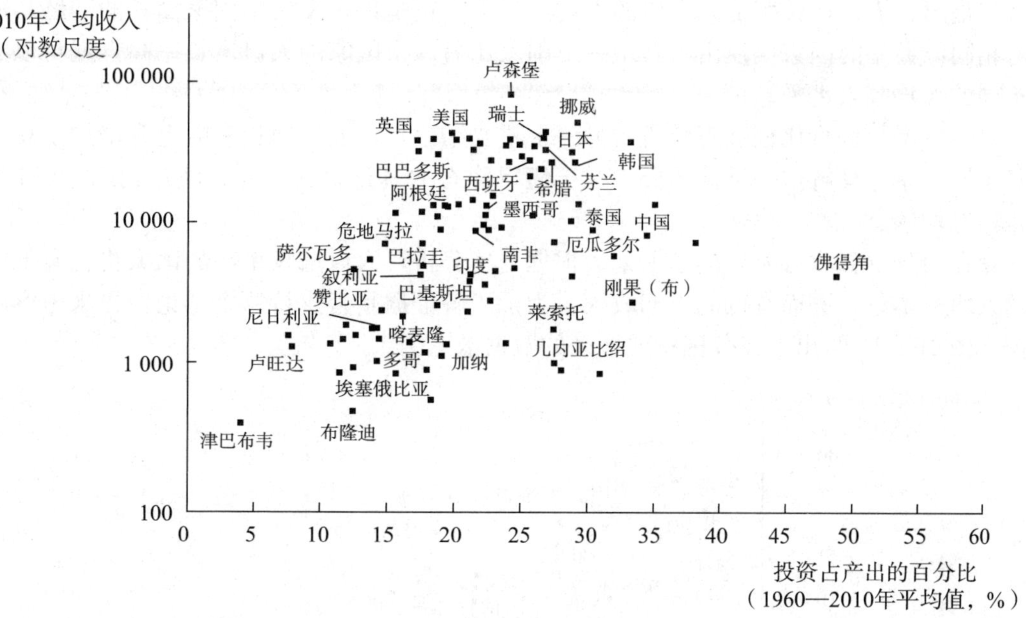

图 19-10　投资率与人均收入的国际证据

资料来源：曼昆．宏观经济学．9版．北京：中国人民大学出版社，2016：172.

数据表明，用于投资的产出比例和人均收入水平之间存在正相关关系。也就是说，具有高投资率的国家，例如美国和日本，通常具有高收入；而具有低投资率的国家，如埃塞俄比亚和布隆迪，通常有低收入。

再来看人口增加对稳态的影响。新古典增长理论虽然假定劳动力按一个不变的比率 n 增长，但当把 n 作为参数时，就可以说明人口增长对产量增长的影响，如图 19-11 所示。

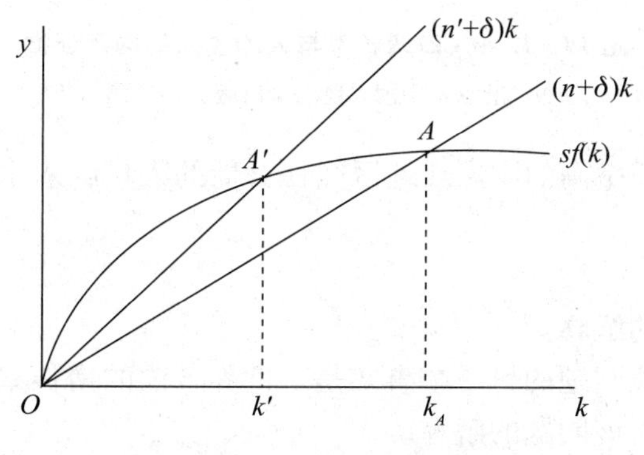

图 19-11　人口增长的影响

图中，经济最初位于 A 点所示的稳态。现在假定人口增长率从 n 增加到 n'，则图 19-11 中的 $(n+\delta)k$ 线便移动到 $(n'+\delta)k$ 线，这时，新的稳态为 A'点。比较 A'点与 A 点可知，人口增长率的增加降低了人均资本的稳态水平（从原来的 k_A 减少到 k'），进而降低了人均产量的稳态水平，这是从新古典增长模型得出的又一重要结论。西方学者进一步指出，人口增长率上升产生的人均产量下降正是许多发展中国家面临的问题。两个有着相同储蓄率的国家仅仅由于其中一个国家比另一个国家的人口增长率高，就可以有非常不同的人均收入水平。

对人口增长进行比较静态分析的另一个重要结论是，人口增长率的上升增加了总产量的稳态增长率。理解这一结论的要点在于懂得稳态的真正含义，并且注意到 A' 点和 A 点都是稳态均衡点。

现在回到解释收入差异问题上来。根据上述分析，人口增长率高的国家将会有低的稳态的人均资本量，进而有低的人均收入。为了了解证据是否支持这个结论，再来考察各国数据。图 19－12 给出了部分国家或地区的数据散点图。

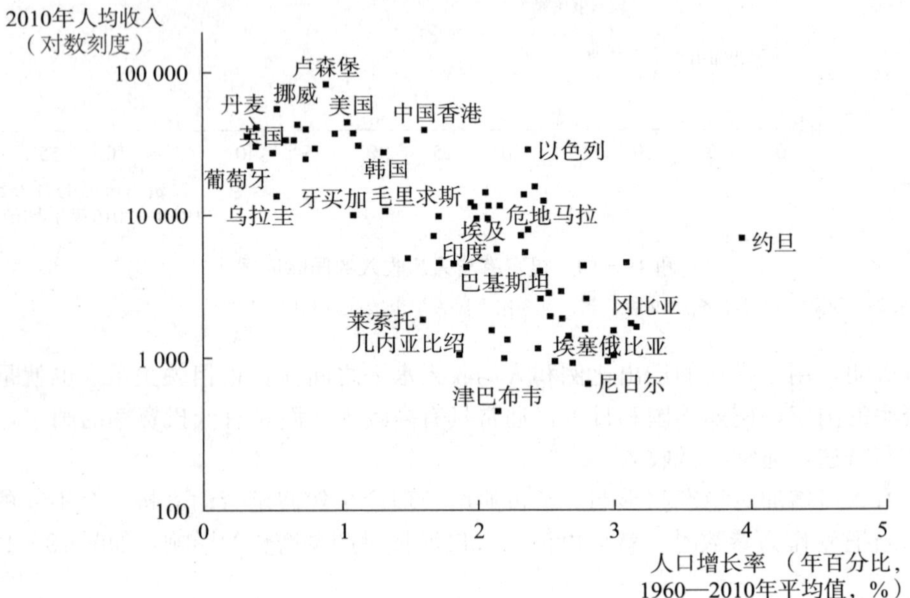

图 19－12　人口增长率与人均收入的国际证据

资料来源：曼昆．宏观经济学．9 版．北京：中国人民大学出版社，2016：181.

该图表明，人口增长率高的国家或地区往往有低的人均收入水平，这与新古典增长模型的上述结论是吻合的。

二、对增长率差异的解释

本章第二节说明增长问题的另一个事实是，世界各国的增长率也具有很大的差异。下面说明新古典增长模型对该问题的解释。

先介绍在特定生产函数假定下，观察新古典增长模型的新方式。根据关系式 (19.17)，假设 $y=f(k)=k^{a}$ $(0<a<1)$，则有

$$\dot{k}=sk^{a}-(n+\delta)k$$

上式同除以 k，并记 $g_k=\frac{\dot{k}}{k}$，则有

$$g_k = sk^{\alpha-1} - (n+\delta) \tag{19.29}$$

（19.29）式是由新古典增长模型求得的人均资本增长率方程。图 19－13 显示了上式右边两部分的关系。

根据（19.29）式和图 19－13，如果 $sk^{\alpha-1}$ 大于（$n+\delta$），则人均资本增长率将为正值，这时 k 的值较小，图中 A 点的左边表示的就是这种情况。相反，当 k 值比较大时，（$n+\delta$）将大于 $sk^{\alpha-1}$，这时 g_k 将为负值。换言之，人均资本存量将缩减。当两条线相交时，人均资本增长率将等于零，此时经济达到前面所说的稳态。

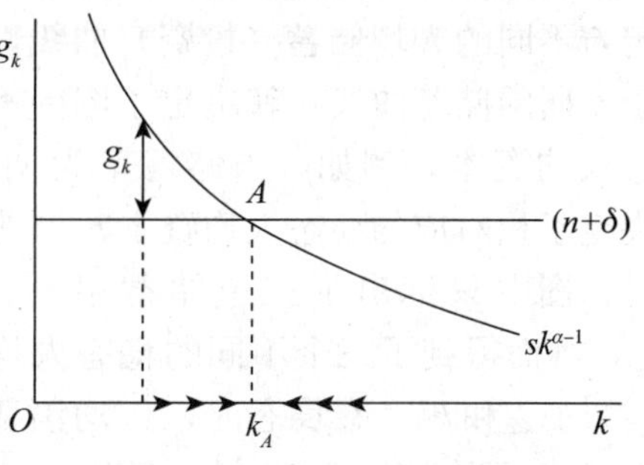

图 19－13　收敛于稳态的速度

这种观察模型的新方式的好处是，它给出了某些经济变动使经济达到稳态的速度。因为从图形上看，人均资本增长率与 $sk^{\alpha-1}$ 线和（$n+\delta$）线之间的距离成比例关系，因此，图 19－13 清楚地表明了，随着人均资本越来越接近稳态水平，$sk^{\alpha-1}$ 线和（$n+\delta$）线将逐步接近，人均资本增长率将趋近于零。

根据以上分析，一个国家的初始人均资本比其稳态水平低得越多，则经济增长得越快；同样，如果一个国家的初始人均资本存量远高于它的稳态水平，那么，它的资本存量将迅速减少，随着这个国家的资本存量逼近稳态水平，资本存量下降的速度将趋近于零。

更具体地，新古典增长模型形成了如下三个预言：第一，如果两个国家的储蓄率（或投资率）相同，但初始人均资本（从而初始人均收入）不同，那么，初始人均资本较低的那个国家将具有较高的经济增长；第二，如果两个国家的初始人均资本相同，但是投资率不同，那么，投资率高的那个国家将具有较高的经济增长；第三，如果一个国家提高投资水平，那么，它的收入增长率也将提高。

总之，新古典增长模型分析相对经济增长率的关键，在于考察那些尚未处于稳态水平的经济。

（专栏 19－2“解释增长奇迹”，请读者扫描本书封面二维码获取。）

三、资本的黄金律水平

根据前面介绍的新古典增长模型，储蓄率可以影响稳态的人均资本水平，人均资本水平继而决定人均产量。从全社会的角度看，产出可用于消费和积累（储蓄）两个方面。产出一定时，消费多了，积累就少了，反之亦然。因此，这里存在一个如何处理积累与消费的关系问题。显然，对这个问题的回答取决于人们对经济发展目标的认识。

一些西方学者认为，经济增长是一个长期的动态过程，因此，提高一个国家的人均消费水平是一个国家经济发展的根本目的。在这一认识下，美国经济学家费尔普斯于 1961 年找到了与人均消费最大化相联系的人均资本应满足的关系式，这一关系式被称为资本的黄金律水平。

下面借助于新古典增长模型的图形来说明和推导资本的黄金律水平，见图 19－14。

图 19－14 中，横坐标表示人均资本，纵坐标表示人均产量、人均储蓄和人均消费。由图可知，对应于不同的储蓄率，就决定着不同的人均储蓄（投资）曲线，而对应于不同的储蓄曲线，就决定了图中不同的稳态人均资本。例如，当储蓄率为 s_1 时，就决定了相对应的稳态人均资本 k_1。为简单起见，图中只标出了三个储蓄率 s_1、s_{gold} 和 s_2，继而得到了三个不同的稳态人均资本量 k_1、k_{gold} 和 k_2。在稳态时，人均消费在图形上可表示为曲线 $f(k)$ 与直线 $(n+\delta)k$ 之间的垂直距离。从图中可以看出，与不同的稳态人均资本相对应的人均消费水平是不同的，现在的问题是，如何找到使稳态人均消费水平达到最大时的稳态人均资本水平。借助于图 19－14 可知，这相当于在图中寻找稳态人均资本 k，使曲线 $f(k)$ 和直线 $(n+\delta)k$ 之间的垂直距离最大。借助于图 19－14 可知，这时应选择 k_{gold}，此时对应的稳态人均消费为 c_{gold}，为稳态人均消费的最大值。k_{gold} 被称为资本的黄金律水平。

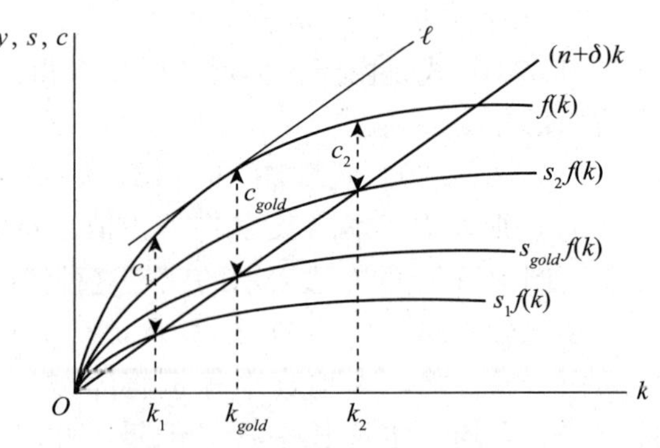

图 19－14　资本的黄金律水平

利用简单的几何知识可知，在 k_{gold} 处，曲线 $f(k)$ 的切线 l 应该与直线 $(n+\delta)k$ 平行。进一步地，直线 $(n+\delta)k$ 的斜率为 $(n+\delta)$，而曲线 $f(k)$ 的斜率为 $f'(k)$，故有下式成立：

$$f'(k_{gold})=n+\delta \tag{19.30}$$

上式即为资本的黄金律水平应满足的经济学条件。它表明，若使稳态人均消费达到最大，稳态人均资本量的选择应使资本的边际产量等于劳动增长率加上折旧率。一般地，一个经济并不会自动趋向于资本的黄金律水平。如果人们想要得到资本的黄金律水平，就需要一个特定的储蓄率来实现它。相应地，与资本的黄金律水平对应的储蓄率，也称为储蓄率的黄金律水平，在图 19－14 中就是 s_{gold}。

第六节　内生增长理论

经济增长理论的一个目的是解释人们在世界上大部分地方所观察到的生活水平的长期提高。上面介绍的新古典增长理论说明了这种长期增长必定来自技术进步。但技术进步来自哪里呢？在新古典增长理论中，这只是个假设！

为了充分理解增长的过程，人们需要超越新古典增长理论，并建立解释技术进步的模型，这种使增长率内生化的理论探索被称为内生增长理论。下面就简要介绍这一领域的情况。

一、基本模型

为了说明内生增长理论的思想，先从一个很简单的生产函数开始：

$$Y=AK$$

式中，Y 是产出；K 是资本存量；而 A 是一个常量，它衡量一单位资本所生产的产出量。要注意的是，这个生产函数并没有反映出资本边际收益递减的性质。无论资本量为多少，额外一单位资本生产 A 单位的额外产出，不存在资本边际收益递减是这个模型和新古典增长模型的关键区别。

与前面一样，仍假设收入中的一定比例 s 用于储蓄和投资，因此，经济中的资本积累由下式描述：

$$\Delta K = sY - \delta K$$

这一式子表明，资本存量的变动（ΔK）等于投资（sY）减去折旧（δK）。将这一关系式与生产函数 $Y=AK$ 结合在一起，进行一些运算之后可得：

$$\frac{\Delta Y}{Y} = \frac{\Delta K}{K} = sA - \delta \tag{19.31}$$

这一公式表明，决定产出增长率 $\Delta Y/Y$ 的是什么。要注意的是，只要 $sA>\delta$，即使没有外生技术进步的假设，经济的收入也一直增长。

因此，生产函数的简单变动就可以从根本上改变对经济增长的说明。在新古典增长理论中，储蓄引致了经济的暂时增长，但资本边际收益递减最终使经济达到增长只取决于外生技术进步的稳定状态。与此相比，在这种内生增长模型中，储蓄和投资会引起长期增长。

现在的问题是，放弃资本边际收益递减的假设合理吗？回答取决于人们如何解释生产函数 $Y=AK$ 中的变量 K。如果 K 只包括通常意义下经济中的厂房与设备存量，那么，假设资本边际收益递减就是自然而然的。

但是，内生增长理论的支持者认为，如果对 K 作出更广义的解释，资本边际收益不变（而不是边际收益递减）的假设就更合理。一些西方学者认为，知识是经济生产中的一种重要投入——无论是用它来生产产品与劳务，还是用它来提供新知识。如果把知识看做一种资本，与通常意义下的资本相比，假设知识表现出收益递减的性质就不太合理了。实际上，过去几百年来科学与技术创新增长的速度使一些西方学者认为，存在着知识收益递增。如果接受知识是一种资本的观点，那么，假设资本边际收益不变的内生增长模型就更合理地描述了长期经济增长。

上述被称为 AK 模型的内生增长模型提供了一条内生化稳态增长率的途径，即如果可以被累积的生产要素有固定报酬，那么稳态增长率将被这些要素的积累率所影响。从关系式（19.31）知，储蓄率 s 越高，产出增长率也将越高。进一步地，这一模型暗示，那些能永久提高投资率的政府政策会使经济增长率不断地提高。

二、两部门模型

内生增长理论研究的一个思路是建立一个多部门模型，以便对支配技术进步的力量提供更好的描述。下面我们介绍一下沿着这种思路的一个简单例子。

假定经济有两个部门，分别称为制造业企业和研究性大学。企业生产产品与劳务，这些产品与劳务用于消费和物质资本投资。大学生产被称为“知识”的生产要素，然后这两个部门免费利用知识。企业的生产函数、大学的生产函数，以及资本积累方程描述了该经济：

$$Y=F[K,(1-u)EN] \quad \text{企业的生产函数}$$

$$\Delta E=g(u)E \quad \text{大学的生产函数}$$

$$\Delta K=sY-\delta K \quad \text{资本积累方程}$$

式中，u 是在大学的劳动力比例；相应地，$(1-u)$ 是在企业的劳动力比例；E 是知识存量；函数 $g(u)$ 表明知识增长如何取决于在大学的劳动力比例的函数。一般地，假设企业的生产函数是规模报酬不变的，即如果资本存量 K 和所谓有效工人的数量，即 $(1-u)EN$ 翻一番，那么，产品与劳务产出 Y 也翻一番。

如果使物质资本 K 和知识 E 都翻一番，根据以上关系式和假定可知，这时经济中两个部门的产出也都翻一番。因此，与前面的 AK 模型一样，这个模型也可以在不假设生产函数中有外生变动的情况下引起长期增长。在这里，长期增长是内生地产生的，因为大学的知识创造不会停止。

有趣的是，这个模型也与新古典增长模型类似。如果在大学的劳动力比例 u 是不变的，那么，知识存量 E 就按不变的比率 $g(u)$ 增长。这在本质上是与新古典增长理论中关于技术进步的说明是一样的。而且，这个模型的其余部分，包括企业的生产函数和资本积累方程也与新古典增长模型相同。因此，对任何一个既定的 u 值，这种内生增长模型也和新古典增长模型一样发挥作用。

对内生增长理论进一步的介绍超出了本书的范围，但可以指出的是，这一增长理论的新发展深化了人们对于增长过程的认识，同时，这一理论对技术创新过程提供了更为全面的认识。

第七节　促进经济增长的政策

由（19.10）式知，政府可以影响决定经济增长的三个因素，即技术进步、资本形成和劳动投入。

一、鼓励技术进步

索洛模型表明，人均收入的持续增长来自技术进步。虽然索洛模型没有解释技术进步，在一定程度上无法理解技术进步的决定作用，但许多公共政策的目的仍在于鼓励技术进步。

例如，专利制度给新产品发明者以暂时的垄断权力。当一个人或一个企业发明了一种新产品时，发明者可以申请专利。如果认定该产品的确是原创性的，政府就授予专利，专利给予发明者在规定年限内排他性地生产该产品的权利。通过允许发明者从其发明中获得利润，尽管只是暂时的，但专利制度提高了个人和企业从事研究的积极性。类似的例子还有税收法规为进行研究和开发的企业提供税收减免。

政府在改善技术进步方面的一个重要领域是教育。在美国，州和地方政府提供了对小学、中学和大学的支持中的大部分。一支高素质的研究与开发团队是改善技术进步的关键因素之一。

美国政府长期以来在创造和传播技术知识方面发挥着作用。美国政府很早就资助耕作方法研究，并建议农民如何最好地利用自己的土地。近年来，美国政府通过空军和国家航空航天局支持空间研究，同时，像国家科学基金这样的政府机构持续直接资助大学的基础研究。

二、鼓励资本形成

根据（19.10）式，资本存量的上升会促进经济增长。从直观的角度看，由于资本是被生产出来的生产要素，因此，一个社会可以改变它所拥有的资本量。如果今天经济生产了大量新资本品，那么，明天它就将有大量资本存量，并能生产出更多的各种产品与劳务。另外，资本存量的增长是储蓄和投资推动的，因此，鼓励资本形成便主要归结为鼓励储蓄和投资。这是政府促进经济增长的一种方法，而且在长期中，这也是提高一国公民生活水平的一种方法。

图 19 - 15 显示了 1960—1988 年 17 个国家的投资—GDP 比率与人均 GDP 增长率的散点图。

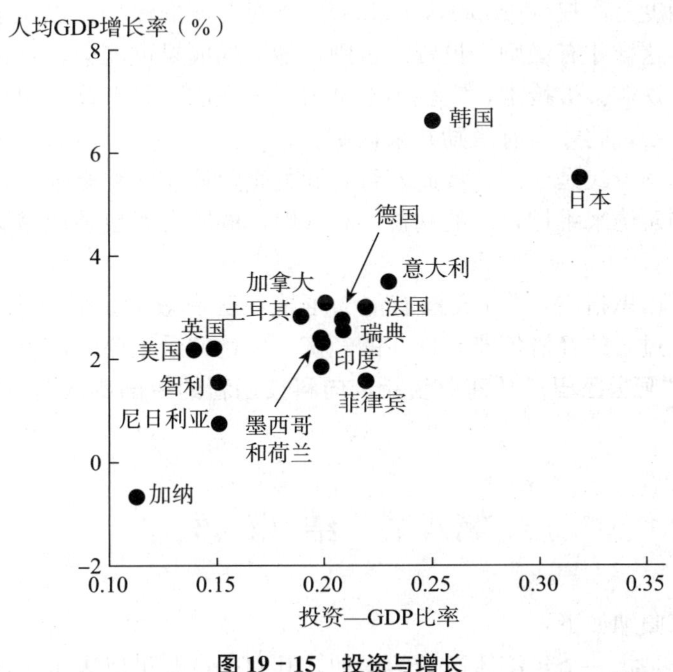

图 19 - 15　投资与增长

资料来源：法默．宏观经济学．2 版．北京：北京大学出版社，2009：316.

从图 19 - 15 中可以看出，投资—GDP 比率高的国家增长率也较高，以墨西哥、荷兰、印度和加拿大为例，尽管这些国家人均 GDP 水平有差异，但它们的增长率相近。而像韩国和日本，它们经历了高速的增长，这与它们很高的储蓄率和投资率相关。总之，上述散点图揭示了投资—GDP 比率和人均 GDP 的平均增长率存在着显著的正相关。

三、增加劳动供给

增长核算方程表明，增加劳动供给会引起经济增长。容易理解，所得税的提高减少了工人的工作所得从而会降低工作的积极性；与之相反，所得税减免是加强激励、促使人们努力工作的一个途径。

与劳动供给相关的一个概念是人力资本，它是指劳动者通过教育和培训所获得的知识和技能。尽管基本的新古典增长模型只包括物质资本，而且没有努力去解释劳动效率，但人力资本在许多方面与物质资本类似。与物质资本一样，人力资本也提高了一国生产产品和劳务的能力。20 世纪 90 年代的一项研究强调了在解释各国生活水平的差别中，人力资本至少与物质资本同样重要。① 因此，政府政策可以提高生活水平的一种方法是提供良好的教育、培训体系，并鼓励人们利用这样的体系。

四、建立适当的制度

研究生活水平国际差异的西方学者把这些差异部分归因于物质和人力资本的投入差别，部分归因于使用这些投入的生产效率。各国生产效率水平不同的一个原因是指导稀缺资源配置的制度不同。因此，创建适当的制度对经济增长是非常必要的。

制度是指能支配个人和企业行为的一套规则、体制和惯例。其中，影响经济增长的最基础、最根本的制度是产权（property rights），即对财产的保护，以免被他人占用。经济当事人要求产权，这样才有激励去投资。否则，他们的成果可能会轻易被别人拿走。如果一家铁矿公司预计铁矿会被抢走，它就不会努力开采铁矿。只有该公司相信它将从铁矿随后的销售中获得收益，它才会有激励开采铁矿。

维护产权的基本方式是法制。彼此签订合同的企业依靠法院来强制执行这些合同。发明人依靠专利法的实施来维护自己的利益。私人财产的所有者也要依靠法院和警察保护他们的所有权。

美国经济学家诺思指出："社会没有能力形成一套有效的、低成本执行合同的体系，这是第三世界国家过去的经济停滞和现在的经济不发达的最主要的根源。"②

（专栏 19－3"阿里巴巴：从商业创新走向科技创新的中国实践"，请读者扫描本书封面二维码获取。）

第八节 结 束 语

本章要点可以归纳如下：

（1）经济增长是指一个经济体产量的增加，其中产量既可以表示为经济的总产量，也可以表示为人均产量。经济增长的程度可以用增长率来描述。

（2）在新古典增长模型的稳定状态下，人均收入增长率仅仅由外生的技术进步率决定。

---

① N. Gregory Mankiw, David Romer, and David N. Weil, "A Contribution to the Empirics of Economic Growth," *Quarterly Journal of Economics* (May 1992): 407－437.

② 戴维·N. 韦尔. 经济增长. 2 版. 北京：中国人民大学出版社，2011：271.

（3）在新古典增长模型中，储蓄率的增加不能影响到稳态增长率，但确实能提高收入的稳态水平。

（4）在新古典增长模型中，人口增长率的上升增加了总产量的稳态增长率。

（5）资本的黄金律水平是指使稳态人均消费量达到最大化的资本量。其条件是资本的边际产量等于劳动的增长率加上折旧率。

（6）内生增长理论试图解释在新古典增长模型中作为外生变量的技术进步变量。有关的模型试图解释通过研究与开发创造知识的决策。

西方学者对经济发展的研究可以被区分为两个类别。一个类别是发展经济学，从事第三世界国家长期经济发展的研究；另一个类别被称为经济增长论，探索发达国家经济发展的途径，即为本章所论述的内容。

对于一个社会来说，要提高生活水平，人均总产量必须增长。图 19－16 对比了两个经济，每一个经济都有温和的经济波动。但在图 19－16（a）中展现了一个被称为“停滞经济”的国家，它正在经历实际 GDP 十分缓慢的增长。

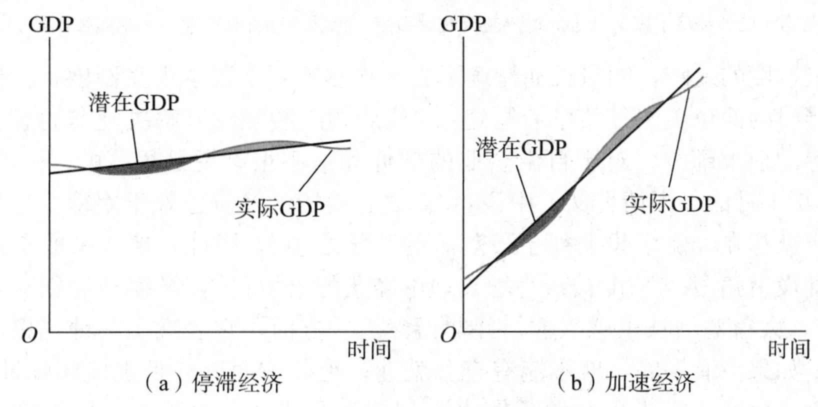

图 19－16　停滞经济和加速经济

相反，图 19－16（b）则描绘了一个被称为“加速经济”的国家，伴随它的是加速的实际 GDP 的增长。如果假定图中每个国家的人口增长相同，那么，人均产量的增长在加速经济的国家更快。在这样的国家，每个人能够购买更多的消费品，有大量的剩余产品可以用来提供更好的学校、公园、医院等。而处于停滞经济国家的公民则必须持久地面对争论：如果将更多的钱用于学校和医院，那么就必须牺牲公民的消费。

关于本章所论述的经济增长论，我们作出两点评论，分述如下：

第一，经济增长论产生的政治背景。在二百多年以前，以斯密和李嘉图为代表的西方古典经济学主要研究资本主义发展的长期趋向，以后的西方学者逐渐放弃了这一传统，关于长期发展的研究涉及较少。到了 19 世纪末期，边际效用学派的兴起使得西方学者几乎放弃了对长期发展的研究。本书的微观部分表明：这些学者所关注的假设其他条件不变的静态分析很难符合在长期发展中，一切条件都在改变的现实。虽然也出现了如“长期趋向”或“长期供给曲线”等学术成果，但它们是仅就单个厂商的发展前景而言的，与整个社会或国家的长期发展关系不大。然而，在第二次世界大战以后，西方学者却纷纷致力于经济增长论的研究。什么原因促使他们这样做，促使他们回到古典学派的传统？原因之一，甚至可以说最主要的原因在于战后的世界政治格局。

第二次世界大战以后，由于许多社会主义国家的兴起，世界上形成了社会主义和资本主义两大阵营对峙的政治局面。在这种政治局面中，至少在 20 世纪 80 年代以前，主要社会主义国家的经济发展速度一般高于主要资本主义国家。例如，根据英国《伦敦经济学家》提供的数字，在 1965—1980 年间，二者发展速度的对比见表 19 - 5。

表 19 - 5　　1965—1980 年间几个国家 GDP 的年均增长率

社会主义国家		资本主义国家	
国家	年均增长率（%）	国家	年均增长率（%）
苏联	5.8	美国	2.7
中国	6.4	英国	2.1
民主德国	4.9	联邦德国	3.3

资料来源：英国《伦敦经济学家》杂志．世界主要统计数字．伦敦：郝青森商业图书出版社，1990：42.

这种发展速度的差距，如果长期持续下去，显然不利于资本主义制度，会使人们对它丧失信心。当时的两位美国经济学者写道："战后的胜利并没有解决基本的意识形态的争论……在世界的很大部分，对于自由企业的信仰和信心很难说是很高的。"① 美国总统肯尼迪在 1961 年 1 月的《国情咨文》中说："总之，美国的经济正处于困境。世界上资源最丰富的工业国家却在经济增长上列于最落后的队伍之中"，因此，他要采取举措来"为加快经济增长铺设道路"②。一度被奉为增长理论经典的哈罗德-多马模型的创建者之一多马写道："目前，大家对增长论感兴趣，并非偶然。一方面，它表现出一种忧虑，恐怕在我们的制度中，如果没有发展，就不能有充分就业；另一方面，它是现代国际冲突的结果。在这个冲突中，增长已成为生存的条件。"③ 以上种种表明，政治上加快经济发展的需要是促成增长论出现的一个重要因素。

第二，在政治因素的推动下，一部分西方学者对经济增长问题进行了研究。虽然他们的研究成果存在不足之处，例如，成果仅仅涉及经济增长的经济技术因素而并不涉及影响它的社会因素，但这些成果还是含有不少可为我们借鉴之处。在这里，我们举出两个例子。

例一，本章论述的新古典增长模型可以使人们更形象、更直观地认识一些问题并能说明解决问题的方法。从图 19 - 6 中可以看出，要想提高一个国家的劳动生产率，从而提高生活水平，应使该图中的 D 点向右移动。要想使 D 点向右移动，可采用的办法有：

（1）可以提高整条 $f(k)$ 曲线，这意味着使用新技术，在一定 k 值下提高劳动生产率；

（2）可以提高 $sf(k)$ 曲线，这意味着增加积累或储蓄；

（3）可以压低 $(n+\delta)k$ 线，这意味着控制人口增长率。

---

① 布坎南，卢茨．世界经济的重建．纽约：美国 20 世纪基金会，1947：272 - 275.

② 纽约时报，1961-01-31.

③ 多马．经济增长论文集．牛津：牛津大学出版社，1957：18.

一般地说，一个发展中国家在其发展的初期阶段，其k值通常较低，以上问题和解决方法的确值得发展中国家加以考虑，而图19-6可以形象地对此进行说明。

例二，本章关于经济增长源泉的分解的分析表明，教育的加强、知识的增进以及知识的应用等，对经济增长有着举足轻重的作用。这些结论已经被世界各国普遍接受。它们表明，要想取得经济的迅速发展，必须增加对科学技术事业以及与此有关的教育事业的投资。特别是，它们反映了马克思主义的“科学技术是生产力”的正确论断，尤其值得我们注意和重视。

总之，为了充分发挥社会主义制度的优越性，如何促进我国的经济建设迅速而平稳地向前发展，是一个需要我们认真对待的重要课题。这就要求我们在深入调查、分析和研究本国经济建设实际情况的同时，吸收包括经济增长理论在内的国外一切有用的东西，为我所用，以利于我国经济发展和经济科学的建设。

附录　增长核算

一、增长核算方程

增长核算是一种经济分析方法，它将观测到的总产出（GDP）增长分解成几部分，而各部分分别与各要素投入的变化和生产技术的变化相关。

假设经济的生产函数为

$$Y=AK^{a}N^{1-a} \tag{19a.1}$$

式中，Y、N和K顺次为总产出、投入的劳动量和投入的资本量，A代表经济的技术状况，参数a介于0和1之间。

借助于本章第二节关于增长率的结论，即（19.4）式和（19.6）式，可把（19a.1）式表述为

$$g_Y=g_A+ag_K+(1-a)g_N \tag{19a.2}$$

式中，g_Y＝总产出增长率；g_A＝技术增长率（全要素生产率）；g_K＝资本增长率；g_N＝劳动增长率。

方程（19a.2）便是增长核算方程，它是生产函数（19a.1）式的增长版本。该方程表明，产出增长率等于全要素生产率加上资本和劳动增长的贡献。

方程（19a.2）中的三项对产出的增长有贡献：

来自生产率增长的贡献＝g_A
来自资本增长的贡献＝ag_K
来自劳动增长的贡献＝$(1-a)g_N$

因此，增长核算方程（19a.2）式又被写为：

产出增长＝生产率增长的贡献＋资本增长的贡献＋劳动增长的贡献

由于全要素生产率无法直接观测到，所以要间接地衡量。从方程（19a.2）中有

$$g_A = g_Y - a g_K - (1-a) g_N$$

因此，全要素生产率是作为一个余量计算出来的，即作为考虑了可以直接衡量的增长决定因素后剩余的产出增长率，由于这个原因，g_A 有时被称为索洛余量。

二、增长的经验估算

现在来看看有关增长的数据。表 19a－1 给出了美国从 1948 年到 2013 年之间增长核算的有关数据。

该表表明，从 1948 年到 2013 年，美国实际 GDP 增长率平均为每年 3.5％，其中的 1.3％是由于资本存量的增加贡献的，1.0％是由于劳动投入的增加贡献的，另外 1.2％是由于全要素生产率的提高带来的。

表 19a－1 还表明，1972—1995 年，美国全要素生产率的增长明显放慢了。为此，许多西方学者试图解释这一不利的变动。例如，有人从数据衡量方面提出解释，认为实际上生产率并没有放慢，只是因为数据有缺陷而表现在数据上。还有一些人认为，1973 年和 1979 年两次石油价格的大幅上升是导致生产率下降的主要原因。然而，有关生产率下降原因的种种分析都还没能对此提出一个系统而全面的解释。

表 19a－1　　美国经济增长的核算

年份	产出的增长 ($\Delta Y/Y$) (1)=(2)+(3)+(4)	增长的源泉		
		资本 ($\Delta K/K$) (2)	劳动 $[(1-\alpha)\Delta L/L]$ (3)	全要素生产率 ($\Delta A/A$) (4)
1948—2013	3.5	1.3	1.0	1.2
1948—1972	4.1	1.3	0.9	1.8
1972—1995	3.3	1.4	1.4	0.5
1995—2013	2.9	1.1	0.6	1.1

资料来源：美国劳工部。数据为非农产业部门的年均增长百分比数据。由于四舍五入，各部分加起来可能不等于总和。

三、经济增长因素分析

经济增长是一个复杂的经济和社会现象。增长核算方程虽然说明了经济增长的源泉，但在如何认识影响经济增长的因素这个问题上，人们还需要数据做进一步的分析，也需要把有关因素进一步细化。从现实角度看，影响经济增长的因素有很多，正确地认识和估计这些因素对经济增长的贡献和影响，对于理解和认识现实的经济增长和制定促进经济增长的政策都是至关重要的。因此，很多西方学者都投身到这一研究中来，其中美国经济学家丹尼森（E. F. Denison）的工作影响较大，下面介绍一下丹尼森对经济增长因素的分析。

在经济增长因素分析中首先遇到的问题是经济增长因素的分类。丹尼森把经济增长因素分为两大类：生产要素投入量和生产要素生产率。关于生产要素投入量，丹尼森把经济增长看成是劳动、资本和土地投入的结果，其中土地可以看成是不变的，其他两个则是可变的。关于要素生产率，丹尼森把它看成是产量与投入量之比，即单位投入量的产出量。要素生产率主要取决于资源配置状况、规模经济和知识进展。具体而言，丹尼森把影响经济增长的因素归结为六个。即：(1) 劳动；(2) 资本存量的规模；(3) 资源配置状况；(4) 规模经济；(5) 知识进展；(6) 其他影响单位投入产量的因素。

丹尼森进行经济增长因素分析的目的，就是通过量的测定，把产量增长率按照各个增长因素所做的贡献分配到各个增长因素上去，分配的结果用来比较长期经济增长中各个因素的相对重要性。

在 1985 年出版的《1929—1982 年美国经济增长趋势》一书中，丹尼森根据美国国民收入的历史统计数字，对上述各个增长因素进行了考察和分析，其结果被总结在表 19a－2 中。

运用 1929—1982 年间的数据，丹尼森计算出 2.92%的年实际产量增长率中的 1.9%应归功于要素投入的增加。

表 19a－2　　总国民收入增长的源泉，1929—1982 年

增长因素	增长率（%）
总要素投入	**1.90**
劳动	1.34
资本	0.56
单位投入的产量	**1.02**
知识进展	0.66
资源配置	0.23
规模经济	0.26
其他	－0.13
国民收入	**2.92**

资料来源：Edward Denison，*Trends in American Economic Growth*，*1929—1982*（Washington，D.C.，The Brookings Institution，1985），Table 8－1.

从表 19a－2 中可以看出劳动力增加对经济增长的贡献相当大。其原因可以部分地从增长核算方程（19a.1）式中得到解释，即劳动份额相对较大，所以劳动的增长率就有相对大的权重。

下面来看要素生产率增加或每单位要素投入产量的源泉。值得关注的是，知识的进展解释了技术进步对经济增长约 2/3 的贡献。此外，资源配置这一因素对要素生产率增加的贡献也不可忽视。例如人们从薪水少的工作“跳槽”到更好的工作，从而导致产量的增加或收入的增长。另一个重要情形是劳动力从农村到城市的就业而引起的生产要素的再配置。

另一个因素是规模经济。从表 19a－2 可以看到规模经济对单位投入的产量增长率的贡献仅次于知识。当经济运作的规模扩大时，每单位产量所需的投入更少，这主要是因为在小规模水平上使用技术经济的效率可能不高，而在更大的生产规模上则产生节约，带来规模经济效应。

据此，丹尼森的结论是，知识进展是发达资本主义国家最重要的增长因素。丹尼森所说的知识进展包括的范围很广，它包括技术知识、管理知识的进步和由于采用新的知识而产生的结构和设备更有效的设计在内，还包括从国内和国外的有组织的研究、个别研究人员和发明家，或者从简单的观察和经验中得来的知识。丹尼森所谓的技术知识是关于物品的具体性质和如何具体地制造、组合以及使用它们的知识。他认为，技术进步对经济增长的贡献是明显的，但只把生产率的增长看成大部分是采用新的技术知识的结果则是错误的，他强调管理知识的重要性。管理知识就是广义的管理技术和企业组织方面的知识。在丹尼森看来，管理和组织知识方面的进步更可能降低生产成本，增加国民收入，因此它对国民收入的贡献比改善产品物理特性对国民收入的贡献影响更大。总之，丹尼森认为，技术知识和管理知识进步的重要性是相同的，不能只重视前者而忽视后者。

第二十章

宏观经济学的微观基础

当代西方经济学被划分为宏观部分和微观部分两大领域。概括地说，宏观经济学主要研究经济社会总体的经济行为及其后果；微观经济学主要研究个体经济单位的经济行为及其后果。宏观经济学和微观经济学的研究对象有所不同，但按照西方学者的说法，对总体经济行为的分析离不开对个体经济行为的分析，因为后者是前者的基础。为了更深入地理解宏观经济现象，以及在理论上要求宏观经济模型具有一致性，许多西方宏观经济学教材均介绍了宏观经济学的微观基础。在探讨这方面的内容时，本章主要介绍消费、投资和货币需求这三个方面的微观基础。

第一节 消 费

消费是指一国居民对本国和外国生产的最终产品和劳务的支出，它是总支出的最大组成部分。消费者个人的消费决策是关于收入中多少用于当前支出、多少用于储蓄的决策。这本来属于微观经济学中的一个基本问题，然而消费者的消费决策也会对宏观经济运行状况和宏观经济政策的效果产生影响。

一、跨期消费决策

凯恩斯所引进的消费函数把现期消费作为现期收入的函数，这是符合人们直觉的最简单明了的假设。然而，这种关系与现实不完全相符。事实上，当人们在作出消费和储蓄决策时，既要考虑现在，又要考虑未来。人们在现期消费与未来消费之间进行取舍时，必须提前预测他们在未来能够获得的收入，以及他们希望消费的产品与劳务。1930 年，美国经济学家欧文·费雪提出跨期消费决策模型，该模型划分了不同时期，说明消费者面临的约束条件及偏好，分析理性的消费者如何在现期消费与未来消费之间作出选择。

为简化分析，我们考虑一个消费者只面临两个时期的消费决策：第一期是青年时期，第二期是老年时期。在第一期消费者取得收入 y_1 并消费 c_1，在第二期消费者取得收入 y_2 并消费 c_2。假设没有通货膨胀，并且消费者有机会进行借贷或储蓄，所以他在任何一个时期的消费都可以大于或小于那一时期的收入。

现在考虑消费者两个时期的收入如何约束这两个时期的消费。在第一期，储蓄等于收入减去消费。即：

$$s=y_1-c_1 \tag{20.1}$$

式中，s 为储蓄。

在第二期，消费等于积累的储蓄，包括储蓄所获得的利息加上第二期的收入。即：

$$c_2=(1+r)s+y_2 \tag{20.2}$$

式中，r 为实际利率。由于没有第三期，消费者在第二期既不储蓄，也不借贷，只是花光所有积蓄。

有一点需要注意，变量 s 可以代表储蓄，也可以代表借贷。如果第一期的消费小于收入，消费者储蓄，s 大于零。如果第一个时期的消费大于收入，消费者借贷，s 小于零。为简单起见，我们假定借贷的利率和储蓄的利率相同。

将（20.1）式和（20.2）式结合在一起，得到：

$$c_2=(1+r)(y_1-c_1)+y_2$$

经整理，有：

$$c_1+c_2/(1+r)=y_1+y_2/(1+r) \tag{20.3}$$

（20.3）式把两个时期的消费与两个时期的收入联系在一起，是表示**消费者跨期消费预算约束**的标准方法。如果利率为 0，预算约束表明两个时期的总消费等于两个时期的总收入；在利率大于 0 的正常情况下，未来消费和未来收入用（$1+r$）这个因子进行贴现，贴现后的数值被称为现值，贴现产生于储蓄所获得的利息。也就是说，消费者将现期收入存入银行，可以获得一定比例的利息，所以未来收入的价值低于现期收入的价值。同样，未来消费由赚到利息的储蓄支付，所以未来消费的成本低于现期消费的成本。因子 $1/(1+r)$ 是用第一期消费衡量的第二期消费的价格；是消费者为得到 1 单位第二期消费所必须放弃的第一期消费的数量。

如图 20－1 所示，消费者的预算约束可用一条向右下方倾斜的直线来表示。由于消费者可以在两期之间借贷，预算约束线表示通过两期消费花光两期收入的所有可能的组合。在预算约束线上标出 A、B、C 三个点：在 A 点，消费者的每期消费正好等于每期收入，两个时期之间既无储蓄又无借贷；在 B 点，消费者在第一期完全不消费（$c_1=0$），将所有收入用于储蓄，因此，消费者在第二期的消费等于两期收入加上储蓄得到的利息［$c_2=(1+r)y_1+y_2$］；在 C 点，消费者计划第二期不消费，把第二期的收入完全借贷到第一期，因此，第一期的消费等于两期收入减去借贷需要支付的利息 [$c_1=y_1+y_2/(1+r)$]。由（20.3）式可计算得出预算约束线的斜率为$-(1+r)$。

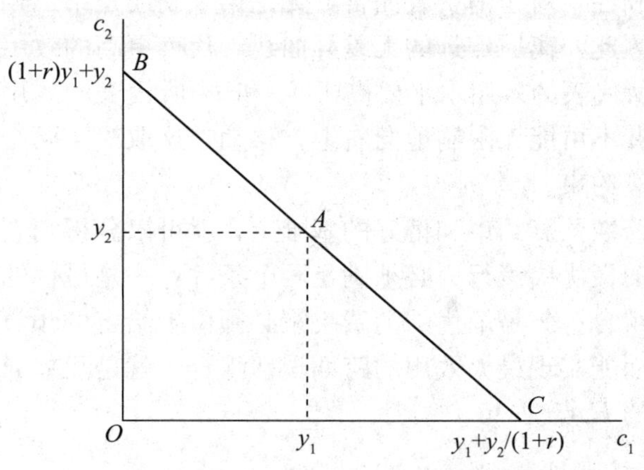

图 20-1　跨期消费的预算约束

A、B、C 三点表示三种比较极端的情况。如果消费者的消费组合位于 A 和 B 之间，表明他在第一期的消费小于收入，剩余收入储蓄起来，用于第二期。如果消费者的消费组合位于 A 和 C 之间，表明他的第一期消费大于收入，并以借贷来弥补差额。

涉及跨期消费的消费者偏好可以用**无差异曲线**来表示，无差异曲线表示使消费者获得同样满足的第一期与第二期消费的组合。消费者对同一条无差异曲线上所有点的偏好都是无差异的。如图 20-2 所示，I_1、I_2、I_3 表示消费者的三条无差异曲线，其中消费者对 I_2 曲线上 A、B、C 三点的偏好是无差异的。无差异曲线的斜率表示两期消费之间的边际替代率，即消费者愿意用第二期消费替代第一期消费的比率。消费者减少第一期的消费，则必须增加第二期的消费，才能使消费者获得同样的满足。比如从 C 点到 B 点，再到 A 点，随着第一期消费的减少，第二期消费是不断增加的。而且当第一期消费很高而第二期消费很低（C 点）时，边际替代率低，消费者减少 1 单位的第一期消费，只需要增加少量的第

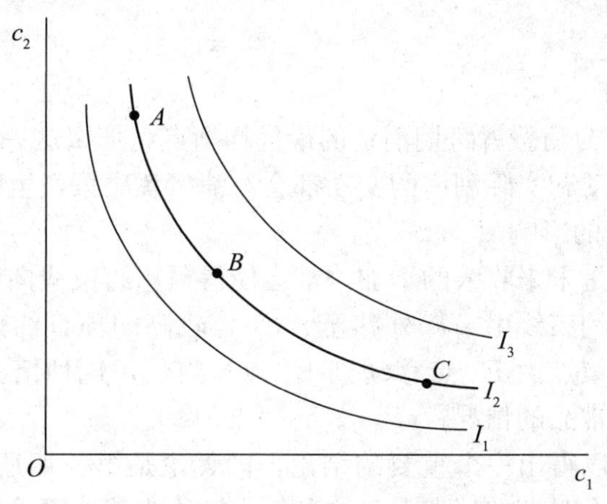

图 20-2　跨期消费的无差异曲线

二期消费便能够获得满足；当第一期消费很低而第二期消费已经很高（A 点）时，边际替代率高，消费者减少 1 单位的第一期消费，需要增加大量的第二期消费才能够获得满足。

由于偏好的非饱和性，对于消费者而言，无论第一期还是第二期，更多的消费总是能够带来更大的满足，因此，离原点远的无差异曲线，代表更高的效用水平。

如图 20－2，I_3 所代表的效用水平要高于 I_1 和 I_2 所代表的效用水平，但是消费者跨期消费的无差异曲线并不可能无限制地向右上方移动，这取决于两个时期的收入，即前面讨论过的跨期消费预算约束。

在已知消费者的跨期预算约束和偏好的基础上，就可以分析消费者跨期消费的最优决策。消费者跨期消费的最优决策行为必须满足两个条件：一是最优的消费决策必须是消费者最偏好的两期消费组合；二是最优的消费决策必须位于给定的预算约束线上。因此，消费者不超出预算约束而能实现最大效用的跨期消费组合，就是无差异曲线与预算线相切的一点，如图 20－3 中的 E 点。

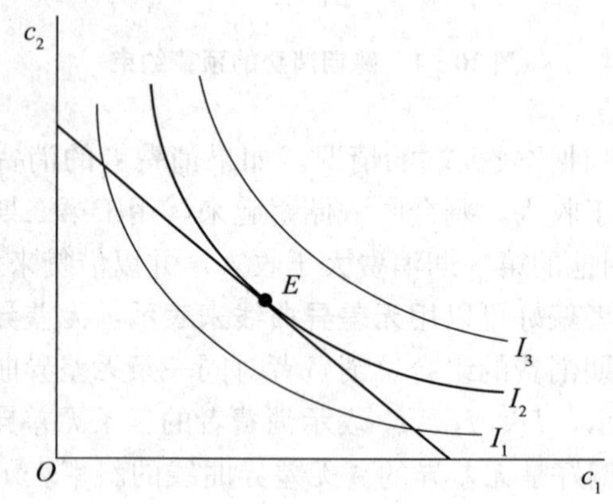

图 20－3　消费者的跨期消费决策

在最优决策点 E，无差异曲线的斜率等于预算约束线的斜率，无差异曲线的斜率是边际替代率 MRS，预算约束线的斜率是 $-(1+r)$，因此，消费者跨期消费最优决策的条件为：

$$MRS=-(1+r) \tag{20.4}$$

图 20－3 中的 E 点为消费者跨期消费的最优均衡点，那么这一点是否就是恒定不变的呢？事实上，收入的变动和实际利率的变动都会对消费者决策产生影响。

1. 收入变动对消费的影响

无论是现期收入还是未来收入的增加，都会使得预算约束线向外移动，如图 20－4 所示，收入增加使得预算约束线由 AB 外移至 $A'B'$，较高的预算约束可以让消费者选择更好的消费组合，最优决策点由 E_0 点移动到 E_1 点。当然，这种情况仅适用于消费者在两期中所消费的商品为正常品的情况。

从图 20－4 中还可以得出一个重要的结论，即无论是第一期还是第二期的收入增加，消费者都把它分摊到两个时期的消费上，这种行为被称为消费平稳化。由于消费者在各个时期均可以储蓄或者借贷，收入的时间与现期消费多少无关，因而，消费取决于现期收入

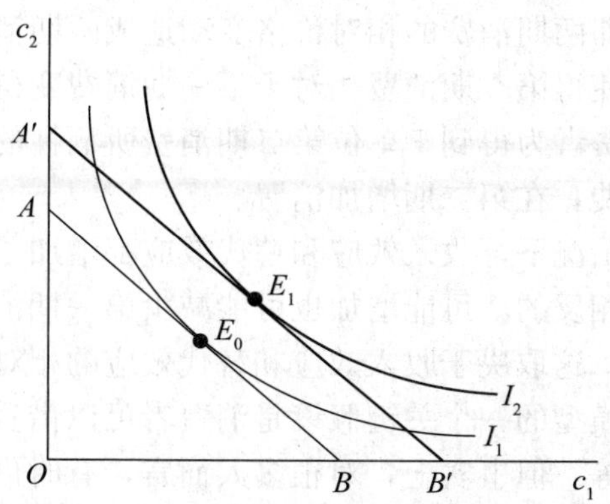

图 20-4　收入增加对消费决策的影响

与未来收入的现值，即：

$$\text{收入的现值} = y_1 + y_2/(1+r) \tag{20.5}$$

显然，这一结论与凯恩斯提出的现期消费取决于现期收入的论断完全不同，费雪的跨期消费决策模型说明，消费是以消费者预期在其一生中所得到的资源为基础的。

2. 实际利率变动对消费的影响

消费者的跨期收入和消费通过利率联系起来，实际利率的变动能够影响消费者的跨期消费决策。现实中存在两种情况，即消费者在第一期有可能进行储蓄或者借贷。为了简化分析，这里只讨论储蓄的情况。假定消费者在第一期储蓄，由于预算约束线的斜率为 $-(1+r)$，r 上升将使得预算约束线围绕两期收入的组合（y_1，y_2）点顺时针旋转，变得更加陡峭，从而影响消费者在两个时期的消费决策。如图 20-5 所示，随着 r 的上升，预算约束线由 AB 顺时针旋转为 $A'B'$，最优消费组合由 E_0 点移动到 E_1 点，即第一期消费减少，第二期消费增加。

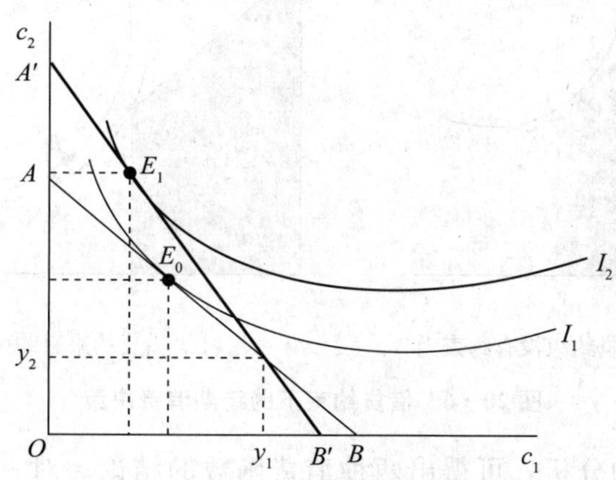

图 20-5　真实利率变动对消费决策的影响

实际利率上升对消费的影响可分解为两种效应：**收入效应**和**替代效应**。**收入效应**即利率的上升使得消费者收入增加，从而可以向更高的无差异曲线移动，并把增加的收入分摊到两期消费中。**替代效应**即两期消费的相对价格变动造成两期消费量的变动。在第一期储蓄的前提下，利率的上升使得第二期消费相对于第一期消费变得更便宜。也就是说，由于储蓄赚到的利息更多，消费者为得到1单位第二期消费所牺牲的第一期消费减少了，则消费者应该在第一期减少消费，在第二期增加消费。

显然，在利率上升的情况下，收入效应和替代效应都增加了第二期的消费，但两种效应对第一期消费的影响是相反的，可能增加也可能减少第一期消费。因此，利率的上升既可能刺激也可能抑制储蓄，这取决于收入效应和替代效应的相对规模。

费雪的跨期消费决策模型的一个关键假设是消费者可以借贷或储蓄，因此，每期消费与每期收入可以不完全相等。但事实上，对很多人而言，有时借贷是不可能的，例如，一个希望出国旅行的大学生也许不能用银行贷款来为自己的旅行筹资。现实中，由于借贷的限制使得现期消费不能大于现期收入，即：

$$c_1 \leqslant y_1$$

这种对消费者附加的约束被称为**借贷约束**或**流动性约束**。

图20-6显示了借贷约束对消费者消费决策的限制，消费者的选择必须既满足实际预算约束，又满足借贷约束，阴影部分代表消费者能选择的第一期消费和第二期消费的所有可能组合。

这里存在两种可能性：一种情况是消费者希望的第一期消费小于当期收入，此时借贷约束没有约束力，并不影响消费，如图20-6（a）所示；另一种情况是消费者希望的第一期消费大于当期收入，然而借贷约束的存在使他不能达到这一目的，消费者能实现的最好选择是完全消费掉第一期的收入，如图20-6（b）所示，消费者想要实现D点的消费组合，但由于借贷约束，只能实现E点的消费组合。

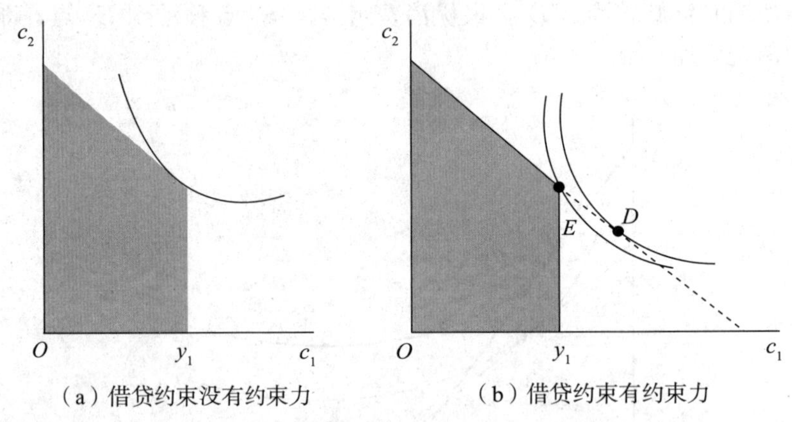

（a）借贷约束没有约束力　　（b）借贷约束有约束力

图20-6　借贷约束下的跨期消费决策

通过对借贷约束的分析，可得出两种消费函数的结论。对一些消费者而言，借贷约束没有约束力，两个时期的消费取决于两期收入的现值$y_1+y_2/(1+r)$；对另一些消费者而言，借贷约束有约束力，消费函数为$c_1=y_1$，$c_2=y_2$，即现期消费只取决于现期收入。

二、消费的随机游走假说

1978 年，美国经济学家罗伯特·霍尔首次推导出理性预期对消费行为的影响。他证明了如果永久收入假说是正确的，而且如果消费者能够进行理性预期，那么，消费随着时间的推移而发生的变动就是不可预测的。这种不可预测的变动被称为**随机游走**。根据霍尔的观点，持久收入假说与理性预期的结合意味着消费的变动遵循随机游走方式。

根据永久收入假说，消费者的收入处于变化当中，并且消费者总是尽最大努力使自己的消费在时间上保持稳定。在任何一个时点，消费者总会根据当下对一生收入的预期选择消费。随着时间的推移，消费者总会根据新获得的信息修正其对一生收入的预期，并相应地调整消费。简单而言，消费的变动反映了消费者一生收入的意外变动。例如一个突然受到提拔的人会增加他的消费，但一个突然被降职的人会减少消费。如果消费者有效利用了所有可以得到的信息进行了理性预期，那么，只有不可预测的事件才会令他感到意外，从而改变消费。由此可见，消费的变动是随机游走的。

理性预期的研究方法不仅对消费预测有意义，对经济政策的分析也有意义。由上述讨论可推知，如果消费者遵循持久收入假说，而且能够进行理性预期，那么，只有未预期到的政策变动才会影响消费。这些政策通过改变人们的预期来影响人们的消费。例如，假设政府今年通过了一项在明年生效的增税政策，消费者从得知这条消息的那一日起便开始修正其预期并减少他们的消费，但当下一年这一增税政策真正开始实施时，消费者由于没有获得新的消息，因而并不会改变消费。

因此，如果消费遵循随机游走方式，则决策者不仅可以通过自己的行为影响经济发展，还可以通过影响公众对政策行为的预期来影响公众消费，进而影响整个经济发展。

三、相对收入消费理论

相对收入消费理论由美国经济学家杜森贝利（J. S. Duesenberry）提出。他认为消费者会受自己过去的消费习惯以及周围消费水准的影响来决定消费，从而消费是相对地决定的，因此得名。按他的看法，消费与所得在长时期维持一固定比率，故长期消费函数是从原点出发的直线，但短期消费函数则为有正截距的曲线。这不论从时间数列或从横截面数列观察都是如此。

先从时间数列来观察，杜森贝利认为，依照人们的习惯，增加消费容易，减少消费则较难。因为一向过着相当高的生活水准的人，即使收入降低，也多半不会马上因此降低消费水准，而会继续维持相当高的消费水准，因此消费固然会随收入的增加而增加，但不易随收入的减少而减少。因此，在进行短期观察时，可发现在经济波动过程中，收入增加时低收入者的消费会赶上高收入者的消费，但收入减少时消费水平的降低相当有限。因此，短期消费函数不同于长期消费函数。

这一理论可以用图 20-7 说明。

在图 20-7 中可见，当经济稳定增长时，消费为收入的固定比率，故长期消费函数为 $C_L=\beta Y$。但在景气变动期，则短期消费函数有不同形态。例如原先收入为 Y_1 时，消费为 C_1。当收入由 Y_1 减少时，消费不循 C_L 的路径，而循 C_{s1} 的路径变动（$C_{t1}/Y_{t1}>C_1/Y_1$，即平均消费倾向变大）。反之，当收入由 Y_{t1} 逐渐恢复时，消费循着 C_{s1} 的路径变动，直至

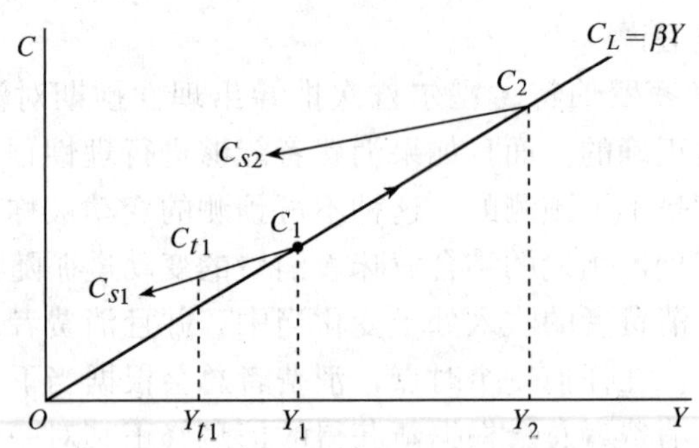

图 20-7 相对收入消费理论对短期消费函数的解释

到达原先的最高收入水平 Y_1 时的 C_1 为止。当经济由 Y_1 稳定增长时，消费又回到 $C_L=\beta Y$ 的路径，使消费与收入成固定比率，故消费函数为 C_L。然而，当收入在 Y_2 处而经济发生衰退时，短期消费函数为 C_{s2}。如此继续变动的结果，我们可以看到，实际上会有短期消费函数与长期消费函数的区别。其形态分别为：长期消费函数为 $C=\beta Y$，短期消费函数为$C=C_0+cY$。这样，杜森贝利将短期消费函数正截距的产生，归因于经济周期各阶段的不同消费行为。杜森贝利理论的核心是消费者易于随收入的提高而增加消费，但不易随收入的降低而减少消费，以致产生有正截距的短期消费函数。这种特点被称为**"棘轮效应"**，即上去容易下来难。总之，杜森贝利短期消费函数之所以有正截距，是由于消费者在决定当期消费时，不能摆脱过去的消费习惯，使当期消费决定于当期收入及过去的消费支出水平。

以上是从时间数列的观察，说明短期消费函数的形态及其与长期消费函数之间的关联，而二者产生差距的主要原因在于消费者会受过去消费习惯的影响。

杜森贝利的相对收入消费理论的另一方面内容是指消费者的消费行为要受周围人们消费水准的影响，这就是所谓**"示范效应"**。如果一个人的收入增加了，周围人或自己同一阶层人的收入也同比例增加了，则他的消费在收入中的比例并不会变化；而如果其他人的收入和消费增加了，他的收入并没有增加，但因顾及他在社会上的相对地位，也会打肿脸充胖子提高自己的消费水平。这种心理会使短期消费函数随社会平均收入的提高而整体向上移动。

四、生命周期消费理论

美国经济学家弗兰科·莫迪利安尼（Franco Modigliani）的生命周期消费理论与凯恩斯消费理论的不同之处在于，后者假定人们在特定时期的消费是与他们在该时期的可支配收入相关的，而前者强调人们会在更长时间范围内计划他们的生活消费开支，以达到他们在整个生命周期内消费的最佳配置。一般说来，年轻人家庭收入偏低，这时消费可能会超过收入。随着他们进入壮年和中年，收入日益增加，这时收入会大于消费，不但可能偿还青年时欠下的债务，更重要的是可以积蓄些钱以备养老。等到年老退休、收入下降时，消费又会超过收入，形成所谓负储蓄状态。下面用一例说明上述理论。

假定某人从 20 岁开始工作，计划到 60 岁退休，预期在 80 岁时去世，这样，工作的时期（用 WL 表示）为 40 年(＝60－20)。生活年数(用 NL 表示)为 60 年(＝80－20)，从

0 岁到 20 岁为父母抚养他的时期，不计入 NL。若每年工作收入（用 YL 表示）为 24 000 美元，则终身收入 $=YL \cdot WL=24\ 000\times40=960\ 000$（美元）。

由于生命周期消费理论假定人们总希望自己一生能比较平稳安定地生活，而不愿今朝有酒今朝醉，从而他们会计划在整个生命周期内均匀地消费这960 000美元收入，因而他每年的消费将是：

$$C=\frac{960\ 000}{60}=16\ 000=\frac{WL}{NL}\times YL=\frac{40}{60}\times24\ 000=\frac{2}{3}\times24\ 000\text{（美元）}$$

在这个假设的例子中，该人在工作时间内每年工作收入的$\frac{2}{3}$用于消费，这也是他工作时间（40 年）占一生（60 年）的比例，$\frac{1}{3}$用于储蓄，每年储蓄额是 8 000 美元（$=24\ 000-16\ 000$），退休时共积累的储蓄额是 320 000 美元（$=8\ 000\times40$），到预期寿命结束时正好用完。

在上述简化例子中，含有一系列假定：工作期间收入保持不变，没有不确定因素，个人开始时没有积累，每年的储蓄没有利息等增值，不留遗产给后代，等等。然而，即使抛开这些假定，加进现实因素的考虑，生命周期消费理论的基本结论依然成立。这种结论可以用下列公式表示：

$$C=aWR+cYL \tag{20.6}$$

式中，WR 为实际财富；a 为财富的边际消费倾向，即每年消费掉的财富的比例；YL 为工作收入；c 为工作收入的边际消费倾向，即每年消费掉的工作收入的比例。

根据生命周期消费理论，如果社会上年轻人和老年人的比例增大，则消费倾向会提高；如果社会上中年人的比例增大，则消费倾向会下降。因此，总储蓄和总消费会部分地依赖于人口的年龄分布，当有更多人处于储蓄年龄时净储蓄就会上升。

除了想使自己一生平稳消费这一点外，还有一系列因素会影响消费和储蓄。例如，当有更多人想及时行乐时，储蓄就会减少；当社会建立起健全的社会保障制度从而有更多人享受养老金待遇时，储蓄也会减少；当社会上有更多人想留一笔遗产给后代时，社会总储蓄率就会提高，但很高的遗产税税率又会影响这种储蓄的积极性。

五、永久收入消费理论

美国经济学家米尔顿·弗里德曼（Milton Friedman）的永久收入消费理论认为，消费者的消费支出主要不是由他的现期收入决定，而是由他的永久收入决定。永久收入是指消费者可以预计到的长期收入。永久收入大致可以根据所观察到的若干年收入数值的加权平均数计得，距现在的时间越近，权数越大；反之，则越小。举个最简单的例子，假定某人的永久收入为下列形式的一个加权平均值：

$$Y_P=\theta Y+(1-\theta)Y_{-1} \tag{20.7}$$

式中，Y_P 为永久收入；θ 为权数；Y 和 Y_{-1} 分别为当前收入和过去收入。如果 $\theta=0.6$，$Y=12\ 000$ 美元，$Y_{-1}=10\ 000$ 美元，则：

$$Y_P = 0.6 \times 12\,000 + 0.4 \times 10\,000 = 11\,200 \text{（美元）}$$

消费者的消费支出取决于永久收入。例如，假定 $C = cY_P = 0.9Y_P$，则当前收入的边际消费倾向仅为 $c\theta$，明显低于长期边际消费倾向 c。在上述例子中，$c\theta = 0.9 \times 0.6 = 0.54$。短期边际消费倾向较低的原因是，当收入上升时，人们不能确信收入的增加是否会一直继续下去，因而不会马上充分调整其消费。当然，当收入下降时，人们也不能断定收入的下降是否就一直会如此。因此，消费也不会立即发生相应的下降，短期边际消费倾向仍较低。只有收入变动最终证明是永久的，人们才会在最终证明是较高或较低的永久收入水平上充分调整其消费。

按这种消费理论，一个有前途的大学生可能会在其暂时收入以外多花不少钱，这会使他欠不少债，但他相信自己将来收入会非常高。再如，当经济衰退时，虽然人们收入减少了，但消费者仍然按永久收入消费，故衰退期消费倾向高于长期平均消费倾向。相反，经济繁荣时尽管收入水平提高了，但消费者按永久收入消费，故这时消费倾向低于长期平均消费倾向。根据这种理论，政府想通过增减税收来影响总需求的政策是不能奏效的，因为减税而增加的收入，并不会被人们立即都用来增加消费。

上述生命周期消费理论和永久收入消费理论有联系也有区别。就区别而言，前者偏重对储蓄动机的分析，从而提出以财富作为消费函数的变量的重要理由；而永久收入理论则偏重于个人如何预测自己未来收入的问题。就联系而言，不管二者强调的重点有何差别，它们都体现了一个基本思想：单个消费者是前向预期决策者，因而在如下几点上都是相同的：

第一，消费不只同现期收入相关，而是以一生或永久收入作为消费决策的依据。

第二，一次性暂时收入变化引起的消费支出变动很小，即其边际消费倾向很低，甚至接近于零，但来自永久收入变动的边际消费倾向很大，甚至接近于 1。

第三，当政府想用税收政策影响消费时，如果减税或增税只是临时性的，则消费并不会受到很大影响，只有永久性税收变动时，政策才会有明显效果。

（专栏 20－1“行为经济学和消费”，请读者扫描本书封面二维码获取。）

*第二节　投　资

生产和消费是经济活动的两个方面，在上一节分析完消费问题之后，本节将分析生产中的一个重要问题——投资。投资是购置物质资本的活动。按照新古典的传统，投资也是总需求的一部分，但是投资（需求）不同于消费（需求）之处在于，投资可以转化为未来的供给。投资可分为两大类：一类是在新资本品上的支出，称为固定投资，固定投资又可细分为企业固定投资和住房投资两部分；另一类是公司持有存货的增加，称为存货投资。

本节将分别介绍企业固定投资、住房投资和存货投资的相关理论。

一、企业固定投资

投资支出中占比例最大的一项是企业固定投资，约占总投资支出的 3/4。企业固定投资，又称企业固定资产投资，是企业购买用于生产的机器设备和建筑物的活动。企业在生产和服务中使用的机器设备和建筑物构成企业固定投资的存量，或称为资本存量。资本存量在一定时期内的变动，即企业在一定时期内追加的资本存量就是企业固定投资。

现实中的大多数企业同时具备两种职能：一是生产职能，即生产产品和提供劳务；二是投资职能，即为了未来生产而进行资本品投资。在这里，可以把企业的这两种职能分开，即假设市场中存在两种企业：生产企业通过租赁资本来生产产品与提供劳务；租赁企业则专门从事固定资产的投资，它们购买资本品，并把资本转租给生产企业。这一模型大大简化了对企业固定投资的分析，被称为**新古典投资模型**。

1. 最优资本存量的决定

首先考虑典型的生产企业。生产企业使用资本和劳动生产产品和劳务，使得利润最大化。假定企业对资本和劳动的使用可以相互替代，生产给定的产品可以使用不同的资本和劳动组合。如果资本相对便宜，企业会增加资本的使用；如果劳动相对便宜，企业会增加劳动的使用。企业在生产过程中，根据资本的边际收益与资本的边际成本决定资本的使用量，即资本存量。在微观经济学中论述企业的微观决策时已经介绍过，资本的边际产量是增加一单位资本所生产的产品。对于竞争性企业而言，资本的边际收益等于资本的边际产量乘以产品价格，而资本的边际成本可以认为是资本的租赁成本，即租赁价格。为了实现利润最大化，企业增加租赁资本，直至资本的边际收益减少到等于实际租赁价格为止。企业按租金率 R 租赁资本并以价格 P 出售其产品，因此企业每单位资本的实际成本为 R/P。

投资作为对资本租用量进行选择的问题，如图 20－8 所示，在以资本存量为横轴、资本租赁价格和边际收益为纵轴的坐标系中，资本边际收益曲线向右下方倾斜，即随着企业对资本使用量的增加，资本的边际收益递减。资本的边际收益和租赁价格的交点决定了企业的最优资本存量 K_0。

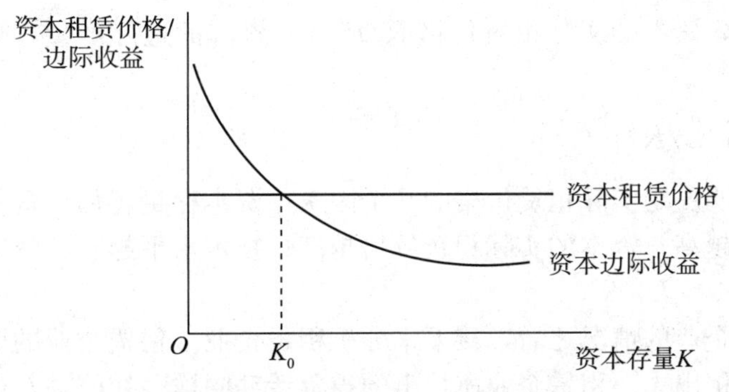

图 20－8　最优资本存量的决定

在企业租赁资本的情况下，投资的边际成本就是租赁价格。那么资本的租赁价格又是如何决定的呢？与普通商品价格的决定一样，资本的租赁价格由资本的供给与需求决定。生产企业对资本的需求由资本的边际收益决定。资本的市场需求即所有企业对资本的需求，是企业资本边际收益曲线的加总。在任何一个时点上，市场上的资本存量是固定的，因此，资本供给曲线是垂直的。资本供求的均衡点决定资本租赁价格。企业按租金率 R 租赁资本并以价格 P 出售其产品，因此企业每单位资本的实际租赁价格可以表示为 R/P。如图 20－9 所示。

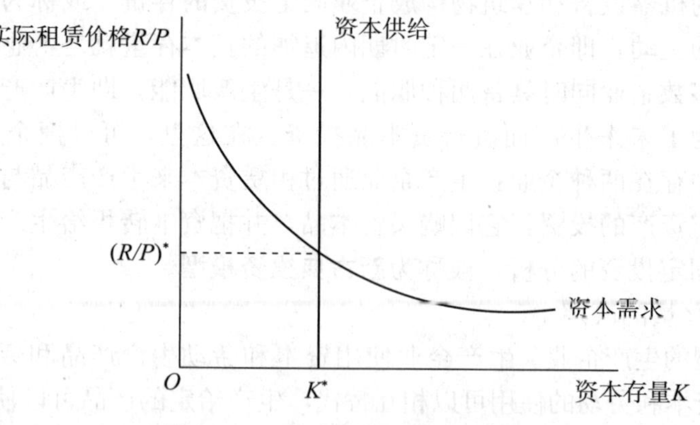

图 20-9　资本租赁价格的决定

接下来，我们引入一个特定的生产函数，即柯布-道格拉斯生产函数来说明企业对最优资本存量的选择。许多经济学家认为，柯布-道格拉斯生产函数非常接近于现实经济中投入资本和劳动，以生产产品和提供劳务的情况。

柯布-道格拉斯生产函数为：

$$Q=AK^{a}L^{1-a} \tag{20.8}$$

式中，Q 为产量；K 和 L 分别为资本和劳动投入量；A 为衡量技术水平的参数；a 为衡量资本在产出中所占份额的参数，$0<a<1$。

资本的边际产量为：

$$MP_{K}=aA(L/K)^{1-a} \tag{20.9}$$

在均衡状态下，资本的实际租赁价格 R/P 等于资本的边际产量，则（20.9）式可以写成

$$R/P=aA(L/K)^{1-a} \tag{20.10}$$

（20.10）式表明决定实际租赁价格的几个因素：资本存量越低，资本的实际租赁价格越高；劳动投入量越高，资本的实际租赁价格越高；技术水平越高，资本的实际租赁价格越高。

在分析完生产企业的情况之后，接下来分析**租赁企业**。租赁企业的职能仅在于购买资本品，并把它们转租出去。租赁企业所从事的投资活动同样存在收益与成本。资本的收益来源于它将资本出租给生产企业所得收入，出租每单位资本得到的实际租赁价格为 R/P。资本的成本则比较复杂，每出租一单位资本，租赁企业需承担三种成本：

一是利息成本。租赁企业需要投入资金购买固定资本，如果租赁企业通过借贷方式筹措资金，那么它必须为贷款支付利息。即使租赁企业没有借贷，这种利息成本也存在，因为如果企业用自己手头的现金购买一单位资本，它就损失了把这种现金存入银行所能获得的利息。

二是价格波动成本。租赁企业租出资本后，如果资本价格下降，企业遭受损失，因为企业资产价值下降了；但如果资本价格上升，企业就有收益，因为企业资产价值上升了。

三是资本折旧成本。资本在使用过程中存在磨损和消耗，称为折旧。折旧也是资本租赁成本的一部分。

因此，租赁企业出租一单位资本的成本可以表示为：

$$单位资本的成本=P_K(i-\pi^e+\delta) \tag{20.11}$$

式中，P_K 为单位资本价格；i 为名义利率；π^e 为预期通货膨胀率；δ 为折旧率。在这里，假设租赁价格的下降是由于预期通货膨胀率的下降引致。

由于 $i-\pi^e$ 等于实际利率 r，单位资本的成本可以写为：

$$单位资本的成本= P_K(r+\delta) \tag{20.12}$$

2. 最优资本存量的动态调整

从前面的分析可知，最优资本存量，即资本的租赁价格等于资本的边际收益的资本存量。达到最优资本存量是企业实现利润最大化的条件之一，然而在现实中，企业实际资本存量通常与最优资本存量不相符。由于迅速调整投资的成本较高，企业通常会逐步调整实际资本存量，以便达到最优资本存量。下面将介绍一种资本存量的动态调整模型——可变加速模型。

很显然，现在的投资决定未来的资本供给，反过来也可以说，现在的最优投资水平取决于未来的最优资本存量。假设调整过程是逐期实现的，既有资本存量与最优资本存量之间的缺口越大，企业的调整幅度越大，即投资率越快。设 K_{-1} 为上期结束时的资本存量，K^* 为最优资本存量，那么两者的缺口就是 K^*-K_{-1}；再设 λ 为资本缺口的调整速度，即填补投资缺口的比例，一般地，$0<\lambda<1$。于是，现期结束时的资本存量为：

$$K= K_{-1}+\lambda(K^*-K_{-1}) \tag{20.13}$$

（20.13）式表明，要将资本存量从 K_{-1} 增加到 K 的水平，企业必须实现净投资

$$I= K-K_{-1}=\lambda(K^*-K_{-1}) \tag{20.14}$$

逐期投资累计完成的缺口份额 $X(t)$ 可以简单计算如下：

第 1 期：$X(1)=\lambda$

第 2 期：$X(2)=\lambda+(1-\lambda)\lambda$

第 3 期：$X(3)=\lambda+(1-\lambda)\lambda+(1-\lambda)(1-\lambda)\lambda$

…………

第 t 期：$X(t)=\lambda+(1-\lambda)\lambda+(1-\lambda)^2\lambda+\cdots+(1-\lambda)^{t-1}\lambda=1-(1-\lambda)^t$

当 $\lambda=0.5$ 且 $t=1, 2, 3, \cdots$时，所对应的 $X(t)$ 分别如表 20 - 1 所示。

表 20 - 1　逐期投资累计完成的缺口份额

t	1	2	3	4	5	6	…
$X(t)$	0.5	0.75	0.875	0.937 5	0.968 75	0.984 375	…

调整过程如图 20 - 10 所示。

以上分析表明，如果 $\lambda=0.5$，意味着每年投资能够弥补缺口的一半，经过大约 4 年之

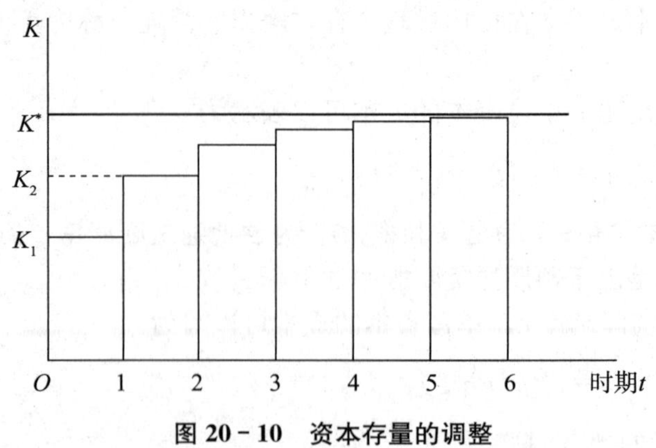

图 20-10 资本存量的调整

后，才会接近实现当期的最优投资水平，从而接近达到当期的最优资本存量。但需要注意的是，我们一直假定厂商在当期的最优资本存量 K^* 在 $t=1$，$t=2$，$t=3$ 等各期均保持不变，而事实上，到了第 t 期，由于新信息的获取，厂商必然又会对最优资本存量作出新的判断。

总之，企业总是逐期不断地调整固定投资，目的是实现资本存量的最优，虽然各期的最优资本存量目标一直处于不断变化之中。因此，对投资波动的理解主要在于：K^* 本身的不稳定性以及 K 不断地趋向于 K^*。

二、住房投资

市场经济下，住房是居民生活中很重要的一项投资。现实中，人们购买住房主要有三种目的：一是为了自己居住，二是为了向他人出租以收取租金，三是为了获取其由于价值增加而产生的利润。

住房是一种使用年限很长的特殊产品，住房一旦建成，只要适当维护，就可以使用很长时间。住房存量是每年新建住房的积累，由于其不易损耗的特性，每年新建住房与现存住房相比，占比很小。因此，对住房投资理论的分析包括两部分内容：一是存量均衡，现有住房存量决定住房相对价格；二是流量供给，住房相对价格又决定新住房投资的流量。

如图 20-11 所示，图 20-11（a）表示住房的相对价格 P_H/P（住房价格相对于平均价格水平）是如何由现有住房存量的供给与需求决定的。在任何一个时点，住房的供给都是固定的，在横轴为住房资本存量 K_H、纵轴为住房相对价格 P_H/P 的坐标系中，我们用一条垂直的供给曲线 S_S 来表示这一存量。同时住房需求曲线 D_0（或者 D_1）向右下方倾斜，这是因为住房的相对价格越低，人们对住房的需求越大。住房需求曲线的位置取决于三个因素：

第一，人们的财富。人们拥有的财富越多，对住房的需求越大，因此财富的增加会使得住房需求曲线从 D_0 右移到 D_1；反之，财富的减少会使住房需求曲线左移。

第二，拥有住房的真实净收益。净收益等于总收益减去总成本。总收益包括房主居住自有住房获得的隐性收益、出租住房获得的租金，以及住房增值所产生的资本收益；总成本包括抵押贷款、物业费、物业税和折旧等等。住房净收益增加，如住房资本收益上涨或

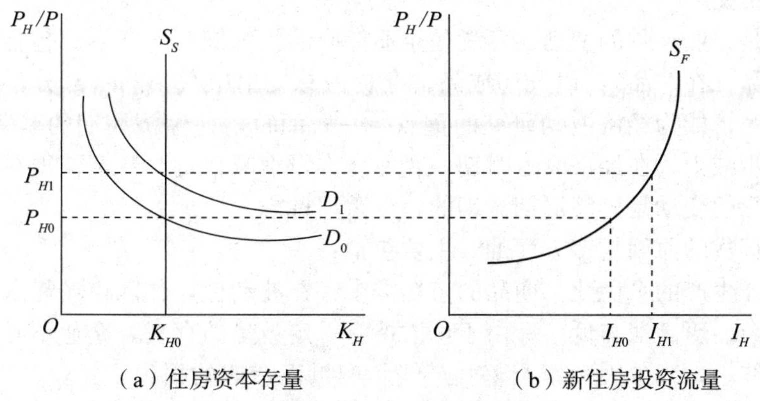

（a）住房资本存量　　　　　　　（b）新住房投资流量

图 20-11　住房市场

抵押贷款利率下降等，会使住房需求增加，住房需求曲线从 D_0 右移到 D_1；反之，住房净收益减少则会使住房需求曲线左移。

第三，其他资产的真实净收益。作为一种资产投资方式的住房需求，取决于它与其他资产相比的相对收益。例如股票、债券等资产收益下降，投资住房就是较好的选择。也就是说，其他资产收益减少会推动住房需求曲线右移；反之，其他资产收益增加会使住房需求曲线向左移动。

图 20-11（b）表示住房的相对价格 P_H/P 如何决定新住房的供给。在以住房投资流量 I_H 为横轴、住房相对价格 P_H/P 为纵轴的坐标系中，S_F 曲线表示新住房的供给曲线。与普通商品的供给曲线一样，新住房的供给曲线向右上方倾斜，表示新住房供给量随着住房市场价格的上升而增加。建筑企业投入资本建设住房，然后按市场价格出售，其成本取决于平均价格水平（它反映了木材、砖、钢材等的成本），其收益取决于住房价格，因此，随着住房相对价格的上升，建房利润上涨，住房供给量就增加。

住房资本存量与新住房投资流量之间通过住房相对价格紧密联系。在短期，由于新住房投资与现有的住房存量相比微不足道，新住房投资对住房价格的影响甚微，因此，住房存量市场上的供给与需求决定住房价格，同时，住房价格的高低决定新住房的供给。然而在长期，日积月累的新住房投资会增加住房存量，使得供给曲线 S_S 右移，在住房需求不变的情况下，这会降低住房相对价格，从而减少新住房的投资，进而减少新住房的供给。

对住房投资理论作进一步分析，可得出如下两点结论：

第一，在长期，住房存量也会损耗，即折旧。因此，在一个人口和财富都维持不变的社会中，当住房存量保持不变时，就可以实现住房市场的长期均衡，此时，投资等于折旧，或者净投资为零。如果人口或财富以固定比率增长，均衡状态的投资率必须能够补偿折旧率和住房存量的增长率。

第二，由于新住房的建成需要耗费一定的时间（一年甚至更长），因此住房价格的变动与新住房的供给之间存在一定的时滞性。住房的供给实际上不是对现期住房价格作出反应，而是对预期住房建成后的价格作出反应。一般而言，住房投资理论适用于很多耐用消费品。

三、存货投资

存货投资是企业存货的变动。存货是企业持有的作为储备的产品，包括原材料、在生产过程中的产品（在产品），以及产成品。存货占总支出中很小的一部分，但它在经济周期中的变动很大，成为经济波动研究的重点。一般而言，在经济周期的繁荣与萧条之间，存货投资会逐步减少，在经济衰退时期，企业会大量削减存货，甚至使得存货投资成为负值。因此，存货的变动是经济周期波动的一个重要标志。

企业持有存货的原因是多方面的，主要包括：

第一，保证生产的平稳化。商品的市场需求存在波动性，伴随市场需求的波动，企业的产品销量也会经历高涨与低落。由于可以持有一定数量的存货，企业不必随时调整生产以适应销售的波动，减少因频繁调整生产线和产量而造成的损失。企业可以在需求低落、产量高于销量时增加库存；在需求高涨、产量低于销量时减少存货。

第二，避免脱销。产品的生产需要时间，不可能瞬间完成，企业常常需要在了解顾客需求水平之前作出生产决策，为了避免产品销量意外高涨而脱销，企业需要持有一定数量的存货。

第三，提高经营效率。与频繁少量订货相比，企业大量订货以持有库存的成本更低。正如与每天光顾商店购买一种生活用品相比，每周一次批量采购生活用品要更节省生活成本。

第四，在产品。有些库存是生产过程中不可避免的，因为有的产品在生产中要求多道工序，当一种产品仅仅部分完成时，会被作为企业存货的一部分。

在市场经济条件下，在经济繁荣时期，企业预期未来的销售将增加，从而会加快生产，导致产量超过销量，存货逐步增加，这是企业存货投资的自愿增加。而当经济开始衰退时，随着市场需求下降，产量会超过销量，企业非自愿地增加了存货。在衰退过程中，生产的大幅减少可能会使企业非自愿地减少存货；当经济萧条到来时，企业发现产量大于销量，存货过多，于是自动减少生产，自愿削减存货。因此，存货投资在经济周期中的作用是自愿的存货变动和非自愿的存货变动的混合。经济周期中存货的这种变动被称为存货周期。

存货投资的周期变动可以用一种简单的模型加以说明，即加速模型。存货的加速模型假设，企业持有的存货量与企业的产出水平是成比例的，存货投资的数量取决于产出增长的快慢。当产量较高时，企业生产过程中需要更多的原材料，生产线上的在产品也较多，仓库及货架上存放的产成品也更为丰富。企业存货量与产出水平之间的关系可表示为：

$$N=aY \tag{20.15}$$

式中，N 为存货量；Y 为产量；a 为存货占产量的比例。

由于存货投资 I 是存货量的变动 ΔN，于是有：

$$I=\Delta N=a\Delta Y \tag{20.16}$$

加速模型表明，存货投资与产出的变动成比例。当产出增加时，企业想持有更多的存货量，因此存货投资很高；但当产出减少时，企业想持有的存货量减少，存货投资为负。

（专栏 20－2“投资项目的净现值分析法”，请读者扫描本书封面二维码获取。）

*第三节　货币需求

货币需求指人们在投资组合中所选择持有的现金、支票账户等货币资产的数量。选择持有多少货币是一般投资组合配置决策中的一部分。货币具有两个基本的特征：首先，货币是流动性最强的资产，这是持有货币的主要益处。凯恩斯指出，货币在使用上的灵活性能够随时满足人们的交易动机、谨慎动机和投机动机；其次，相对于股票、债券等资产，货币的收益较低（实际上通货的名义收益为0），持有货币需承担机会成本，即损失持有其他资产而带来的利息收入，因而，人们的货币需求取决于他们如何在流动性偏好与持有货币的机会成本之间进行权衡。

本节将首先讨论若干宏观经济变量对货币需求的影响，在此基础上构建货币需求函数；然后引入鲍莫尔-托宾模型，分析持有货币的成本与收益。

一、建立货币需求模型的思路

货币需求量的决定受多方面因素影响，货币需求模型的构建正是基于对各类影响因素的考虑。对货币需求具有重大影响的宏观经济变量有价格水平、实际收入和利率。较高的价格或收入提高了人们的流动性需求，从而使货币需求增加；利率通过预期收益来影响货币需求，利率越高，人们的货币需求就越大。然而，如果其他资产的利率高于货币，人们会愿意将更多财富从货币转向其他资产。

先来分析价格水平、实际收入和利率等宏观经济变量对货币需求的影响。

（1）价格水平。平均价格水平越高，人们在进行交易时所需要的货币就越多。例如改革开放初期，两个人去一家普通餐厅用餐只需花几元钱，但今天两个人去同样的餐厅用餐起码要花几十元。由于改革开放初期仅需要少量货币进行交易，当时人们所持有的货币量远少于今天人们所持有的货币量。概括而言，较高的价格水平提高了流动需求，从而导致货币的名义需求增大。

（2）实际收入。人们的收入越高，所进行的交易就越多，对持有货币的需求就越大。比如月薪8 000元的人要比月薪3 000元的人购买更多商品。需要注意的是货币需求随价格水平的变化而同比例变化，但货币需求不随实际收入的增加而同比例增长。实际收入增加1%所引起的货币需求增长通常要低于1%。

（3）利率。投资组合配置理论表明，当风险和流动性保持不变时，货币需求取决于货币及其他非货币资产的预期收益。货币预期收益的提高能够增加货币需求，而其他资产预期收益的提高则使得财富所有者将货币转换为其他高收益资产，从而降低货币需求。

价格水平、实际收入和利率对货币需求函数的影响可以表述为：

$$M^d = PL(Y, r) \tag{20.17}$$

式中，M^d 为名义货币需求量；P 为价格水平；Y 为实际收入；r 为利率。货币需求 M^d 与价格水平 P 为同比例关系，因此，若 P 上升一倍（实际收入和利率不变），M^d 也增加一倍。在任何价格水平 P 下，货币需求 M^d 通过函数 L 由实际收入 Y、利率 r 决定，Y 的增加会提高人们的流动性需求，从而增加货币需求；r 的上升使非货币资产更具吸引力，从而减少货币需求。

将（20.17）式两边同除以 P，得到

$$M^d/P=L(Y,r) \tag{20.18}$$

式中，M^d/P 为实际货币需求，有时又称为**实际余额**，是用货币所能购买的各种产品来测量货币需求量。将实际货币需求与产出和利率联系起来的函数 L 被称为**货币需求函数**。

以上重点研究了影响货币需求的主要宏观经济变量，但现实中还存在影响货币需求的其他因素，包括预期股票收益、预期债券收益、预期通货膨胀率、实际财富等。

（1）预期股票收益。股票收益的提高会吸引人们将货币转换为股票，从而减少货币需求。

（2）预期债券收益。债券与股票一样，属于资产的一种持有方式，债券收益的提高也会吸引人们购买更多的债券从而减少货币需求。

（3）预期通货膨胀率。较高的通货膨胀率意味着较高的货币贬值率，在这种情况下，人们会减少货币的持有，降低对货币的需求。

（4）实际财富。当财富增加时，人们可能会以货币形式持有部分新增财富。当然，如果收入和交易水平保持不变，财富所有者以货币而非其他高收益资产形式持有新增财富的动机较小，因而财富增加对货币需求的影响也比较小。

预期股票收益、预期债券收益、预期通货膨胀率和实际财富对货币需求的影响可以表述为：

$$M^d/P=L(r_s,r_b,\pi^e,W) \tag{20.19}$$

式中，r_s 为预期股票收益；r_b 为预期债券收益；π^e 为预期通货膨胀率；W 为实际财富。该式表示人们把持有货币作为自己资产组合的一部分，关键的观点是货币提供了不同于其他资产的风险与收益的组合，货币本身是没有收益的，而股票与债券的收益会上升或者下降。这一强调货币作为价值储藏手段的货币需求理论，被称为**资产组合理论**。

二、货币需求的交易理论

前面着重分析了货币作为价值储藏手段的货币需求理论，下面我们将继续分析货币作为交换媒介的货币需求理论，即**交易理论**。该理论强调人们持有货币而不是其他资产是为了进行购买，即出于交易动机。持有货币需要承担成本，也能够获得收益，货币需求的交易理论正是通过权衡持有货币的成本和收益来决定持有货币的数量。

接下来我们将引入一个著名的模型——**鲍莫尔-托宾模型**，分析持有货币的成本与收益。鲍莫尔-托宾模型在20世纪50年代由经济学家威廉·鲍莫尔和詹姆斯·托宾提出，该模型认为人们持有货币是有机会成本的，即用于购买债券等生息资产所能得到的利息；而人们持有货币是为了交易的方便，其收益在于减少交易成本，如果人们以货币形式持有大部分财富，那么他们总有货币可以用来交易，避免购买商品时每次都要将其他形式的资

产转换为货币，减少交易成本。

假设一个消费者在一年中计划逐渐支出 Y 元，为了简化分析，我们假定在这一年中物价水平不变，因此实际支出不变，同时假定消费者支出均以现金支付。那么在这一年中，这个消费者应当持有的平均货币余额的最优规模是多少？

消费者对持有货币量的选择有多种情况：

第一种情况，消费者可以在年初把一整年计划支出的货币量 Y 一次性提取出来，并逐渐花费出去。图 20－12（a）表示该消费者在一年中的货币持有量。如果他在年初时持有货币的数量为 Y 元，到年底时为 0 元，那么一年中的平均货币持有量为 $Y/2$ 元。这种情况的特点在于消费者一年只用去一次银行，缺点在于消费者完全损失了这笔款项所能带来的利息收入。

第二种情况，消费者计划一年去两次银行。这样，他在年初提取 $Y/2$ 元，并在上半年花光这笔钱，然后又到银行提取 $Y/2$，用于下半年的消费。图 20－12（b）表示该消费者一年的货币持有量在 0 和 $Y/2$ 之间变动，那么一年中的平均货币持有量为 $Y/4$。与第一种情况相比，消费者平均持有的货币量较少，因此，个人放弃的利息也较少，但是必须去银行两次。

更多的情况是，消费者在一年中去 N（$N\geqslant 3$）次银行，每次提取 Y/N 美元，然后在一年的第 $1/N$ 时期中逐渐花费完毕。图 20－12（c）表示消费者的货币持有量在 Y/N 与 0 之间变动，一年中的平均货币持有量为 $Y/(2N)$。

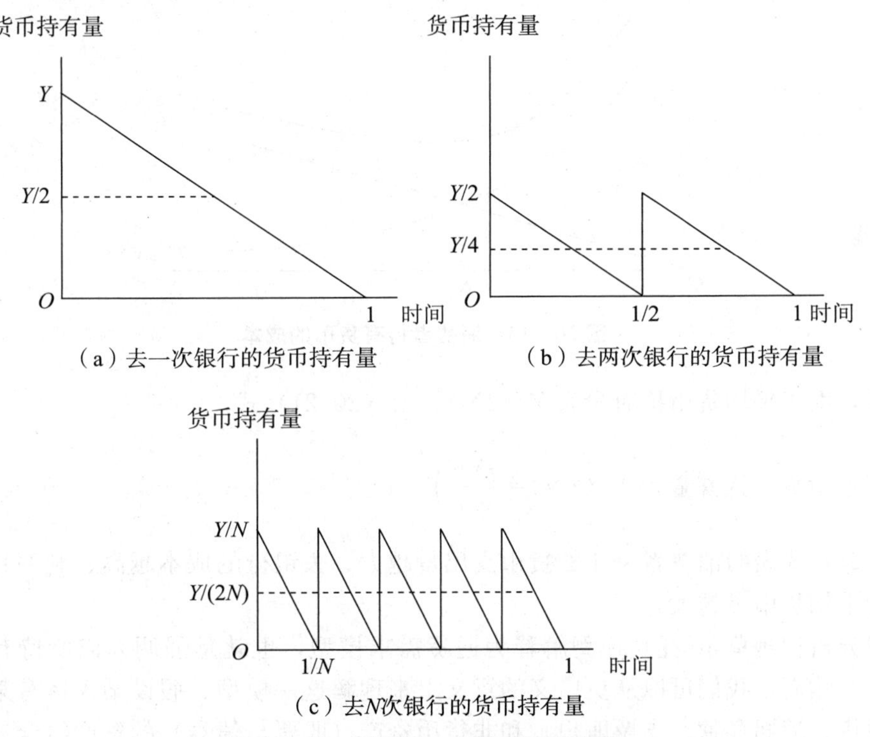

（a）去一次银行的货币持有量

（b）去两次银行的货币持有量

（c）去N次银行的货币持有量

图 20－12 消费者一年的货币持有量

平均货币持有量取决于一个人每年去银行的次数，N 越大，消费者平均持有的货币越少，他所放弃的利息也越少，但随着 N 的增加，消费者提取现金所承担的交易成本也增加了。

假定消费者每次去银行的成本为某个固定值 F，因而去银行的总成本为 FN；消费者持有的平均货币量为 $Y/(2N)$，因而放弃的利息为 $rY/(2N)$。消费者承担的总成本 C 为放弃的利息与去银行的成本之和。即：

$$C=rY/(2N)+FN \tag{20.20}$$

(20.20) 式表明消费者去银行的次数越多，放弃的利息越少，去银行的成本越高。但一定存在最优次数 N^*，能够使得总成本 C 最小。

(20.20) 式两边同时对 N 求导，并整理得：

$$N^*=\left(\frac{rY}{2F}\right)^{\frac{1}{2}} \tag{20.21}$$

如图 20-13 所示，在以消费者去银行的次数为横坐标，以放弃的利息成本、去银行的成本以及总成本为纵坐标的坐标系中，利息成本随着提现次数的增加而单调递减，去银行的成本随着提现次数的增加而单调递增，于是总成本线以先单调递减后单调递增的曲线表示，当去银行的次数为 N^* 时，消费者持有货币的总成本最小。

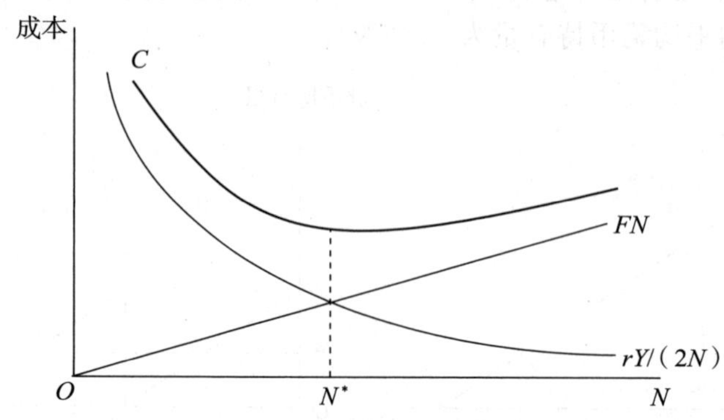

图 20-13 消费者持有货币的成本

另外，由于平均货币持有量为 $Y/(2N)$，由 (20.21) 式

$$\text{平均货币持有量}=Y/(2N)=\left(\frac{YF}{2r}\right)^{\frac{1}{2}} \tag{20.22}$$

(20.22) 式表明消费者一年的货币支出量越大、去银行的成本越高、利率越低，则一年持有的平均货币量越大。

上述分析把鲍莫尔-托宾模型解释为通货需求模型，也就是强调人们所持有的货币为现金形式。然而，我们可以从更广义的意义上来理解这一模型。假设某人持有某种货币资产（如通货、活期存款、支票账户）和非货币资产（股票与债券）的资产组合。货币资产可用于交易，但收益率很低，令 r 代表货币资产和非货币资产之间的差额，F 代表把非货币资产转换为货币资产的成本，如抛售股票或者债券产生的费用等。关于资产转换次数的决策类似于关于去银行次数的决策。因此，鲍莫尔-托宾模型也可以用于分析个人对货币资产的需求。另外，(20.22) 式表明货币需求正向地取决于支出 Y，而反向地取决于利率 r，这为前文所描述过的货币需求函数 $L(r, Y)$ 提供了一个微观经济学上的证明。

第四节 结束语

本章要点可以归结如下：

(1) 在跨期消费决策模型中，消费者面临实际预算约束并选择达到一生最高满足水平的现期与未来消费。只要消费者可以储蓄和借贷，消费就取决于消费者一生的资源。

(2) 霍尔的随机游走假说把持久收入假说与消费者对未来收入有着理性预期的假设结合起来。它意味着消费的变动是不可预测的，因为消费者只有在接到关于其一生资源的消息时才会改变其消费。只有消费者未预期到的政策变动才能影响消费。

(3) 资本的边际产量决定了资本的实际租赁价格。实际利率、折旧率，以及资本品的相对价格决定了资本成本。根据新古典模型，如果租赁价格高于资本成本，企业就投资，如果租赁价格低于资本成本，企业就负投资。

(4) 住房投资取决于住房的相对价格。住房价格又取决于住房需求和现期固定的住房供给。住房需求的增加（也许是由于利率下降所引起的）提高了住房价格，并增加了住房投资。

(5) 企业出于各种动机持有产品的存货：平稳生产、把它们作为生产要素、避免脱销以及工作过程中的产品储备。不支持某一特定动机而作用良好的一个存货模型是加速模型。根据这个模型，存货量取决于 GDP 的水平，存货投资取决于 GDP 的变动。

(6) 货币需求的交易理论，例如鲍莫尔-托宾模型，强调了货币作为交换媒介的作用。这些理论预测货币需求正向地取决于支出，反向地取决于利率。

本章叙述了宏观总需求的消费、投资和货币需求理论的微观基础问题。对于这些内容，我们拟作如下简单评论。

关于宏观消费函数理论的微观基础，主要是根据消费者行为选择的研究。凯恩斯消费函数缺乏微观基础，简单地认为人们的消费只和他们当前的收入有关。其实消费者并不只顾眼前，还会考虑未来，因此其行为必然是跨时期最优选择的结果。弗里德曼认为，人们会根据自己不同时期的收入水平来制定消费决策。莫迪利安尼的基本思想是运用跨时期选择思路说明人们的消费如何在整个生命历程中随年龄而变化。生命周期—持久收入消费理论是上述两种模型的扩展，仍旧建立在消费者效用最大化的新古典理论基础上。20 世纪 70 年代，霍尔则在生命周期和持久收入假说的基础上引入了理性预期，将消费理论从确定性条件推进到不确定性条件，应当说这是一个进步，因为现实经济生活中人们未来的收入水平是不确定的，人们只能利用相关信息对未来收入作出预测，而由于预期的持久收入随信息变化而变化，故最优消费路径也无法事先确定。这样，消费者的行为就服从随机游走。这种随机游走假说认为消费的变化具有不可预测性。但是，许多经济学家检验的结果却拒绝了这一假说。例如，有人实证发现，实际消费变动与预期收入变动之间有明显的正相关性。于是以后一些经济学家又在跨时期最优分析框架内对随机游走假说作了修正，提出了预防性储蓄理论和流动性约束理论。前者强调人们会在未来收入不确定情况下增加储蓄，以防不测之需；后者强调流动性约束不论何时发生，都会使一个人的消费比他想得到的要少一些。应当认为，所有这些理论都从各个侧面不同程度地反映了消费者行为的现实性，对研究我国今天的消费问题也有一定参考价值。改革开放以来，特别是21世纪以来，我国最终消费率或者说最终消费支出在GDP中的比率持续走低，其中主要原因之一就是改革开放以来广大居民收入虽然有了很大提高，但是收入和支出的不确定性也大大增加，下岗失业风险增大，住房、医疗、教育等支出也越来越要由个人或家庭负责。这使得居民整体消费日趋保守。为此，深入研究社会保障以及住房、医疗和教育等制度的改革和建设，帮助居民改善对未来收入和支出的预期，对于提高他们的消费信心，进一步增强我国经济稳定、健康、持续发展不无重大意义。

关于投资理论微观基础的研究，主要也沿用新古典思路，研究各类投资的成本和收益比较。尽管各类投资的成本和收益的表现形式有所区别，但收益必须大于成本总是投资决策的主要依据。正因为这样，实际利率、税收以及对经济变动的预期，成为影响投资变化的重要因素。应当说这些观点与结论是与企业固定投资、住房投资和存货投资这三类投资实践经验相吻合的。不仅如此，西方投资理论运用大量数学工具也有可取之处，因为投资理论中的许多问题可归结为稀缺资源的最优利用、利润或者收益最大化以及成本最小化，这都适合于数量分析。当然，过于复杂的定量分析也可能带来脱离实际的倾向。投资理论的微观基础研究还表明，所有这些投资的主体都必须是企业和居民。在西方，政府一般不作为投资主体出现。然而在我国的一些领域，政府至今依然是主要的投资主体。投资收益的获取、投资风险的承担、投资决策权的掌握等等，与西方国家有着明显区别。许多企业，尤其是国有企业，与西方国家的企业仍然有本质差异。因此，如何运用西方投资理论于中国实际，是一个需要结合国情好好深入研究的问题。例如，中国的铁路、公路以及基础设施的大量项目投资，基本都由政府主导，央企操作，投资决策时主要考虑的是需要而不是成本和收益的对比。

关于货币需求理论的微观基础研究，经济学家主要提出了两种理论。一是资产组合理论，强调货币作为价值储藏作用的货币需求。这种理论预言货币需求取决于货币和其他非货币资产持有的风险和收益。但这种理论难以解释M1这样的狭义货币需求，而对解释M2或M3的需求有用。M1主要用作交易媒介，强调货币作为交易媒介作用的货币需求理论称交易理论。这方面理论最具代表性的模型是鲍莫尔-托宾模型，即货币交易需求的平方根法则。这一模型的基本思想是，一个人要持有多少货币存量，实际是一个如何使利息收入损失和交易费用这两种成本之和最小的问题。不管货币需求的收入弹性和利率弹性是否确实是1/2，但收入、利率和提取款项的成本确实会影响对货币的交易需求和预防需求。因此，结合我国金融体制改革的实际研究利率市场化和金融工具多样化是有意义的。利率市场化有利于吸收居民交易需求和预防需求的货币量，有利于企业融资和增加居民收入，而金融工具多样化可增加居民投资渠道，引导他们将手中的货币投入生产领域，增加就业和收入。

第二十一章

新古典宏观经济学和新凯恩斯主义经济学

目前，参与宏观经济学争论的观点和主张大体上被区分为新古典宏观经济学和新凯恩斯主义经济学两大派别。大致说来，二者的争论和分歧主要在于对短期经济波动的解释和对政策干预的主张。本章的目的在于说明二者的争论和分歧。

第一节 新古典宏观经济学的理论渊源

新古典宏观经济学的理论渊源是货币主义。货币主义是 20 世纪 50 年代后期在美国出现的一个学派。美国经济学家米尔顿·弗里德曼被公认为货币主义的创始者和领袖。本节主要对货币主义的基本观点和政策主张作一简要概述。之所以这么做，主要出于以下两点考虑：其一，本书认为，货币主义所提出的货币数量论是现代宏观经济学的一个较为重要的内容，有必要加以介绍；其二，通过了解货币主义的观点和主张，可以更好地理解新古典宏观经济学的有关内容。

一、货币主义的理论基础

货币主义的基本理论是新货币数量论和自然率假说，下面依次加以说明。

1. 新货币数量论

货币主义认为，货币数量是解释价格水平涨落的基本因素。这种用货币数量来解释价格水平的观点并不是什么新鲜东西，历史上早已有之。为了了解新货币数量论，有必要对在货币主义出现之前的货币数量论加以论述。

1911 年，美国经济学家欧文·费雪在其《货币的购买力》一书中提出了“交易方程”①：

$$Py=MV$$

式中，P 为价格总水平或价格指数；M 为流通中的货币数量；y 为一国的实际国民收入；V 为货币的流通速度，其定义为名义国民生产总值除以货币总量。按照西方学者的解释，V 是由一些“如公众的支付习惯，使用信用范围的大小，交通和通信的方便与否等制度上的因素”决定的，而这些因素在短期内不会有大的变化，因而在短期内 V 不会迅速变化。y 取决于资源、技术条件，而在充分就业的状态下，不可能发生大的变化，因此，V 和 y 被视为常量。这样，价格 P 就随着货币数量 M 正比例地发生变化。正是因为费雪在这里所强调的是货币作为交易媒介的作用，即作为流通手段的作用，所以费雪方程又叫交易方程。

剑桥学派的代表人物之一，马歇尔的嫡传弟子庇古根据前者的学说，在 1917 年发表的《货币的价值》一文中提出了所谓“剑桥方程”。他所关心的是，人们所愿意持有的货币数量，即对货币的需求量。剑桥方程表示如下：

$$M=kY=kPy$$

式中，P 的含义同前；Y 代表以货币计量的国民生产总值，也就是名义国民生产总值；y 为实际国民生产总值；k 为经常持有的货币量，即货币需求总量和名义国民生产总值的比例，k 显然为货币流通速度的倒数。这里的 M 与交易方程中的 M 在意义上所强调的方面略有不同，它代表人们对货币的需求量从而强调货币作为储藏手段的职能，于是，剑桥方程也就是剑桥学派的货币需求方程。这个方程表明，人们对货币的需求量取决于货币流通速度和名义国民收入两个因素，与 k 的倒数即货币流通速度成反比，与收入成正比。据解释，k 的大小取决于社会的商业习惯和制度等因素，在短期内固定不变，可视为常数。y 在达到充分就业均衡时也是一个已知常数。因此，价格水平 P 同货币数量 M 成正比例变化，价格水平的高低取决于货币数量的多少。由于剑桥方程强调货币作为储藏手段的职能，即把货币作为财产的保存形式，侧重于货币的持有方面，因此，剑桥方程暗含着利率对货币需求的影响。

由上可知，交易方程和剑桥方程不但在实质上是相同的公式，而且它们所企图说明的内容也相同，即：货币数量与价格水平之间存在着直接的因果数量关系，物价水平的高低，取决于货币数量的多少，二者成正向关系。它们被认为是早已存在于西方经济学的“货币数量论”的现代表达形式。二者的不同之处在于：交易方程强调货币的交易媒介的作用，而剑桥方程则强调对货币的需求方面。

继交易方程和剑桥方程后，在 20 世纪 30 年代，如本书第十四章所示，凯恩斯又以流动性偏好为基础提出了新的货币需求方程，该方程为②：

---

① 交易方程具有两种形式：$MV=PT$ 和 $MV=Py$，其适用的范围不同。为了节约篇幅，我们把目前不太流行的 $MV=PT$ 形式略去。

② 参见本书第十四章。

$$\frac{M}{P}=L(y,r)=L_1(y)+L_2(r)$$

式中，L 为对货币的总需求；L_1 为对货币的交易需求；L_2 为对货币的投机需求；r 为利率；P 为价格水平。

西方经济学家认为，凯恩斯的货币需求函数，特别是其中的货币投机需求，发展了庇古的思想观点。因为庇古的剑桥方程虽然暗含着关注利率的想法，但利率一般只对货币需求产生影响，而凯恩斯的货币需求方程则由于明确指出投机动机而突出了利率的作用。至于在交易方程中，利率对货币量的作用据说根本没有被注意到。

货币主义认为，凯恩斯的货币数量论比以往的货币数量论虽有进步，但也存在着缺点。缺点主要是它只注意到利率和收入对货币需求的影响，而忽略了人们对财富的持有量也是决定货币需求的重要因素。此外，西方学者认为，凯恩斯把财富的构成看得过于简单，好像在现实社会中，只有货币和债券两种资产可供人们选择，这些很显然都是有待于改进的。

货币主义的代表人物弗里德曼在吸收和修正凯恩斯流动性偏好论的基础上，推演出了新货币数量论。在作出某种简化性的分析之后，弗里德曼提出的货币需求函数为：

$$M=f\left(P,r_b,r_e,\frac{1}{P}\cdot\frac{\mathrm{d}P}{\mathrm{d}t},w,Y,u\right) \tag{21.1}$$

式中，M 为财富持有者手中保存的名义货币量；P 为一般价格水平；r_b 为市场债券利率；r_e 为预期的股票收益率；$\frac{1}{P}\cdot\frac{\mathrm{d}P}{\mathrm{d}t}$ 为预期的物质资产的收益率，即价格的预期变动率，为说明方便，今约定 $r_p=\frac{1}{P}\cdot\frac{\mathrm{d}P}{\mathrm{d}t}$；$w$ 为非人力财富与人力财富之间的比例；Y 为名义收入；u 为其他影响货币需求的变量。

弗里德曼强调，如果用于表示价格及货币收入的单位发生了变化，那么所需要的货币数量应同比例地变动。如果用美元来表示方程（21.1）中的 P 与 Y，M 的大小为某一数量，那么，当人们改用美分来表示 P 与 Y 时，M 的大小必然为该数量的 100 倍。换句话说，方程（21.1）应被看做 P 与 Y 的一次齐次式，即：

$$f(\lambda P,r_b,r_e,r_p,w,\lambda Y,u)=\lambda f(P,r_b,r_e,r_p,w,Y,u) \tag{21.2}$$

特别地，如果令 $\lambda=\frac{1}{P}$，则（21.1）式化为：

$$\frac{M}{P}=f(r_b,r_e,r_p,w,y,u) \tag{21.3}$$

式中，$y=\frac{Y}{P}$为实际国民收入。(21.3)式是新货币数量论常见的表达形式，由于$\frac{M}{P}$表示财富持有者手中的实际货币量，故这一方程代表了对实际货币的需求关系。

考察货币需求函数式（21.3）可以看出，货币需求量主要取决于以下四个方面的因素：

第一，总财富。弗里德曼认为，总财富是决定货币需求的一个重要因素。按他的见解，总财富包括收入或“消费性服务”的一切源泉，其中之一是个人的生产或挣钱能力，即弗里德曼早先在消费函数理论中发展的永久性收入的概念，这样就很难得到它的估算值，所以只能以收入来代替。于是以 y 代表的永久性收入，被当做社会总财富的指标而进入货币需求函数。

第二，非人力财富在总财富中所占的比例。弗里德曼把总财富分为非人力财富和人力财富两部分。前者指有形的财富，包括货币持有量、债券、股票、资本品、不动产、耐用消费品等，后者指个人挣钱的能力，又称无形财富。弗里德曼认为，这两种财富的形式是可以互相转换的，但由于受到制度上的限制，这种转换有一定的困难，主要是人力财富转为非人力财富比较困难。例如存在大量失业时，工人的人力财富就不容易转变为货币收入，而在未转变为收入之前，人们就需要有货币来维持生存，因此，非人力财富在总财富中所占比例大小对货币需求量就有影响。当人力财富在总财富中所占比例越大，或非人力财富在总财富中所占比例越小时，对货币的需求也越大，反之亦然。因此，w 就成为影响实际货币需求的一个变量。

第三，各种非人力财富的预期报酬率。弗里德曼认为，人们选择保存资产的形式除了各种有价证券外，还包括资本品、不动产、耐用消费品等有形资产。他还认为，在各种资产中，货币与其他有形资产之间按何种比例分割，取决于它们的预期报酬率。一般地说，各种有形资产的预期报酬率越高，愿意持有的货币就越少。因为这时人们用其他有形资产的形式来替代货币的形式保存在手中对自己更为有利。因此，债券的预期报酬率（r_b）、股票的预期报酬率（r_e）和物质资产的预期报酬率（r_p）即 $r_p=\frac{1}{P}\cdot\frac{\mathrm{d}P}{\mathrm{d}t}$ 便成为影响货币需求的因素。

第四，其他影响货币需求的因素，例如资本品的转手量、个人偏好等，以变量 u 来概括。

如果在方程（21.2）中，令 $\lambda=\frac{1}{Y}$，则方程（21.1）化为：

$$\frac{M}{Y}=f(r_b,\ r_e,\ r_p,\ w,\ \frac{P}{Y},\ u)$$

式中，$\frac{M}{Y}$ 为货币流通速度；利用货币流通速度的定义，则上式可写为：

$$Y=Py=V(r_b,\ r_e,\ r_p,\ w,\ y,\ u)\cdot M \tag{21.4}$$

式中，$V(r_b,\ r_e,\ r_p,\ w,\ y,\ u)=\frac{1}{f(r_b,\ r_e,\ r_p,\ w,\ y,\ u)}$ 为货币流通速度。

将方程（21.4）与传统的货币数量论相比较，可以看到，如果将方程（21.4）中的函数 V 看做传统货币数量论中的 V 或 $\frac{1}{k}$，则新货币数量论与传统的货币数量论在形式上完全一样。

此外，弗里德曼强调，新货币数量论与传统货币数量论的差别在于，传统货币数量论把货币流通速度 $V\left(或\frac{1}{k}\right)$ 当做由制度决定的一个常数，而新货币数量论则认为流通速度 V 不是数值不变的常数，而是决定它的其他几个数目有限的变量的稳定函数。说得明确一点，**稳定的是决定 V 的函数，而不是 V 本身**。总之，货币主义在维持传统货币数量论关于 V 在长期中是一个不变的数量的同时，又认为 V 在短期中可以作出轻微的波动。①

2. 自然率假说

自然率主要指自然失业率。按照自然率假说，任何一个资本主义社会都存在着一个自然失业率，其大小取决于该社会的技术水平、资源数量和文化传统，而在长期中，该社会的经济总是趋向于自然失业率（如 6%）。这就是说，人为的经济政策的作用可以暂时或在短期中使实际失业率大于或小于自然率，但是，在长期中，不可能做到这一点。

凯恩斯以前的传统经济学承认，资本主义存在着两种失业，即摩擦性失业和自愿失业。大致说来，二者之和在全部劳动力中所占有的比例就是自然失业率。可以看到，自然率的假说，其实际的意义是：资本主义在长期中不会存在非自愿失业的现象。

二、货币主义的主要观点及政策主张

根据新货币数量论和自然率假说，货币主义形成以下几个理论观点。

第一，货币供给对名义收入变动具有决定性作用。弗里德曼认为，货币供给完全取决于货币当局的决策及银行制度，而货币需求函数则表明，货币供给与影响货币需求的因素完全无关。在货币供求相均衡时，由新货币数量论的方程（21.4），由于货币流通速度 V 在短期仅仅可以作出轻微的变动，而在长期中又是不变的数量，于是货币供给量 M 便是影响名义收入 Y 的决定性因素，即货币数量是货币收入波动的主要原因。

第二，在长期中，货币数量的作用主要在于影响价格以及其他用货币表示的量（如货币工资等），而不能影响就业量和实际国民收入。根据自然率假说，就业量（从而实际国民收入）是由技术水平、风俗习惯、资源数量等非货币因素决定的，因此方程（21.4）中的 y 与 M 无关。按照弗里德曼的看法，V 在长期中又是一个不变的常数，因此，货币数量 M 能影响的只能是价格 P 以及由货币所表示的变量。换句话说，通货膨胀归根到底是一种货币现象。

第三，在短期中，货币供给量可以影响实际变量，如就业量和实际国民收入。根据新货币数量论，货币流通速度 V 在短期可以具有轻微变动的解释以及货币主义从自然率假说出发，对货币政策在短期中效应的考察都支持了货币主义的这一观点。

第四，私人经济具有自身内在的稳定性，国家的经济政策会使它的稳定性遭到破坏。上面论述的自然率假说是货币主义的这一观点的理论基础。按照自然率假说，资本主义经济有趋向于自然率（即充分就业）的自行调节的机制，因此，市场机制仍然是调节资源在不同用途之间合理配置的有效工具。虽然各种随机扰动将使经济出现短期波动，但经济本身仍具有长期均衡的趋势，因此，如果国家干预干扰了市场机制的作用，反而会导致宏观经济的严重失衡。

---

① 对此，弗里德曼写道："本书中所进行的研究是以形式更为复杂的货币关系之稳定性及规范性为前提的，而不是以简单的数值为常数的流通速度为前提的。我相信，这些将会对这一稳定性及规范性的推导，对经济行为的数值'常量'的归纳产生重大的影响。"（弗里德曼．货币数量理论的重新表述//弗里德曼文萃．北京：北京经济学院出版社，1991：384.）

以弗里德曼为首的货币主义者根据其理论和对经验资料所做的分析，提出了自己的政策主张，主要包括三点：（1）反对凯恩斯主义的财政政策。在弗里德曼看来，以需求管理为宗旨的财政政策最终都是通过货币量的扩张和收缩来实现其经济调节作用的，而由于扩张性财政政策的“挤出效应”，私人投资会随着政府支出的增加而减少，其后果往往为用非生产性的投资去代替生产性的投资，从而影响劳动生产率的改善。此外，过度的政府开支也会带来通货膨胀，因此，财政政策不但无效，反而对经济有害。（2）反对“斟酌使用”的（即根据情况变化而制定和执行的）货币政策。货币主义坚持这一主张的理由在于经济政策的滞后性质，这一点本书已在第十七章的第六节中加以论述。（3）力主单一政策规则。弗里德曼认为，货币政策能够胜任两项任务：能够防止货币本身成为经济混乱的一个主要根源；能够给经济提供一个稳定的环境。根据这一认识，货币主义提出，在没有通货膨胀的情况下，按平均国民收入的增长率再加上人口增长率来规定并公开宣布一个长期不变的货币增长率，是货币政策唯一的最佳选择。货币主义的这一**以货币供给量作为货币政策的唯一控制指标，而排除利率、信贷流量、准备金等因素的政策建议被称为单一的政策规则。**

第二节　新古典宏观经济学的基本假设

在 20 世纪 70 年代，西方国家处于严重的滞胀困境，而传统的凯恩斯主义仍然提不出解决困境的对策。面对这种严峻的经济形势，西方社会对凯恩斯主义愈渐丧失信心。在这种形势下，作为货币主义的延续与发展，西方经济学界出现了理性预期学派。该学派采用并发展了西方学者穆思于 1961 年提出的理性预期的观点，形成了一系列与传统的凯恩斯主义相反的说法。由于这一系列说法大体与凯恩斯主义出现以前的传统的西方经济学相一致，从而使西方经济学回复到传统的被认为是“古典学派”的状态，所以理性预期学派也被称为新古典宏观经济学派，其代表人物有卢卡斯、萨金特、华莱士、巴罗等。其中，诺贝尔经济学奖获得者卢卡斯居于最重要的地位。

新古典宏观经济学派相信并且依赖于至少四个假设条件，即：个体利益最大化、理性预期、市场出清和自然率假说。自然率假说已经在上一节中做了说明，这里仅对前三个假设加以论述。

1. 个体利益最大化

个体利益最大化虽然早已在本书的微观部分中出现，然而，新古典宏观经济学却把这一假设与宏观经济学的研究结合在一起。因此，在这里仍有复述的必要。

新古典宏观经济学认为，宏观经济现象是个体经济行为的后果。例如，一个社会的总消费量是个体消费量的总和。微观经济学表明，个体行为的一个最基本的假设是个体利益最大化。这就是说，宏观经济理论必须具有微观经济理论的基础，特别是要符合利益最大化的基本假设条件。

2. 理性预期

所谓理性预期是在有效地利用一切信息的前提下，对经济变量作出的在长期中平均说来最为准确的，而又与所使用的经济理论、模型相一致的预期。实际上，这一假设包含三个含义：第一，作出经济决策的经济主体是有理性的。为了追求最大利益，他们总是力求对未来作出正确的预期。第二，为了作出正确的预期，经济主体在作出预期时会力图得到有关的一切信息，其中包括对经济变量之间因果关系的系统了解（当然包括有关的经济理论和模型在内）和有关的资料与数据。第三，经济主体在预期时不会犯系统性的错误。这就是说，由于正确的预期能使经济主体得到最大利益，所以经济主体会随时随地根据它所得到的信息来修正它的预期值的错误。当预期值高于正确值时，它会降低预期值；当预期值低于正确值时，它会提高预期值。因此，随时随地的修正会使它避免作出高估或低估的错误，而不会犯系统性的错误。由于这一原因，从整体上看，在长期中，经济主体对某一经济变量的未来预期值与未来的实际值仍然会是一致的。

用通俗的语言来说，理性预期的意思是：在长期中，人们会准确地或趋向于预期到经济变量所应有的数值。①

3. 市场出清

市场出清假设是说，无论劳动市场上的工资还是产品市场上的价格都具有充分的灵活性，可以根据供求情况迅速进行调整，有了这种灵活性，产品市场和劳动市场都不会存在超额供给。因为一旦产品市场出现超额供给，价格就会下降，直至商品价格降到使买者愿意购买为止；如果劳动市场出现超额供给，工资就会下降，直至降到使雇主愿意为所有想工作的失业者提供工作为止。因此，每一个市场都处于或趋向于供求相等的均衡状态。关于这一点，本书的微观部分经常提及。

第三节　实际经济周期理论

在实际经济周期理论以前，存在着一个由美国经济学家卢卡斯发展出来的货币经济周期模型。到20世纪80年代初，该模型同时陷入了理论上和经验上的困境。在理论上，人们认识到信息障碍在实际中似乎并不特别重要，货币经济周期模型对包含货币与产出之间因果关系的经济周期没有作出令人能够接受的解释。在经验方面，尽管在早期该模型取得了一些成功，但支持预期到的货币是中性的这一主张的证据并非那么有力。在这种情况下，从20世纪80年代初期开始，对总产量不稳定的新古典解释主要集中到实际冲击而非货币冲击，这就是所谓的实际经济周期理论。

一、作为波动根源的实际冲击

实际经济周期理论假定经济波动的根源是实际（供给）冲击，这些冲击包括新生产技

① 在理性预期学派的早期，许多人对该学派所说的人们对将来的预期是相当准确的或逐渐接近于准确这一见解感到难以理解。对于这一见解，他们提出疑问：为什么在预期上普通人能做到甚至计量经济学的复杂预测模型还难以做到的事情？对此，理性预期学派一些人的通俗答案是：鸟没有学过复杂的空气动力学，却能飞得很好。这些人说：人们会利用一切信息来逐渐改善他们的预测，因为人们会从吃亏上当中吸取教训。关于这一点，这些人还经常引用西方的一句俗语："你在一段时期内可以欺骗所有的人，或在长时期中欺骗一部分人，但绝不能在长时期中欺骗一切人。"

术、新产品、恶劣天气、战争、原材料新来源以及原材料价格变化等。

上述所罗列的因素中的一个或多个发生变化，作用于总量生产函数，在几何上会使生产函数曲线发生移动。一般地，如果实际冲击使生产函数曲线发生向下的移动，则称经济遭受了不利的供给冲击。如果实际冲击使生产函数曲线发生向上的移动，则称经济受到了有利的供给冲击。

下面用总量生产函数结合劳动市场说明实际经济周期理论对不利供给冲击下产出和就业的影响。

二、不利供给冲击对产出和就业的影响

假定所考察的经济遭受了不利的供给冲击，实际经济周期理论对产出和就业影响的解释借助于图 21－1 来说明。

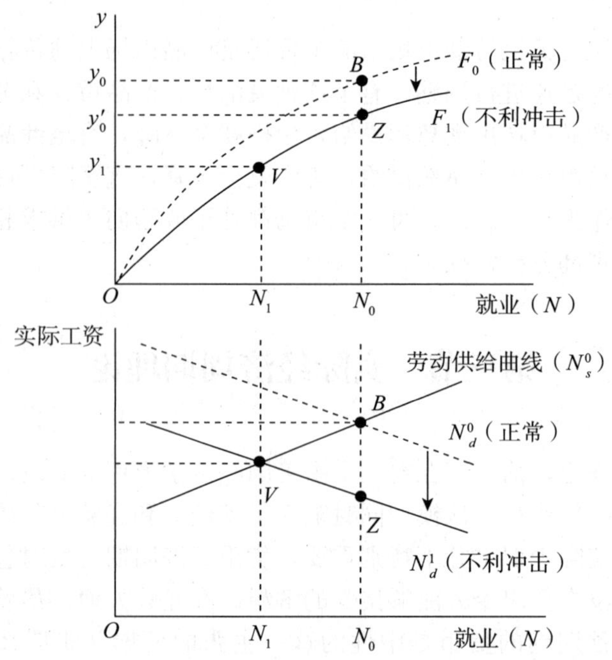

图 21－1　不利供给冲击对产出和就业的影响

图 21－1 中，F_0 曲线是冲击发生前经济的生产函数曲线。不利的供给冲击导致生产函数曲线向下移动，例如，移动到 F_1 的位置，生产函数曲线的向下移动意味着每个工人的生产率下降。这由图 21－1 上图中的 B 点变动到 Z 点来说明。①

图 21－1 下图是经济的劳动市场。不利的供给冲击对劳动市场的影响是使劳动需求曲线发生了向下方的移动。在图中，劳动需求曲线从冲击发生前的 N_d^0 变动到 N_d^1。

在冲击发生前，经济在图 21－1 上下两图中的 B 点处运行。在不利的供给冲击发生后，经济在两图中的 V 点处运行。其结果是，在劳动市场上，就业减少，失业率上升。在

① 由 B 点变动到 Z 点，意味着在就业水平为 N_0 下产出水平由原来的 y_0 下降到 y_0'。

产出方面，总产出下降，产量由原来的 y_0 减少为 y_1。也就是说，经济此时经历了衰退。

值得指出的是，在图 21－1 上图中，就业的减少量取决于劳动供给曲线的斜率。如果劳动供给曲线是垂直的[①]，经济将会在 Z 点而不是 V 点处运行。这时就业仍然不变，只是产出从 y_0 变动到 y_0'。

*第四节　一个新古典宏观经济学的 *AD—AS* 模型

从宏观经济理论的角度看，新古典宏观经济学的理论影响主要表现在经济波动理论方面。由于系统论述新古典宏观经济学并不是本书的任务，而且本章是从总供给的角度论述新古典宏观经济学和新凯恩斯主义经济学的争论和分歧的，因此，本节说明一个新古典宏观经济学的 *AD—AS* 模型，即卢卡斯模型。

一、卢卡斯总供给函数

卢卡斯总供给函数可以通过考察微观经济中的基本单位——企业的行为引申出来。设一个典型的企业 i 的供给函数由下式给出：

$$y_i = h(P_i - P) + y_i^* \tag{21.5}$$

式中，y_i 为企业产量；P_i 为其产品的价格；P 为反映市场价格状况的总价格水平；y_i^* 为企业潜在的或正常的产量。（21.5）式的含义是，对企业 i 来说，当其产品的价格水平正好与该经济的总价格水平相等时，其产量（或供给）不发生变化，为其正常生产水平；如果其产品价格高于总体价格水平，则该企业就会认为扩大生产有利可图，从而把其产量增加到高于其正常生产能力的水平上。[②] 反之亦然。（21.5）式中的 h 为参数，它表示企业对其产品价格与总价格水平偏离的一种反应，并且 $h>0$，因此，在以 P_i 为纵坐标，y_i 为横坐标的坐标系中，（21.5）式的几何表示为一条正斜率的曲线。

在实际中，由于种种原因，企业并不能知道价格水平 P，而只能对其加以估计，今用 P^e 表示企业对价格总水平 P 的估计，此时（21.5）式变为：

$$y_i = h(P_i - P^e) + y_i^* \tag{21.6}$$

接下来的问题是，企业如何对价格总水平进行估计呢？西方学者认为，企业对价格总水平的估计可按下述方程进行：

$$P^e = \hat{P} + b(P_i - \hat{P}) \tag{21.7}$$

（21.7）式表示，企业 i 对价格总水平的估计由两部分组成：一部分是该社会中的有关机构预测并公布的价格预测值 $\hat{P}$；另一部分是企业根据其经验对预测值 $\hat{P}$ 的调整，参数 b 为调整系数。如果 $b=0.5$，从（21.7）式得知，企业对价格的估计一半是根据其产品

---

① 即在图 21－1 下图中，劳动供给曲线是一条连接 B 点和 Z 点的垂直线。

② 例如，企业在短期内可以通过加班加点或多雇用工人来做到这一点。

的价格，一半是根据有关机构预测的价格。如果 $b=1$，则表示企业以自己产品的价格作为对价格总水平的估计。如果 $b=0$，则表示企业完全相信有关机构预测的价格。

将（21.7）式代入（21.6）式并整理，得：

$$y_i=h(1-b)(P_i-\hat{P})+y_i^*$$

整个经济的总供给曲线是通过对所有典型企业的供给曲线加总而得到的。设整个经济的生产由 n 个像企业 i 的企业组成，则经济的总供给函数为：

$$y=nh(1-b)(P-\hat{P})+y^* \tag{21.8}$$

（21.8）式就是卢卡斯总供给函数。式中，y 为总产出，P 为价格水平，y^* 为经济的潜在产量。卢卡斯总供给函数表明，经济的总产出与未被预期到的价格上升之间具有正相关关系。将（21.8）式中的参数 $nh(1-b)$用字母 γ 表示，卢卡斯总供给函数可改写为：

$$y=y^*+\gamma(P-\hat{P}) \tag{21.9}$$

式中，参数 $\gamma>0$；$\hat{P}$ 为预期价格。

卢卡斯总供给函数的含义是：预期价格与实际价格的偏离会导致实际产出与经济正常产出的偏离。

二、模型的基本思想

这里的新古典宏观经济学的模型主要说明，对货币量和一般价格水平的不完全信息怎样导致了货币的非中性，也就是货币量的变化怎样导致了对一般价格和相对价格变化的短期混淆，从而带来了产出和就业的波动。由模型引申出的政策含义是，系统的货币政策无效，随机的货币政策有害。

三、简化的新古典宏观经济模型

新古典宏观经济模型最初是以相当复杂的形式出现的，在后来的文献中出现了这一模型较为简洁的表述。下面就来说明一个简化的新古典宏观经济模型。

设经济的总需求函数为：

$$y_t^d=\alpha_t+\beta(m_t-p_t),\quad \beta>0 \tag{21.10}$$

式中，α 代表除货币供给以外其他所有能引起总需求变化的因素。为了简化推导，m 和 p 是货币供给和价格水平取了对数以后的值，因而（$m-p$）等价于实际货币供给量（M/P）的对数。参数 β 是货币供给量对总需求的乘数。

附加预期的总供给函数（卢卡斯供给函数）为：

$$y_t^s=y_n+\gamma(p_t-p_t^e),\quad \gamma>0 \tag{21.11}$$

这一函数的意思是：如果价格水平等于人们的预期值（$p_t=p_t^e$），则总供给等于自然率的产出水平 y_n。否则，随着现实价格水平超出预期价格水平，产出增加到自然率水平之上。

当总供给等于总需求时，均衡产生了，此时现实的产出也等于总供给和总需求。即：

$$y_t = y_t^d = y_t^s \tag{21.12}$$

首先在给定 α 和 m 的条件下，计算理性预期的均衡产出和价格。为此，对（21.10）式和（21.11）式的两端取数学期望，然后将（21.12）式分别代入两式，得到：

$$y_t^e = \alpha_t^e + \beta(m_t^e - p_t^e) \tag{21.13}$$

$$y_t^e = y_n \tag{21.14}$$

式中，上标 e 代表变量的期望值。（21.14）式说明理性预期的均衡产出等于自然率的产出水平。利用两式可以解得理性预期的均衡价格水平：

$$p_t^e = m_t^e - \frac{1}{\beta}(y_n - \alpha_t^e) \tag{21.15}$$

现在再来计算经济处于均衡状态，但预期不是理性的时的价格和产出水平，它是经济更经常呈现的状态。用（21.10）式和（21.11）式分别去减（21.13）式和（21.14）式，得到：

$$y_t - y_n = (\alpha_t - \alpha_t^e) + \beta(m_t - m_t^e) - \beta(p_t - p_t^e) \tag{21.16}$$

$$y_t - y_n = \gamma(p_t - p_t^e) \tag{21.17}$$

（21.16）式表示总需求中未预期的部分，（21.17）式表示产出对自然率水平的偏离。从以上两式可以解得现实的产出和价格：

$$y_t = y_n + \frac{\gamma}{\gamma+\beta}[(\alpha_t - \alpha_t^e) + \beta(m_t - m_t^e)] \tag{21.18}$$

$$p_t = m_t^e - \frac{1}{\beta}(y_n - \alpha_t^e) + \frac{1}{\gamma+\beta}[(\alpha_t - \alpha_t^e) + \beta(m_t - m_t^e)] \tag{21.19}$$

（21.18）式说明，当 $\alpha_t^e = \alpha_t$，$m_t^e = m_t$ 时，$y_t = y_n$，这一结果的理论解释是，由公众所预期到的总需求的变动，不能导致整个经济产量和就业量的变动。只有未预期到的货币供给量（总需求）的变化才能使产出水平偏离其长期增长路径。（21.19）式说明，预期到的和未预期到的总需求变化都能影响价格。把两者结合起来可知，完全预期到的总需求增加只会使价格水平上升。

四、新古典宏观经济模型的政策含义

按照新古典宏观经济模型，波动的根源是货币冲击，而这种冲击一般是由中央银行的货币政策引起的。

根据新古典宏观经济模型，货币冲击首先影响到一般价格水平，经济人得经过一段时间才能看清楚这种变化不是相对价格变化而是总需求变化，在这段时期里货币冲击的确能够影响产出。但是理性预期的经济当事人能够利用有关货币政策规则的知识，很快形成对未来价格的正确预期，纠正错误的产量决策，使社会总产量恢复到自然率水平。这就是说，只要货币当局的政策具有系统性，它就不能改变产出增长的长期路径。如果要长期影响产量，货币当局只能随机地改变货币政策，不让经济当事人掌握其规律，其代价是产出的剧烈波动。上述政策含义可以进一步用图 21－2 加以说明。

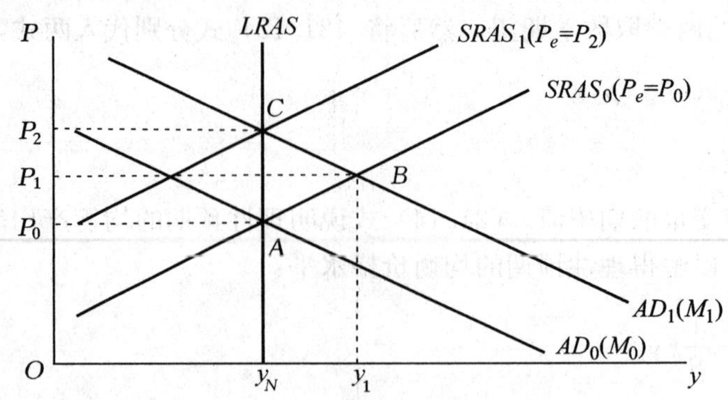

图 21－2 “政策无效性”主张

在图 21－2 中，经济起初在 A 点处运行，该点是总需求曲线 AD_0、总供给曲线 $SRAS_0$ 和 $LRAS$ 三条线的交点。在 A 点，价格水平 P_0 被完全预期到（即实际和预期的价格水平一致），产出和就业在其长期均衡的水平上。假设货币当局宣布打算提高货币供给，理性的当事人在形成他们的预期时会考虑这个信息并完全预期到货币供给的提高对一般价格水平的影响，结果，产量和就业会停留在自然率水平上不发生变动。当货币工资在一个向上的价格预期之下提高时，总需求曲线从 AD_0 向右移到 AD_1 的效果就被总供给曲线从 $SRAS_0$ 到 $SRAS_1$ 的向左移动所抵消。在这种情况下，经济将从 A 点直接移动到 C 点，停留在垂直的长期总供给曲线 $LRAS$ 上，即使在短期，产量和就业也没有变化，即货币是中性的。

另外，设想货币当局出乎当事人的意料，在未宣布其打算的情况下增加货币供给。这时，拥有不完全信息的厂商和工人把一般价格水平上升的结果错误地当做相对价格的上升，他们作出的反应是提高产量和增加劳动供给。换句话说，工人和厂商错误地把这些看做是对他们劳动和产品需求的实际增长，从而增加劳动和产品的供给。根据图 21－2，总需求曲线将从 AD_0 移动到 AD_1，在 B 点与 $SRAS_0$ 相交。从图中可以看出，这时经济的产量为 y_1，它偏离了产出的自然率水平 y_N，这被认为是当事人预期误差的结果。按照新古典宏观经济学的说法，产量和就业的任何偏离自然水平的变化都只被看做是暂时的。一旦当事人意识到相对价格并没有变化，产量和就业就会回到它们的长期均衡（自然率的）水平。根据图 21－2，一旦当事人充分调整了他们的价格预期，总供给曲线就会从 $SRAS_0$ 向左移动到 $SRAS_1$，与 AD_1 在 C 点相交。

总之，新古典宏观经济学的观点是：第一，能预期到的货币供给的变化将只改变价格水平，而对实际产量和就业没有影响；第二，只有未预期到的货币供给的变化才影响实际产量。

新古典宏观经济学的上述政策无效主张对关于宏观经济稳定政策的作用及实施的争论有重要意义。如果货币供给是由政府依照一些“已知”的规则决定的，那么即使在短期，政府也不可能通过系统性货币政策影响产量和就业，因为这可能被当事人预期到。在另外一种情况下，政府可能通过反馈规则（例如，对失业和产出变化的反应）来决定货币供给。同样，众所周知的反馈政策规则引起的货币增长率的变化也会被当事人预期到，这使反馈政策规则失效，只有对货币规则的未被预期的偏离才影响产量。换句话说，宏观经济政策要想有效，必须具有欺骗性质。另外，按照新古典宏观经济学的说法，具有理性预期的当事人不会在长期中系统地和持续地犯认识上的错误，因此，宏观经济政策的有效性值得怀疑。

第五节 新凯恩斯主义形成的理论背景和特征

20世纪80年代，一个主张政府干预经济的新学派——新凯恩斯主义经济学在西方学术界出现了。新凯恩斯主义与新古典综合派同属凯恩斯主义阵营，两者的关键区别在于，新古典综合派的理论倾向于假定一个固定的名义工资，而新凯恩斯主义则试图为解释工资和价格黏性现象提供一个可以接受的微观基础。

一、新凯恩斯主义形成的理论背景

新凯恩斯主义产生的客观条件是，原凯恩斯主义的理论缺陷和新古典宏观经济学在解释现实问题时效微力乏。原凯恩斯主义理论的缺陷是宏观经济理论缺乏微观基础，原凯恩斯主义用需求不足和名义工资刚性解释失业的存在和持续，然而并没有很好地说明名义工资刚性。正如新凯恩斯主义者在批评原凯恩斯主义时所指出的："原凯恩斯主义的一个微妙之处是当它在考虑失业时，几乎不讨论劳动市场。"① 原凯恩斯主义既没有解释名义工资刚性的原因，也没有说明价格刚性的成因。新古典综合派在"综合"时，"忽视"了微观经济基础。虽然萨缪尔森等人把"古典"微观理论与凯恩斯主义宏观理论结合在一起，但是，宏观经济学和微观经济学在新古典综合派手中只是机械的组合，没有构成有机的联系。以后的凯恩斯主义者如莫迪利安尼、乔根森和托宾等人虽然从微观经济的视角分析了消费函数、投资需求和货币需求，但他们所做的分析都是局部均衡分析，只论及单个供求函数，而未解决宏观经济学的微观基础问题。新古典宏观经济学明确地将微观经济理论作为宏观经济理论分析的基础，从微观经济学和宏观经济学的结合中得出宏观经济学结论，发展了一种有微观基础的宏观经济理论。新古典宏观经济学的特点在于，它保持了微观经济学和宏观经济学的一致性和相容性。正是在这一点上，它动摇了原凯恩斯主义的统治地位，开拓了西方学者研究宏观经济问题的新思路，但是，新古典宏观经济学片面追求理论结构和分析方法的完美性，忽略经验检验，它的市场出清的微观分析完全脱离了资本主义现实，政策无效性的宏观结论也缺乏说服力。西方发达资本主义国家的现实是产品市场和劳动市场经常存在着超额供给，所谓市场出清只是一种短暂的和偶然的现象。政府规模日益扩大，对社会经济生活的介入日益深入。新古典宏观经济学脱离实际，把市场出清当做

---

① Bruce Greenwald and Joseph Stiglitz, "New and Old Keynesians," *Journal of Economic Perspectives*, V. 7, No. 1, Winter 1993, pp. 23 - 44.

常态，主张取消国家干预经济的政策，它的理论在实践上既缺乏经验支持，又不能为政府所接受，所以其影响主要是在学术方面。

原凯恩斯主义的不足和新古典宏观经济学在理论上的进展给新凯恩斯主义者以有益的启迪。而新古典宏观经济学在现实面前的苍白无力又诱导新凯恩斯主义者运用独特的方法和思路对劳动市场、产品市场和信贷市场进行分析，以期寻找出宏观经济波动和失业的原因。新凯恩斯主义者以工资黏性和价格黏性代替原凯恩斯主义工资刚性和价格刚性的概念。以工资黏性、价格黏性和非市场出清的假设取代新古典宏观经济学的工资、价格伸缩性和市场出清的假设，并将其与宏观层次上的产量和就业量等问题相结合，建立起有微观基础的新凯恩斯主义宏观经济学。新凯恩斯主义是原凯恩斯主义受新古典宏观经济学打击之后，汲取凯恩斯主义与其对立学派的斗争中的经验教训而形成的，并在与新古典宏观经济学的斗争中不断发展，是原凯恩斯主义的复兴。

新凯恩斯主义虽然借鉴了新古典宏观经济学的某些分析方法和观点来建立自己的理论大厦，但是，两者的基本观点是截然相反的，新凯恩斯主义和新古典宏观经济学沿着两条不同的轨迹发展。

二、新凯恩斯主义的假设条件

非市场出清假设是新凯恩斯主义最重要的假设，这一假设来自原凯恩斯主义。该假设使新凯恩斯主义和原凯恩斯主义具有相同的基础。非市场出清的基本含义是，在出现需求冲击或供给冲击后，工资和价格不能迅速调整到使市场出清的状态。缓慢的工资和价格调整使经济回到实际产量等于正常产量的状态需要一个很长的过程，例如需要几年时间，在这一过程中，经济处于持续的非均衡状态。

新凯恩斯主义和原凯恩斯主义都坚持非市场出清的假设，但两者的非市场出清理论存在重大差别，其表现为：(1) 原凯恩斯主义非市场出清模型假定名义工资刚性，而新凯恩斯主义非市场出清模型假定工资和价格有黏性，即工资和价格不是不能调整，而是可以调整的，只是调整十分缓慢，需耗费相当的时日。(2) 新凯恩斯主义模型增添了原凯恩斯主义模型所忽略的两个假设：一是经济当事人最大化原则，即厂商追逐利润最大化和家庭追求效用最大化，这一假设源于传统的微观经济学；二是理性预期，这一假设来自新古典宏观经济学。经济当事人最大化原则和理性预期的假设使新凯恩斯主义突破了原凯恩斯主义的理论框架。

三、新凯恩斯主义的特征

新凯恩斯主义的特征可概括为对如下两个问题的回答：第一，货币是否为非中性的？第二，经济中实际市场的不完全性对于理解经济波动是否十分关键？新凯恩斯主义对这两个问题都给予了肯定的回答。货币非中性来自黏性价格，而价格的这种行为可以用市场不完全性来解释。

货币的非中性涉及“古典”的两分法。这种两分法是指经济中的名义变量对实际变量没有实质性影响。经济中的变量可以分为两类：一类是名义变量，如货币量；另一类是实际变量，如就业、实际产量等。按照古典经济学的观点，市场机制是有效的，价格、工资等都有伸缩性。所以，货币等名义变量的变化只影响价格水平等名义变量，对产量和就业等实际变量没有实质性的影响。与上述观点相反，新凯恩斯主义认为，货币等名义变量的变动会导致产量和就业量等实际变量的波动，所以，古典的两分法失效。

新古典宏观经济学与新凯恩斯主义经济学的一个关键区别在于对企业定价行为的看法。与新古典宏观经济学认为企业是“价格接受者”的观点相反，新凯恩斯主义认为企业是制定价格的、不完全竞争市场中的企业，而不是完全竞争市场中的企业。市场的不完全性，加上不对称信息等因素，使工资和价格具有不易变动的黏性，所以市场是非出清的。

工资和价格的黏性理论是新凯恩斯主义必须集中力量解决的重大问题，新凯恩斯主义为此提出了各种各样的理论。一种分类方式是将其区分为名义黏性和实际黏性。前者指在出现名义需求扰动时某种因素使得名义价格水平变动的比例不同于名义需求变动的比例；后者指某种因素阻止了实际工资的调整或存在着一种工资相对于另一种工资或一种价格相对于另一种价格的黏性。限于篇幅，下面只介绍名义黏性。

（专栏 21－1“亨利·福特与效率工资”，请读者扫描本书封面二维码获取。）

第六节　名义黏性

正统的凯恩斯主义和新凯恩斯主义都假定价格调整对外来冲击反应迟缓。不过前者武断地假定名义工资是固定的，而新凯恩斯主义则试图为工资和价格的缓慢调整提供一个微观经济基础。与新古典宏观经济学相同的是，新凯恩斯主义采取了同样的选择性理论框架，即假定工人和厂商分别为理性的效用最大化者和利润最大化者。

一、名义工资黏性

20 世纪 70 年代后半期至 80 年代，早期的新凯恩斯主义者以长期劳动合同的形式引入了名义工资黏性。在发达经济中，工资不是在即时交易中决定的，而是由劳资双方以明确（或隐含）的合同确定的。长期劳动合同是指厂商和工人之间的协议，其中规定了一年或更长时间内的名义工资率。在英国，成立了工会的部门几乎毫无例外地签订了正规的劳动合同，参加工会的工人约占工人人数的 15%，工会力量强大的部门包括大部分制造业、建筑业和交通运输业，而非工会的行业则包括快餐、食品和其他服务行业、零售和一部分制造业。虽然工会实力强的部门只占 15%，但其工资率的确定方式常为非工会化部门的工人所模仿。之所以如此，其原因在于非工会企业不愿意它们的雇员怠工，或转入其竞争对手的企业，或要求组织工会，因此，它们愿意支付与工会力量强大的企业相当的工资率。

劳动合同中的工资并不是完全刚性或完全固定的，每当新合同谈判时就有改变。但没有劳动合同，名义工资率可能每天都自由变动。由于存在合同，名义工资率在谈判时首先就确定在合同规定的一定时间内保持不变。

合同影响经济的关键在于对工资变化的规定与对合同期限的规定。商定的工资率一般在两种情况下是可能变化的：一是有计划的变化，即在多年的长期合同中，规定了每年的工资变化；二是按生活费用协议的规定变化，即规定一个自动的工资提高率，以适应物价的上涨，也就是预先确定名义工资的变化，允许工资率上升以赶上未来的通货膨胀率。例如，有的3年合同规定，在未来的3年中工人每年可能得到3%的提高率，再加上通货膨胀率。显然，生活费用协定能够帮助稳定实际工资，若没有生活费用协定，实际工资会由于通货膨胀而下降。合同期限是指合同年限和结束时期。合同年限是合同履行的时间长短，例如3年。在整个经济中，所有的合同不可能在同一时期结束，这种现象叫做“交错合同”。在美国，绝大多数（大约80%）的劳动合同是3年期的。而在日本和欧洲的大多数国家，1年期合同最普遍。如果合同是交错的，那么在冲击面前，与现有合同同时重新谈判以适应新情况的情形相比，名义工资将表现出更大的变动滞后或变动缓慢。

新凯恩斯主义者认为，长期劳动合同是实际收入和失业呈周期性变化的原因之一，因为它们在一定程度上限制了工资和价格的灵活性，可以用图21-3说明上述观点。

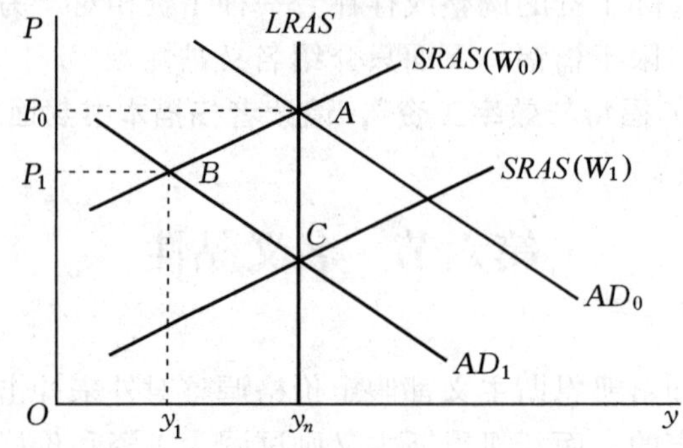

图21-3　工资合同与政府对经济的干预

图21-3中，经济最初位于A点。假定在本期出现了一个未被预期到的名义需求冲击，将总需求曲线从AD_0移动到AD_1，由于工资合同是在上期谈判确定且有效期限延至本期合同到期，因而名义工资暂时是刚性的（即为W_0），这时，经济将运行到图中的B点，实际产量将从y_n降至y_1。由于长期名义工资合同的阻力，货币当局就有可能扩张货币供给量，即使被预期到也会使AD曲线右移并在A点重新达到均衡。如果货币当局对名义需求冲击的反应快于私人部门对名义工资的调整，相机干预就有了存在的理由。不变的名义工资使得货币当局能够影响实际工资率，从而影响就业和产量。

新凯恩斯主义认为，工资的黏性不仅来源于个别非理性和武断的行为，而且来源于有利于工人和厂商利益的长期的工资合同。按照美国经济学家费尔普斯的解释，建立长期劳动合同对于厂商和工人双方都会带来好处：其一，对劳资双方来说，工资谈判都很费时间。他们都要对谈判组织内部和外部的相对工资结构作一番研究，还须预测诸如生产率、通货膨胀、需求、利润和价格之类的关键变量的未来变动情况。在处理与报酬谈判相关的各种复杂问题时，管理层都偏爱一种预先确定的规程。其二，这种谈判破裂的可能性总是存在的，工人认为可能需要求助于罢工活动以加强其谈判地位。这对于厂商和工人双方代价都很大。其三，在面临不利的需求冲击时，对于厂商来说，将工资率变动到一个新的水平可能不是一个最优策略。因为如果其他企业不这样做，该企业就降低了其相对工资，其结果将增加劳动力的流失，这对企业来说成本很大。

二、名义价格黏性

新凯恩斯主义从不完全竞争的市场出发，试图解释经济中的名义价格黏性，其中较有影响的是菜单成本理论。这一理论认为，经济中的垄断厂商是价格的决定者，能够选择价格，而菜单成本的存在阻滞了厂商调整产品价格，所以，价格有黏性。所谓菜单成本是指厂商每次调整价格要花费的成本，这些成本包括研究和确定新价格、重新编印价目表、将新价目表通知销售点、更换价格标签等所支付的成本。因为产品价格的变动如同餐馆的菜单价目表的变动，所以，新凯恩斯主义者将这类成本称为菜单成本。这些成本是厂商在调整价格时实际支出的成本。另有一类成本是厂商调整价格的机会成本，它虽不是厂商实际支出的成本，但同样阻碍着厂商调整价格，也被称为菜单成本。

设厂商的利润函数为 $\pi(P)$，其中 P 为产品价格；定义 P^* 为利润最大化价格，P 为实际价格，由泰勒展开式，价格不调整到 P^* 的损失近似为：

$$\pi(P^*)-\pi(P)=\pi'(P^*)(P^*-P)-\frac{1}{2}\pi''(P^*)(P^*-P)^2$$

因为 P^* 是利润最大化价格，从而有 $\pi'(P^*)=0$。从上式可以看出，当价格只稍微偏离最大利润水平时，不作调整的损失是很小的。从直观的意义上说，厂商只有在调整价格后的利润增量大于菜单成本时，才会调价；否则，厂商将保持价格不变。因此，菜单成本的存在，使厂商不愿意经常地变动价格，从而价格具有黏性。

在价格有黏性的情况下，只要有些调整没有发生，交易就有可能在非均衡价格下进行，这又可能导致过度供给和失业的波动。新凯恩斯主义者认为，如果每一个小规模的、未能纠正的非均衡带来少量失业，所有非均衡加在一起也许会引起大规模失业。这样，就没有理由通过市场上正常的价格机制来消除失业。

*第七节　一个新凯恩斯主义的 *AD*—*AS* 模型

本节通过一个简单的模型来说明新凯恩斯主义经济学对经济波动的解释。为此，有必要说明新凯恩斯主义的总供给曲线。

一、新凯恩斯主义的短期总供给曲线

本章第六节说明了新凯恩斯主义的名义工资黏性，这意味着给定固定名义工资，则实际工资 W/P 取决于价格水平。同时，按照新凯恩斯主义的观点，劳动通常取决于典型企业想要雇用多少劳动量，即取决于劳动需求曲线。其理由是，在大多数劳资关系中，雇用多少工人和工人的工作时间是多少都是由企业决定的。按照这一说明，由于就业取决于市场实际工资条件下的劳动需求，则就业和产出就取决于价格水平。

下面用图 21－4 推导新凯恩斯主义短期总供给曲线。

由于名义工资在短期是固定的，所以，当价格水平变化时，实际工资 $w=\dfrac{W}{P}$ 也会变化。在图 21－4（a）中，如果价格水平为 P_1，则就业量就由劳动需求曲线 N^d 决定，此

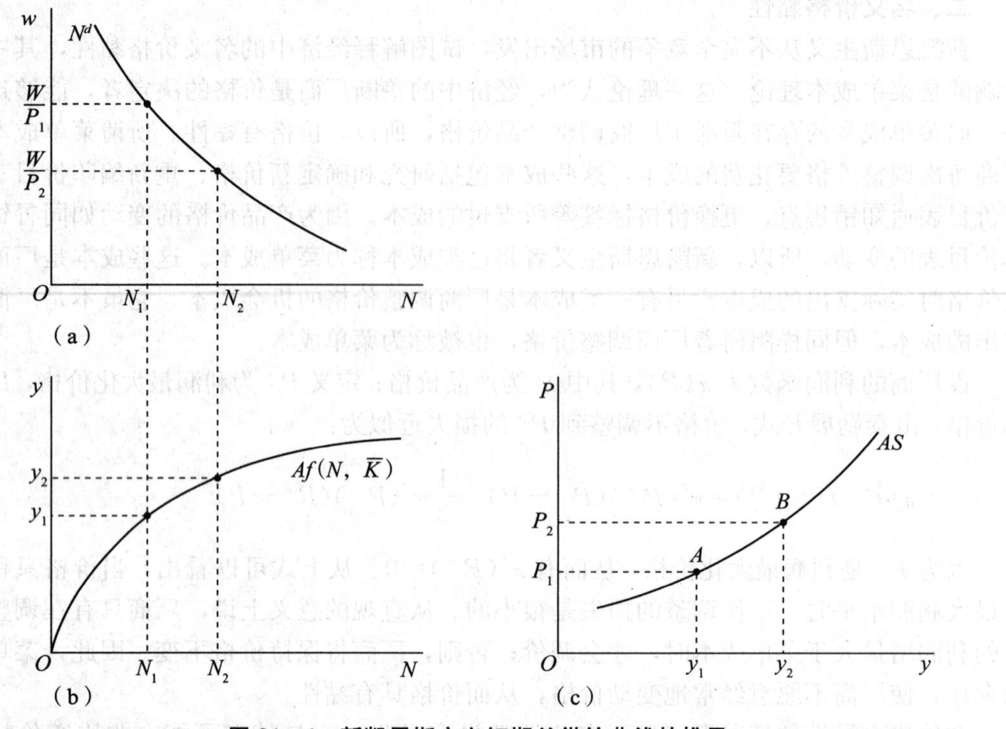

图 21-4　新凯恩斯主义短期总供给曲线的推导

时就业量为 $N=N_1$，根据图 21-4（b）中的生产函数曲线可得实际产出水平为 y_1。因此，给定名义工资和价格水平 P_1，图 21-4（c）中的 A（y_1，P_1）点就表示使经济供给产出量为 y_1 的产出水平和价格水平，即 A 点为短期总供给曲线上的一点。

如果价格水平提高，即 $P_2>P_1$，这意味着，在名义工资固定的情况下，实际工资降低，即 $\frac{W}{P_2}<\frac{W}{P_1}$。由于实际工资下降，经济中的企业就会提高劳动需求，根据图 21-4（a），此时就业量为 N_2。于是，根据图 21-4（b）中的生产函数曲线，得到 y_2，且在图 21-4（c）中，B（y_2，P_2）也位于短期总供给曲线上。用同样的方法可以得到类似的点，连接 A 和 B 等点构成的曲线即为新凯恩斯主义的短期总供给曲线。总供给曲线 AS 意味着，给定固定的名义工资 W，价格水平的提高降低了实际工资，进而增加了劳动需求和就业，这又使经济的总产出增加。因此，这一总供给曲线是向右上方延伸的。

在得到短期总供给曲线之后，还有必要明确使总供给曲线移动的因素。一般而言，下面两个因素会使 AS 曲线发生移动。

其一，名义工资 W 的提高会使总供给曲线向左移动。反之，名义工资下降会使总供给曲线向右移动。如果名义工资提高，那么对于任何价格水平 P，实际工资 $w=\frac{W}{P}$ 都会提高。这意味着，劳动需求下降，从而产出减少。如图 21-5 所示。

其二，全要素生产率 A 的下降会使总供给曲线向左移动。如果 A 下降，就会使生产函数曲线向下移动，进一步地亦使劳动需求曲线向左移动。给定决定实际工资的名义工资和价格水平，则劳动需求减少，由于就业减少，故产出供给下降，总供给曲线向左方移动，如图 21－5 所示。

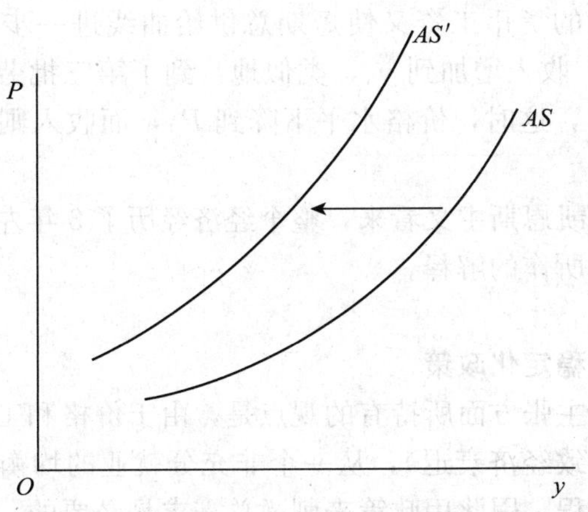

图 21－5　W 提高或 A 下降对总供给曲线的影响

二、对宏观经济波动的考察

新凯恩斯主义对宏观经济波动的考察是用总需求曲线和总供给曲线并结合长期劳动合同的交错性质来说明的，如图 21－6 所示。

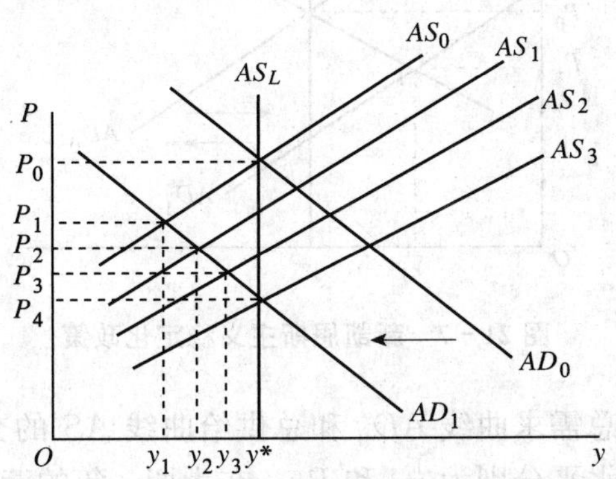

图 21－6　新凯恩斯主义对经济波动的解释

假定经济起初位于总需求曲线 AD_0 和新凯恩斯主义短期总供给曲线 AS_0 的交点上，这时价格水平为 P_0，实际收入为充分就业的收入 y^*。假定经济受到总需求冲击，例如，由于企业对将来收益的预期发生变化而减少了投资需求，全球经济的萎缩使净出口需求减少，增税，政府支出的减少，或货币供给的减少等引起了总需求的减少，反映在总需求曲线上，则使总需求曲线从 AD_0 向左移动到 AD_1。

现在假定劳动市场的工资合同为期 3 年，且每年都有占总数 1/3 的合同需要重新签订。按照新凯恩斯主义理论，当总需求曲线移到 AD_1 后，实际收入下降到 y_1，价格水平

亦下降到 P_1，这种状态一直持续到第一批劳动合同被重新签订时为止。在第一批占总数 1/3 的劳动合同重新签订时，劳动供求双方达成了较低的货币工资协议，较低的货币工资使短期总供给曲线向右移动到 AS_1，这时价格水平下降到 P_2，实际收入增加到 y_2。到了经济遭受需求冲击后的第 2 年，当第二批劳动合同重新签订时，劳动供求双方又达成了较低的货币工资协议，较低的货币工资又使短期总供给曲线进一步向右移动到 AS_2，相应地，价格水平下降到 P_3，收入增加到 y_3，类似地，到了第三批劳动合同重新签订时，总供给曲线向右移动到 AS_3，这时，价格水平下降到 P_4，而收入则恢复到了总需求冲击前的充分就业的水平 y^*。

按照上述分析，在新凯恩斯主义看来，整个经济经历了 3 年左右的衰退。这便是新凯恩斯主义对宏观经济波动所作的解释。

三、新凯恩斯主义的稳定化政策

新凯恩斯主义在政策主张方面所持有的观点是，由于价格和工资的黏性，经济在遭受到总需求冲击后（例如导致经济衰退），从一个非充分就业的均衡状态回复到充分就业的均衡状态是一个缓慢的过程，因此用政策来刺激总需求是必要的，不能等待工资和价格向下的压力带来经济恢复，因为这是一个长期的、痛苦的过程。如图 21－7 所示。

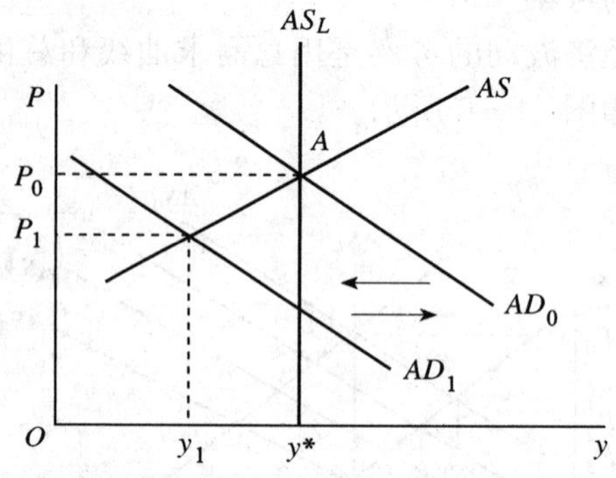

图 21－7　新凯恩斯主义稳定化政策

假定经济最初处于由总需求曲线 AD_0 和总供给曲线 AS 的交点 A 所确定的充分就业状态，这时的收入和价格水平分别为 y^* 和 P_0。在为期一年的劳动合同被签订后的某一天由于经济遭受总需求冲击，使总需求曲线移动到 AD_1，这时，实际收入下降到 y_1，价格水平下降到 P_1。这时，政府面临两种选择：一是使该经济停留在价格水平为 P_1，收入水平为 y_1 的萧条状态（至少短期如此）；二是政府采取旨在刺激需求的政策。新凯恩斯主义主张采用第二种方案，按照这一方案，总需求曲线又从 AD_1 回复到原来 AD_0 的位置，从而经济又回复到原来充分就业的状态。由于直到这一年的年末，尽管厂商和工人都有理性预期，但原有的劳动合同没到期，这样，就没有新的劳动合同签订，这意味着 AS 曲线并没有变动，从而上述稳定化政策是必要的。

第八节　目前宏观经济学的基本共识

在本章，从对新古典宏观经济学和新凯恩斯主义经济学的论述中可以看出，目前西方宏观经济学中的分歧还是比较多的，但这并不是说宏观经济学不存在共识。为了使读者更全面地了解西方宏观经济学在目前的状态，本节简要说明目前宏观经济学的基本共识。①

一、在长期，一国生产产品和劳务的能力决定着该国居民的生活水平

首先，GDP是衡量一国经济福利的重要指标。实际GDP衡量了经济中产品和劳务的总产出，进而衡量了一国满足其公民的需要和欲望的能力。从一定程度上说，宏观经济学最重要的问题是什么决定了GDP的水平和GDP的增长。其次，在长期，GDP依赖于包括劳动、资本和技术在内的生产要素，当生产要素增加和技术水平提高时，GDP增长。

二、制度对于长期经济增长是非常重要的

宏观经济学家已经意识到，基础性制度，例如清晰界定的产权和不存在腐败，对实现高经济增长是非常关键的。市场经济通过市场价格来协调市场上的企业之间以及企业和消费者之间的交易。而价格机制发挥作用的一个重要前提是经济中广泛尊重产权。英国经济学家亚当·斯密就充分了解制度在经济增长中的作用，他写道："除了和平、低税负和过得去的执法，使一国从最原始的状态发展到最富裕的状态几乎不需要其他东西，所有其他条件都来自事物的自然过程。"②

三、在长期，货币增长率决定通货膨胀率

宏观经济强调了货币供给的增长是通货膨胀的最终决定因素，也就是说，在长期，当货币当局发行了越来越多的货币时，通货的实际价值才会随着时间的推移而下降，这个论断已被事实所证实。宏观经济学界几乎一致同意美国经济学家弗里德曼的名言："通货膨胀时时处处都是一种货币现象。"

四、在短期，总需求影响一国生产的产品与劳务的数量

因为在短期，价格是黏性的，所以总需求至关重要。宏观经济学中的IS—LM模型和AD—AS模型说明了什么因素会引起总需求的变动，从而引起总产出的短期波动。由于总需求在短期影响产出，所以，所有影响总需求的变量都能够影响经济波动。由于总需求的变动对短期波动是重要的，政策制定者对经济进行密切的监控。

---

① 曼昆．宏观经济学．7版．北京：中国人民大学出版社，2011：484-486．米什金．宏观经济学：政策与实践．北京：中国人民大学出版社，2012：557-561.

② 曼昆．宏观经济学．7版．北京，中国人民大学出版社，2011：204.

五、在短期，政策制定者面临通货膨胀和失业之间的权衡

在短期，失业和通货膨胀之间存在着短期菲利普斯曲线所表示的取舍关系。宏观经济学已经说明，政策制定者可以用货币政策和财政政策扩大总需求，这会减少失业并提高通货膨胀。或者，他们也可以用这些政策紧缩总需求，根据短期菲利普斯曲线，这会降低通货膨胀和增加失业。

六、预期是重要的

理性预期理论表明，公众和市场对政策行动的预期对经济中几乎每个部门都有重要影响。该理论强调经济主体一般受到最优化行为的驱动，因而他们对未来变量的预期应该是利用所有可以获得的信息作出的最优预测。理性预期理论证明，货币政策对经济的影响极大地受到政策是否被预期到的影响。进一步地，对预期的管理是货币政策制定的关键因素。预期管理还强调了货币当局行动的重要性：如果货币当局的行动与它想如何管理预期相一致，那么货币当局就会被信任。

第九节　本章和宏观经济学结束语

本章要点可以归结如下：

（1）新古典宏观经济学的理论渊源是货币主义。货币主义的理论基础包括新货币数量论和自然率假说。

（2）新古典宏观经济学的基本假设包括经济当事人的利益最大化、理性预期和市场出清。

（3）新古典宏观经济学的经济周期理论包括货币经济周期模型和实际经济周期理论，其中后者影响较大。

（4）新凯恩斯主义经济学力图以坚实的微观经济学基础，尤其是名义黏性，重建总需求理论。

本章完成了对西方宏观经济学的论述。在非常概略的程度上，本章也可以说总结了宏观经济学的全貌。具体说来，垂直的长期总供给曲线代表着传统的宏观经济学思想，总需求曲线代表了凯恩斯体系中的大部分说法，新古典经济学派对传统思想的发展可以由该学派的附加预期变量的短期总供给曲线表示，而在原有的凯恩斯框架之上，新凯恩斯主义者推演出了他们的短期总供给曲线。由于本章涵盖了宏观经济学的全貌，所以本章的结束语也适用于整个宏观经济学。

本章结束语的评论部分可以被分为三点：第一点，对西方宏观经济学的基本内容作一鸟瞰，其目的在于为第二点铺设道路；第二点，根据鸟瞰的结果说明这一内容的错误之处；在第三点中，我们将论述西方宏观经济学中值得借鉴的地方。

一、对宏观部分的鸟瞰

西方宏观经济学教材往往用类似图 21－8 的图表来论述它的内容。

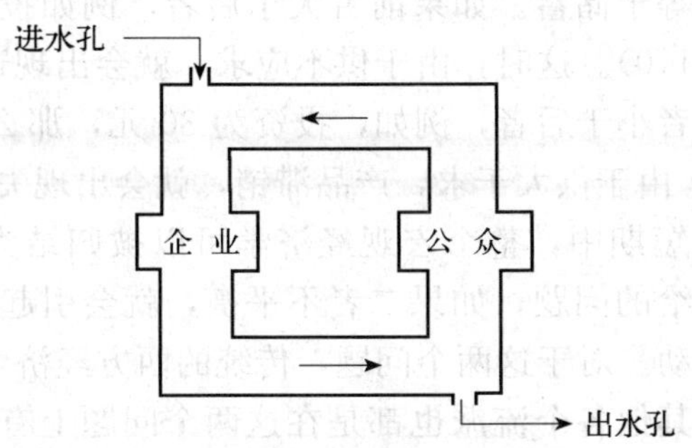

图 21 - 8　宏观经济学鸟瞰

图 21 - 8 是一个环形管道，管道中的水流量代表一个社会（国家或地区）的国民收入。管道左方的企业表示该社会全部企业的整体，右方的公众表示同一社会的全部居民，包括劳动者、资本家和土地所有者。管道的左上方和右下方顺次为进水孔和出水孔。

暂时不去理会这两个水孔，或者认为它们已经被塞住。假设在某一时期（如一年）中，该社会的全部企业一共生产了卖价（或价值总额）为 100 元的最终产品。① 为了生产这 100 元产品，企业必须向公众购买"生产要素"，如劳动、资本使用权和土地使用权。如果把利润也算作为购买生产要素（如风险、管理等）而支付的代价，那么，为了生产 100 元产品而必须支付的金额必然也是 100 元。所有这一切已经在第十二章中加以说明。

现在，图中企业的方框里存在着 100 元最终产品，而 100 元货币已经通过下面的管道流入公众的方框。这 100 元最终产品被认为是该社会的总供给，公众向企业购买消费品和投资品所花的钱被认为是该社会的总需求。如果公众把全部 100 元货币都用于购买消费品和投资品，总需求即为 100 元。在这种情况下，总需求等于总供给。100 元货币通过管道的上方流入企业的方框，企业所生产出的产品正好全部卖掉，因此，企业在下一时期（如一年）还会以相同的规模生产出相同数量的 100 元最终产品。这样，100 元的货币流量便在环形管道中反复流动。假设 100 元代表该社会充分就业的国民收入，该社会的宏观经济运行便处于充分就业状态。以上所说的主要是就短期情况而言；在长期中，随着技术水平的提高、教育的改善和资本的积累，正如第十九章所论述的那样，国民收入会逐渐增长，即管道中的水流量逐渐超过 100 个单位。

然而，西方学者认为，在短期中，由于上述两个水孔的存在，问题还要复杂一些。图中右下方的出水孔代表公众的储蓄。公众不一定把 100 元全部用于向企业购买产品，例如，他们可以储蓄 40 元，而把剩下的 60 元用于购买。这样，市场上有 100 元的总供给，仅有 60 元的总需求。需求小于供给，一部分产品销售不出去，企业便要缩小生产规模。结果，管道中国民收入的流量减少，整个社会处于失业和萧条状态。但是，情况是否如此，还要看管道左上方的进水孔。注入此孔的水代表公众中的资本家进行的投资。假设资本家的投资为 40 元，其数量正好等于储蓄，那么，总需求仍为 100 元（60＋40＝100）。这样，总需求还是等于总供给，社会仍处于充分就业状态。

① 为了简单起见，我们使用元为单位。当然，可以用亿元或 10 亿元为单位。

当然，投资未必一定等于储蓄。如果前者大于后者，例如投资为 50 元，总需求的数量便为 110 元（50＋60＝110）。这时，由于供不应求，就会出现通货膨胀这种经济运行过热的状态。相反，如果前者小于后者，例如，投资为 30 元，那么，总需求的数量便为 90 元（30＋60＝90）。这时，由于供大于求，产品滞销，就会出现失业和萧条状态。

对西方学者而言，在短期中，整个宏观经济学可以被归结为对两个问题的研究：第一，总需求是否等于总供给的问题，如果二者不平衡，就会引起宏观经济的波动；第二，用什么样的政策来对付波动。对于这两个问题，传统的西方经济学说和凯恩斯主义持有不同看法，西方宏观经济学其他各个流派也都是在这两个问题上有各自的见解。这些内容，我们已经在宏观的部分加以说明。为了找出所有不同派别的共同错误之处，我们在这里对各派见解的轮廓再次作出描述。

传统的西方学说认为，根据萨伊定律，图 21－8 中的投资口和储蓄口总是连接在一起的，即：投资恒等于储蓄，总供给恒等于总需求，因此，国家没有必要对宏观经济的运行进行干预。凯恩斯主义则宣称：由于工资和价格的刚性和其他原因，投资口和储蓄口之间并无管道相连。投资未必经常等于充分就业状态中的储蓄，从而总供给未必经常等于总需求，因此，管道中流动的国民收入会上下波动。为了稳定宏观经济的运行，国家必须实施干预经济活动的财政政策和货币政策。换句话说，在图 21－8 的环形管道中，必须从进水口增添、减少或抽出水量，以便保持管道中流量的稳定。简单说来，新古典综合派所说的不过如此。

本章表明：随着新古典综合派影响的减退，在西方世界出现了具有较大影响的以货币主义为先驱的新古典宏观经济学派。这个派别认为，第二次世界大战以后，西方国家都在不同程度上受到凯恩斯理论的影响，实施国家干预经济的政策，这是造成西方经济出现滞胀的很重要的原因。

货币主义者认为，凯恩斯理论的一个重大错误在于忽视货币发行量过多的消极作用，以为可以用增加纸币发行量来解决失业问题，而不顾及通货膨胀的后果。货币主义者还认为，在凯恩斯主义的影响下，西方国家往往通过财政政策来增加政府投资。这不过是用政府投资代替了私人本来会进行的投资。由于前者往往被用于非生产性项目，如充实国防等，而后者的用途总是生产性的，所以财政政策的实施实际上是用非生产性投资来代替生产性投资。一方面，生产性投资减少了，企业雇工的人数必然减少，从而部分地造成失业问题。另一方面，生产性投资的减少也使整个社会的生产量减少，从而部分地导致通货膨胀。总的来看，货币主义者和凯恩斯主义者一样，认为资本主义宏观经济运行的毛病主要出在总需求方面，但是前者反对后者所强调的财政政策。在货币主义者看来，财政政策是滞胀的根源，只要代之以他们建议的货币政策，一切问题便可迎刃而解。用图 21－8 的环形管道来说，二者的分歧在于从进水口控制水量的手段。凯恩斯学派主张以财政政策为主要手段，而货币主义者则主张全部依靠货币政策。

新古典宏观经济学派除了否定凯恩斯主义的宏观理论的正确性以外，还企图用信息的不完全来解释资本主义宏观经济运行的波动。该学派断言，为了取得最大利益，个人力图对经济变量作出最准确的预期，以避免行动的盲目性。例如，在股票市场上，每个人都想正确地预期到股票将来的价格并以此来获取最大利润。由于缺乏充分的信息，预期在短期内未必准确，然而，随着时间的推移，信息的数量会越来越多。从长期看，人们会根据信息数量的增多而逐渐消除预期的失误，从而能够正确地预期到充分就业下的总供给量，并按照所预期的总供给量确定自己的行动。这样，市场机制就会使实际的产量达到充分就业的产量。那时，即使凯恩斯主义的政策改变了总需求的大小，由于总供给不变，其后果不过是改变价格水平的高低，而实际的变量（如就业量和产量）是不变的。就是说，凯恩斯主义的政策在长期中是无效的。在短期内，人们由于得不到足够的信息，行动固然具有一定的盲目性，从而可以使总供给的数量发生变动，就业量和产量会高于或低于充分就业的水平。以这种情况而言，即使实行凯恩斯主义的政策也难以奏效。因为当信息不足时，政府也同样无法作出准确预期，政策的制定和执行也是盲目的，不可能取得良好的效果。

由此可见，用图 21-8 的表达方式，新古典宏观经济学派的意思不外乎是：传统的投资口和储蓄口连接在一起的说法基本上是正确的。环形管道中的水流量之所以上下波动，原因在于信息的不完全性。这种由于信息的不完全性而造成的问题不是调节进水口的流量所能解决的，从而斟酌使用的经济政策没有必要。

新凯恩斯主义者仍然坚持凯恩斯原有的工资和价格的刚性或黏性的观点，并且认为：二者的刚性或黏性根源于资本主义的体制和行事的通则，从而它们完全符合理性预期和个人利益最大化的原则。在外界力量的冲击之下，产量和就业量都会偏离充分就业状态，而工资和价格的刚性又使经济社会难以在短期内恢复到充分就业状态。在此，斟酌使用的经济政策还是有其必要性：一方面它能抵御外界的冲击力量；另一方面，在受到冲击之后，它又能使经济社会迅速地恢复到充分就业状态，以便避免长时期地偏离充分就业所带来的痛苦。

用图 21-8 的表达方式，新凯恩斯主义模型的含义是：投资口和储蓄口可以存在着一条连接的管道，但是，当外部冲击到来时，工资和价格黏性的泥沙却把管道堵塞住了。如果听其自然，则需要长时间管内水流的冲刷，才能使管道疏通来恢复充分就业。因此，有必要执行斟酌使用的经济政策来避免外界冲击，或者使管道内的水流能绕过泥沙的堵塞，而使充分就业得以迅速恢复。

二、宏观经济学各派的共同错误

综上所述，尽管西方经济学各派之间有种种分歧，但它们却具有一个共同之处，即都是从流通领域研究资本主义宏观经济的运行。用图 21-8 就可说明这一点。按照上面的数字例子，图中的企业方框具有价值为 100 元的产品，它卖掉 100 元产品给公众，然后把得到的 100 元用来向公众购买 100 元的生产要素。这一过程就是简单商品流通过程 W—G—W。从公众方框看，原来具有价值为 100 元的生产要素，出售给企业而得到 100 元，再向企业购买价值为 100 元的产品。这也同样是简单商品流通过程 W—G—W。各派不同的见解所涉及的无非是对这两个流通过程是否能完成的解释，而它们有分歧的政策建议都是为了一个共同的目标，即保持流通渠道的畅通。只有流通渠道畅通，企业和公众通过两个 W—G—W 过程才能完成。这里存在西方宏观经济学各派共同的正确和错误之处。

我们知道，资本主义生产的动机是为了谋取利润，所以其宏观经济的运行不可能是简单商品流通过程，而必须是 G—W—G′的过程。而且，马克思主义经济学告诉我们，G 到

G'的变化不仅仅是流通问题，它首先是在生产过程中产生的。以 G 到 G'的变化需要在流通过程中完成而论，西方宏观经济学是正确的。以 G 到 G'的变化首先产生于生产过程而论，不涉及生产过程的西方宏观经济学又是错误的。

这种理论上的正确和错误也决定了它的政策是否有效。以它的理论的正确方面而论，西方宏观经济学各派着重研究的是流通过程的理论和保持流通渠道畅通的政策。这对解决资本主义经济面临的问题，无疑有一定作用。正是由于这一作用，战后的西方宏观经济政策取得了一定程度的成功。但是，它并没有触及生产领域，所以它并不能彻底解决西方世界的问题。因为保持流通渠道的畅通固然有助于实现在生产领域中形成的剩余价值，却不能消除剩余价值的存在。随着资本的积累和生产力的提高，存在的、有待于实现的剩余价值量年复一年地日益上升。为了消除这些日益增加的剩余价值，必须持续地通过增加货币流通量的宏观政策向经济社会注入越来越多的购买力。因此，西方国家在未能根除失业问题之外，又面临着通货膨胀的后果。滞胀的由来即在于此，而西方国家迄今未能消灭滞胀的原因也在于此。因此，旨在保持流通渠道畅通的宏观经济政策不过是一种治标之道，甚至可以造成滞胀。要想彻底解决问题，必须真正理解剩余价值形成的原因并在此基础上寻求对策，然而，西方宏观经济学对此却只字不提。

三、西方宏观经济学值得借鉴的地方

总的说来，宏观经济学研究的是在生产能力相对充足的条件下，私有制的市场经济所面临的宏观经济运行的问题，而我国需要解决的是在生产能力相对贫乏的状况中，如何给社会主义市场经济提供一个良好的宏观环境，以便取得最优的成果。以此而论，由于客观情况的差异，西方宏观经济理论似乎很少有直接运用于我国的可能。例如，人均资源和生产能力均处于较高水平的西方，其宏观经济问题主要出现在需求方面；而在人均资源和生产能力均处于较低水平的我国，宏观经济问题主要应该来自供给方面。

虽然如此，由于西方和我国都推行市场经济，而在市场经济中，间接调控宏观经济运行的政策不会有很大的差别。以此而论，在照顾到国情差别的条件下，西方宏观经济学说至少在下列三个方面仍有值得我们借鉴之处。

第一，作为对国民经济进行间接调控的手段，西方关于财政政策和货币政策的某些理论分析的成果和许多具体做法值得我们借鉴。在理论分析方面，有对政策的可信性研究、预期对政策效果的影响等。存在于我国社会的“上有政策，下有对策”的事实便是预期影响我国的政策的一个事例。西方关于政策的具体做法，当条件具备时，也可以在我国加以推行。事实上，许多具体的做法已经为我国所采用，如中央银行对贴现率、银行准备金的控制等等。

第二，宏观经济学中的某些模型或“寓言”① 能够以比较形象的方式来说明我国所面临的经济问题。第十九章中论述的新古典增长模型就是一个显著的例子。正如该章已经指出的那样，它可以比较形象地说明我国执行计划生育、厉行节约等政策的必要性。关于这一点，第十九章的结束语也已经作出论述，这里不再重复。

---

① 萨缪尔森．资本理论中的寓言和真实性：代替生产函数．经济研究评论，1962 (3)：193-206.

当然，我国早已知道厉行节约和计划生育的必要性，以此而论，新古典增长模型并非必要。然而，正如上面所说，该模型形象化的表现形式可以使必要性的论证更具有说服力。

第三，宏观经济学中的一些资料可以为我们提供参考数据。例如，第十九章中所介绍的增长因素分析以比较精确的方式证实了技术进步（从而教育）在促进国民经济发展上的重要性。这一重要性已为全世界所公认，而我国也早已认识到这一点。增长因素的分析为我们提供了一个有力的认识该问题重要性的数据。

除了上述三点以外，在西方宏观经济学中存在的其他一些论点、方法和概念对我国也具有参考和应用价值。关于这些，在有关章节中已经提到，我们不再多加说明。

第二十二章

西方经济学与中国

本书第一章指出了西方经济学的双重性质，即既宣扬资产阶级意识形态，又是对市场运行的总结。对于宣扬资产阶级意识形态的一面，我们应当批判否定，而对市场运行总结的一面，我们则应予以借鉴。

第一节　我国借鉴西方经济学问题

一、西方经济学在我国的教学传播

本书第一章曾指出，西方经济学是一个内容相当广泛而松散的名词。本教材叙述的是高校中所讲授的西方经济学概论的基本内容，因此，这里所说的西方经济学在我国传播，也指西方微观经济学和宏观经济学基本理论在我国高校教学中的传播。

众所周知，从中华人民共和国建立到改革开放之前近三十年中，我国实行的是计划经济体制。与此相适应，高校经济学教学中的基本理论也一直是马克思主义政治经济学，并且主要是苏联政治经济学教科书体系的那套理论。西方微观经济学和宏观经济学的基本理论一直是作为资产阶级理论被完全否定和排斥的，至多在部分综合性大学经济系教学中，开设有一门资产阶级经济理论批判的选修课程。

上世纪 80 年代以来，随着我国经济体制逐步推进市场化取向的改革开放，高校财经管理类课程中，纷纷开设起西方经济学课程，同时减少了传统政治经济学课程的课时。有人就把这种变化称为高教战线上经济学教学中的西化。其实，这种看法并不正确。固然，那种认为只有西方那套理论才是市场经济发展的经验总结，而马克思主义政治经济学并不是现代市场经济运行的理论因而用处不大的观点是完全错误的。马克思主义永远是指导我们思想的理论基础。然而也不能因此完全否定和排斥西方经济学教学和研究的必要性和重要性。由于我国实行社会主义市场经济体制，西方经济学理论中包含的对市场经济运行和发展的一些经验总结，对我国改革开放和发展是有参考价值的。因此高校开设这门课程是必然的。

改革开放以来，大量西方经济学家的有关教材被翻译过来，同时国内学者也纷纷自己编写这类教材，林林总总不亚近百种。在这些教材中，影响最大的是高鸿业教授主编的这套《西方经济学》教材。这不但因为这套书是我国教育部高教司组编的第一套西方经济学教材，还因为这位国内最著名的西方经济学家高鸿业教授始终有着明确的主编指导思想：内容深浅要适度，评论要恰如其分，文字要深入浅出，力求洋为中用。后来，尽管高先生走了，但这一指导思想在历次修订中始终为编写组所秉承，从而使得这套教材一直为广大读者所欢迎。

二、借鉴西方经济学必须结合我国国情

前面说过，在部分论点、概念和方法上，西方经济学有值得借鉴之处，但借鉴不是生搬硬套，必须结合我国国情，否则，非但不会带来想要的效果，反而可能产生有害影响。我国国情和西方国家有很多差异，最主要有以下几点：

第一，从社会制度看，西方国家是资本主义制度，而我国实行的是中国特色社会主义。习近平同志在 2017 年 10 月 18 日举行的中国共产党第十九次代表大会的报告中和十九大通过的《中国共产党章程》中都提到，中国共产党的领导是中国特色社会主义最本质的特征，是中国特色社会主义制度的最大优势。党政军民学，东西南北中，党领导一切。事实证明，坚持和加强党的全面领导，不仅是中国革命胜利，也是中国各项建设事业胜利推进的根本保证。中国共产党之所以能够成为领导我们各项事业的核心力量，是因为中国共产党从严治党，经受各种考验，始终不忘为中国人民谋幸福、为中华民族谋复兴的初心和使命，不断增强先进性和纯洁性。这是其他国家的任何政党都没有做到的。因此，中国的一切事业包括政治、经济、社会、文化、生态等各方面建设都在党的领导下进行。这和市场经济的其他国家至少有两点不同。一是西方资本主义经济制度主要强调商业利益，很难解决分享财富问题，因此一直存在公平和效率如何协调的争论。中国由中国共产党一个政党执政，全面考虑并权衡效率与公平、经济发展与财富分享，把创新、协调和共享都作为发展理念。二是在其他市场经济国家中，大量经济活动的决策全部是通过经济活动主体分散、自发的行为实现的，这虽然具有市场配置资源的优点，但终究不如中国实施的中国共产党领导下的政府引领和市场配置相结合那样有序、有力、有效。如果没有中国共产党的领导，改革开放以来的高速发展是不可能的，中国两个一百年的伟大复兴的中国梦也不可能提出和实现。当然，中国共产党的领导和发挥市场经济的作用绝不是对立的，因为正是中国共产党在把发展作为党执政兴国的第一要务时，在坚持和发展生产力时，要坚持社会主义市场经济改革方向。中国的经济改革是市场经济取向的，坚持和加强中国共产党的领导正是更好发挥市场经济作用的根本保证，也是尽量克服缺少正确引导的市场经济中常常出现的一些副作用的基本保证。

第二，从社会发展历史方位看，经过长期努力，现在中国特色社会主义进入新时代，社会主要矛盾已经转化为人民日益增长的美好生活需要和不平衡不充分发展之间的矛盾。这是我国生产力水平总体提高的结果。中华民族实现站起来、富起来的目标，人民在解决温饱问题后，期盼有更好的教育、更稳定的工作、更满意的收入、更可靠的保障、更高水平的医疗、更舒适的居住条件、更优美的生态环境、更丰富的精神生活等；不仅如此，大家还从人的全面发展和社会进步角度提出了很多要求，包括民主、法治、公平、正义、社会安全等需要。但供给方面存在的不平衡不充分发展，成为满足这些需要的制约因素。当前发展的不平衡不充分问题，既有经济领域的，也有文化、社会、生态领域的；既有城乡间、区域间的，也有人群间的。这是进一步发展要解决的矛盾。为此，发展要从注重速度向注重质量和效益转变，以满足人民日益增长的美好生活需要。中国特色社会主义进入了新时代，是我们考虑一切问题的立足点。

第三，从中国基本国情看，我国社会主要矛盾尽管已经变化，但仍旧处于并将长期处于社会主义初级阶段的国情以及我国还是世界上最大发展中国家的国际地位都没有变，因此要牢牢坚持党的基本路线，以经济建设为中心，坚持四项基本原则，坚持改革开放，坚定不移把发展作为党执政兴国的第一要务，坚持解放和发展生产力，坚持社会主义经济改革方向，转变发展方式，优化经济结构，转换增长动力，以供给侧结构性改革为主线，推动经济发展质量变革、效率变革、动力变革，提高全要素生产率，着力构建市场机制有效、微观主体有活力、宏观调控有度的经济体制。在加快完善社会主义经济体制的改革中，以完善产权制度和要素市场化配置为重点，实现产权有效激励、要素自由流动、价格反应灵活、竞争公平有序、企业优胜劣汰。在开放方面则要以“一带一路”建设为重点，坚持引进来和走出去并重，遵循共商共建共享原则，加强创新能力开放合作，形成陆海内外联动、东西双向互济的开放格局。

第二节　西方微观经济学与经济改革

西方微观经济学研究资源配置，研究单个经济单位的行为。在市场经济体制下，单个经济单位依据价格信号来配置资源，决定“生产什么，生产多少，如何生产以及为谁生产”等。为此，微观经济学是研究产品和要素价格是如何形成的，这实际上就是要分析两个问题：消费者（居民）对产品的需求与生产者（厂商）对产品的供给如何决定产品的产量和价格，居民户对要素的供给与厂商对要素的需求如何决定要素的使用量和要素的价格（工资、利息、租金以及利润）。这两个问题涉及的都是市场经济中价格机制的运行问题，因此微观经济学又被称为价格理论。

我国实行社会主义市场经济体制。尽管这种体制和资本主义市场经济体制有一定差别，但同样也是市场经济，因此西方微观经济学的有些理论对我国市场取向的进一步深化经济体制改革就有值得借鉴之处。

一、均衡价格理论

在市场经济中，供求决定价格，价格协调供求。当然，在资本主义市场经济中，产品价格是供求不断自发调整的结果，中间难免有一定盲目性并形成一定资源浪费，这些在均衡价格理论中没有揭露，但均衡价格理论对我国还是很有借鉴价值的。随着改革不断深化，我国绝大部分产品价格逐步走上了市场化道路，但至今还有少数产品由于种种原因还未真正纳入市场经济轨道，价格仍有扭曲。例如，在我国商品住房市场上，一些地区住房价格十多年来一路飞涨，形成巨大泡沫，根本原因就是供给（土地从而住房）是政府计划控制的，而需求（自己居住的刚性需求和投资、投机需求）是市场放开的，这种供求不对称的结果是畸形的房价收入比（发达市场经济国家的房价收入比通常是3～6倍，而我国北京、上海、深圳等一线城市为20倍左右），从而完全违反了“住房是用来住的，而不是用来炒的”定位，变化无常的政策调控措施加大了人民对房价要不断上涨的预期。化解矛盾和风险的根本出路是要建立符合国情和市场规律的房地产市场的长效机制。

前面给出了供给是计划的而需求是市场的例子，下面再举一个供给是市场的而需求是计划的例子，那就是煤电矛盾。现在我国生产电的煤价格已经实现市场化，但电价还是政府定价。2016年煤价上涨，一年内价格基本翻倍，结果电厂叫苦不迭。

事实证明，任何合理的商品价格与供求都不能离开市场机制的正常运行。目前我国存在许多看似“市场价”实为“垄断性收费”的所谓价格就极不合理。如一些企业每年要排放几十吨废水，当地只有一家政府指定的废水处理公司，价格高出市场均价近一倍。上千家企业的废水都必须集中到那里处理，再高的价格也只能接受。再如，从车站入口处到装车处几百米的短距离运输，只能交给指定企业完成，运输费高得离谱。如果政府不搞这些“指定”“特许”“授权”“唯一合作方”等，而允许引入竞争，有关企业的负担就能大大下降。

应当看到党的十八大以来，我国进一步推进价格改革，在那些改革的“硬骨头”领域，包括输配电、非居民用天然气、医疗服务、铁路运输等方面的价格改革已取得历史性突破，但要完全实现市场化改革目标，还有一段路要走。

二、商品供求理论

西方微观经济学对商品供求理论作了比较全面的分析，尽管其中的效用理论和无差异曲线理论中有不科学、不合理之处，但总的说来商品供求理论对我们认识市场需求很有帮助，包括各种需求弹性理论、消费者选择理论、价格变化和收入变化对消费者均衡影响的理论、替代效应和收入效应的理论等。拿市场价格和供求关系理论来说，价格对市场供求必须灵活，供过于求则价格下跌，供不应求则价格上涨，价格还要跟着成本走，资源配置才会跟着市场走。今天，我国消费品市场化程度已经相当充分，但这些领域存在的问题还相当多。一方面，许多国有大企业垄断了市场从而垄断了价格，如通信的价格长期不变，因为其价格是由中国电信、中国移动、中国联通这三家垄断的，如果不是微信被开发出来，估计这三家垄断通信大企业几十年的长途电话双向收费这种世界上少有的怪现象还要继续下去。另一方面，政府在一些方面还掌握了定价权，难以让商品价格跟着供求变化走。例如，一些药品在市场上长期脱销，消费者明明需要，但国家有关部门怕涨价影响到生病的消费者的利益而不让调整价格，生产企业不肯亏本生产，结果反而严重损害消费者利益。因此，价格如何反应灵活，也是改革中要解决的问题。

三、厂商均衡理论

西方微观经济学的厂商理论分析资本主义企业在一定约束条件下，如何根据成本和收益的边际变化来作出产量和定价的决策以求取最佳经济效益，分析竞争和垄断的各种市场结构产生的条件和程度，分析怎样才能获取超额利润等等。这些分析都以制度既定为前提条件，实际上是掩盖了资本主义私有制是厂商的产权基础，这是我们首先要认识清楚的。但是，西方微观经济学理论实际上包含了产权的有效激励理论。我国公有制企业如何从根本上解决产权虚置、产权激励是一个长期存在的老问题，因为公有制企业特别是国有企业不像民营企业那样产权明晰。目前我国国有企业定位于要弥补市场缺陷、巩固社会主义经济基础和发挥国民经济的主导作用，这就会出现矛盾：要定位于弥补市场缺陷，就要牺牲盈利；要定位于巩固社会主义经济基础和发挥国民经济的主导作用，就必须考虑盈利，使国有资本保值增值。怎么办？下一步可能要通过将国有资本、集体资本、非公有资本等交叉持股、相互融合的混合所有制作为基本经济制度的重要实现形式来解决问题。这种混合所有制企业，一方面具有弥补市场缺陷、考虑公共利益的功能，另一方面又具有考虑盈利，使资本保值增值的功能。

四、要素流动理论

实现资源由市场配置，要素必须能自由流动。如果没有要素的自由流动，资源配置由市场起决定性作用只是句空话，因为资源首先是指生产要素。目前，我国的生产要素看起来可以自由流动，其实不然。人才和劳动力流动受到户籍制度的限制，土地是国有的，流动完全受政府控制。资金掌握在银行手中，政府多次说商业银行要支持中小企业，但中小企业贷款难的问题始终难以解决，原因是给中小企业贷款风险大。金融资本如何脱虚向实，真正为实体经济服务，也是一个问题。诸如此类问题的解决都要靠深化改革。

五、公平竞争理论

市场经济是竞争经济。竞争需要公平。市场经济中的所有经济活动主体，包括生产者之间、消费者之间、生产者和消费者之间，都要公平有序竞争，市场经济才能健康发展。我国市场经济发展历史短，在公平有序竞争方面还存在许多问题有待解决。在公平方面，首先是国有企业和民营企业在许多方面目前还不可能有真正完全公平的待遇，其中有诸多历史和现实的因素。其次，即使都是民营企业，在竞争中还要讲关系、走后门，竞争中的无序问题也随之而来。在这里，说到底，还是政府部门的权力和影响太大。

六、优胜劣汰理论

市场竞争是无情的。过去，传统观念总认为，企业优胜劣汰是两极分化的资本主义现象，不懂得市场竞争中企业必然会优胜劣汰，也必须要优胜劣汰，否则经济就没有效率，社会也不会进步。但是在我国要真正做到这一点还比较难。比方说，我们一些产能过剩的国有大企业，如果随便关门，如何安置大量职工就是个大问题。再如，我们股市上许多烂公司早就应该退市，但这些公司不仅没有退市，甚至股价还会一路上涨。这并不奇怪，因为中国股市是个投机市，公司越烂，人们越是预期马上会进行资产重组。这一顽症需要通过资本市场改革解决。

七、博弈论和信息经济学的一些理论

现代市场经济中充满了不确定性，因此近几十年来迅速发展起来的博弈论和信息经济学对我们研究许多经济现象都非常有用。我国还是一个现代市场经济发展历史不长的国家，现代市场经济所要求的人们的守约意识和诚信观念还比较薄弱，欺诈和坑蒙拐骗的事件屡见不鲜。在这种情况下，博弈论和信息经济学的一些理论就大有用武之地，包括各种情况下的策略均衡理论、逆向选择和道德风险理论、信号传递和激励机制理论等。例如，我们的企业如何真正树立长期品牌意识，真正弄明白品牌和形象对企业长期发展壮大的意义，就不是一件容易的事。再如，如何让所有人包括各级政府都能够真正认识并做到制定和遵守一个好的制度，也不是一件容易的事。

八、收入分配与贫富差距理论

西方微观经济学把国民收入分配看做是要素价格问题，掩盖了资本主义雇佣劳动剥削关系，这是我们必须认识到的。但这一套理论中也有值得借鉴之处。一是关于贫富差距扩大因素的分析，该分析认为随着资本力量越来越强大，贫富差距必然越来越大；二是关于贫富差距衡量指标的分析，包括基尼系数、洛伦兹曲线等；三是关于如何协调公平和效率关系的观点。这些理论和分析对研究我国收入分配问题是值得参考的。我国改革开放打破了平均主义大锅饭，但社会贫富差距日益扩大，甚至超过了一些西方国家。对于如何改革我国的收入分配制度，既不能搞平均主义做法，要提高经济效率，又要防止贫富差距过分扩大，走向共同富裕，尽管西方国家没有解决好这个问题，但不少西方经济学家在这方面提出的一些理论观点和政策主张有不少东西值得我们借鉴。例如，在西方国家，为缩小贫富差距而采用的税收政策和社会保障做法中就有不少东西可以借鉴，而我国实行的精准扶贫的种种做法，更是既有利于实现公平，又不损害效率的一种创造。

九、市场失灵和微观经济政策理论

西方微观经济理论虽然推崇自由竞争的市场机制在资源配置方面的作用，但也揭示了经济生活领域中的市场失灵，需要国家政策加以调节和弥补，包括抑制垄断，提供公共物品，克服外部性，调节贫富差距等。西方经济学家在这方面的不少研究成果对我们同样是有参考价值的，因为无论在西方国家还是我国，经济生活中市场失灵情况都存在，而这些情况，包括外部性的克服、公共物品的提供、垄断和竞争中兴利除弊、贫富差距的调节等等，都无法依靠市场力量自动纠正。

就拿负外部性中的环境污染来说，我国改革开放以来在经济高速发展中，资源过度利用，环境污染问题严重，无论在水、空气还是土壤方面，都有许多污染问题需要治理。这种治理是不可能靠企业自己完成的，甚至不能靠地方政府自觉去办，而必须靠中央政府用行政的、经济的各种手段来解决。现在，我国要把加快生态文明体制改革、建设美丽中国作为建设现代化的重要战略之一，作为我国五大发展理念之一。

第三节　西方宏观经济学与经济发展

西方宏观经济学研究国家或者地区的总体经济问题，包括国民收入的衡量、决定、波动、发展和调控等，其中国民收入的决定是一条主线，因此宏观经济学又被称为国民收入决定理论。理解并结合我国情况研究这套理论，对认识我国经济发展的过去、现在和将来是有益的。

一、西方宏观经济学的参考价值

当代西方宏观经济理论对认识和研究我国经济发展问题的参考价值包括：

第一，关于国民收入衡量的理论。目前，我国也采用联合国的国民经济核算体系(SNA)，其中最核心的指标是GDP。关于如何认识GDP、核算GDP、对待GDP，西方经济学家提出了不少值得我们思考的观点，其中包括如何与时俱进地改进国民收入核算体系的理论。例如，将研究与开发的支出列入GDP。

第二，关于国民收入决定的理论。目前主流西方经济学还是凯恩斯主义的有效需求理论，基本思想都是需求决定供给、生产和就业。多年来我国经济发展遵循的也是那一套思路，把投资、消费和出口当做拉动经济的“三驾马车”，确实推动了经济快速发展，但也带来了一系列严重问题。实际上，有效需求决定生产和就业，是凯恩斯的短期均衡国民收入决定理论。但多年来各国都把投资、消费和出口当做拉动经济的“三驾马车”。现在中国共产党提出了供给侧结构性改革理论，是对需求决定供给理论的补充和修正。

第三，关于长期经济增长的理论。西方经济学家提出了一套套理论，其中最有参考价值的也许是新古典增长模型和内生增长理论，尤其是对要素生产率提高因素的分析，对深刻理解我国当前的创新驱动、转型发展很有帮助。

第四，关于宏观调控的经济政策理论以及宏观经济学不同流派观点的争论。西方经济学家注重研究用财政政策和货币政策来稳定总需求。变动政府支出和收入，变动货币供应量和利率，同样是我国宏观经济政策中的不二选择。就是关于宏观经济学不同流派观点的争论，也能够启发我们思考在经济出现一定波动时，究竟是政府干预多一点好还是市场自动调节多一点好；如果确实需要政府干预，是用财政政策好还是货币政策好。

总之，了解西方宏观经济学确实可以帮助我们认识和研究我国经济发展中的一些问题。然而，必须充分认识到，当代西方宏观经济学理论对思考我国宏观经济问题的意义是很有限的，因为那套理论基本上是发达市场经济国家经济运行和发展的经验教训的总结，而我国现在不但还是一个发展中国家，而且在社会制度、文化传统和其他国情等方面和西方国家有着重大区别。中国有中国的情况，要认识中国经济发展尤其是当前中国经济发展问题，还得从我们国家自己的实际出发。

二、中国社会经济发展的矛盾与新判断

中国改革开放几十年来，经济发展取得了巨大成就，为实现中华民族伟大复兴的中国梦打下了基础，但是在发展中也出现了一系列问题。一是发展是粗放式的，主要靠消耗低

成本劳动力、自然资源和生态环境的投资驱动，全要素生产率不高；二是经济结构不合理，需求结构中投资和出口比例过高、消费比例偏低，产业结构中一、二产业比例还偏高，第三产业需要进一步发展；三是环境和生态问题突出，大气、水和土壤都受到严重污染；四是社会经济发展不协调，地区之间、行业之间、城乡之间以及人群之间差别太大，贫富差距进一步扩大；五是政府和市场之间的关系有待进一步摆正，政府对微观经济活动干预过多的“越位”问题和该管的事没有管好的“缺位”问题也不同程度存在，许多不合理的规章制度也影响经济发展。诸如此类问题还有不少。尽管这些都是发展中出现的问题，但必须得到解决。

以习近平同志为核心的党中央针对这些问题以及国内外经济形势出现的新变化，及时作出了中国经济新常态的判断，形成了以新经济发展理念为指导，供给侧结构性改革为主线的政策框架，为中国经济未来发展指明了正确道路。在党的十九大上，提出了我国已进入中国特色社会主义新时代，社会主要矛盾已转化为人民日益增长的美好生活需要和不平衡不充分的发展之间的矛盾这样一个关系全局性的重要论断，不仅为我国当前决胜全面建成小康社会，而且为实现两个一百年伟大战略目标制定了航向。

三、中国经济新常态

中国经济新常态是21世纪中国经济社会呈现的一种状态。这种状态的特点，一是从高速增长转变为中高速增长。经过30多年的高速增长，中国的经济体量已经今非昔比。2005年我国GDP总量达到22 837亿美元，超过意大利和法国，跃居世界第五；2006年超过英国，居世界第四；2007年超过德国，居世界第三；2010年超过日本，成为世界第二大经济体。2013年一年中国经济的增量就相当于1994年全年的经济总量，即使是6.5%左右的增长，在全球也是高速度的。二是经济结构优化升级，第三产业、消费需求逐步成为主体，城乡区域差距逐步缩小，居民收入占比上升，发展成果惠及更广大民众。三是增长动力转换，从要素驱动、投资驱动转向创新驱动。

经济进入新常态，是过去多年来高速发展的必然要求和结果。多年高速发展后，资源环境压力大大增加了，人口等要素成本上升了，国家外部环境也变化了。所有这些都倒逼经济结构优化升级，发展转向创新驱动。这种新常态与传统不平衡、不协调、不可持续的粗放增长模式有本质区别。这种新常态是中国经济进入更高层次发展阶段后才出现的状态，推动中国经济迈上转型升级、提质增效的新阶段。

中国经济的“新常态”蕴含多方面政策寓意：一是经济增速正式告别高速增长，宏观经济政策告别常态的调控和刺激，如果经济增速在合理区间，不会采取非常规的刺激措施；二是经济增长的动力悄然转换，政府投资让位于民间投资，出口让位于国内消费，创新驱动将决定中国经济成败；三是经济结构将“避重就轻”，在推动新型工业化的同时，强力扶持服务业；四是告别货币推动型增长模式，控制包括房地产在内的资产价格泡沫和债务杠杆会优于经济增长本身。

新常态面临多种挑战，更蕴含多种机遇。随着新型工业化、信息化、农业现代化和城镇化协同推进，中国经济完全有条件、有能力保持较长时期的中高速增长，化解“成长的烦恼”。新常态具有长期性，要适应、引领新常态，关键还在于全面深化改革，激发市场蕴藏的活力，为创新拓宽道路，更好对外开放，增进人民福祉。

四、供给侧结构性改革

供给侧结构性改革，指从提高供给质量出发，用改革的办法推进结构调整，矫正资源配置扭曲，扩大有效供给，提高供给结构对需求变化的适应性，提高全要素生产率，更好地满足广大人民日益增长的美好生活需要，促进社会经济持续健康发展。

为什么要进行供给侧结构性改革？因为当前我国经济生活中的需求结构已发生明显变化。随着收入水平提高和中等收入群体扩大，人民对物质生活、精神生活和生态环境等各方面需求明显提高，多样化、个性化、高端化需求与日俱增。服务需求在消费需求中的占比明显上升。随着恩格尔系数持续下降、居民受教育水平普遍提高和人口老龄化加快，旅游、养老、教育、医疗等服务需求快速增长。同时，产业价值链提升对研发、设计、标准、供应链管理、营销网络、物流配送等生产性服务也提出了更高要求。而现有供给侧明显不适应需求结构的变化：无效和低端供给过多，一些传统产业产能严重过剩，产能利用率偏低，有效和中高端供给不足。供给侧调整明显滞后于需求结构升级，居民对高品质产品和劳务的需求难以得到满足，出现到境外大量采购日常用品的现象，造成国内消费需求外流。可是，受传统体制机制约束等影响，供给侧调整表现出明显迟滞，生产要素难以从无效需求领域向有效需求领域、从低端领域向中高端领域流动，新产品和新服务的供给潜力没有得到释放。

国际分工格局重构对结构性改革也提出紧迫要求。前几年金融危机后，欧美国家信贷消费模式难以持续，转向推进再工业化战略，一些高端制造业出现回流；能源原材料生产国迫于新能源技术快速发展的压力，着力延伸产业链，提高产品附加值；人力资源丰富的国家凭借劳动力低成本优势，抢占劳动密集型产业的国际市场。在这种形势下，加快结构性改革是打造中国国际竞争新优势的关键。随着中国要素成本逐步提高，传统比较优势逐步减弱，而新的竞争优势尚未形成。这就要求从供给侧发力，加快产业结构转型升级，培育建立在新比较优势基础上的竞争优势。

推进供给侧结构性改革，一方面要着力减少无效和低端供给，尤其是其集中表现的过剩产能和过大库存沉淀了大量的厂房、土地、设备和劳动力等生产要素，降低了资源配置效率，去产能、去库存就是减少无效和低端供给以及提高经济运行效率的根本举措。另一方面要着力扩大有效和中高端供给，改变供给体系和产品品质明显不适应居民消费结构升级要求的局面。推进供给侧结构性改革，要着力推进体制机制改革，包括取消一些行业准入限制和民营企业进入障碍；完善金融市场；健全市场诚信体系；加强知识产权保护度等。

推进供给侧结构性改革并不意味着放弃需求管理。需求管理重在短期调控，重在引导市场预期。在国际金融市场动荡不定、国内面临经济下行压力的背景下，做好需求管理可以改善市场预期，增强人们对经济的信心，避免经济增速短期快速下行激化各种矛盾和潜在风险，避免增大改革的难度和成本。为此，要把握好供给侧结构性改革的时间窗口，营造稳定的宏观经济环境，为改革有序推进创造条件。

五、经济发展新理念

上述中国经济新常态和供给侧结构性改革意味着中国经济已由高速增长转向高质量发展阶段。高质量发展，是一种体现新发展理念的发展。新发展理念是指创新、协调、绿色、开放、共享这五大理念，这是指导中国下一个时期经济发展新的“思想灵魂”。

创新是引领高发展的第一动力，是国家发展全局的核心。创新包括理论创新、制度创新、科技创新、文化创新等各方面的创新。“十二五”时期，中国科技创新取得很大进步，但创新能力、自主技术和知名品牌尚缺少，科技成果转化率、科技进步贡献率与发达国家仍有不小的差距，因此要把创新摆在国家发展全局的核心位置，带动产业结构转型升级、提升经济发展的动力和质量。未来如何突破发展瓶颈，推动在新常态下进一步发展，主要就是靠“创新”。

协调是高质量发展的内生特点。当前，中国在协调发展方面存在三个比较突出的问题：一是城乡二元结构和城市内部二元结构的矛盾依然比较突出；二是区域发展不平衡，东中西北区域间不平衡；三是社会文明程度和国民素质与经济社会发展的水平还不匹配。如果说在经济发展水平落后的情况下，一段时间的主要任务是要跑得快，那么跑过一定路程后，就要注意调整关系，注重发展的整体效能，否则，一系列社会矛盾会不断加深。下一个时期经济社会发展，要在优化结构、补齐短板上取得突破性进展，着力提高发展的协调性和平衡性。协调发展理念是对中国现存问题的一个更有针对性的指导，是对发展提出的新要求。

绿色是高发展的普遍形态，是人与自然和谐共生的现代化要求。过去，中国经济长期发展中积累的大气、水、土壤污染的问题比较突出，人民群众对改善生态环境的呼声强烈。所以，中国把坚持节约资源和保护环境，加快生态文明，建设美丽中国作为基本国策，坚持可持续发展，坚定走生产发展、生活富裕、生态良好的文明发展道路，加快建设资源节约型、环境友好型社会。为此，要支持绿色清洁生产，推进传统制造业绿色改造，推动建立绿色低碳循环发展产业体系。绿色循环低碳发展，是当今时代科技革命和产业变革的方向，可以形成很多新的经济增长点，为经济转型升级添加强劲的“绿色动力”。

开放是高质量发展的必由之路。历经近40年的不懈努力，中国已经成为全球最大货物贸易国、最大外汇储备国，吸引外资和对外投资也居世界前列。然而，经济全球化背景下的大国棋局正在发生深刻变化。中国和世界经济已经形成了你中有我、我中有你的格局。中国要发展更高层次的开放型经济，与世界各国同舟共济，促进贸易和投资自由化、便利化，推动经济朝更加开放、包容、普惠、平衡、共赢的方向发展。

共享是高质量发展的根本目的，是经济发展的出发点和落脚点。近些年来，中国在保障和改善民生上做了大量工作，也取得了明显的成效。但是与人民群众的期盼相比，公共服务和社会保障体系还不够完善，均等化程度也有待提高，社会管理和矛盾调处能力还不足。因此，必须在坚持发展为了人民、发展依靠人民、发展成果由人民共享的基础上，作出更有效的制度安排，使全体人民在共建共享发展中有更多获得感、幸福感、安全感，增强发展动力，增进人民团结，朝着共同富裕方向稳步前进。“共享发展是中国全面实现社会主义现代化的基本出发点和落脚点”，这体现了我国发展目标的重要特点，即全面小康不能有一个人掉队，是全民共享的小康。要实现共享发展，除了脱贫之外，还要把优先发展教育事业、提高就业质量和人民收入水平、加强社会保障体系建设、坚决打赢脱贫攻坚战、实施健康中国战略、打造共建共治共享的社会治理格局、有效维护国家安全这些事情一件件办好，不断满足人民日益增长的美好生活需要。

应当指出，经济新常态的判断、供给侧结构性改革的战略和五大发展理念，从经济学的角度看都可以说是统一于要提高资源配置效率的要求。从提高资源配置效率的要求看，中国经济不但要从求增速向求质量和效益转变，还必须促使经济结构优化，使资源向市场需要的绿色环保方向流动，从创新中寻找新的发展动力。目前，供给侧结构性改革实行的去产能、去库存、去杠杆、降成本、补短板这五大任务，无一不是优化资源配置所要求的。五大发展新理念则更是体现了要进一步通过改革开放来更长远地保证优化配置、开发利用国内外一切现实的和潜在的经济资源以促进社会生产力发展的根本要求。

第四节　国际经济学与经济全球化

本教材的西方经济学仅包括微观经济学和宏观经济学两部分，不包括国际经济学，只是在有关章节讨论了开放经济下的短期经济模型，分析了汇率和对外贸易、蒙代尔-弗莱明模型以及南—北关系。然而当今世界已经是开放世界。经济全球化已成为不可阻挡的历史潮流。各个国家的商品贸易和资金往来正在不断扩大，并给各个国家带来了利益和影响。下面就从国际经济学视角讨论一下经济全球化和中国的对外开放问题。

一、国际经济学的由来和发展

国际经济学研究国际经济活动和国际经济关系，属于一般经济理论在国际经济活动范围的延伸。国际经济学理论渊源久远，最早可追溯到以亚当·斯密、大卫·李嘉图为代表的古典经济学中的国际贸易理论，其比较利益思想是现代国际经济理论的起点，之后的“边际革命”在一定程度上为国际经济学的形成提供了方法。

现代意义上的国际经济学是在传统的国际贸易和国际金融理论基础上发展起来的。作为一门系统和独立的理论，国际经济学大约出现在20世纪凯恩斯主义兴起后，当时许多新的理论方法和学说层出不穷，其一般理论包括国际贸易理论和政策（国际贸易基础、条件及利益分配）、国际金融理论和国家货币政策（汇率理论与制度、国际收支调节理论与政策以及国际货币体系理论）、国际要素流动理论（资本和劳动力的国际流动以及跨国公司理论）等。最近几十年来，在克鲁格曼、弗里德曼等经济学家的推动下，国际经济学理论在各方面都获得了很大发展。

但所有这些国际经济学理论的形成与发展，都是以西方发达国家经济理论为基础的，反映的也主要是发达国家的利益。经济全球化理论与实践同样如此，反映的是西方国家为主导的全球化。但近年来西方国家出现了一股逆全球化的思潮，同时一股旨在反映新兴发展中国家利益的经济全球化浪潮开始兴起。下面就对此加以简单分析。

二、经济全球化

经济全球化是指世界经济活动超越国界，通过对外贸易、资本流动、技术服务形成相互联系、相互依存的全球范围有机经济整体的过程，也是一个以市场经济为基础，以先进科技和生产力为手段，以经济效益为目标，通过分工、贸易、投资、跨国公司和要素流动等，实现各国市场分工与协作，相互融合的过程。

经济全球化的形成，一是生产力发展、高科技发展的结果。信息技术和互联网的发展，使信息沟通、资本流动、商品买卖等的速度，达到了难以想象的地步，这为经济全球化奠定了物质技术基础。二是原来实行计划经济体制的国家纷纷实行了市场化经济改革，越来越多的国家走上了市场化道路，为全球化提供了体制保障。三是跨国公司在全球范围的迅速扩张，为经济全球化提供了组织形式。

经济全球化是一个生产社会化程度不断提高的过程。社会分工在更大的范围内进行，资金、技术等生产要素在国际社会流动和优化配置，带来巨大的分工利益，推动世界生产力发展。长期以来，由于发达资本主义国家在经济全球化进程中占据优势地位，在制定贸易和竞争规则方面具有更大发言权，控制了一些国际组织，因而成为全球化的主要受益者。经济全球化对发展中国家也具有积极的影响：经济全球化使资源在全球范围内加速流动，发展中国家可以利用这一机会引进先进技术和管理经验，实现产业结构的优化，增强经济竞争力，缩短与发达国家的差距；发展中国家通过吸引外资，扩大就业，使劳动力资源的优势得到充分发挥；发展中国家也可以利用不断扩大的国际市场解决产品销售问题，以对外贸易带动本国经济的发展；发展中国家还可以借助投资自由化和比较优势从经济全球化中获取利益。

但是全球化也是有代价的，代价之一是全球经济的不稳定会成为一种常态。在经济全球化过程中，各国经济的相互依赖性空前加强，因而经济波动和危机的国际传染便成为经常性的而且是不可避免的事情。任何一个国家的内部失衡都可能反映为外部失衡，进而很快影响到与其具有紧密贸易和投资关系的国家，可能将所有国家不同程度地引入失衡与危机的境地。如 2008 年美国的次贷危机很快蔓延到整个欧洲地区以及东南亚，从而形成严重的地区性金融危机，随后又波及拉美地区，形成了事实上的全球性金融动荡。

三、经济逆全球化

所谓经济逆全球化是指一种与全球化反向而行的思潮，如主张贸易保护，反对商品、资本、人员、技术等在国际上流动，要求离开和退出国际组织或者地区性组织，走上内向道路。例如，英国要脱离欧盟，美国取消《跨太平洋伙伴关系协定》(TPP)，要求重新谈判 WTO 等。

为什么会出现这种“逆全球化”？根本原因是近几年来世界经济低迷，发达国家发展停滞；诱发因素可能是，在全球化过程中，各国内部利益分配严重不均，贫富差距进一步扩大。少数所谓“精英”更富有了，他们凭借物质资本和人力资本获取全球化得来的大量财富；相反，绝大部分中低收入劳动者得益不仅很少，而且由于全球产业链和价值的分工布局，全球生产和外包体系的建立，使很多劳动密集型制造业转移和分布到了广大发展中国家，导致欧美发达国家制造业部门的失业工人增加，促使他们成为反全球化的基层群体。在英国公投中，大多数人投票支持脱欧就是一个例子。政治上的诱发因素可能是国家民族主义回潮。由于全球化会使一部分国家主权有所让渡，例如贸易自由化会使本来属于国家的关税权让渡给 WTO，有关国家都要按 WTO 规则进行贸易，这就是从经济角度所谓的“去国家化”，从而引起一些国家政府的不满，逐渐在政治上趋向保守，并与经济趋于内向相结合，形成“逆全球化”。然而，经济全球化是社会生产力发展的客观要求和科学技术进步的必然结果。它为世界经济增长提供了强劲动力，促进了商品和资本流动、科技和文明进步以及各国人民交往，符合历史潮流和社会发展方向。“逆全球化”不可能成为历史趋势，只是暴露了原来发达国家主导下传统全球化的诸多弊端。打造传统全球化的升级版、推动实现新的全球化势在必行。

与发达国家主导下的传统全球化不同，新的全球化具有以下一些基本特征：第一，以平等为基础，确保各国在国际经济合作中权利平等、机会平等、规则平等；第二，以开放为导向，不搞排他性安排，防止治理机制封闭化和规则碎片化；第三，以合作为动力，共商规则，共建机制，共迎挑战；第四，以共享为目的，提倡所有人参与，所有人受益。

四、中国与新的经济全球化

改革开放以来，尤其是本世纪初（2001 年）加入 WTO 后，中国更积极对外开放，参与经济全球化进程，经济全球化给中国带来莫大机遇和巨大利益。这些利益包括充分发挥劳动力和其他有关资源的比较优势，扩大生产，通过出口扩大总需求；利用外资弥补储蓄和外汇缺口，解决资金不足；通过吸引外资带来国外先进技术、设备及科学管理经验和方式等。它们都有效促进了中国经济增长，在短短几年内就大大缩小了中国与发达国家的经济差距，使中国一跃成为世界第二大经济体。

中国是经济全球化的受益者，也是贡献者。现在，中国作为世界上最大的发展中国家、世界第二大经济体、第一大贸易国、第一大外资吸引国、第二大对外投资国，将继续为世界作出理念贡献、机会贡献、制度贡献，成为推动实现新的全球化的先行者、实践者、引领者：一方面切切实实从多方面提供发展机会，包括为各国提供更广阔的市场、更充足的资本、更丰富的产品、更宝贵的合作契机，另一方面实实在在地履行共商共建、共赢共享的全球治理担当，如倡建“一带一路”，成立丝路基金、亚投行和金砖国家开发银行，积极建设全球自贸区网络，提出《全球基础设施互联互通联盟倡议》，推进《区域全面经济伙伴关系协定》（RCEP）谈判，推动《巴黎协定》生效并作出有关承诺。总之，中国将高举新的全球化的大旗，积极推动有利于全球共同发展的贸易、投资自由化和服务便利化，继续发挥负责任大国作用，积极参与全球治理体系改革和建设，不断贡献中国智慧和力量。

五、推动形成中国全面开放新格局

党的十九大报告指出“推动形成全面开放新格局”，强调“中国开放的大门不会关闭，只会越开越大”。这是以习近平同志为核心的党中央准确判断国际形势新变化、深刻把握国内改革发展新要求的重大战略部署。推动形成全面开放新格局，既包括广度上的开放范围扩大、领域拓宽，也包括深度上的开放方式创新、层次加深。例如，在开放的国家对象上，不但要继续保持与发达国家的经贸联系，还要积极扩大与广大发展中国家的经贸联系，坚持向发达国家开放和向发展中国家开放并重，扩大各方利益交汇点；在开放的领域上，过去主要集中在制造业和实物贸易，今后将从制造业领域的实物贸易扩展到包括金融、保险、教育、咨询等在内的服务贸易，实现多领域对外开放；在开放的空间上，从沿海开放拓展到沿海沿边开放全面结合，形成陆海内外联动、东西双向互济的开放格局，进而形成区域协调发展新格局。

从深度上理解，“全面开放”意味着开放的方式创新、层次加深。全面开放的一个重大价值，还体现在中国积极参与全球治理上，中国不仅应成为现行多边贸易体制的支持者、维护者，还应在国际规则制定、全球制度建设中有自己的贡献，努力使全球治理体制更加公平地反映大多数国家的意愿和利益。

形成全面开放新格局的重要部署中要以“一带一路”建设为重点，因为正是“一带一路”建设为相对封闭的内陆提供了加快形成陆海内外联动、东西双向互济开放格局的新契机。因此，“一带一路”建设应是今后一段时期对外开放的工作重点，谋求开放创新、包容互惠的发展前景，坚持推动构建人类命运共同体，为世界发展贡献中国智慧和力量。

第五节　结束语

本章要点可以归结如下：

(1) 我国高校中的西方经济学课程是适应我国实行社会主义市场经济体制的需要而开设的。

(2) 我们借鉴西方经济学时应当充分考虑我国国情，包括我国实行的是中国特色社会主义制度，而不是资本主义市场经济制度，目前中国特色社会主义进入了新时代，社会主要矛盾已经转化，但处于并将长期处于社会主义初级阶段以及还是世界上最大发展中国家的国际地位没有变，因此会继续以经济建设为中心，坚持改革开放。

(3) 一些西方微观经济学理论对我国市场化取向的经济改革有值得借鉴之处，包括供求价格理论、商品供求理论、厂商均衡理论、要素流动理论、公平竞争理论、优胜劣汰理论、博弈论与信息经济学理论、收入分配和贫富差距理论、市场失灵与微观经济政策理论等。

(4) 了解当代西方宏观经济学理论对于认识和研究我国经济发展问题是有意义的，包括国民收入衡量理论、决定理论、经济增长理论、宏观经济调控政策理论等。然而这些理论对思考我国当前宏观经济问题的意义是有限的。要认识中国经济发展问题，还得从中国的实际出发。中国政府针对当前实际情况作出的经济新常态判断，提出的供给侧结构性改革的策略以及经济发展新理念，特别是习近平新时代中国特色社会主义理论，为中国经济当前和未来发展指明了方向。

(5) 经济全球化是人类经济社会不可逆转的历史潮流。“逆全球化”不可能成为历史趋势。中国是经济全球化的受益者，也是贡献者。作为最大的发展中国家，中国将高举经济全球化大旗，积极推进全球贸易、投资自由化，形成全面开放新格局，以惠及中国和世界人民。

附录一

参考文献

·马克思. 资本论. 第一卷，第二卷，第三卷. 2 版. 北京：人民出版社，2004.
·马克思. 剩余价值理论. 第一卷，第二卷，第三卷. 北京：人民出版社，1975.
·马克思恩格斯全集. 第 46 卷下. 中文 1 版 . 北京：人民出版社，1980.
·马克思. 政治经济学批判. 北京：人民出版社，1957.
·狄拉德. 凯恩斯经济学. 上海：人民出版社，1963.
·多恩布什，费希尔，斯塔兹. 宏观经济学. 12 版. 北京：中国人民大学出版社，2017.
·范里安. 微观经济学：现代观点. 8 版. 上海：上海三联书店，上海人民出版社，2011.
·弗里德曼. 货币数量理论的重新表述//弗里德曼文萃. 北京：北京经济学院出版社，1991.
·凯恩斯. 就业、利息和货币通论（重译本）. 北京：商务印书馆，1999.
·凯斯，费尔. 经济学原理. 北京：中国人民大学出版社，2010.
·克鲁格曼，韦尔斯 . 微观经济学. 2 版. 北京：中国人民大学出版社，2013.
·罗伯茨 . 供给学派的革命 . 上海：上海译文出版社，1987.
·曼昆. 宏观经济学. 9 版. 北京：中国人民大学出版社，2016.
·尼科尔森. 微观经济理论：基本原理与扩展. 9 版 . 北京：北京大学出版社，2008.
·琼斯. 经济增长导论. 北京：北京大学出版社，2002.
·罗宾逊. 马克思、马歇尔和凯恩斯. 北京：商务印书馆，1963.
·平狄克，鲁宾费尔德 . 微观经济学. 8 版 . 北京：中国人民大学出版社，2013.
·萨缪尔森，诺德豪斯. 经济学. 19 版. 北京：人民邮电出版社，2012.
·斯蒂格利茨. 经济学. 4 版. 北京：中国人民大学出版社，2013.
·吴汉洪. 西方寡头市场理论与中国市场竞争立法. 北京：经济科学出版社，1998.

· 尹伯成．西方经济学说史．3 版．上海：复旦大学出版社，2017.

· 参考消息，1995 - 10 - 12.

· 中共中央关于经济体制改革的决定．北京：人民出版社，1984.

· 中共中央关于全面深化改革若干重大问题的决定（2013 年 11 月 12 日中国共产党第十八届中央委员会第三次全体会议通过）．北京：人民出版社，2013.

· 习近平．决胜全面建成小康社会　夺取新时代中国特色社会主义伟大胜利．北京：人民出版社，2017.

· Achibald and Lipsey. *Mathematic Economics*. New York，Harper Row Publishers，1976.（阿契鲍尔德，李普赛．数理经济学引论．纽约：哈珀与罗公司，1976.）

· Akerlof. The Market for "Lemons"：Quality Uncertainty and Market Mechanism. *Quarterly Journal of Economics* 84.（阿克洛夫．"柠檬"市场：质量的不确定性和市场机制．经济学季刊，第 84 卷.）

· American Economic Association. *Readings in Price Theory*. Homewood，Irwin Inc.，1952.（美国经济学会．价格理论论文集．霍姆伍德：伊尔文公司，1952.）

· Asimakopulos. *Microeconomics*. Oxford，Oxford University Press，1978.（阿西马科普洛斯．微观经济学．牛津：牛津大学出版社，1978.）

· Boskin. *Economics and Human Welfare*. New York，Academic Press，1979.（鲍斯金．经济学与人类福利．纽约：学术出版社，1979.）

· Baumol and Blinder. *Economics—Principles and Policy*. Seventh Ed. New York，Dryden Press，1997.（鲍莫尔，布兰德．经济学——原理和政策．7 版．纽约：德里顿出版社，1997.）

· Bell and Kristal. *The Crisis in Economic Theory*. New York，Basic Books Publishers，1981.（拜尔，克里斯多尔．经济理论的危机．纽约：基本图书出版社，1981.）

· Blanchard. *Macroeconomics*. Sixth Ed. London，Prentice-Hall Inc.，2012.（布兰查德．宏观经济学．6 版．伦敦：普伦蒂斯-霍尔公司，2012.）

· Blatt. How Economists Misuse Mathematics. In：Eichner ed. *Why Economics Is Not Yet a Science*. New York，Sharpe Inc.，1983.（布赖特．经济学者如何误用数学//埃克纳．为什么经济学还不是科学．纽约：夏普公司，1983.）

· Blaug. *The Cambridge Revolution—Success or Failure*. London，Institute of Public Affair，1975.（布劳．剑桥的革命——成功还是失败了．伦敦：公共事务研究所，1975.）

· Blaug. *The Methodology of Economics*. London，Cambridge Press，1983.（布劳．经济学方法论．伦敦：剑桥大学出版社，1983.）

· Buchanan，Lutz. *The Rebuilding of the World Economy*. New York，the 20th Century Foundation，1947.（布坎南，卢茨．世界经济的重建．纽约：美国 20 世纪基金会，1947.）

· Chamberlin. *The Theory of Monopolistic Competition*. 6th Ed. Boston，Harvard University Press，1948.（张伯伦．垄断竞争理论．6 版．波士顿：哈佛大学出版社，1948.）

· Chiang. *Fundamental Methods of Mathematical Economics*. 3rd Ed.，New York，

McGraw-Hill Inc.，1984.（蒋中一. 数理经济学的基本方法. 3 版. 纽约：麦格劳-希尔公司，1984.）

• Coase. The Problem of Social Cost. *Journal of Law and Economics*. Vol. 3，October，1960.（科斯. 社会成本问题. 法学和经济学杂志，第 3 卷，1960（10).）

• Colander and Brenner. *Educating Economists*. Ann Arbor，Michigan University Press，1992.（柯兰德，布兰纳. 经济学教育. 安娜堡：密歇根大学出版社，1992.）

• Dillard. *Economics of John Maynard Keynes*. New York：Prentice-Hall Inc.，1949.（狄拉德. 约翰·梅纳德·凯恩斯的经济学. 纽约：普伦蒂斯-霍尔公司，1949.）

• Domar. *Essays in the Theory of Economic Growth*. Oxford，Oxford University Press，1957.（多马. 经济增长论文集. 牛津：牛津大学出版社，1957.）

• Dorfman，Samuelson and Solow. *Linear Programming and Economic Analysis*. New York，McGraw-Hill Inc.，1958.（道夫曼，萨缪尔森，索洛. 线性规划与经济分析. 纽约：麦格劳-希尔公司，1958.）

• Durnbusch and Fischer. *Macroeconomics*. 12th Ed. New York，McGraw-Hill Inc.，2013.（多恩布什，费希尔. 宏观经济学. 12 版. 纽约：麦格劳-希尔公司，2013.）

• Eichner. *Why Economics Is Not Yet a Science*. New York，Sharpe Inc.，1983.（埃克纳. 为什么经济学还不是科学. 纽约：夏普公司，1983.）

• Ferguson. *Microeconomic Theory*. 3rd Ed. Homewood，Irwin Inc.，1972.（弗格森. 微观经济理论. 3 版. 霍姆伍德：伊尔文公司，1972.）

• Friedman，M. The Role of Monetary Policy. *American Economic Review* 58 (1968)，pp. 1－17.（米尔顿·弗里德曼. 货币政策的地位. 美国经济评论，1968（58).）

• Galbraith. *The New Industrial State*. 2nd Ed. Boston，Hutton and Mifflin Publishers，1971.（加尔布雷思. 新工业国. 2 版. 波士顿：霍顿-米夫林公司，1971.）

• Georgescu-Roegen. Utility. In：Greenwald. *Encyclopedia of Economics*. New York，McGraw-Hill Inc.，1982.（乔治斯库-洛京. 效用//格林沃尔德. 西方经济学百科全书. 纽约：麦格劳-希尔公司，1982.）

• Gillie，Levacic and Thompson. *Politics and Economic Policy*. London，Hodder and Stoughton，1987.（吉利，赖瓦西，汤普逊. 政治与经济政策. 伦敦：霍顿与斯特劳顿公司，1987.）

• Graaff. *Theoretic Welfare Economics*. Cambridge，Cambridge University Press，1957.（格拉夫. 理论福利经济学. 剑桥：剑桥大学出版社，1957.）

• Greenwald. *The Dictionary of Modern Economics*. New York，McGraw-Hill Inc.，1983.（格林沃尔德. 现代经济学辞典. 纽约：麦格劳-希尔公司，1983.）

• Greenwald. *Encyclopedia of Economics*. New York，McGraw-Hill Inc.，1982.（格林沃尔德. 经济学百科全书. 纽约：麦格劳-希尔公司，1982.）

• Greenwald，Bruce and Joseph Stiglitz. New and Old Keynesians. *Journal of Economic Perspectives*，Vol. 7，No. 1，Winter 1993，pp. 23－44.（格林沃尔德，布鲁斯，斯蒂格利茨. 新旧凯恩斯主义. 经济展望杂志，7（1)，1993 年冬季：23－44.）

• Haberler. *Prosperity and Depression*. 3rd Ed. New York：United Nation，1946.（哈勃勒. 繁荣与萧条. 3 版. 纽约：联合国，1946.）

• Hall and Hitch. Price Theory and Business Behavior. *Oxford Economic Papers*. 1939.（霍尔，赫契. 价格理论和企业行为//牛津经济论文集. 1939.）

• Hardin. The Tragedy of the Commons. *Science*，Vol. 162，1968.（哈丁. 公地的悲剧. 科学，第 162 卷，1968.）

• Harris. *A Survey of Sustainable Development*. Island Press，Washington，D. C.，2001.（哈利斯. 可持续发展文献汇编. 华盛顿：阿伊兰出版社，2001.）

• Haslett. *Capitalism and Morality*. Oxford，Oxford University Press，1994.（海斯赖特. 资本主义与道德. 牛津：牛津大学出版社，1994.）

• Heilbroner and Ford. *Economic Relevance—A Second Look*. U. S.，California，Goodyear Publishing Company，1976.（海尔勃伦纳，福特. 对经济学现实意义的再度考察. 美国加利福尼亚州，固特异出版社，1976.）

• Henderson and Quand. *Microeconomic Theory*. 3rd Ed. New York，McGraw-Hill Inc.，1980.（亨德森，邝特. 微观经济理论. 3 版. 纽约：麦格劳-希尔公司，1980.）

• Hicks. *Value and Capital*. Oxford，Oxford University Press，1939.（希克斯. 价值与资本. 牛津：牛津大学出版社，1939.）

• Hicks. Mr. Keynes and the "Classics". *Econometrica*，No. 2，1937.（希克斯. 凯恩斯先生与"古典学派". 计量经济学杂志，1937（2）.）

• Hudson. *Business Without Economists*. New York，Amacom Publishers，1987.（赫德森. 企业不需要经济学家. 纽约：美国管理学会出版社，1987.）

• Hunt and Schwartz. *A Critique of Economic Theory*. London，Penguin Publisher，1972.（亨特，施瓦茨. 对经济理论的批判. 伦敦：企鹅出版社，1972.）

• Keynes，John Maynard. *The General Theory of Employment，Interest，and Money*. London，Macmillan Press，1936.（凯恩斯. 就业、利息和货币通论. 伦敦：麦克米伦公司，1936.）

• Kregel. *The Reconstruction of Political Economy*. 2nd Ed. London，Macmillan Press，1978.（克赖格尔. 政治经济学的重建. 2 版 . 伦敦：麦克米伦公司，1978.）

• Krishna. *Social Active Capital*. New York，Columbia University Press，2002.（克里希那. 社会无形资金. 纽约：哥伦比亚大学出版社，2002.）

• Kydland and Prescott. Rules Rather than Discretion：The Inconsistency of Optimal-Plans. *Journal of Political Economy* 85，1977.（芬・基德兰德，爱德华・普雷斯科特 . 宁要单一规则，不要相机抉择：最优计划的不一致性. 政治经济学杂志，1977（85）.）

• Lester. Shortcomings of Marginal Analysis for Wage-Employment Problems. *American Economic Review* 36，1946.（赖斯特. 关于工资—就业问题的边际分析的缺陷. 美国经济评论，1946（36）.）

• Lipsey and Lancaster. The General Theory of The Second Best. *Review of Economic Studies*，Vol. 24，pp. 11 - 32，1956 - 1957.（李普赛，兰卡斯特. 次优的一般理论.

经济研究评论，第24卷，11-32页，1956—1957.）

• Lux，K. *Smith's Mistake*. London，Shambhala Publications Inc.，1990.（勒克斯. 亚当·斯密的错误. 伦敦：香勃拉出版公司，1990.）

• Lydall. *A Critique of Orthodox Economics*. London，Macmillan Press，1998.（李德尔. 对正统经济学的批判. 伦敦：麦克米伦公司，1998.）

• Mandler. *The Dilemmas in Economic Theory—Persisting Foundational Problems of Mircoeconomics*. Oxford，Oxford University Press，1999.（曼德勒. 经济学的困惑——持续存在的微观经济学的基本问题. 牛津：牛津大学出版社，1999.）

• Mankiw. *Principles of Economics*. 7th Ed. New York，Dryden Press，2014.（曼昆. 经济学原理. 7版. 纽约：德里顿公司，2014.）

• Mankiw. *Macroeconomics*. Eighth Ed. New York，Worth Publishers，Inc.，2000.（曼昆. 宏观经济学. 8版. 纽约：沃斯出版公司，2000.）

• Mankiw，Gregory，David Romer and David Weil. A Contribution to the Empirics of Economic Growth. *Quarterly Journal of Economics*（May 1992).（曼昆，罗默，韦尔. 对经济增长实证的一个贡献. 经济学季刊，1992（5).）

• Marshall. *Principles of Economics*. 8th Ed. London，Macmillan，1920.（马歇尔. 经济学原理. 8版. 伦敦：麦克米伦公司，1920.）

• Mulberg. *Social Limits to Economic Theory*. New York，Routeledge Co.，1995.（穆尔堡. 经济理论的社会限度. 纽约：劳特利奇出版公司，1995.）

• *New York Times*，1961-01-31（纽约时报，1961-01-31）

• OECD. *Competition and Economic Development*. Paris，OECD Publication，1991.（经合组织. 竞争与经济发展. 巴黎：经合组织出版署，1991.）

• Pearce. *The Dictionary of Modern Economics*. London，Macmillan Press，1981.（皮尔斯. 麦克米伦现代经济学词典. 伦敦：麦克米伦公司，1981.）

• Plosser，C. I. Understanding Real Business Cycles. *Journal of Economic Perspectives*，vol. 3，1999.（普洛瑟. 理解实际经济周期. 经济展望杂志，第3卷，1999.）

• Putterman and Rueschemeyer. *State and Market in Development*. London，Lynne Rienner Publishers，1992.（柏特曼，鲁希马耶. 国家与市场在经济发展中的作用. 伦敦：林里纳出版社，1992.）

• Robinson. Foreword. In：Kregel. *The Reconstruction of Political Economy*. 2nd Ed. London，Macmillan Press，1978.（罗宾逊. 序言//克赖格尔. 政治经济学的重建. 2版. 伦敦：麦克米伦公司，1978.）

• Robinson，*The Economics of Imperfect Competition*. London，Macmillan Press，1933.（罗宾逊. 不完全竞争经济学. 伦敦：麦克米伦公司，1933.）

• Robinson，J. The Production Function and Capital Theory. *Review of Economic Studies*，1953-1954.（罗宾逊. 生产函数和资本理论. 经济研究评论，1953—1954.）

• Root. *International Trade and Investment*. Cincinnati：South-Western Publishing Company，1978.（卢特. 国际贸易和投资. 辛辛那提：西南出版社，1978.）

• Rothgeb. *The Myth and Reality of Foreign Investment in Poor Countries*. New York，Preagen Press，1989.（罗斯吉勃. 外资在贫困国家的神话与现实. 纽约：普拉格出版社，1989.）

• Rothschild. Price Theory and Oligopoly. In：Stigler and Boulding ed. *Readings in Price Theory*. Homewood，Irwin Inc.，1952.（鲁斯希尔德. 价格理论和寡头//斯蒂格勒，博尔丁. 价格理论论文集. 霍姆伍德：伊尔文公司，1952.）

• Samuels. Ideology in Economics. In：Weintraub. *Modern Economic Thought*. Philadelphia，Pennsylvania University Press，1980.（塞缪尔斯. 经济学中的意识形态//温特鲁勃. 现代经济思想. 费城：宾夕法尼亚大学出版社，1980.）

• Samuelson and Nordhaus. *Economics*. 19th Ed. New York，McGraw-Hill Inc.，2009.（萨缪尔森，诺德豪斯. 经济学. 19 版. 纽约：麦格劳-希尔公司，2009.）

• Samuelson. Parable and Realism in Capital Theory：The Surrogate Production Function. *Review of Economic Studies*，1962.（萨缪尔森. 资本理论中的寓言和真实性：代替生产函数. 经济研究评论，1962（3）.）

• Samuelson. *Foundations of Economics Analysis*. Revised edition. Boston，Harvard University Press，1975.（萨缪尔森. 经济分析的基础. 增订版. 波士顿：哈佛大学出版社，1975.）

• Samuelson. Interactions between the Multiplier Analysis and the Principle of Acceleration. *Review of Economics and Statistics*，1939. vol. 21，pp. 75－78.（萨缪尔森. 乘数分析和加速原理的相互作用. 经济学和统计学评论，1939（21）：75－78.）

• Schultz. *The Moral Conditions of Economic Efficiency*. Cambridge，Cambridge University Press，2001.（舒尔茨. 经济效率的道德条件. 剑桥：剑桥大学出版社，2001.）

• Schumpeter. *Theory of Economic Development*. Boston，Harvard University Press，1934.（熊彼特. 经济发展理论. 波士顿：哈佛大学出版社，1934.）

• Seligman，B. *Main Currents in Modern Economics*. London，Macmillan Press，1962.（塞利格曼. 现代经济学的主流. 伦敦：麦克米伦公司，1962.）

• Smith，Adam. *An Inquiry into the Nature and Causes of the Wealth of Nations*. London，Dante Inc.，1955.（亚当·斯密. 国富论. 伦敦：丹特公司，1955.）

• Solow. Science and Ideology in Economics. In：Crandall and Eckaus ed. *Contemporary Issues in Economics*. Boston，Little Brown Inc.，1972.（索洛. 经济学中的科学和意识形态//克伦道尔，埃考斯. 当代经济问题论文集. 波士顿：利特尔·布朗公司，1972.）

• Sraffa，Piero. The Laws of Returns under Competitive Conditions. *Economic Journal*，1926（1）.（斯拉法. 竞争条件下的收益规律. 经济学杂志，1926（1）.）

• The London Economist Ed. *Vital World Statistics*. London，Huchinson Books，1990.（英国《伦敦经济学家》杂志. 世界主要统计数字. 伦敦：郝青森商业图书出版社，1990.）

• *The New Republic*，1940（7）.（新共和杂志，1940（7）.）

• Viner. Cost Curves and Supply Curves. In：American Economic Association ed.：*Readings in Price Theory*. Homewood，Irwin Inc.，1952.（瓦依纳. 成本曲线与供给曲

线//美国经济学会. 价格理论论文集. 霍姆伍德：伊尔文公司，1952.）

· Vlachou. *Contemporary Economic Theory*. London：Macmillan Press，1999.（弗莱乔. 当代经济理论. 伦敦：麦克米伦公司，1999.）

· von Neumann and Morgenstern. *Theory of Games and Competitive Behavior*. Princeton，Princeton University Press，1947.（冯·诺依曼，摩根斯坦. 博弈论与竞争行为. 普林斯顿：普林斯顿大学出版社，1947.）

· Weeks. *A Critic of Neoclassic Macroeconomics*. London，Macmillan Press，1989.（威克斯. 对新古典宏观经济学的批判. 伦敦：麦克米伦公司，1989.）

· Wilczynski. *An Encyclopedic Dictionary of Marxism*, *Socialism and Communism*. London，Macmillan Press，1984.（威尔辛斯基. 马克思主义、社会主义和共产主义百科辞典. 伦敦：麦克米伦公司，1984.）

· Williams. *International Organization and The Third World*. New York，Harvester Wheatsheaf Publishers，1994.（威廉斯. 国际经济组织和第三世界. 纽约：哈瓦斯特和惠特西夫出版社，1994.）

· Zamajni. *Mircoeconomic Theory*. New York，Blackwell，1987.（沙玛尼. 微观经济理论. 纽约：布莱克威尔公司，1987.）

附录二

重要人名译名对照表

Akerlof	阿克洛夫
Arrow	阿罗
Asimakopulos	阿西马科普洛斯
Baumol	鲍莫尔
Barro	巴罗
Blaug	布劳
Blatt	布赖特
Boskin	鲍斯金
Brenner	布兰纳
Buchanan	布坎南
Chamberlin	张伯伦
Chiang	蒋中一
Coase	科斯
Cobb	柯布
Colander	柯兰德
Cournot	古诺
Debreu	德布鲁
Denison	丹尼森
Dillard	狄拉德
Domar	多马
Dorfman	道夫曼

Douglas	道格拉斯
Duesenberry	杜森贝利
Durnbush	多恩布什
Edgeworth	埃奇渥斯
Eichner	埃克纳
Ferguson	弗格森
Fisher	费希尔
Friedman	弗里德曼
Galbraith	加尔布雷思
Giffen	吉芬
Greenwald	格林沃尔德
Harrod	哈罗德
Heckscher	赫克歇尔
Heilbroner	海尔勃伦纳
Henderson	亨德森
Hicks	希克斯
Hume	休谟
Hunt	亨特
Jevons	杰文斯
Jones	琼斯
Keynes	凯恩斯
Klein	克莱因
Kydland	基德兰德
Lester	赖斯特
Lipsey	李普赛
Lucas	卢卡斯
Mankiw	曼昆
Marshall	马歇尔
Modigliani	莫迪利安尼
Morgenstern	摩根斯坦
Muth	穆思
Ohlin	俄林
Pareto	帕累托
Pigou	庇古
Plosser	普洛瑟
Prescott	普雷斯科特
Ricardo	李嘉图
Robinson	罗宾逊

Rothschild	鲁斯希尔德
Samuelson	萨缪尔森
Sargent	萨金特
Say	萨伊
Schultz	舒尔茨
Schumpeter	熊彼特
Smith，Adam	亚当·斯密
Solow	索洛
Sraffa	斯拉法
Stiglitz	斯蒂格利茨
Taybor，John	约翰·泰勒
Tobin	托宾
Viner	瓦依纳
von Neuman	冯·诺依曼
Walras	瓦尔拉斯
Zamajni	沙玛尼

附录三

重要术语汉英对照表

A

Absolute advantage	绝对优势
Absolute income hypothesis of consumption	绝对收入消费假说
Acceleration principle	加速原理
Accelerator	加速数
Action lag	实施/行动时滞
Active deposit	活期存款
Adaptive expectation	适应性预期
Adverse selection	逆向选择
Aggregate analysis	总量分析
Aggregate demand	总需求
Aggregate demand (AD) curve	总需求曲线
Aggregate supply	总供给
Aggregate supply (AS) curve	总供给曲线
Allocation of resources	资源配置
Antitrust law	反托拉斯法
Arc elasticity	弧弹性
Asset	资产
Asymmetric information	信息不对称
Auctioneer	拍卖人
Austrian school	奥地利学派

Automatic stabilizer	自动稳定器
Autonomous planned investment	自发投资
Averagc cost	平均成本
Average fixed cost	平均不变成本
Average product	平均产量
Average propensity to consume	平均消费倾向
Average propensity to saving	平均储蓄倾向
Average revenue	平均收益
Average total cost	平均总成本
Average variable cost	平均可变成本

B

Balance of international payment	国际收支平衡
Balanced budget	平衡预算
Balanced budget multiplier	平衡预算乘数
Balanced output	均衡产出
Bank reserves	银行准备金
Barter	物物交换
Base year	基年
Black market	黑市
Bonds	债券
Breakeven point	收支相抵点
Budget deficit	预算赤字
Budget line	预算线
Budget surplus	预算盈余
Built-in stabilizers	内在稳定器
Business cycle	经济周期
Business fluctuation	经济波动

C

Capital	资本
Capital deeping	资本深化
Capital market	资本市场
Capital widening	资本广化
Capital-output ratio	资本—产出比
Cardinal utility theory	基数效用论
Cartel	卡特尔
Central bank	中央银行
Checking account	支票账户（或活期存款）
Classical economics	古典经济学

Clearing market	出清市场
Coase theorem	科斯定理
Cobb-Douglas production function	柯布-道格拉斯生产函数
Cobweb model	蛛网模型
Collusion	串（共）谋（用于寡头市场分析）
Commercial bank	商业银行
Common resource	公共资源
Common stock	普通股票
Comparative cost theory	比较成本说
Comparative static analysis	比较静态分析
Compensated budget line	补偿预算线
Competition	竞争
Competitive market	竞争性市场
Complement goods	互补品
Complete information	完全信息
Condition for efficiency in exchange	交换的最优条件
Condition for efficiency in production	生产的最优条件
Constant cost industry	成本不变行业
Constant returns to scale	规模收益（或报酬）不变
Consumer	消费者
Consumer price index (CPI)	消费价格指数
Consumer sovereignty	消费者统治
Consumer surplus	消费者剩余
Consumer's preference	消费者偏好
Consumer's equilibrium	消费者均衡
Consumption	消费
Consumption demand	消费需求
Consumption function	消费函数
Contract curve	契约曲线
Corporate income tax	公司所得税
Corporation	公司
Cost	成本
Cost function	成本函数
Cost-benefit analysis	成本—收益分析
Cost-push inflation	成本推动的通货膨胀
Cournot model	古诺模型
Credit	信贷
Cross price elasticity of demand	需求的交叉价格弹性

Crowding-out effect	挤出效应
Cyclical unemployment	周期性失业
D	
Decreasing cost industry	成本递减行业
Decreasing returns to scale	规模收益（或报酬）递减
Deflation	通货紧缩
Demand	需求
Demand curve	需求曲线
Demand for money	货币需求
Demand function	需求函数
Demand price	需求价格
Demand schedule	需求表
Demand-pull inflation	需求拉动的通货膨胀
Depreciation	折旧
Depression	萧条
Derived demand	引致需求
Devaluation	贬值
Differentiated oligopoly industry	差别寡头行业
Diminishing returns	收益（或报酬）递减
Discount rate	贴现率
Discounting	贴现
Discretionary	相机抉择
Discretionary fiscal policy	斟酌使用的财政政策
Disequilibrium	非均衡
Disinvestment	负投资
Disposable personal income (DPI)	可支配收入
Dissaving	负储蓄
Distribution	分配
Distribution theory of marginal productivity	边际生产率分配论
Downward-sloping-demand，law of	需求向下倾斜规律
Duopoly	双头垄断
Durable goods	耐用品
Dynamic analysis	动态分析
Dynamic models	动态模型
E	
Easy money policy	扩张性货币政策
Economic development	经济发展

Economic globalization	经济全球化
Economic efficiency	经济效率
Economic growth	经济增长
Economic man	经济人
Economic model	经济模型
Economic profit	经济利润
Economic rent	经济租金
Economic stabilization policy	经济稳定政策
Economics of information	信息经济学
Economies of scale	规模经济
Edgeworth box	埃奇渥斯盒
Effective demand	有效需求
Effects of fiscal policy	财政政策效果
Effects of monetary policy	货币政策效果
Efficiency	效率
Elastic demand	有弹性的需求
Elasticity	弹性
Elasticity of demand	需求弹性
Endogenous growth	内生增长
Endogenous variable	内生变量
Engel's curve	恩格尔曲线
Engel's law	恩格尔定律
Entrepreneur	企业家
Entrepreneurship	企业家才能
Envelope curve	包络线
Equation of cost	成本方程
Equation of exchange	交易方程
Equilibrium	均衡
Equilibrium growth	均衡增长
Equilibrium of capital market	资本市场均衡
Equilibrium output	均衡产出
Equilibrium price	均衡价格
Equilibrium quantity	均衡数量
Euler theorem	欧拉定理
Excess reserve	超额准备金
Excess reserve ratio	超额准备率
Exchange	交换
Exchange contract curve	交换的契约曲线

Exchange rate	汇率
Exclusion principle	排他性原则
Existence of general equilibrium	一般均衡的存在性
Exogenous variable	外生变量
Expansion path	扩展线
Expectation	预期
Expected utility	期望效用
Expenditure method	支出法
Explicit cost	显性成本
Export	出口
External diseconomies	外部不经济
External economies	外部经济
External effects or Externalities	外部影响（外在性）
F	
Factor demand	要素需求
Factor demand curve	要素需求曲线
Factor demand curve of firm	厂商对要素的需求曲线
Factor demand curve of market	市场对要素的需求曲线
Factor market	要素市场
Factor supply	要素供给
Factors of production	生产要素
Federal Reserve System	联邦储备体系
Final goods	最终产品
Financial crisis	金融危机
Financial derivatives	金融衍生品
Financial market	金融市场
Firm	厂商
Fiscal budget	财政预算
Fiscal policy	财政政策
Fiscal restraint	财政紧缩
Fixed cost	不变成本
Fixed exchange rates	固定汇率
Fixed input	不变投入
Flexible exchange rates	浮动汇率
Flow	流量
Foreign exchange	外汇
Foreign trade	对外贸易
Foreign trade multiplier	对外贸易乘数

Free rider 搭便车者
Free trade 自由贸易
Frictional unemployment 摩擦性失业
Full employment 充分就业
Full-employment budget surplus 充分就业预算盈余
Functional finance 功能财政
Future 期货

G

Galloping inflation 奔腾式通货膨胀
Game theory 博弈论
GDP deflator 国内生产总值折算指数
General equilibrium 一般均衡
General equilibrium position 一般均衡状态
Giffen goods 吉芬品
Gini coefficient 基尼系数
Golden rules of economic growth 经济增长的黄金律
Government expenditure multiplier 政府支出乘数
Government purchase 政府购买
Government regulation 政府管制
Gross domestic product (GDP) 国内生产总值
Gross investment 总投资
Gross national product (GNP) 国民生产总值

H

High-powered money 高能货币
Human capital 人力资本
Hyperinflation 超级通货膨胀
H-O model H-O 模型

I

Ideal output 理想的产量
Identity between saving and investment 储蓄—投资恒等式
Imperfect competition 不完全竞争
Implicit cost 隐含成本
Imports 进口
Impossibility theorem 不可能定理
Income 收入
Income effect 收入效应
Income elasticity of demand 需求的收入弹性
Income method 收入法

Income theory	收入理论
Income velocity of money	货币的收入流通速度
Increasing cost industry	成本递增行业
Increasing returns to scale	规模收益（或报酬）递增
Index number	指数
Indifference curve	无差异曲线
Indirect taxes	间接税
Individual analysis	个量分析
Induced investment	引致投资
Industry	行业
Inefficiency of monopoly	垄断的低效率
Inelasticity	缺乏弹性
Inferior goods	劣等品
Inflation	通货膨胀
Innovation	创新
Input	投入
Input-output	投入—产出
Input-output analysis	投入—产出分析
Inside lag	内在时滞
Instrument of fiscal control	财政政策工具
Instrument of monetary control or Monetary policy tool	货币政策工具
Insurance	保险
Interest	利息
Interest rate	利率
Interest rate elasticity	利率弹性
Intermediate cycle	中周期
Intermediate goods	中间产品
International division of labour	劳动的国际分工
Inventory investment	存货投资
Investment	投资
Investment demand	投资需求
Investment function	投资函数
Investment multiplier	投资乘数
Investment tax credit	投资税抵免
Invisible hand theorem	“看不见的手”定理
Involuntary unemployment	非自愿失业

IS curve	*IS* 曲线
IS-LM analysis	*IS*—*LM* 分析
Isocost line	等成本线
Isoquant curve	等产量曲线
K	
Keynesian economics	凯恩斯主义经济学
Keynesian revolution	凯恩斯革命
Keynesian trap	凯恩斯陷阱
Keynesianism	凯恩斯主义
Keynes's law	凯恩斯定律
Kinked demand curve	弯折的需求曲线
L	
Laspeyre's formula	拉斯拜尔公式
Labor	劳动
Labor theory of value	劳动价值论
Laissez faire	自由放任
Land	土地
Land price	土地价格
Lausanne school	洛桑学派
Law of diminishing marginal utility	边际效用递减规律
Least-cost production	最低成本生产
Liabilities	负债
Life cycle hypothesis	生命周期假说
Life-cycle hypothesis of consumption	消费的生命周期假说
Liquidity preference	流动性偏好
Liquidity trap	流动偏好陷阱
LM curve	*LM* 曲线
Long cycle	长周期
Long run	长期
Long run consumption decision	长期消费决策
Lorenz curve	洛伦兹曲线
Lottery ticket	彩票
Low inflation	温和的通货膨胀
Luxury	奢侈品
M	
Macroeconomics	宏观经济学
Marginal cost	边际成本
Marginal cost of factor	边际要素成本

Marginal efficiency of capital (MEC)	资本边际效率
Marginal efficiency of investment (MEI)	投资边际效率
Marginal product	边际产量
Marginal productivity	边际生产率
Marginal propensity to consume	边际消费倾向
Marginal propensity to save	边际储蓄倾向
Marginal rate of substitution of commodities	边际商品替代率
Marginal rate of technical substitution	边际技术替代率
Marginal rate of transformation	边际转换率
Marginal revenue	边际收益
Marginal revenue product	边际收益产品
Marginal tax rate	边际税率
Marginal utility	边际效用
Market	市场
Market failures	市场失灵
Market structure	市场结构
Menu cost	菜单成本
Mercantilism	重商主义
Microeconomics	微观经济学
Misery index	痛苦指数
Mixed economy	混合经济
Model	模型
Monetarism	货币主义
Monetary base	基础货币
Monetary illusion	货币幻觉
Monetary policy	货币政策
Monetary-fiscal policy mix	政策的混合使用
Money	货币
Money market	货币市场
Money multiplier	货币乘数
Money supply	货币供给
Monopolistic competition	垄断竞争
Monopoly	垄断，卖方垄断
Monopsony	买方垄断
Moral hazard	道德风险
Moral suasion	道义劝告
Mortgage credit	抵押贷款
Multiplier	乘数

Multiplier effect	乘数效应
Multiplier theory	乘数理论
Multiplier-accelerator interaction	乘数—加速数相互作用
N	
Nash equilibrium	纳什均衡
National income (NI)	国民收入
Natural monopoly	自然垄断
Natural rate of unemployment	自然失业率
Natural supply	自然供给
Necessity	必需品
Net domestic products，NDP	国内生产净值
Net exports	净出口
Net investment	净投资
New institution school	新制度学派
New-Austrian school	新奥地利学派
New-Cambridge school	新剑桥学派
New-Classic school	新古典学派
New-Classical growth model	新古典增长模型
New-Classical synthesis	新古典综合派
New-Keynesian school	新凯恩斯学派
Nominal GDP	名义 GDP
Normal goods	正常品
Normal profit	正常利润
Normative economics	规范经济学
O	
Okun's law	奥肯定律
Oligopoly	寡头垄断
Oligopoly market	寡头市场
Open market operation	公开市场业务
Opportunity cost	机会成本
Optimality of general equilibrium	一般均衡最优性
Optimum plant size	最优生产规模
Option	期权
Ordinal utility theory	序数效用论
Outside lag	外在时滞
P	
Paasche's formula	帕煦公式
Parameter	参数

Pareto criterion	帕累托标准
Pareto efficiency	帕累托效率
Pareto improvement	帕累托改进
Pareto optimality	帕累托最优
Partial equilibrium	局部均衡
Payment or Expenditure	支出
Perfect competition market	完全竞争市场
Perfect elasticity	完全弹性
Perfect inelasticity	完全无弹性
Permanent income hypothesis	永久收入假说
Permanent income hypothesis of consumption	永久收入消费假说
Personal disposable income，PDI	个人可支配收入
Personal income (PI)	个人收入
Personal income tax	个人所得税
Philips curve	菲利普斯曲线
Point elasticity	点弹性
Positive economics	实证经济学
Potential GDP	潜在 GDP
Precautionary demand	预防性需求
Precautionary motive	谨慎动机（或预防动机）
Preference	偏好
Present value	现值
Price discrimination	价格歧视
Price elasticity of demand	需求的价格弹性
Price elasticity of supply	供给的价格弹性
Price expansion path	价格扩展线
Price index	价格指数
Price rigidity	价格刚性
Price stabilization	价格稳定
Price theory	价格理论
Price-consumption curve	价格—消费曲线
Principal-agent	委托—代理
Prisoner's dilemma	囚徒困境
Private cost	私人成本
Private goods	私人物品
Producer	生产者
Producer surplus	生产者剩余
Product differentiation	产品差别

Product function	生产函数
Product markets	产品市场
Production contract curve	生产的契约曲线
Production group	生产集团
Production possibility curve	生产可能性曲线
Productivity	生产率（力）
Profit	利润
Progressive tax	累进税
Proportional tax	比例税
Prosperity	繁荣
Public choice	公共选择
Public debt	公债
Public goods	公共物品
Purchasing power parity	购买力平价
Pure oligopoly industry	纯粹寡头行业
Q	
Quantity equation of exchange	数量交易方程
Quantity theory of money	货币数量论
Quasi-rent	准租金
Quotas	配额
R	
Rate of rediscount policy	再贴现率政策
Rate of unemployment	失业率
Rational expectations	理性预期
Rational man	理性人
Real business cycle	实际经济周期
Real GDP	实际 GDP/实际国内生产总值
Real interest rate	实际利率
Real wages	实际工资
Recession	衰退
Regressive tax	累退税
Relative income hypothesis	相对收入假说
Relative income hypothesis of consumption	相对收入消费假说
Rent	地租/租金
Rent-seeking	寻租
Replacement investment	重置投资
Reputation	信誉
Required reserves or Legal reserve	法定准备金

Reserve 准备金
Reserve rate 准备率
Revenue 收益
Rigid price 刚性价格
Risk 风险
Risk averter 风险回避者
Risk lover 风险爱好者
Risk neutral 风险中立者

S

Saving 储蓄
Say's law 萨伊定律
Scarcity 稀缺
Second best 次优
Security market 证券市场
Service 劳务
Short cycle 短周期
Short run 短期
Single rule 单一规则
Social cost 社会成本
Social walfare function 社会福利函数
Speculative demand 投机需求
Speculative motive 投机动机
Stability of general equilibrium 一般均衡的稳定性
Stagflation 滞胀
Staggered contract 交错合同
Static analysis 静态分析
Static model 静态模型
Sticky price 黏性价格
Sticky wage 黏性工资
Stock 存量/股票
Structural inflation 结构性通货膨胀
Structural unemployment 结构性失业
Subprime lending crisis 次贷危机
Subsidy 津贴
Substitutes 替代品
Substitution effect 替代效应
Supply 供给
Supply curve 供给曲线

Supply curve of capital	资本供给曲线
Supply curve of factor	要素供给曲线
Supply curve of labor	劳动供给曲线
Supply curve of land	土地供给曲线
Supply economics	供给经济学
Supply function	供给函数
Supply schedule	供给表
Supply-side School	供给学派
System of material product balances	物质产品平衡体系
System of national accounts	国民经济核算体系
T	
Tariff	关税
Tatonnement process	"试探" 过程
Tax multiplier	税收乘数
Taylor rule	泰勒规则
Technological advance	技术进步
Theory of economics of scale	规模经济理论
Tight-money policy	紧缩性货币政策
Time deposit	定期存款
Time inconsistency	时间不一致性
Tobin's q theory	托宾 q 理论
Total cost	总成本
Total fixed cost	总不变成本
Total product	总产量
Total revenue	总收益
Total utility	总效用
Total variable cost	总可变成本
Transaction demand	交易需求
Transaction cost	交易成本
Transactional motive	交易动机
Transfer payment	转移支付
Transfer payment multiplier	转移支付乘数
Treasury bills	国库券
U	
Uncertainty	不确定性
Undistributed profit	未分配利润
Unemployment	失业
Unintended investment	非意愿的投资

Uniqueness of general equilibrium	一般均衡的唯一性
Unitary elasticity	单一弹性
Utility	效用
Utility function	效用函数
Utility possibility curve	效用可能性曲线
V	
Value of marginal product	边际产量价值
Value-added tax	增值税
Variable cost	可变成本
Variable input	可变投入
Velocity of money	货币流通速度
Voluntary unemployment	自愿失业
Vulgar economics	庸俗经济学
W	
Wage	工资
Walras general equilibrium	瓦尔拉斯一般均衡
Wealth	财富
Welfare	福利
Welfare economics	福利经济学
Wholesale price index，WPI	批发价格指数

各章课后习题

第十二章　宏观经济的基本指标及其衡量

1. 宏观经济学和微观经济学有什么联系和区别？为什么有些经济活动从微观看是合理的、有效的，而从宏观看却是不合理的、无效的？

2. 举例说明最终产品和中间产品的区别不是根据产品的物质属性而是根据产品是否进入最终使用者手中。

3. 为什么人们从公司债券中得到的利息应计入 GDP，而从政府公债中得到的利息不计入 GDP？

4. 为什么政府给公务员发工资要计入 GDP，而给灾区或困难人群发的救济金不计入 GDP？

5. 为什么企业向政府缴纳的间接税（如营业税）也计入 GDP？

6. 假设某国某年发生了以下活动：(a) 一银矿公司支付 7.5 万美元工资给矿工开采了 50 千克银卖给一银器制造商，售价 10 万美元；(b) 银器制造商支付 5 万美元工资给工人加工一批项链卖给消费者，售价 40 万美元。

(1) 用最终产品生产法计算 GDP。

（2）在生产活动中赚得的工资和利润各共为多少？用收入法计算 GDP。

7. 一经济社会生产三种产品：书本、面包和菜豆。它们在 2016 年和 2017 年的产量和价格如下表所示。

	2016 年		2017 年	
	数量	价格	数量	价格
书本	100	10 美元	110	10 美元
面包（条）	200	1 美元	200	1.5 美元
菜豆（千克）	500	0.5 美元	450	1 美元

试求：

（1）2016 年名义 GDP。

（2）2017 年名义 GDP。

（3）以 2016 年为基期，2016 年和 2017 年的实际 GDP 是多少？这两年实际 GDP 变化多少百分比？

（4）以 2017 年为基期，2016 年和 2017 年的实际 GDP 是多少？这两年实际 GDP 变化多少百分比？

（5）“GDP 的变化取决于我们用哪一年的价格作为衡量实际 GDP 的基期价格。”这句话是否正确？

（6）以 2016 年作为基期，计算 2016 年和 2017 年的 GDP 折算指数。

8. 假定一国有下列国民收入统计资料：

某国的国民收入统计资料 单位：亿美元

国内生产总值	4 800
总投资	800
净投资	300
消费	3 000
政府购买	960
政府预算盈余	30

试计算：（1）国内生产净值；（2）净出口；（3）政府税收减去转移支付后的收入；（4）个人可支配收入；（5）个人储蓄。

9. 假定国内生产总值是 5 000，个人可支配收入是 4 100，政府预算赤字是 200，消费是 3 800，贸易赤字是 100（单位都是亿元）。

试计算：（1）储蓄；（2）投资；（3）政府支出。

10. 举例说明资本存量、总投资、净投资和重置投资四者的关系，这四者是否都计入GDP？它们是否一定都是正数？

11. 为什么存货会被算作资本、存货变动会被算作投资？

12. 为什么计入GDP的只能是净出口而不是出口？

13. 假定甲厂商为乙厂商提供服务应得的报酬为400美元，乙厂商为甲厂商提供服务应得的报酬为300美元，甲和乙商定互相抵消300美元，结果甲只收乙100美元。试问计入GDP的是否就是这100美元？

14. 根据下列统计资料计算国民收入（NI）、国内生产净值（NDP）、国内生产总值（GDP）、个人收入（PI）。

单位：亿美元

项目	数值	项目	数值	项目	数值
折旧	20	间接税	15	红利	100
公司利润	250	个人租金收入	140	社会保险金	10
雇员报酬	500	非公司企业主收入	200	政府转移支付	50
企业支付的利息	25				

15. 消费价格指数（CPI）能完美地衡量人们的生活费用变动吗？

第十三章　国民收入的决定：收入—支出模型

1. 能否说边际消费倾向和平均消费倾向总是大于0而小于1？

2. 什么是凯恩斯定律？凯恩斯定律提出的社会经济背景是什么？

3. 为什么一些西方经济学家认为，将一部分国民收入从富者转移给贫者将提高总收入水平？

4. 为什么政府购买支出乘数的绝对值大于政府税收乘数和政府转移支付乘数的绝对值？

5. 平衡预算乘数作用的机理是什么？

6. 税收、政府购买和转移支付这三者对总需求的影响有何区别？

7. 假设某经济的消费函数为 $c=100+0.8y_d$，投资 $i=50$，政府购买支出 $g=200$，政府转移支付 $t_r=62.5$，税收 $t=250$（单位均为 10 亿美元）。

（1）求均衡收入。

（2）试求投资乘数、政府购买支出乘数、税收乘数、政府转移支付乘数、平衡预算乘数。

8. 在上题中，假定该社会达到充分就业所需要的国民收入为 1 200，试问：（1）增加政府购买；或（2）减少税收；或（3）以同一数额增加政府购买和税收（以便预算平衡）实现充分就业，各需多少数额？

9. 消费支出波动比国内生产总值波动平稳的主要原因是什么？

10. 按照凯恩斯的观点，增加储蓄对均衡收入会有什么影响？什么是“节俭的悖论”？

11. 为什么西方宏观经济学家通常可假定产量是由总需求决定的？

12. 试述乘数理论的适用性。

13. 能否说边际消费倾向递减，平均消费倾向也一定递减？能否反过来说，平均消费倾向递减，边际消费倾向也一定递减？

14. 假设某社会经济的储蓄函数为 $s=-1\,600+0.25y$，投资从 $i=400$ 增加到 $i=600$ 时，均衡国民收入增加多少？

15. 假设某经济的消费函数为 $c=1\,000+0.75y_d$，投资为 $i=800$，政府购买为 $g=750$，净税收为 $t=600$，试求：（1）均衡国民收入和可支配收入；（2）消费支出；（3）私人储蓄和政府储蓄；（4）投资乘数。

16. 在一个两部门经济中，假设边际储蓄倾向为 0.2，投资增加 1 000 亿美元时，国民收入、消费及储蓄如何变化？

17. 假设一国经济中消费者支出增加 600，政府购买、政府转移支付和税收各减少 300，边际储蓄倾向为 0.2，试问新的均衡国民收入将如何变动？

18. 假设某经济的消费函数为 $c=150+0.75y$，试问 $y=1\,000$ 时的边际消费倾向、平均消费倾向、边际储蓄倾向和平均储蓄倾向是多少？

19. 什么是宏观税收函数？

第十四章　国民收入的决定：*IS—LM* 模型

1. 怎样理解 *IS—LM* 模型是凯恩斯主义宏观经济学的核心？

2. 一个预期长期实际利率是 3%的厂商正在考虑一个投资项目清单，每个项目都需要花费 100 万美元，这些项目在回收期长短和回收数量上不同。第一个项目将在两年内回收 120 万美元；第二个项目将在三年内回收 125 万美元；第三个项目将在四年内回收 130 万美元。哪个项目值得投资？如果利率是 5%，答案有变化吗？（假定价格稳定。）

3. 假定每年通胀率是 4%，上题中回收的资金以当时的名义美元计算，这些项目仍然值得投资吗？

4. (1) 若投资函数为 $i=100$(亿美元)$-5r$，找出利率为 4%、5%、6%和 7%时的投资量；

(2) 若储蓄为 $s=-40$(亿美元)$+0.25y$，找出与上述投资相均衡的收入水平；

(3) 求 *IS* 曲线并作出图形。

5. 假定：

(a) 消费函数为 $c=50+0.8y$，投资函数为 $i=100$(亿美元)$-5r$；

(b) 消费函数为 $c=50+0.8y$，投资函数为 $i=100$(亿美元)$-10r$；

(c) 消费函数为 $c=50+0.75y$，投资函数为 $i=100$(亿美元)$-10r$。

(1) 求 (a)、(b)、(c) 的 *IS* 曲线；

(2) 比较 (a) 和 (b)，说明投资对利率更敏感时，*IS* 曲线的斜率发生什么变化；

(3) 比较 (b) 和 (c)，说明边际消费倾向变动时，*IS* 曲线的斜率发生什么变化。

6. 假定货币需求为 $L=0.2y-5r$。

(1) 画出利率为 10%、8%和 6%而收入为 800 亿美元、900 亿美元和 1 000 亿美元时的货币需求曲线。

(2) 若名义货币供给量为 150 亿美元，价格水平 $P=1$，找出货币需求与供给相均衡的收入与利率。

(3) 画出 *LM* 曲线，并说明什么是 *LM* 曲线。

(4) 若货币供给为 200 亿美元，再画一条 *LM* 曲线，这条 *LM* 曲线与 (3) 中的 *LM* 曲线相比有何不同？

(5) 若 $r=10$，$y=1\,100$ 亿美元，货币供给与 (4) 中的相同，则货币需求与供给是否均衡？若不均衡，利率会怎样变动？

7. 假定名义货币供给量用 M 表示，价格水平用 P 表示，实际货币需求用 $L=ky-hr$

表示。

(1) 求 LM 曲线的代数表达式，找出 LM 曲线的斜率的表达式。

(2) 找出 $k=0.20$，$h=10$；$k=0.20$，$h=20$；$k=0.10$，$h=10$ 时 LM 曲线斜率的值。

(3) 当 k 变小时，LM 曲线的斜率如何变化？当 h 增加时，LM 曲线的斜率如何变化？请说明变化原因。

(4) 若 $k=0.20$，$h=0$，LM 曲线的形状如何？

8. 假设在一个只有家庭和企业的两部门经济中，消费 $c=100+0.8y$，投资 $i=150-6r$，实际货币供给 $m=150$，货币需求 $L=0.2y-4r$（单位均为亿美元）。

(1) 求 IS 曲线和 LM 曲线；

(2) 求产品市场和货币市场同时均衡时的利率和收入。

9. 分析研究 IS 曲线和 LM 曲线的斜率及其决定因素有什么意义？

10. 为什么要讨论 IS 曲线和 LM 曲线的移动？

11. 消费函数中的自发消费支出和边际消费倾向变动时，IS 曲线会有什么变动？

12. 什么是 LM 曲线的三个区域？其经济含义是什么？

13. 如果经济中的收入和利率的组合不在 IS 曲线和 LM 曲线的交点上，市场能否使产品市场和货币市场的这种非均衡走向均衡？

14. 为什么政府支出增加会使利率和收入均上升，而中央银行增加货币供给会使收入增加而利率下降？

15. 已知 IS 方程为 $y=550-1\,000r$，边际储蓄倾向 $MPS=0.2$，利率 $r=0.05$。

(1) 如果政府购买支出增加 5 个单位，新旧均衡收入分别为多少？

(2) IS 曲线如何移动？

16. 假定 $y=c+i+g$，消费需求为 $c=800+0.63y$，投资需求为 $i=7\,500-20\,000r$，货币需求为 $L=0.162\,5y-10\,000r$，价格水平为 $P=1$，试计算名义货币供给是 6 000 亿美元，政府支出是 7 500 亿美元时的 GDP 值，并证明所求的 GDP 值等于消费、投资和政府支出的总和。

第十五章　国民收入的决定：*AD—AS* 模型

1. 总需求曲线的理论来源是什么？为什么在 IS—LM 模型中，由 P（价格）自由变动，即可得到总需求曲线？

2. 为什么进行宏观调控的财政政策和货币政策一般被称为需求管理政策？

3. 总供给曲线的理论来源是什么？

4. 为什么总供给曲线可以被区分为古典、凯恩斯和常规这三种类型？

5. 用总需求曲线和总供给曲线的互动，说明宏观经济中的衰退、高涨（或过热）和滞胀的状态。

6. 对微观经济学中的供求模型和宏观经济学中的 AD—AS 模型加以比较，并说明二者的异同。

7. 设总供给函数为 y_S＝2 000＋P，总需求函数为 y_D＝2 400－P：

（1）求供求均衡点。

（2）如果总需求曲线向左（平行）移动10%，求新的均衡点并把该点与（1）的结果相比较。

（3）如果总需求曲线向右（平行）移动10%，求新的均衡点并把该点与（1）的结果相比较。

（4）如果总供给曲线向左（平行）移动10%，求新的均衡点并把该点与（1）的结果相比较。

（5）本题的总供给曲线具有何种形状？属于何种类型？

8. 导致总需求曲线和总供给曲线变动的因素主要有哪些？

9. 在一个三部门经济中，消费函数为 C＝200＋0.75Y，投资函数为 I＝200－25r，货币需求函数为 L＝Y－100r，名义货币供给为1 000，政府购买为G＝50，求该经济的总需求函数。

10. 决定总需求曲线斜率的主要因素有哪些？

11. 根据收入—支出模型推导总需求曲线。

12. 导致短期总供给曲线（常规）移动的因素有哪些？

13. 简要说明在总供给曲线中价格影响经济总产出的机制。

14. 假定经济的总需求函数为 $P=80-\frac{2}{3}y$，总供给函数为 $y=y_f=60$。

（1）求经济均衡时的价格水平。

（2）如果总需求函数变为 $P=100-\frac{2}{3}y$，价格水平可变，那么经济的价格水平和变动幅度将为多少？

15. 假设一经济的货币数量减少了，用 $AD—AS$ 模型说明：（1）短期中价格水平与总产出水平的变动情况；（2）长期中价格水平与总产出水平的变动情况。

第十六章　失业与通货膨胀

1. 摩擦性失业与结构性失业相比，哪一种失业问题更严重？

2. 能否说有劳动能力的人都有工作才是充分就业？

3. 什么是自然失业率？哪些因素影响自然失业率的高低？

4. 说明短期菲利普斯曲线与长期菲利普斯曲线的关系。

5. 通货膨胀的成本有哪些？

6. 说明需求拉动的通货膨胀。

7. 若某一经济的价格水平 1984 年为 107.9，1985 年为 111.5，1986 年为 114.5，问 1985 年和 1986 年的通货膨胀率各是多少？若人们对 1987 年的通货膨胀率预期是按前两年通货膨胀率的算术平均形成的，设 1987 年的利率为 6%，问该年的实际利率为多少？

8. 设某经济某一时期有 1.75 亿成年人，其中 1.2 亿人有工作，0.1 亿人在寻找工作，0.45 亿人没工作但也没在找工作。试求：（1）劳动力人数；（2）劳动力参与率；（3）失业率。

9. 设一经济有以下菲利普斯曲线：

$$\pi=\pi_{-1}-0.5(u-0.06)$$

问：（1）该经济的自然失业率为多少？

（2）为使通货膨胀率减少 5 个百分点，必须有多少周期性失业？

10. 试说明菲利普斯曲线和总供给曲线的关系。

11. 设某一经济的菲利普斯曲线为：$\pi = \pi_{-1} - 0.4(u - 0.06)$。

（1）该经济的自然失业率是多少？

（2）画出该经济的短期和长期菲利普斯曲线。

12. 试根据常规的短期总供给曲线推导出菲利普斯曲线。

13. 说明菲利普斯曲线的政策含义。

14. 已知某国货币工资上升率 $\Delta W/W$ 与失业率 u 之间的菲利普斯曲线为

$$\Delta W/W = \frac{a}{u} + b$$

今有 W 与 u 的关系资料如下表所示：

W	100	110	115.5
u	4%	4%	6.67%

求该国的菲利普斯曲线方程。

15. 货币数量论是如何解释通货膨胀的？

第十七章　宏观经济政策

1. 什么是自动稳定器？是否税率越高，税收作为自动稳定器的作用越大？

2. 平衡预算的财政思想和功能财政思想有何区别？

3. 政府发行的公债卖给中央银行和卖给商业银行或者其他私人机构对货币供给量变动会产生什么不同的影响？

4. 什么是货币创造乘数？其大小主要和哪些变量有关？

5. 在要不要干预经济的问题上，西方经济学家有哪两种不同意见？

6. 在按什么规则调节经济的问题上，西方经济学家有哪些不同意见？

7. 凯恩斯主流经济学家的收入政策和人力政策主张，同供给学派的供给政策主张的出发点和侧重点有何区别？

8. 假定现金—存款比率 $r_c=\frac{C_u}{D}=0.38$，准备率（包括法定的和超额的）$r=0.18$，试问货币创造乘数为多少？若增加基础货币 100 亿美元，则货币供给变动多少？

9. 假定法定准备率是 0.12，没有超额准备金，对现金的需求是 1 000 亿美元。

（1）假定总准备金是 400 亿美元，货币供给是多少？

（2）若中央银行把准备率提高到 0.2，则货币供给变动多少？（假定总准备金仍是 400 亿美元。）

（3）中央银行买进 10 亿美元政府债券（存款准备率仍是 0.12），货币供给变动多少？

10. 什么是充分就业预算盈余？它与实际的预算盈余有何区别？

11. 充分就业预算盈余概念提出的背景和意义是什么？

12. 什么是债务—收入比率？这一比率的波动受哪些因素制约？

13. 设某国的法定准备率是 10%，超额准备率是 2.5%，试求：（1）实际准备率；（2）只与法定准备率相关的理论货币乘数；（3）既与法定准备率相关又与超额准备率相关的实际货币乘数。

14. 为什么货币乘数会随市场利率水平上升而提高（变大），随贴现率提高而下降（变小）？

15. 为什么在严重的衰退中，货币供给变化不能带来投资水平的提高？

16. 假设某经济的货币市场上有货币供给 $M_s=11\ 000$，货币交易需求函数为 $M_t=0.25y$，货币投机需求函数为

$$M_sp=\frac{10\ 000}{r-2}-1\ 000,\ 2<r\leqslant 12$$

试求：（1）$y=40\ 000$ 时的货币需求函数。（2）$r=6$ 和 $r=12$ 是否为均衡利率？（3）如果不是，利率将如何调整？（4）当收入为多少时，$r=6$ 和 $r=12$ 成为均衡利率？

17. 货币政策存在哪些局限性？

18. 为什么政府在考虑对财政政策和货币政策的混合使用时不仅要看当时的经济形势，还要考虑政治上的需要？

19. 什么是泰勒规则？

20. 在公众与政府对货币政策的博弈中，为什么建立对规则的信任比具体规则本身更为重要？

第十八章　蒙代尔-弗莱明模型

1. 均衡汇率是如何决定的？影响汇率变化的因素有哪些？

2. 说明固定汇率制度的运行。

3. 假设一国的出口方程为 $X=A-my$。当 m 变大时，经济的 IS 曲线将发生什么变化？当 A 增加时，IS 曲线又将发生什么变化？

4. 结合第十三章的有关内容推导开放经济条件下政府购买支出乘数的表达式。

5. 完全资本流动的含义是什么？在小国和大国模型中，资本完全流动带来的结果有什么不同？

6. 在资本完全流动的小国开放经济中，为什么国内利率水平与国际利率水平总能保持一致？

7. 用蒙代尔-弗莱明模型考察固定汇率制度下紧缩性货币政策的影响。

8. 用蒙代尔-弗莱明模型考察浮动汇率制度下紧缩性财政政策的影响。

9. 浮动汇率制与固定汇率制的优点是什么？

10. 在不考虑资本流动和汇率变动的情况下，某经济社会的宏观经济模型为

$$y=C+I+X-M$$
$$C=40+0.8y$$
$$I=50$$
$$X=100$$
$$M=0.2y+30$$

充分就业的产出水平为 $y_f=500$，试求：

(1) 产品市场均衡时的产出水平和贸易收支。

(2) 使贸易收支均衡的产出水平。

(3) 实现充分就业时的贸易收支。

第十九章　经济增长

1. 说明经济增长与经济发展的关系。

2. 经济增长的源泉是什么？

3. 什么是新古典增长模型的基本公式？它有什么含义？

4. 在新古典增长模型中，储蓄率的变动对经济有哪些影响？

5. 在新古典增长模型中，人口增长对经济有哪些影响？

6. 推导某一时期总产量、人均产量和人口这三者的增长率之间的关系。

7. M 国的人均收入数据如下表所示：

年份	人均收入（美元）
1870	2 525
1929	7 100
1950	11 720
2004	36 880

计算该国1870—1929年人均收入的年均增长率和1950—2004年人均收入的年均增长率。

8. 在新古典增长模型中，人均生产函数为

$$y=f(k)=2k-0.5k^2$$

人均储蓄率为0.3，人口增长率为0.03，求：

(1) 使经济均衡增长的 k 值。

(2) 与黄金律相对应的人均资本量。

9. 设一个经济的人均生产函数为 $y=\sqrt{k}$。如果储蓄率为28%，人口增长率为1%，技术进步速度为2%，折旧率为4%，那么，该经济的稳态产出为多少？如果储蓄率下降到10%，而人口增长率上升到4%，这时该经济的稳态产出为多少？

10. 已知资本增长率 $g_k=2\%$，劳动增长率 $g_l=0.8\%$，产出增长率 $g_y=3.1\%$，资本的国民收入份额 $\alpha=0.25$，在这些条件下，技术进步对经济增长的贡献为多少？

11. 设一个经济中的总量生产函数为

$$Y_t=A_tf(N_t,K_t)$$

式中，Y_t、N_t 和 K_t 分别为 t 时期的总产量、劳动投入量和资本投入量；A_t 为 t 时期的技术状况。试推导经济增长的分解式，并加以解释。

12. 在新古典增长模型中，总量生产函数为

$$Y=F(K,L)=K^{\frac{1}{3}}L^{\frac{2}{3}}$$

（1）求稳态时的人均资本量和人均产量。

（2）用这一模型解释“为什么我们如此富裕，而他们那么贫穷”。

（3）求出与黄金律相对应的储蓄率。

13. 设在新古典增长模型的框架下，生产函数为：

$$Y=F(K, L)=\sqrt{KL}$$

（1）求人均生产函数 $y=f(k)$。

（2）若不存在技术进步，求稳态下人均资本量、人均产量和人均消费量。

14. 在新古典增长模型中，已知生产函数为 $y=2k-0.5k^2$，y 为人均产量，k 为人均资本，储蓄率 $s=0.1$。人口增长率 $n=0.05$，资本折旧率 $\delta=0.05$。试求：

（1）稳态时的人均资本和人均产量。

（2）稳态时的人均储蓄和人均消费。

15. 一个开始时处于新古典增长模型描述的稳态的经济遭遇了一场强烈的地震，摧毁了该经济一半的资本存量。利用新古典增长模型的图形说明该经济如何随时间的推移而变化。

第二十章　宏观经济学的微观基础

1. 假设甲、乙两个消费者按照费雪的跨期消费模型进行消费决策。甲在两期各收入 1 000元，乙在第一期的收入为 0，第二期的收入为 2 100 元，储蓄或者借贷的利率均为 r。

（1）如果两人在每一期都消费 1 000 元，利率为多少？

（2）如果利率上升，甲在两期的消费会发生什么变化？利率上升后，他的消费状况是变好还是变坏？

（3）如果利率上升，乙在两期的消费会发生什么变化？利率上升后，他的消费状况是变好还是变坏？

2.（教材中）本章第一节在对费雪模型的分析中，讨论了消费者在第一期进行储蓄的情况下，利率变动对消费决策的影响。现在假设消费者在第一期进行借贷，试分析利率变动对消费决策的影响，并画图说明其收入效应和替代效应。

3. 为什么说如果消费者遵循持久收入假说且能够进行理性预期，消费的变动就是不可预测的？

4. 试画图分析消费者收入变动对消费决策的影响。

5. 试说明下列两种情况下，借贷约束是增加还是减少了财政政策对总需求的影响程度：

（1）政府宣布暂时减税；

（2）政府宣布未来减税。

6. 假定你是一个追求跨期效用最大化的消费者，正处于青年时期，下述事件的发生将如何影响你现期的消费行为？

（1）一位失散多年的亲戚突然与你取得联系，并在其遗嘱中将你列为其巨额财产的唯一继承人；

（2）你目前所从事的行业属于夕阳行业，未来几年你将面临下岗的威胁；

（3）医生根据你目前的身体状况预测你可以活到 90 岁。

7. 根据新古典投资模型，分析在什么条件下企业增加自己的固定资本存量是有盈利的。

8. 试分析利率的上升如何减少住房投资流量。

9. 试阐述企业持有存货的原因。

10. 用新古典投资模型解释下列每一种情况对资本租赁价格、资本成本以及企业净投资的影响：

（1）政府实施扩张性货币政策提高实际利率；

（2）一次自然灾害摧毁了部分固定资产，资本存量减少；

（3）大量国外劳动力的涌入增加了国内的劳动力供给。

11. 假定在完全竞争市场中，某企业的生产函数 $Q=AK^{a}L^{1-a}$，产量 $Q=100$，$a=0.3$，资本的租金率 $R=0.1$，企业产品价格 $P=1$：

（1）计算最优资本存量。

（2）假设 Q 预期上升到 120，最优资本存量是多少？

（3）假定最优资本存量在 5 年内保持不变，现有的资本存量为 100，企业会逐步调整资本存量使其接近于最优值，设 $\lambda=0.3$。第一年的投资量是多少？第二年的资本存量是多少？

12. 假定住房存量供给函数 $S_S=100$，需求函数 $D=Y-0.5P$，住房流量供给函数 $S_F=2P$，式中，P 为住房价格，Y 为收入。当 $Y=200$ 元时，住房的均衡价格是多少？若收入增加到 300 元，并且假定住房能在瞬间造好，则短期住房价格为多少？新建住房价格为多少？

13. 解释货币需求的资产组合理论与交易理论之间的区别与联系。

14. 凯恩斯的消费理论与古典学派的消费理论有什么区别?

15. 凯恩斯的消费函数有哪些特性?

16. 试述生命周期理论的重要含义。

17. 在生命周期假设中，消费对积累的储蓄比率一直到退休时都是下降的。(1) 为什么? 有关消费的什么假设导致了这个结果? (2) 在退休以后，这个比率如何变化?

18. 假定有消费方程 $C=aWR+bY_p$，持久收入 $Y_p=\theta Y_D+(1-\theta)Y_{D-1}$，现有具体的消费方程：$C=0.045WR+0.55Y_D+0.17Y_{D-1}$。试求 θ 值。

19. 假设消费函数为 $C=200+0.9Y_p$，其中，Y_p 是持久可支配收入。同时假设消费者的持久可支配收入是当年加上前一年的加权平均：$Y_p=0.7Y_D+0.3Y_{D-1}$，其中，Y_D 是当年可支配收入。

(1) 假设第一年和第二年的可支配收入都是 6 000 元，则第二年的消费为多少?

(2) 假设第三年的可支配收入增至 7 000 元，并在将来一直保持这个收入，则第三年、第四年以及以后各年的消费为多少?

(3) 短期边际消费倾向和长期边际消费倾向各为多少? 如何解释(2)?

20. 假设消费者的生活分为两期。在第一期消费者劳动，获得收入，用来满足该期的消费和储蓄。在第二期消费者不劳动，用第一期的储蓄来满足该期的消费。假设消费者在第一期的消费为 C_1，储蓄为 S，劳动收入为 W；在第二期的消费为 C_2，市场利率为 r，贴现因子为 $0<\beta<1$；设消费者的效用函数为：

$$U(C)=\frac{C^{1-\theta}-1}{1-\theta}$$

其中，θ 为正常数。

要求：

(1) 写出消费者的效用极大化问题；

(2) 求出消费者的储蓄函数，讨论利率的改变与储蓄的关系；

(3) 将上面的结论与我国当前实际相结合，分析利率下降与储蓄的关系。

第二十一章　新古典宏观经济学和新凯恩斯主义经济学

1. 简述货币主义的基本观点和政策主张。

2. 简述新古典宏观经济学的假设条件。

3. 推导卢卡斯总供给曲线。

4. 推导新凯恩斯主义的短期总供给曲线。

5. 说明宏观经济政策的时间不一致性。

6. 从菲利普斯曲线推导总供给曲线。

7. 理性预期和适应性预期有何区别?

8. 黏性价格假定有什么重要性?

9. 简要说明实际经济周期理论。

10. 说明新凯恩斯主义对经济波动的解释。

11. 说明宏观经济学目前的主要共识。

12. 给出西方学者将微观经济学应用于宏观经济分析的两个例子。

13. 凯恩斯和弗里德曼都注意到了货币流通速度的顺周期性，分别用他们的理论解释这一现象。

14. 为什么新凯恩斯主义认为稳定化政策是必要的?

15. 怎样理解凯恩斯的“有效需求”概念?假如某经济社会的总供给大于总需求，则国民收入和就业将发生什么变化?凯恩斯认为应采取什么样的财政政策或货币政策?

16. 为什么说卢卡斯总供给曲线是建立在微观基础之上的宏观总供给曲线?为什么卢卡斯总供给曲线相对来说是更加经得起卢卡斯批评的?

17. 长期劳动合同论与工资黏性有什么关系?

18. 设总需求方程是 $120-20P$，卢卡斯曲线控制着经济的运行。有 100 个企业，每个企业都有供给方程 $y_i=4(P_i-P^e)+1$。每个企业都用去年的价格 P_{-1} 和它自己的价格形成它对总价格水平的预算，$P^e=P_{-1}+0.5(P_i-P_{-1})$。

（1）通过解出 P_i，求卢卡斯的总供给函数。

（2）现在假定 $P_{-1}=1.00$，求总需求曲线和卢卡斯总供给曲线相交时的总产量水平和总价格水平。

（3）假设需求突然上升，AD 方程变为 $131-20P$，求总产量和总价格。

19. 设卢卡斯总供给函数为

$$y=c(P-\hat{P})+y^*$$

其中，$c=20\ 000$，$y^*=4\ 000$。当价格水平 P 为 1.01、预期价格 $\hat{P}$ 为 1.00 时，产量 y 为 4 200，即高于潜在水平 $y^*=4\ 000$。假设总需求函数为

$$y=1\ 101+1.288G+3.221M/P$$

（1）假设某一时期经济已处于产量为潜在水平的状态，并在近期内预期政策不会变化。货币供给为 600，政府支出为 750，则价格水平为多少？

（提示：如果不发生突然变动，则实际价格水平和预期价格水平不相同。）

（2）现假设美联储宣布将把货币供给从 600 增加到 620，新的产量水平和价格水平将为多少？

（3）现假设美联储宣布将把货币供给增加到 620，实际上却增加到了 670，新的产量水平和价格水平将为多少？

20. 假定在通货膨胀政策方面政府与私人部门之间是一个非合作的斯塔克伯格博弈。政府占主导地位，私人部门对政府的决策作出反应，而政府将根据跟随者的反应作出进一步的决策。假定政府的最优化决策是

$$\max U(\pi,y)=-c\pi^2-(y-k\bar{y})^2$$
$$\text{s.t.}\quad y=\bar{y}+\beta(\pi-\pi^e)$$
$$c>0,k>1,\ \beta>0$$

式中，π 是通货膨胀率，π^e 是预期通货膨胀率，$\bar{y}$ 是自然失业率下的产量。假设总供给曲线是卢卡斯总供给曲线，政府厌恶通货膨胀，那么，政府零通货膨胀的政策是一个动态时间一致的政策吗？

高鸿业《西方经济学》（第七版）教材、教辅书列表

书名	作者	ISBN	定价	出版日期	简介
西方经济学（微观部分·第七版）	高鸿业等	978-7-300-24876-9	42.00	2018-1	微观部分教材
西方经济学（宏观部分·第七版）	高鸿业等	978-7-300-24877-6	42.00	2018-1	宏观部分教材
西方经济学（第七版）	高鸿业等	978-7-300-25315-2	82.00	2018-3	合订本教材
微观经济学（第七版）	高鸿业等	978-7-300-25257-5	52.00	2018-3	配套有数字学习平台
宏观经济学（第七版）	高鸿业等	978-7-300-25259-9	52.00	2018-3	配套有数字学习平台
微观经济学原理	高鸿业等	978-7-300-15546-3	24.00	2012-6	高鸿业微观经济学教材简明版
宏观经济学原理	高鸿业等	978-7-300-15545-6	24.00	2012-6	高鸿业宏观经济学教材简明版
经济学原理	高鸿业等	978-7-300-15543-2	48.00	2012-6	高鸿业西方经济学教材简明版
经济学基础	高鸿业等	978-7-300-16920-0	32.00	2013-1	高鸿业西方经济学基础版
高鸿业西方经济学（第七版）典型题题解	高鸿业等	978-7-300-26823-1	45.00	2019-4	含教材课后习题答案，另增加了较多的有代表性的题目及其解答，共500余道题目
经济学沙盘实验教程	马丽、高峻峰	978-7-300-21152-7	18.00	2015-7	配套于“经济学沙盘模拟实验”，模拟宏观和微观经济经营过程，营造真实的经济环境
高鸿业版《西方经济学》（微观部分·第七版）学习手册	王海滨等	978-7-300-26194-2	48.00	2018-10	精析西经微观部分各知识点，供学生自学提高
高鸿业版《西方经济学》（宏观部分·第七版）学习手册	王海滨等	978-7-300-26290-1	39.00	2018-10	精析西经宏观部分各知识点，供学生自学提高
西方经济学·微观部分习题册（第二版）	王海滨等	978-7-300-23689-6	38.00	2017-1	1 000道左右微观题目，供学生练习
西方经济学·宏观部分习题册（第二版）	王海滨等	978-7-300-24234-7	42.00	2017-7	1 000道左右宏观题目，供学生练习
微观经济学习题集	张顺	978-7-300-20388-1	29.80	2015-1	1 000道左右微观题目，供学生练习
宏观经济学习题集	张顺	978-7-300-21168-8	32.00	2015-6	1 000道左右宏观题目，供学生练习

“西方经济学”数字学习平台简介

您是否还在为如何丰富课堂的教学资源而奔忙，是否还在为没有庞大的试题库、案例库而苦恼，是否还在为如何监控学生的知识点掌握情况而殚精竭虑……

您是否还在为没有自学资料而烦恼，是否还在为如何了解自己的知识点掌握情况而焦虑，是否还在为如何获取一流名校名师的教学资料和素材而束手无策，是否还在为如何通过期末考试而烦恼，是否还在为考研而烦恼……

中国人民大学出版社整合国内最优秀的教学资源，倾全力开发的“西方经济学”数字学习平台将会最大限度地消除您的烦恼。在我们的平台上，

教师将可以：

享受一流丰富的教学资源，教学质量轻松监控，为学生提供精彩一流的西经课程。

拥有西经数字教材、知识点列表、名师教学 PPT、名师教学视频、试题库、预制作业、试卷等资源。

拥有开设课程、设定上课学生范围的权利。

拥有学生学习进度监控、学生知识点掌握情况监控、作业测试安排、成绩管理、在线答疑和讨论等多项权限。

学生将可以：

拥有精彩丰富的学习资源和考试考研必备利器，享受一流名师的教学辅导。

拥有西经数字教材、知识点列表、名师教学 PPT、名师教学视频等资源。

拥有个人知识点掌握情况监控、学习进度监控、成绩管理、在线答疑和讨论等多项权限。

请使用浏览器打开网址 http://www.rdyc.cn，登录“西方经济学”数字学习平台，平台的帮助系统能很好地让您详细了解平台的功能及协助您很好地掌握相关的使用流程。

如果您想试用，请与我们联系。

电话：010-62515969

QQ：2380306335

E-mail：service-rdyc@rucdigit.com

图书在版编目(CIP)数据

西方经济学．宏观部分/高鸿业主编；教育部高教司组编．—7版．—北京：中国人民大学出版社，2018.1
21世纪经济学系列教材
ISBN 978-7-300-24877-6

Ⅰ.①西… Ⅱ.①高… ②教… Ⅲ.①西方经济学-高等学校-教材 ②宏观经济学-高等学校-教材 Ⅳ.①F091.3 ②F015

中国版本图书馆CIP数据核字（2017）第200751号

普通高等教育“十一五”国家级规划教材
21世纪经济学系列教材
西方经济学（宏观部分·第七版）
组编　教育部高教司
主编　高鸿业
Xifang Jingjixue（Hongguan Bufen Di－qi Ban）

出版发行	中国人民大学出版社		
社　　址	北京中关村大街31号	**邮政编码**	100080
电　　话	010－62511242（总编室）		010－62511770（质管部）
	010－82501766（邮购部）		010－62514148（门市部）
	010－62515195（发行公司）		010－62515275（盗版举报）
网　　址	http://www.crup.com.cn		
经　　销	新华书店		
印　　刷	涿州市星河印刷有限公司	**版　　次**	1996年2月第1版
规　　格	185mm×260mm　16开本		2018年1月第7版
印　　张	21.25　插页1	**印　　次**	2020年5月第7次印刷
字　　数	524 000	**定　　价**	42.50元

教学支持说明

为秉承中国人民大学出版社对教材类产品一贯的教学支持，我们将向采纳本书作为教材的教师免费提供教学课件。为确保此资源仅为教师教学所使用，烦请填写（字迹清晰）如下信息调查表，并寄至北京市海淀区中关村大街甲 59 号文化大厦 1506 室中国人民大学出版社经济分社收，邮编：100872；或传真至（010）62514775。我们收到后将尽快发送教学课件。

证　明

兹证明____________大学____________系/院______学年（学期）开设的课程，采用中国人民大学出版社出版的____________________（作者/书名）为主要教材。任课教师为______，学生______个班，共______人。

学生层次：

本科低年级　本科高年级　研究生　MBA　EMBA　在职培训

联系电话：

E-mail：

联系地址：

邮政编码：

系/院主任：______（签字）

（系/院办公室章）

____年____月____日

中国人民大学出版社经济分社

北京市海淀区中关村大街甲 59 号文化大厦 1506 室　100872

联系电话：010-62513572

传真：010-62514775

E-mail：jjfs@crup.com.cn

《西方经济学》（第七版）配套数字教辅资源列表（本教辅仅向一线任课教师免费提供）

资源名称	资源内容
习题答案	教材课后习题答案
案例汇总	教材之外的 200 余个案例
教学 PPT	教学用课件
精美 PPT	用 PPT 动画将西方经济学中经典的图表生动地表现出来，同时加入大量的资料、漫画、案例、视频等教学素材
知识结构图	各章知识点的结构图
教材原图汇总	教材中所有图形的高分辨率图片